Alfred Platschka

DER FLUG DES RÖMISCHEN ADLERS

EIN BIOGRAFISCHER ROMAN ÜBER CLAUDIUS PATERNUS CLEMENTIANUS UND SEINEN AUFSTIEG IM RÖMISCHEN REICH

EK-2 PUBLISHING

Gewidmet dem Zeitgeist der Völkerverständigung und dem Willen zur Freiheit, Gerechtigkeit, und Gleichheit, sowie friedlicher Zusammenarbeit der menschlichen Kulturen. Damals wie heute …

Wenn wir das „Heute" und unsere Gegenwart verstehen wollen, müssen wir uns mit dem „Gestern§ - der Geschichte unserer Vergangenheit und deren Menschen befassen, die sie durchlebten, die vor uns gingen und das Fundament für unser heutiges Verstehen und Leben legten.

Ihre Zufriedenheit ist unser Ziel!

Liebe Leser, liebe Leserinnen,

zunächst möchten wir uns herzlich bei Ihnen dafür bedanken, dass Sie dieses Buch erworben haben. Wir sind ein Familienunternehmen aus Duisburg und jeder einzelne unserer Leser liegt uns am Herzen!

Mit unserem Verlag *EK-2 Publishing* möchten wir militärgeschichtliche und historische Themen sichtbarer machen und Leserinnen und Leser begeistern.

Vor allem aber möchten wir, dass jedes unserer Bücher **Ihnen ein einzigartiges und erfreuliches Leseerlebnis** bietet. Haben Sie Anmerkungen oder Kritik? Lassen Sie uns gerne wissen, was Ihnen besonders gefallen hat oder wo Sie sich Verbesserungen wünschen. Welche Bücher würden Sie gerne in unserem Katalog entdecken? Ihre Rückmeldung ist wertvoll für uns und unsere Autoren.

Schreiben Sie uns: info@ek2-publishing.com

Nun wünschen wir Ihnen ein angenehmes Leseerlebnis!

Ihr Team von EK-2 Publishing,
Ihr Verlag zum Anfassen

Abbildung 1: Claudius Paternus Clementianus (Büste im Landesmuseum Klagenfurt/Österreich)

Lebensgroße, aus Marmor gearbeitet Büste im Stil „hadrianischer" Zeit. Im seitlichen Blickwinkel, mit drapiertem Mantel an linker Schulter mit Scheibenfibel. Gesichtsportrait eines älteren, vornehmen Römers mit lockigem Haar und Bart. Charakteristisch hervortretende Backenknochen, tiefe Nasen-Wangen-Falten, schwere Brauenbögen, die Stirnpartie von zarten Falten durchzogen. Meisterleistung der Bildhauerkunst durch italienischen Künstler.

Fundort der Skulptur: Heiligtum der keltischen Noreia-Isis in Hohenstein/Kärnten, mit umfangreicher Bauinschrift und Namen des norischen Statthalters (125 n. Chr.) Claudius Paternus Clementianus

Auszug aus Orig.-Literatur: G. Piccottini, CSIR – Österreich II/I (1968), S.31.Nr. 48, Tafel 37. Bildrechte: Alfred Platschka

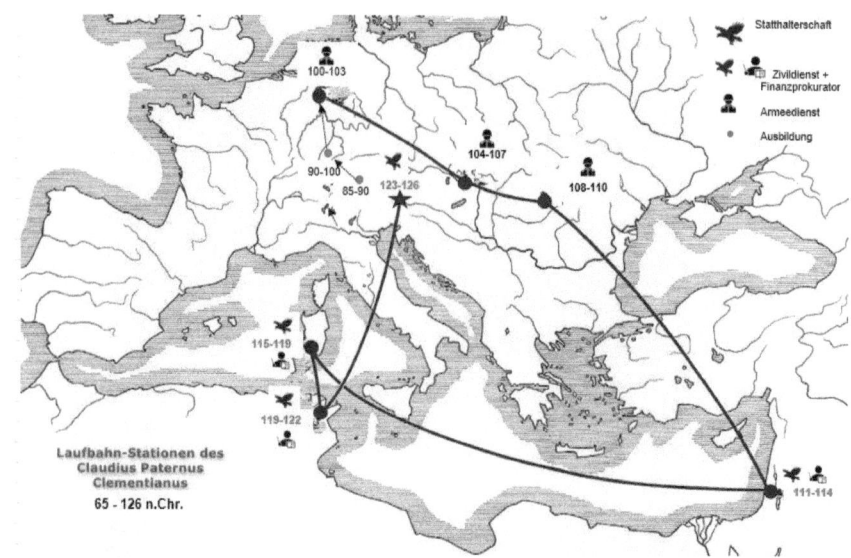

Abbildung 2: Autor /Laufbahn – Lebensstationen des Claudius Paternus Clementianus (* ca. 65 † um 135 n.Chr.)

Titel/Stellung	Militär	Zivil	Zeitraum	stat.Legions-/Einheit	Stadt/Ort	Einsatzort / Provinz
Karrierelaufbahn des Claudius Paternus Clementianus: (*65 - um 135)						
Präsidial Procurator (Statthalter)			123 - 125		Virunum (A-Maria-Saal/Klgft)	NORICUM
Procurator / Pro-Konsul (Finanz/ducenarer)			119 - 122	Legio III Augusta	Karthago (TN-Tunesien)	AFRICA Proconsularis
Procurator / Pro-Konsul (Finanz/ducenarer)			115 - 119		Coralis (CA-Cagliari)	SARDINIA
Procurator / Pro-Konsul (Finanz/centenarer)			111 - 114	Legio X Fretensis / Legio VI Ferrata	Caesarea (IL-Israel)	JUDAEA
Praefectus alae equitum (Reiterpräfekt)			108 - 110	Ala Siliana [civicum Romanorum]	Alta Ripa (HU-Tolna)	PANNONIA inferior / DACIA
Tribunus augusticlavius militum (Legions-Tribun)			104 - 107	Legio XI Claudia [pia fidelis]	Brigetio (HU-Szoeny)	PANNONIA superior
Praefectus cohortis (Kohorten-Kommandant)			100 - 103	Cohors I Classica [pia fidelis]	Fletione (NL-Vleuthen-de-Meern)	GERMANIA inferior
Tres militiae equestres (Offiziers-Ausbildung)			90 - 100	Ala II Flavia [milliaria pia fidelis]	Gontia (DE-Günzburg)	RAETIA
Zivilamt			ca. 85 - 89		Augusta vindelica (DE-Augsburg)	RAETIA (Augusta vindelica)

Abbildung 3: Autor /Militärische und zivile Lebensstationen von C.P.C.

6

Vorwort des Autors

Schon seit langem trage ich mich mit dem Gedanken über diesen bedeutenden Sohn Claudius Paternus Clementianus aus dem damals kleinen keltisch/römischen Ort Abodiacum, gelegen im heutigen Epfach, Landkreis Landsberg/Lech in Bayern, zu schreiben. Angefangen hat dies mit meiner Kindheit. Gebürtig stamme ich aus Klagenfurt, der heutigen Landeshauptstadt Kärntens in Österreich. Ich erinnere mich noch deutlich, als wäre es gestern gewesen, als ich in meiner Kindheit einige Sommertage bei meiner Großmutter Frieda in der Ortschaft Töltschach (bei Maria Saal) in der Nähe von Klagenfurt verbrachte. Diese kleine Ortschaft liegt auf dem Gelände der ehemals römischen Provinzhauptstadt Virunum (bis 300 n.Chr.) Eine hügelige ländliche Ansiedlung, die sich hervorragend dazu eignete, die Gedanken und Erlebnisse meiner Jugend zu beflügeln, zumal meine Großmutter in den 30er bis 50er-Jahren des 20. Jahrhunderts in einer ehemaligen Mühle, die zum Gutshof Töltschach (oberhalb des Hanges) gehörte, lebte. Wenn ich heute meine Heimat besuche, liebe ich es immer noch über diese sanften Hügel und Wiesen zu wandern, die meine Fantasie und mein geschichtliches Interesse bereits in jenen Jahren geweckt hatten, ohne dass mir dies so konkret bewusst war. Als Kinder spielten wir in den Wiesen, die damals wie heute als Weide für die Rinderzucht dienten, und gruben in unserem Eifer manchmal kleine Erdlöcher auf, in denen wir sonderbare Steine mit fremden Inschriften fanden. Damals wusste ich nur vage, dass dies geschichtlicher Boden von vor über 2.000 Jahren war. Erst später, als sich meine berufliche Laufbahn von Österreich nach Deutschland verlegte, begann sich mein Hobby – die Geschichte und Archäologie – zu festigen. Ich besuchte in meiner Freizeit solche geschichtlichen Plätze und begann dann ab 1995 aufgrund meines Interesses an Webdesign auch an einer Webseite mit der Thematik Geschichte & Archäologie zu arbeiten.

In jenen Zeitraum fällt auch das Ereignis, als ich das Buch in die Hände bekam, das Ausgrabungen eines römischen Amphitheaters zeigte, die Ende des 20. Jahrhunderts getätigt wurden. Die Luftaufnahme eines römischen Amphitheaters als Bild auf dem Buchdeckel faszinierte mich und kam mir sonderbar bekannt vor. Tatsächlich stellte sich heraus, dass dies das Gelände meiner Kindheit war, als ich öfter meine Großmutter besuchte. Nur damals in den frühen 60er-Jahren war mir davon nichts bekannt, außer dass man damals als Kind unbeschwert im Laufgalopp durch die Hügel und Wiesen streifte, am Ufer eines kleinen Waldweihers herumlief und Ritter mit den anderen Spielkameraden spielte. Wie ich später

7

erfahren habe, hatte man in den Jahren 1998 bis 2001 mit einem Projekt der Universität und des Museums Klagenfurt Grabungsarbeiten auf diesem Gelände oberhalb der damaligen Mühle durchgeführt, als dieses für damalige römische Verhältnisse (100 x 40m) riesige Amphitheater ausgegraben wurde. Heute „dümpelt" diese Grabungsstätte wegen finanziellen Engpässen etwas vor sich hin und ab und zu wird diese als Kulturstätte des örtlichen Vereins und ähnlicher Verbindungen genutzt. Bei meinen geschichtlichen Recherchen zur römischen Siedlung Abodiacum (Epfach/Landsberg am Lech in Bayern) stieß ich auf einen Namen, der mir schon länger bekannt war: Claudius Paternus Clementianus. Als Jugendlicher hatte ich bereits Ende der 60er-Jahre das Museum in Klagenfurt besucht, in dem eine Büste dieses Mannes bei Ausgrabungen eines ehemaligen Tempels am Zollfeld (Hohenheim bei Liebenfels) aufgefunden und der röm./keltischen Göttin Noreia gewidmet war. Dieser römische Staatsmann, geboren um ca. 65 n.Chr. in der römischen Provinz Raetien (Bayern), hatte für die damalige Zeit eine außergewöhnliche Karriere hingelegt. Seine Laufbahn kennen wir heute anhand dreier Gedenksteine, die Anfang des 19. Jahrhunderts bei Grabungsarbeiten in einer Umfassungsmauer des ehemaligen Römerkastells Abodiacum (Epfach) aufgefunden und dann dem Museum in Augsburg (Bayern) überstellt wurden, wo sie heute noch zu besichtigen sind.

Seine Laufbahn begann als militärischer Befehlshaber Ende des 1. Jahrhunderts n.Chr. in der damaligen Provinz Raetien. Danach diente er am Rhein in den Niederlanden, weiter in Pannonien (Ungarn), Dacia (Rumänien), Germania inferior (Niedergermanien), wechselte dann seine Laufbahn zu der eines politischen Beamten in Syria/Judäa (Syrien/Israel), danach in Sardinia (Sardinien), Africanum (Tunesien), bis hin zu seiner letzten offiziellen Wirkungsstätte als kaiserlicher Statthalter in Noricum/Virunum (Österreich). Mit Beginn seines offiziellen Ruhestandes kehrte er in seinen ehemaligen Geburtsort Abodiacum (Epfach) zurück, wo er seinen Lebensabend verbrachte. Davon zeugt noch ein Gedenkstein, den er seiner Mutter Clementia gewidmet hatte, der heute im römischen Museum von Augsburg zu besichtigen ist.

Aus dem geschichtlichen Schlaf gerissen wurde der Ort Abodiacum/Epfach zu Beginn des 19. Jahrhunderts, als der Epfacher Landrichter Lorenz Boxler um 1830 erste Grabungen am Lorenzberg (ehem. röm. Kastell) veranlasst hatte. Hier wurden die heutigen vorhandenen Zeugnisse dieses bedeutenden, dem ehemaligen römischen Reiche dienenden Staatsbürgers im 19. Jahrhundert entdeckt und erforscht. In den nachfolgenden

Jahrzehnten und dem folgenden 20. Jahrhundert wurde durch spätere Grabungen diese ehemalige römische Straßensiedlung intensiver erforscht. Funde, wie ein römischer Brunnen (Nymphäum), heute rekonstruiert am örtlichen Feuerwehrgebäude, sowie ein ehemaliges Badehaus, ergänzen die historischen Kenntnisse, die in dem kleinen Römermuseum Abodiacum, an der heutigen Dorfhauptstraße liegend (ehemals Via Claudia Augusta), zu besichtigen sind.

Wie so oft nagt der Zahn der Zeit an den vielen Geschehnissen in dieser Welt. Die Jahrhunderte verblassen das Kommen und Gehen der verschiedenen Völker und Kulturen. Eines aber bleibt: Die Erlebnisse dieses außergewöhnlichen Mannes, der vor fast 2.000 Jahren lebte und wirkte. Das wollte ich durch diese Geschichte würdigen und damit Ihnen, liebe Leserin und lieber Leser, näherbringen. Wie immer bleibt bei historischen Geschehnissen vieles der Fantasie des Autors überlassen. Wichtig jedoch sind die historisch belegten Stationen, die wir nach heutigem Stand durch die archäologische Wissenschaft vermittelt bekommen. Zusätzlich mit Hilfe der Fantasie ergänzt, habe ich als Autor versucht über das Leben, Lieben und Wirken dieses Mannes zu berichten. Man mag darüber spekulieren, ob sich dies so zugetragen hat. Eines jedoch war mir mit diesen Seiten wichtig, und zwar ihm ein Gesicht in der Geschichte für die Nachwelt zu geben. Mögen die Leserinnen und Leser dieses Buches es selbst beurteilen, ob mir dies mehr oder weniger gelungen ist. Eines jedoch soll uns immer in unserem heutigen Leben daran erinnern, „nicht wer oder was wir aufgrund von Geburt an sind", sondern „was wir selbst durch unser Leben vollbringen". Dies verbleibt in den Annalen der Geschichte. Dies gilt für jeden von uns. Dies wird lebendig durch die angesammelten Ereignisse eines Menschenlebens, damals wie heute!

Der Autor

Kapitel I
Respicio (Rückblick)

Quod non est in actis, (id) non est in mundo.
Was nicht in den Akten steht, existiert nicht auf der Welt
(Schriftlichkeitsgrundsatz: Römisches Recht)

Julius des Jahres 888 ab urbe condita, (A.D.[1] 135)

im 18. Regierungsjahr des Erhabenen Caesars Hadrianus

Mein Blick schweift von der Anhöhe von Abodiaco[2], meinem Domizil, nach Nordosten hinüber auf den kleinen Hügel um den sich liebevoll eine Flussschleife des Licca (Lechfluß) nach Norden windet. Die Sonne brennt heiß vom Himmel, es ist die Zeit nach Mittag. In der Ferne hört man das Gebell eines Hundes. Von dort drüben in einer geschätzten Entfernung von 500 Ellen[3] schweifen meine Gedanken nach hier, während ich vor meinem Hause sitze, das meine Eltern an der Kreuzung der römischen Nord-/Süd-Fernverbindungsstraße der Via Claudia Augusta[4], sowie der West-/Ostverbindung von Brigantium[5] nach Juvavum[6], erbauten. Weit vor mir liegt meine Jugendzeit vor über 60 Jahren, als ich hier an diesem Orte aufwuchs. Meine Mutter war Claudia Clementia Induti, mein Vater Clementius Paternus, ein ehemaliger römischer Legionär, der sich hier in seinem Ruhestand als römischer Bürger und Kaufmann ansiedelte. Obwohl mein Großvater Indutus mütterlicherseits aus dem Volk der Kelten stammte, war meine Familie durch die Handelsgeschäfte meines Vaters, in seinem ehrenvollen Ruhestand nach dem Militärdienst, zu hohem Ansehen und Wohlstand in dieser Region gekommen. Hier lebte ich zusammen mit meinen Eltern und meinen zwei jüngeren Geschwistern, Aelius Domitianus und Lucia Clementia, ein beschauliches Leben. Ich ahnte nicht, dass der Strom der Zeit mich einmal aus diesem Orte fortreißen und

---

1 A.D. = Anno Domini (im Jahr des Herrn/nach Christi Geburt)
2 Abodiaco (Abodiacum) = heutiges Epfach (Landkreis Landsberg/Lech/Bayern)
3 1 röm. Elle (gradus) = 0,4455m
4 Via Claudia Augusta = Röm. Fernverkehrsstraße von Ostiglia (Norditalien) nach Südbayern
5 Brigantium = heutiges Bregenz (Westösterreich)
6 Juvavum = Salzburg (Österreich)

zeitlebens als unruhiger Gast an vielen Orten dieses römischen Imperiums herumtreiben lassen würde, bis ich vor nunmehr zehn Jahren zu meinem wohlverdienten Ruhestand wieder in meine Heimat zurückkehren sollte.

Gemäß meinem oben gewählten angeführten lateinischen Motto, möchte ich mit diesen Zeilen die erlebte Zeit nicht dem Vergessen übergeben, sondern der Nachwelt die Geschehnisse vor Augen führen. Zum einen über die begangenen Fehler der vielen Regierungsoberhäupter seit unser geliebtes Rom vor über 888[7] Jahren im Monat Aprilis[8] durch unsere Vorväter Romulus und Remus gegründet wurde. Zum anderen aber auch über die vielen kulturellen Errungenschaften, die unser Reich so groß gemacht haben, das sich über so viele Länder der uns bekannten Welt erstreckt, und von dessen zahlreichen Städten ich während meines militärischen und danach zivilen Lebens viele kennenlernen, und zum Teil auch für unseren erhabenen Caesaris Augustii verwalten durfte.

Zur Zeit meiner Geburt regierte unser erhabener Caesar NERO Claudius Caesar Augustus Germanicus, ein Nachkomme aus dem Adelsgeschlecht der Julisch-Claudischen-Dynastie. Wie mir meine Eltern erzählten, war seine Regierungszeit eine Zeit des totalen politischen und wirtschaftlichen Umbruches, die mit seinem Tode im Jahre 821 ab urbe condita (A.D. 68) seinem opulenten Leben durch das Schwert zum Opfer fiel. Ihm folgten drei weitere Caesaren, die um die gegenseitige Macht im Staate rangen. Man nannte diese Periode auch das Drei-Kaiserjahr (Galba, Otho und Vitellius), bis dann unser erhabener Caesar Flavius Vespasian(us) seine Regierungsgeschäfte nach deren Tod übernahm.

Aprilis 83, ab urbe condita (A.D. 78)

im 9. Regierungsjahr des Erhabenen Caesars Vespasianus

In jener Zeit war ich noch mit Überschwang meines jugendlichen Lebens mit meinen Spielkameraden, die mit mir in diesem kleinen Orte aufwuchsen, auf den umliegenden Wiesen und in den Wäldern unterwegs. Wir träumten von Eroberungen, die wir im Laufe unseres Lebens machen

---

7 Ab urbe condita = Gründung Roms 753 v. Chr.
8 Aprilis = lat. für Monat April

würden und waren uns nicht bewusst, dass diese Träume manche von uns im Ernst des Lebens an den Strand heftiger Erlebnisse spülen sollten. Wie so oft in diesem Alter machten wir uns über die notwendigen Schritte zu diesen Träumen und darüber, welche Schwierigkeiten sich uns in den Weg stellen sollten, keine Gedanken. Manchmal lagen wir gemeinsam auf der Wiese, blickten in den Himmel, zählten die Wolken, die über uns hinwegzogen, und stellten uns dabei vor, wie wir mit den Legionen des römischen Reiches in ferne Provinzen zogen und dort in der Ferne interessante Gestade kennenlernten. Ich wuchs zwar hier mitten auf dem Lande in dieser neuen Provinz Raetia[9] auf, hörte jedoch aus den vielen Gesprächen mit Soldaten im Kastell Abodiacum unten an der Flussschleife, welche Distanzen das römische Militär auf seinen vielen zu Lande errichteten Wegen und auch auf dem Mare Nostrum[10] in diesem riesigen und fortschrittlichen Reich überwanden. Hier in unserer Ansiedlung dem Ort Abodiacum, gelegen an der zu Zeiten des Caesars Claudius erbauten und nach ihm benannten Straße der Via Claudia Augusta, durchzog auch der Fluss Licca[11] die weiten Lande, der sich in den sanften Becken- und Hügellandschaften dieser Ebene weiter abwärts dahinzog. Von hier aus ca. 100 römische Meilen (ca. 60km) flussabwärts kam man zur Hauptstadt unserer Provinzregion Raetia, dem Municipium Augustorum Vindelicum und nochmals ca. 70 Meilen (ca. 40km) weiter, nahe dem Kastell Summuntorum[12], mündete dieser Fluss in den Danuvius[13], diesem großen Strom, der sich weiter nach Osten durch Pannonia[14] und Moesia[15] bis zum Pontus Euxinus[16] erstreckte. Welch riesige Entfernungen nach Osten, Norden, Westen und Süden! Damals waren uns diese Entfernungen noch nicht so bewusst, später durchmaß ich diese Dimensionen z. T. persönlich. Es war schon enorm, wie riesig dieses Römische Reich und damit verbunden auch unsere Vorstellungen von Abenteuern und Eroberungen waren. Aber dazu später mehr.

---

9 Raetia = Römische Provinz (heute tlw. Nordschweiz, Südtirol (Italien), Süd-Bd.-Württemberg und Südbayern)
10 Mare Nostrum = (lat. „unser Meer") Mittelmeer
11 Licca = Lech, bayerisch/schwäbischer Grenzfluss, der in die Donau mündet
12 Summuntorum = (Burghöfe) Kastell u. Siedlung an der Mündung des Lech (Nähe Donauwörth) in die Donau
13 Danuvius = Donau
14 Pannonia Superior und P. Inferior = röm. Provinzen (östl. Donau Ungarn, Slowenien)
15 Moesia Superior und M. Inferior = röm. Provinzen (Nordbulgarien, Rumänien, Serbien)
16 Pontus Euxinus = röm. Bezeichnung für Schwarzes Meer

In unserer bescheidenen Siedlung Abodiacum konnte man diese Entfernungen so noch nicht ermessen. Bescheiden war das Kastell an der Flussbiegung nur mit der Hälfte einer Zenturie[17] besetzt (maximal an die 40), meist berittene Auxiliar[18]-Soldaten, und darum herum an der davorliegenden Anhöhe lagen an die 40 bis 50 Gehöfte mit ihren Einwohnern. Diese waren ehemaligen Legionsveteranen, Kaufleuten sowie teilweise der ursprünglichen Bevölkerung des keltischen Stammes der Licater[19], dem auch die Familie meiner Großeltern mütterlicherseits entstammte. Indutus, meiner Mutter Vater, war ein keltischer Stammesfürst, der sich zur Zeit der römischen Besetzung des Gebietes der „Pax Romana[20]" dem Römischen Adler zur Wahrung des Friedens frühzeitig unterordnete. Die Familie meines Vaters stammte aus dem Süden, aus Aquileja[21] in der Provinz Venetia[22], dem Gebiet vor der großen Alpenkette im Süden. Durch die ehrenvolle Entlassung meines Vaters aus dem geleisteten Militärdienst, seiner darin erworbenen Verdienste, sowie seine erfolgreichen Handelsgeschäfte am Orte dieser Niederlassung konnte unsere Familie, im Vergleich zu manch anderen Bewohnern, einen außerordentlichen Wohlstand erreichen.

Zusammen mit Indutus, dem Vater meiner Mutter Claudia Clementia und meinem Vater Clementius Paternus, lebten noch meiner Mutter Bruder Indutus Licatus, der eine Pferdezucht betreute, sowie seine Familie, seine Ehefrau Flavia Secunda und ihre beiden Söhne, Sicatus mj. und Marcus. Damit konnte auch unserer Verwandtschaft ein gutes ziviles Fundament in dieser Ansiedlung bereitet werden. Mit mir als ältestem Kind meiner Eltern lebten mein um vier Jahre jüngerer Bruder Aelius sowie meine um sieben Jahre jüngere Schwester Lucia Clementia.

Meine Kindheit empfand ich als unbeschwert und es ging uns als Familie wirtschaftlich recht gut, aber als ältester Sohn der Familie lagen auf mir auch gewisse Erwartungen, die sich nicht immer mit den Vorstellungen meiner Eltern deckten. Mein Vater hatte mir einen häuslichen Lehrer engagiert, der mir bereits in frühen Kinderjahren, neben den notwendigen mathematischen Kenntnissen, auch das Lesen und Schreiben des Latinums[23] beibrachte, und mich mit den notwendigen Regeln des römischen

---

17 Zenturie = röm. Militäreinheit (80-100 Soldaten)
18 Auxiliar- = Hilfstruppe, z. T. Reitersoldaten
19 Licater = keltische Bevölkerung in der Lechebene
20 Pax Romana = Friedensordnung des römischen Reiches
21 Aquileja = röm. Stadt (Region Friaul) 10km vor Golf von Triest
22 Venetia = ehem. röm. Region (Norditalien)
23 Latinum = Lateinische Sprach-/Schriftkenntnis

Lebens vertraut machte. Durch seinen militärischen Werdegang legte mein Vater großen Wert darauf, dass ich als ältester Sohn bereits früh mit den Gepflogenheiten des römischen Lebens vertraut wurde. Ich sollte es einmal besser haben als er. Dies hörte ich immer wieder in seinen erzieherischen Maßnahmen. Meine Mutter Clementia Induti war eine liebevolle Frau, die ihre drei Kinder immer fürsorglich betreute und ihnen neben ihrer Liebe auch den notwendigen Freiheitsdrang zum Leben in verschiedener Weise einhauchte, was in unserem späteren Leben sehr unterschiedlich zum Ausdruck kommen sollte. Ich selbst konnte es kaum erwarten, bis ich nach dem absolvierten Unterricht unseres Hauslehrers hinaus ins Freie kam. So oft ich konnte, verbrachte ich meine Freizeit bei meinem Onkel Indutus Licatus, dessen Name auf seine ursprüngliche Herkunft aus dieser vormals keltischen Region hindeutete. Dieser hatte nämlich am oberen Hang des Hügels, wo die vorgelagerte Siedlung von Abodiacum lag, ein Pferdegestüt. Immer wieder bewunderte ich seine Fertigkeit mit diesen Tieren umzugehen und mit ihnen zu sprechen, wobei ich beobachten konnte, wie diese oftmals die Ohren spitzten, wenn er ihnen geduldig und beruhigend zuredete. Diese Tiere mit den sanften Augen, oftmals aber auch mit einem stürmischen Charakter und der rasanten Schnelligkeit, mit der sie vom Schritt, in den Galopp fielen, bewunderten mich immer wieder. Mein Onkel hatte die Fertigkeit von meinem Großvater Indutus sr. in seinem Charakter mitbekommen. Hatte doch die Urbevölkerung dieses Landstriches, die Vindeliker[24] und vor allem der Stamm der Licater die hier an diesem oft reißenden Fluss lebten und siedelten, bereits damals eine zwar bäuerliche, aber doch einfache und zugleich erfolgreiche Lebenskultur aufgebaut, bevor die Römer über die Alpen kamen und das Gebiet besetzten.

Ich habe mir oftmals Gedanken gemacht, was wohl gewesen wäre, wenn die römische Besetzung dieser Region nicht stattgefunden hätte, da ich vielfach den Gesprächen der Älteren bei den abendlichen Treffen der urbanen Bevölkerung lauschte. „Früher war alles besser", hörte ich sie oft sagen, dachte dabei aber insgeheim an die angenehmen Dinge, die die römische Kultur mit sich brachte. Badehäuser mit beheiztem Wasser, Häuser aus Stein, die römische Esskultur, viele Früchte, die sie aus dem fernen Süden aus ihren Provinzen mitbrachten, die Werkzeuge ... alles Dinge, die unser Leben angenehmer machten. Nicht dass unsere keltische Bevölkerung keine Kultur gehabt hätte, aber oftmals waren auch die verschiedenen Stämme früher untereinander in Konflikte verstrickt, wie sie die

---

24 Vindeliker = keltischer Hauptstamm der Lechregion

Landwirtschaft mit sich brachte, insbesondere wenn es um territoriale Grenzen oder Besitzverhältnisse ging. Nun, viele Dinge hatte auch diese Kultur der Römer mit sich gebracht, die das Leben einfacher machten, was wohl auch vielerorts dazu beitrug, dass sich auch allmählich die Bevölkerung mit der neuen Kultur der Römer vermischte. Viele der Armeeveteranen, die nach 25 Dienstjahren ehrenhaft entlassen wurden und dafür Landbesitz erhielten, hatten auch während ihrer Dienstzeit in den verschiedenen Provinzen die Vorzüge der keltischen Frauen kennen und lieben gelernt. Diese hatten sich dann mit ihren Familien eine örtliche wohlhabende Existenz aufbauen können. Denke ich an meinen Vater Clementius, nachdem ich als ältester Sohn mit gleichem Namen gerufen wurde, hörte ich oftmals bei Schilderungen seiner Erlebnisse während seiner Dienstzeit in der römischen Armee in den verschiedenen Provinzen des Reiches zu.

Nicht immer hatte sich die urbane keltische Bevölkerung mit den neuen Herren abgefunden. Oftmals hatte auch der Freiheitsdrang, oder der persönliche Stolz der Einzelnen dazu beigetragen, dass die Vermischung der Kulturen sich nicht immer friedlich abgespielt hatte. Wie so oft, gab es immer auf beiden Seiten auch Hitzköpfe, die sich nie mit den „neuen Zeiten" abfinden konnten und aufbegehrten, wodurch oftmals die Konflikte blutig niedergeschlagen wurden. Im Falle meiner Vorfahren hatte mein Vater das Glück, dass er seine letzten Dienstjahre hier in unserer Region im örtlichen Militärkastell einen meist friedlichen Dienst versah und auf den verschiedenen Erkundungsmärschen auch meine Mutter und deren Familie in der nahen Umgebung kennenlernte. Durch seine persönlichen Verdienste hatte er auch vom römischen Caesar durch den örtlichen Lagerkommandanten ein ordentlich großes Stück Land erhalten, das er jetzt seit Jahren zusammen mit seiner Familie sowie seinem Schwager, meinem Onkel Indutus Licatus, bewirtschaftete. Auch die finanziellen Mittel, die er sich im Laufe seiner Dienstzeit zusammensparen konnte, zusammen mit seinen Vierdiensten, die er während seiner militärischen Dienstzeit erhielt, ermöglichten uns Kindern einen angenehmen, wenn nicht sogar wohlhabenden Lebensstandard zu erleben.

Mein Großvater mütterlicherseits, Indutus sr., war in der Blüte seines Lebens ein bedeutender Stammesfürst der hiesigen Bevölkerung der Licater gewesen. Ihm ging es jedoch zumeist eher darum in Frieden und Wohlstand zu leben als wie mancherorts andere seiner Stammesgenossen, die sich mit der römischen Besatzung durch Widerstand im Konflikt befanden. So wechselte der hiesige Stamm bald nach Ankunft der römischen

Besatzung vor über 60 Jahren sein Ansinnen und konzentrierte sich lieber auf die Zusammenarbeit, die vielen seines Volkes auch einen angenehmen Wohlstand durch diese Kooperation ermöglichte.

Nun, die Pferdezucht meines Onkels Indutus Licatus verhalf auch der örtlichen Kommandantur im Kastell unten am Fluss dazu, dass die berittene Truppe immer über frische Pferde verfügte. Auch die verschiedenen Stationen an der zentralen Verkehrsstraße der Via Claudia Augusta, benannt nach dem ersten Caesar des römischen Reiches (Augustus, ehem. Octavian) sowie einem seiner Nachfolger, Claudius, veranlassten vor über 40 Jahren diesen Verkehrsweg aus dem zentralen römischen Reich im Süden in die eroberten Provinzen im Norden auszubauen. Dies ermöglichte auch den vielen Kaufleuten ihre Waren auf ordentlichen Verkehrswegen sicher an die verschiedenen Wegstationen und vor allem zur ca. 100 Meilen im Norden liegenden Provinzhauptstadt Augusta Vindelica[25] und darüber hinaus weiteren 70 Meilen im Norden an den großen Fluss Danuvius[26] zu bringen. Unser Ort war in der glücklichen Situation durch die Kreuzung zweier bedeutender Handelswege, auch von der Ansiedlung Cambodunum[27] über Abodiacum nach Osten in Richtung Juvavum[28], viel von den auf diesen Straßenwegen erwirtschafteten Gütern und Dienstleistungen einen gewissen Wohlstand zu erwirtschaften. Oft dachte ich daran wo all diese Wege von Süd nach Nord und von West nach Ost wohl hinführten, zeigten sie doch Distanzen auf, von denen man früher nicht gedacht hätte, dass man sie einmal überwinden könnte. Und gerade dies brachte mich oftmals dazu von der Ferne der verschiedenen Wege zu träumen, die diese Möglichkeit des gewaltigen römischen Imperiums zu erreichen bat. Damals wusste ich noch nicht welchen Weg mein Leben nehmen würde, und dass ich all diese Entfernungen auch einmal persönlichen kennenlernen würde.

Nun zurück zum Pferdegestüt. Ich erinnere mich noch deutlich an eine Begebenheit, die so ereignisvoll in mein damaliges und auch späteres Leben eingreifen sollte. Als Jugendlicher war ich oft mit meinen Freunden aus unserer Siedlung und mit meinen beiden Cousins Sicatus und Marcus sowie meinem jüngeren Bruder Aelius Domitian auf den umliegenden Pferdekoppeln meines Onkels unterwegs. Oftmals, wenn wir unsere familiären Pflichten erfüllt hatten, lebten wir unseren jugendlichen

---

25 Augusta Vindelica = Hauptstadt der römischen Provinz Raetien (Augsburg/Bayern)
26 Danuvius = auch Danubius genannt (= Donau)
27 Cambodunum = Kempten/Bayern
28 Juvavum = Salzburg/Österreich

Bewegungs- und Freiheitsdrang in den verschiedenen Spielen und Tagträumen aus. Besonders mein um drei Jahre älterer Cousin Sicatus war immer ein besonderer Draufgänger, denn besaß sein Vater Indutus Filius doch diese Pferdezucht. Und so kamen wir in diesem übermütigen Denken auch einmal auf die verrückte Idee mit einigen Pferden um die Wette zu reiten, allerdings ohne Sattel, da die jüngeren Tiere ja noch nicht gänzlich auf ihre Aufgabe als Reittiere vorbereitet waren. Besonders mein Cousin erwähnte immer wieder, was er doch für ein Naturtalent sei, dass er von seinem Vater diese Fähigkeit mitbekommen habe. Und so kamen wir auf die Idee uns einige dieser Tiere zu schnappen und eine bestimmte Strecke im Galopp zu reiten. Dabei fühlten wir uns dann doch wie eine römische Ala[29] die ihre Erkundungsritte durch die Gegend führte.

Gesagt getan. Jeder von uns – wir waren insgesamt neun Jungs im Alter zwischen zehn und 16 Jahren – schnappte sich ein solches Reittier. Dann ging es los, im wilden Galopp auf ein nahes Wäldchen westlich der angrenzenden Pferdekoppel, ca. drei Meilen entfernt zu. Manche der Pferde waren noch nicht auf Reiter gewöhnt, andere wieder mehr, da sie diese Prozedur ansatzweise schon öfter erlebt hatten. So toll wir uns dies auch vorstellten, nicht jeder von uns hatte die nötige Erfahrung mit dem Ungestüm der Pferde umzugehen. So verlor manches Pferd bald seinen Reiter, der sich am Boden angekommen baldigst um seine blauen und schmerzenden Körperteile kümmern musste. Nur vier von uns waren noch auf dem Rücken der Pferde unterwegs, mein Cousin Sicatus, zwei weitere Freunde, und ich. Was wir in unserem jugendlichen Übermut nicht bedacht hatten, war, dass die Pferde ja auch zum Halten gebracht werden mussten, in welcher Form auch immer. Als die ersten Bäume des Wäldchens in unmittelbare Nähe kamen, die Pferde aber immer noch mit demselben Tempo unterwegs waren, kamen einigen von uns schon die Schweißperlen bei dem Gedanken, wie dieses Abenteuer wohl enden würde. Unsere beiden Freunde und ich bekamen unsere Pferde dann doch mit Mühe und gutem Zureden noch zum Stillstand. Nur mein Cousin Sicatus erreichte das vor dem Wäldchen liegende Buschwerk nicht auf dem Rücken seines Pferdes. Der unmittelbare Halt vor dem Hindernis dieses Buschwerks brachte zwar das Pferd zum Stehen, unterbrach jedoch nicht den Flug meines Cousins vor dem Hindernis, in das er mit lautem Schreckensgebrüll durch die Luft sauste, und wo sein Körper sich in dem Zweigwerk und Dornengebüsch einen unangenehmen Landeplatz verschaffte.

---

29 Ala = römische Reitereinheit

Aus war es mit dem Vertrauen, dass mein Cousin ein Naturtalent im Pferdereiten war, ebenso aber auch mit seinem vorlauten Mundwerk, das sowohl sein umliegendes Gesichtsfeld als auch einige seiner Körperflächen entscheidend ankratzte, und ihm tagelang schmerzende Glieder und blaue Flecken verschaffte. Ja so stark, dass er sich nicht selbst erheben konnte und wir ihn zusammen mit den anderen unter Mühen und Plagen zurück zum Ausgangspunkt unseres Abenteuerrittes und weiter zum Elternhaus schleppten, da er als Ältester von uns natürlich auch das meiste Gewicht hatte.

Zuhause angekommen wurde er von seiner Mutter Flavia Secunda mit entsetztem Gesicht empfangen, die sich sofort an die Pflege seines geschundenen Körpers und edlerer Teile machte. Mit Hilfe des in unmittelbarer Nähe arbeitenden Hausssklaven Publius Negro sowie einem Nachbarn, der zu Besuch war, brachte man ihn in das nahe gelegene Gutshaus der Villa Rustica[30], das die Familie meines Cousins bewohnte. Nach getaner Arbeit und Pflege des Unfallopfers kam dann der Besucher zu uns verbliebenen „Reitversuchsgesellen", wobei wir alle ziemlich unser Fett, in Form von Ermahnungen, abbekamen, aber auch Lob und Dankbarkeit dafür, dass wir meinen Cousin in seinem Zustand nicht im Stich gelassen, und ihn mit Mühe nach Hause geschafft hatten. Auch dem damaligen Kommentar des Besuchers, namens Lucius Proximus[31], der, wie sich später herausstellte, ein naher Bekannter meines Onkels und bedeutender Amtsträger in der entfernten Provinzhauptstatt Augusta Vindelica war, „Junge aus dir wird noch ein Wildfang, aber mit dem dienstbeflissenen Eifer sich um andere verantwortlich zu kümmern", maß ich damals noch keine Bedeutung bei. Erst später erinnerte ich mich an diese Worte, als mein Leben sich nach vielen Jahren in entscheidender Weise vom zivilen Amtsweg abweichend zu einer militärischen Karriere neigte.

Davon aber später mehr. Auf alle Fälle war dieser Vorfall ein bedeutender Schritt zur Erkenntnis, dass zu einem gewissen gedanklichen Können vor allem viel praktische Übung und viel Lernen gehörte. Aber all dies war in unseren jugendlichen Köpfen noch nicht sonderlich ausgeprägt. Damit sollte ein Jeder noch im Laufe seines späteren Lebens seine eigenen Erfahrungen machen. Und so vergingen die Tage und Jahre unserer Jugend und wie man so sagt: „Der Ernst des Lebens" beginnt früh genug

---

30 Villa Rustica = röm. Landwirtschaftsgebäude, bestehend aus Hauptgebäude, Wirtschafts- und Nebengebäuden, zur Versorgung der militärischen Verbindungsstrecken, meist mit Umgebungsmauer versehen
31 Lucius Proximus = Röm. Verwaltungsbeamter in Augusta Vindelica

mit vielen Erwartungen und weiteren Erlebnissen, die sich, wie einzelne Bausteine, zu unserem späteren Lebensweg formen sollten.

Aprilis 832, ab urbe condita (A.D. 79)

im 1. Regierungsjahr des Erhabenen Caesars Titus

Ein weiteres, zwar nicht unmittelbar direktes, aber dennoch einschneidendes Erlebnis, ließ uns Kinder ein Jahr später erschaudern. Jedoch hörten wir davon erst Wochen später durch einen Kurierreiter, der unterwegs nach Augusta Vindelica war.

Mein Vater Clemens Paternus hatte nach Abschied vom aktiven Militärdienst in verschiedenen Regionen von unserem Kaiser Claudius ein ansehnliches Gutslehen zur Bewirtschaftung übertragen bekommen. Hier hatte er auch in der letzten Station seines Militärdienstes vor 15 Jahren meine Mutter Claudia Clementia kennengelernt und später geheiratet. Dieser Umstand verhalf ihm nach Ende seines Militärdienstes sicherlich auch zu einer guten regionalen Bekanntheit und zahlreichen Kontakten. Abodiacum verdankte seine optimal gute wirtschaftliche Situation seiner Lage an einer gut gehenden Straßenstation an einer Kreuzung zweier wichtiger Straßen am Licca-Fluss. Die eine Straße führte von Cambodunum am Alpenrande zur römischen Provinzstadt Juvavum, die andere, die Via Claudia, verlief aus Richtung Foetibus[32] kommend zur raetischen Provinzhauptstadt Augusta Vindelica. Exakt hier an diesem Kreuzungspunkt hatte sich, nachdem vor einem halben Jahrhundert unten am Fluss auf einem kleineren Hügel die erste Militärstation gegründet worden war, auf einem Hügelplateau oberhalb des Flusses eine kleine zivile Ansiedlung entwickelt, wo sich die Familien der stationierten Soldaten, aber auch Kaufleute und Bauern aus der umliegenden Gegend niederließen. Hier mitten in diesem Ort, direkt an der Durchgangsstraße, hatte mein Vater mit seiner Familie eine gutgehende vicus vehiculorum[33] mit

---

32 Foetibus = Füssen/Bayern
33 Vicus vehiculorum = Post-/Nachrichtenstation des cursus publicum (öffentlicher, militärischer Transportdienst)

einer unmittelbar in der Nähe liegenden Villa Rustica errichtet, die immer gut von durchreisenden Militärs und Kaufleuten besucht war.

An einem der letzten Herbstabende des Jahres im späten Monat des Idus Novembres[34] saßen wir Kinder am offenen Feuer und lauschten den Worten eines durchreisenden Nachrichtenkuriers namens Publius Rufus[35],und seinen Erzählungen von dem, was er vor Beginn seiner Reise von Rom erlebt hatte. Dabei schweiften unsere Gedanken immer wieder in die Ferne, die tatsächlich so weit von uns weg lag, in unseren Vorstellungen jedoch immer so nahe war, dass wir begierig sämtliche Nachrichten aufschnappten, die auf diesen weiten Strecken ihre Runde machten. So erfuhren wir von der reichen Ansiedlung Pompeij[36], die im Herzen des römischen Reiches, in der Nähe zur Hauptstadt Rom liegend, besser gesagt „lag". Wir erfuhren damals von diesem am Mare Nostrum liegenden Ort, der oftmals von den römischen Caesaren als Sommersitz genutzt wurde. Publius Rufus erzählte uns nun seine Erlebnisse, da seine Familie aus dieser Ansiedlung stammte. Bevor er nach einem kurzen Heimataufenthalt seinen Dienst als Nachrichten- bzw. Meldereiter wieder antreten wollte, war er auch bei der Familie seines Bruders in Baijae[37], einer unmittelbar vor Pompeji liegenden Ansiedlung an einer Meeresbucht liegend, zu Besuch. Rufus hatte dort einige wenige Tage bei seinem Bruder verlebt und wollte in zwei bis drei Tagen wieder nach Rom aufbrechen.

Es waren unruhige Zeiten in den voranliegenden Jahren. Nachdem vor zehn Jahren a.u.c.822 (A.D.69) der vorige Caesar Nero seinem ausschweifenden Leben ein Ende gesetzt hatte, versuchten gleich drei Caesaren (Galba, Otho, Vitellius) sich nacheinander die Herrschaft des Imperiums zuzueignen, scheiterten jedoch kläglich und kamen in den Wirren um. Sie wurden ermordet. Erst der nachfolgende Caesar Vespasian befriedete diese Unruhejahre während seiner zehnjährigen Herrschaft. Da dieser jedoch an den Kalenden des Junius im Jahre a.u.c.832 (A.D.79), während er in seiner Heimat Kampanien weilte, verstarb, folgte ihm sein Sohn Titus auf den Thron, in dem er alle Provinzen des römischen Imperiums den entsprechenden Kommandanten und Konsuln die neue Befehlsstruktur zukommen ließ. Imperator Titus war kein Unbekannter, hatte er doch schon unter seinem Vater Vespasian erfolgreich in der Armee gedient und

---

34 Idus Novembres = Vollmond-Tag im Monat November
35 Publius Rufus (militärischer Meldereiter)
36 Pompeij = Ansiedlung am Mare Nostrum (heute Bucht von Neapel), bekannt durch den Vulkanausbruch am 20.August 79 (4 Tage Erdbeben, Feuersbrunst, Ascheregen), neuzeitliche Forschungen legen das Datum auf 17.Oktober 79 n.Chr.
37 Baiae = antike Siedlung am Golf von Neapel liegend

sich in der militärischen Rangfolge des Reiches während des Jüdischen Feldzuges einen bedeutenden Namen gemacht.

In diesen Wochen nun nach der Übernahme der Regierungsgeschäfte durch Titus war Publius Rufus bei der Familie seines Bruders Quintus in Baijae auf Besuch. Unmittelbar, bevor er seinen dienstlichen Melderitt nach Rom und Germanien in die Alpenprovinz Raetia nach Augusta Vindelica unternehmen sollte, hatte ihm sein Bruder offenbart, dass er zu dem in der Nähe liegenden Ort Pompeji, wo er das neu restaurierte Kolosseum besuchen wollte. Darin war geplant einige Schaukämpfe von lokalen Gladiatorenschulen zum Höhepunkt abzuhalten.

„Der Hochsommer war vorbei und die Kalenden des Quintilis[38], Sextilis[39] und Septem[40], mit der größten Hitze, neigten sich dem Ende zu. Der Idus (15.) des Octo[41] war bereits zwei Tage vorbei und der XVII war angebrochen. Trotzdem brannte die Sonne noch immer kräftig, der Tag versprach noch heiß zu werden. Die Ernte war größtenteils schon eingebracht, nur restliche Obsthaine und Gemüsefelder wurden noch abgeerntet. Vor allem der Wein wuchs prall an den Rebstöcken – es versprach eine gute Ernte zu werden. Fischerboote berichteten von reichem Ertrag, prallgefüllten Netzen mit den verschiedenen Meeresfrüchten, schilderten aber auch, dass sich manchmal die Seewellen aufbäumten, wenn der nahe Vesuvius[42] wieder einmal mit Grollen ankündigte, und Vulcanus[43] der Gott der Schmiede eifrig in seiner unterirdischen Werkstatt rumhantierte. Dies war nichts Neues, denn waren doch schon Jahre zuvor ähnliche Phänomene beobachtet worden. Schäden, die daraus entstanden, wurden immer wieder ausgebessert, und man hatte sich mit den Launen der vulkanischen Götterboten arrangiert, denn sie schenkten einem doch reiche Ernte durch den vulkanischen Boden. Trotzdem war es eine eigenartige Stimmung, die an diesem Vormittag in der erwartungsvollen Zuschauermenge der angekündigten Spiele herrschte. Wir, mein Bruder und ich, wollten an

---

38 Quintilis = römischer Monat (Juli)
39 Sixtilis = römischer Monat (August)
40 Septem = römischer Monat (September)
41 Octo = römischer Monat (Oktober)
42 Vesuvius = Vulkanberg am Golf von Neapel liegend
43 Vulcanus = röm. myth. Gott der Schmiede und des Feuers

unserem freien Tag die nahegelegene, im Nordosten der Bucht liegende Siedlung Pompeij besuchen. Alles war in großer Erwartung, da die angekündigten Spiele ja schon einige Tage vorher begonnen hatten und mit dem Armilustrium[44] am 19. des Octobris ihren Höhepunkt mit einem großen Pferderennen enden sollten.

Die Menschenmenge strömte zum Teil aus dem knapp zwei Meilen (1,5km) entfernten Hafen vorbei an den Vorstadtthermen, die Porta Marina durchquerend. Hier hielten wir kurz am Forum liegenden Tempel des Vespasianus inne, um ein kurzes Räucheropfer für einen erfolgreichen, entspannten Tag zu vollziehen. Weiter ging es dann, der Hauptstraße folgend, an dem Ortsteil mit den Stabiaer Thermen und dem, nur einen Sprung dahinterliegenden, Vergnügungsviertel mit dem Lupanar[45] vorbei, bis zur West-Ost-Verbindung der Via del Vesuvia. Hier mengten sich weitere Besucherströme von Westen der Porta Vesuvia, der Verlängerung in die Via-Stabiana, kommend am gleichnamigen Tor der Porta-Stabiana, mit weiteren Besuchern vom Osten her, die sich in die Menschenmenge mischten. Weiter der Hauptstraße folgend erstreckte sich danach zur rechten Hand das Handwerksviertel der Walkerei, das sich bis zur großen Palaestra, an der Porta-Nocera liegend, zog. Hier machten wir kurz Halt um uns an einer der zahlreichen, an beiden Straßenseiten liegenden Garküchen zu stärken. Dem Duft geräucherten Hühnchens, getaucht in den für uns Römer geliebten Garum – einer würzigen Fischsauce – konnten unsere knurrenden Mägen nicht widerstehen. Quintus grinste zufrieden von einem zum anderen Ohr, die letzten Reste des Hühnchens, samt Sauce, verschlingend. Nachdem wir uns ausgiebig gestärkt hatten, begaben wir uns anschließend auf das Gelände der Palaestra[46] im Norden des Stadtendes, wo sich das Amphitheater befand. Alle fieberten in Erwartung auf die bevorstehenden Spiele, die sich in der Mittagssonne bis in die frühen Abendstunden hinziehen sollten. Für den wohlhabenden Adel, den Nobiles[47], gleichsam auch der Allgemeinbevölkerung, bestehend aus uns Plebejer[48], brachte es doch einen vergnüglichen Zeitvertreib neben den amtlichen, städtischen und bäuerlichen Pflichten, gleichwie den Patriziern, die sich mit großer Leidenschaft diesem, für viele ergötzenden, Schauspielen hingaben. Durch die abgehaltenen Wetten galt es doch auch das eigene

---

44 Armilustrium = religiöse Feier des röm. Festkalenders zu Ehren des Mars
45 Lupanar = lat. Bezeichnung für Bordell
46 Palaestra = mit Sand bedeckte Fläche zum Training von Ringkämpfen
47 Nobiles = römische Adelsschicht (Patrizier)
48 Plebeyer = römische Bürger-/Arbeiterschicht

Vermögen zu vermehren, wenn man auf das richtige Gladiatorenhaus und deren einzelnen Kämpfer setzte, und gewann. Dass dabei mancher Kämpfer sein Leben verlor, war zwar bedauernswert, für die Menge jedoch nicht mehr als ein Nervenkitzel, was ich selbst nicht immer gutheißen konnte. Dies bedeutete in dieser Gesellschaft allgemein wenig, solange dieses Leben nicht das eigene bedeutete.

Als das Amphitheater sich allmählich gefüllt hatte, wurden vorab einige Stücke aufgeführt, die aus der Geschichte des römischen Reiches nachgestellt wurden. Auch Tierschaustücke wurden präsentiert. Exotische Raubtiere wie Löwen, aber auch Tiger, die von den Grenzprovinzen des Reiches importiert, wurden gegeneinandergehetzt. Manchmal gesellte sich dazwischen auch ein unfreiwilliges menschliches Opfer, das durch die römische Gerichtsbarkeit zum Tode verurteilt wurde, nur um die Menge in sichtlichen Erregungszustand zu bringen, bis die eigentlichen Gladiatorenschaukämpfe begannen. Als Favorit galt natürlich Celadus, der in der Kampfart eines Thraex[49] mit Krummschwert und Schild agierte. Auf ihn hatten viele gesetzt, galt er ja nicht nur als exzellenter Kämpfer, der seinem Gladiatorenhause von Puteolis aus der Nachbarstadt von Pompeij große Siege mit entsprechendem Kapital einbrachte. Auch war er im Allgemeinen bekannt als ‚Frauenliebling', dessen Siege ihm nicht nur viele Sesterzen einbrachten, sondern auch viele Herzen der Damen zufliegen ließen. Seine Siege verhalfen vor allem aber auch dem Ansehen des Sponsors der Spiele, Paquius Proculus, einem aussichtsreichen politischen Anwärter für das Amt des Stadtpräfekten, dessen Abbild auf vielen der Häuser als Wahlplakat dem Volke entgegenblickte. Seine Villa lag unmittelbar an der Hauptstraße, die wir eben passiert hatten.

Manchmal war die Stimmung in der Arena so aufgeheizt, dass es auch zu tätlichen Auseinandersetzungen zwischen den Zuschauern kam, die sich für die eine oder andere Partei erhitzten. Vor ca. 20 Jahren musste sogar einer der vorherigen Caesaren Nero die Spiele in Pompeij für 10 Jahre aussetzen, da es zu massiven gewalttätigen Ausschreitungen zwischen rivalisierenden Besuchern kam.

Als wir inmitten der Zuschauer auf unseren zugewiesenen Plätzen saßen, und die Vorstellungen begannen, spürten wir kleine Bodenvibrationen, die jedoch keiner der Zuschauer relativ ernst nahm, da der im Norden der Stadt nahegelegenen Vesuvius immer mehr oder weniger in Bewegung war. Alles starrte gebannt auf die beiden Kämpfer, einem

---

49 Thraex = Gladiatorenkämpfer mit Schild und Krummschwert (Herkunft Thrakien, heutiger Balkanraum)

germanischen Gladiator sowie seinem Gegner, der ihn als Rhetiarius[50] mit Speer und Netz umkreiste und seine Chance für einen erfolgreichen Vorstoß suchte. Erneut bewegte sich der Boden unter uns. Einige der umstehenden Säulenkapitäle begannen gefährlich zu schwanken. Mein Bruder meinte scherzhaft, dass der Gott Vulcanus heute wieder seinen Arbeitstag unter der Erde zu beginnen beabsichtigte. Doch der Satz blieb ihm im Mund stecken, als ein nahes Grollen die Aufmerksamkeit der Zuschauer von den in der Arena kämpfenden Gladiatoren auf den Mons Vesuvius lenkte. Eine feuerrote Fontäne bildete sich am Schlot des Berges und begann, begleitet von ohrenbetäubender Geräuschkulisse und dunkelgrauen bis schwarzen Wocken umrandet, sich langsam in die Höhe zu schieben. Begleitet von weiterem gewaltigen Getöse, setzten sich die umliegenden Sitzreihen in Bewegung und begannen sich aufzubäumen, was eine Panik der Zuschauer auslöste. Ringsum in der Kampfarena begannen die Zuschauer zu begreifen, dass es sich hier nicht wieder nur um geringfügige Störungen des Vesuvius handelte, sondern dass sich hier eine einsthafte Gefahr anbahnte. Die Menschenmenge versuchte sich panikartig auf die Ausgänge zuzubewegen, aber da dies zu viele zur gleichen Zeit versuchten, bildeten sich an den Ausgängen Menschenknäuel. Begleitet von gellenden Protest- und Schreckensschreien, versuchte jeder den Ausgang zu passieren, aber nicht jedem gelang es, da sich Steinsäulen, Sitzfragmente und Emporen durch die Wucht der Eruptionen mitten in die panische Menschenmenge stürzten und viele darunter begruben. Auch wir, mein Bruder Quintus und ich versuchten unser Heil in der Flucht. Es war ein Hauen und Stechen und Schreien, begleitet von den donnernden Geräuschen der Ausbrüche des Mons Vesuvius, dem prasselnden Regen der Lapilli[51] und den tanzenden Flocken des Ascheregens, unter der die entsetzten panisch Flüchtenden versuchten ihre eigene Haut zu retten. Jeder war sich selbst der Nächste, egal ob man über Bimssteinbrocken oder auf gefallene Flüchtende trat, man versuchte nur möglichst schnell Abstand zu den niederprasselnden Eruptionsauswürfen zu gewinnen. Eine Lapilli-Kugel auf dem Rücken machte nur eine kleine Druckstelle, hunderte, die auf Rücken und Haut trommeln, schmerzhafte Stellen, tausende aber verhinderten das Weiterkommen in bereits knietiefen Niederschlägen, die sich mit einer zähen Masse bestehend aus Asche und Nässe um die Füße schlossen und sich schnell verhärteten. Dabei waren die Flüchtenden noch

---

50 Rhetiarius = Gladiatorenkämpfer mit Netz und Dreizack
51 Lapilli = (Plural) erbsen- bis nussgroße kleine Bimssteinkugeln, beim Auswurf von Vulkanen entstehend

24

gesegnet, die von direkten ‚Bomben[52]' erschlagen wurden, andere wateten durch die engen Gassen und versuchten durch die inzwischen knietiefen Lapilli-Niederschläge voranzukommen, begleitet von brennenden Gebäuden der niederstürzenden Häuser und Mauern, sowie ohrenbetäubendem Krachen der Häuserdächer, die die Last des Lapilliregens nicht mehr tragen konnten, und einstürzten und damit auch alle darunter sich befindlichen Menschen, die Schutz innerhalb der Hausmauern suchten unter sich begruben. Nach einiger Zeit, inmitten des Menschenknäuels, schafften wir es auf die offenen Gassen zu kommen, wo ein jeder panisch seinen Fluchtweg suchte. Begleitet vom donnernden Grollen des Berges, dessen Aschewolke durch die Eruptionen mehr und mehr in die Höhe schoss und sich zu einem gigantischen Rauch- und Aschepilz ausweitete, begann ein leiser flockiger Regen, der auf die Stadt herniederfiel. Da natürlich auch die Gassen nicht unbedingt breit waren versuchten die Menschen sich auf das Osttor (Stabiae) als auch auf das weiter entfernte Südtor (Seetor), wo die weiterführende Straße sich bis zur Hafenbucht hinzog, hinzubewegen. Häuserfronten wankten, Balkone stürzten auf die Gassen, was vielen Flüchtenden Verletzungen und auch den Tod brachte, wenn sie unter die stürzenden Mauerfragmente gerieten. Mit Mühe und Not sowie schlotternden Knien schafften wir es, zu guter Letzt durch das südwestlich gelegene Seetor zum naheliegenden Hafen zu gelangen. Da viele Flüchtende dieselbe Idee hatten war dieser bereits vollgefüllt. Viele kleine Boote versuchten von der Kaimauer abzulegen, um mit den darin befindlichen Passagieren aus der Gefahrenzone der flüchtenden Menschenmenge zu gelangen. Viele der Flüchtenden stürzten sich in die Fluten, nur um der Gefahr zu entrinnen, verursachten damit aber auch das Umkippen vieler Boote da sich zu viele an die hilfebietenden Boote klammerten.

‚Schnell weiter runter an der westlichen Mole', schrie mein Bruder Rufus, der sich an die Hoffnung klammerte ein kleines Boot von einem seiner befreundeten Fischer zu erlangen. Nach einer Wegstrecke von 200 Ellen fanden wir dieses auch. Glücklicherweise war diese Ecke des Hafens aufgrund der winkeligen Steinfragmente noch nicht so überlaufen, dass wir ohne größere Probleme ins Boot steigen konnten. Plötzlich hörten wir flehentliches Rufen aus einer Mauerecke. Bei näherem Hinsehen sahen wir eine Frau mittleren Alters, die ein kleines Kind in den Händen hielt, und verzweifelt darum bat, mit uns ins Boot zu kommen, was wir ihr auch, wenn mit bedenklicher Miene meines Bruders Quintus, da das kleine Boot durch die Last der Insassen bedenklich hin und her schwankte, gewährten.

---

52 Bomben = vulkanische Gesteinsbrocken; abgekühlte durch die Luft fliegende Lavamasse

Nach einigen kräftigen Ruderschlägen entfernte sich das Hafenufer. Wir sahen viele schwimmende Flüchtende, die versuchten sich unserem Boot zu nähern. Nur die kräftigen Ruderstöße meines Bruders brachten hier einigen Abstand, sodass wir gefahrlos weiter auf die offene Meeresbucht hinauskamen, begleitet von anderen Booten, die die Flucht in derselben Richtung suchten. Ein Blick zurück ließ uns erschaudern. Die Kuppe des Mons Vesuvius, die sich in Blickrichtung über Pompeij erhob, war gespalten. Eine gewaltige Seite der Bergflanke existierte nicht mehr. Flüssige Lava wälzte sich an seiner südwestlichen Seite in Richtung der naheliegenden Siedlungen von Pompeij und der etwas weiter westlich liegenden Siedlung Herculaneum. Eine riesige Aschewolke erhob sich über den Himmel, breitete sich beständig aus und begann, begleitet von düsteren Rauchschwaden, auch die Sonne zu verfinstern. Niederprasselnder Lapilliregen, begleitet von den in der Luft tanzenden Ascheflocken fand auch noch seinen Weg weit in die Meeresbucht, sodass das Wasser bedeckt wurde vom darauf tanzenden Schaum, der sich darauf wiegenden Bimssteinkugeln, die mit stetigem Klopfen an die vielen im Wasser befindlichen Boote schlugen. Etwas weiter entfernt auf offenem Meer sahen wir auch einige Biremen[53] und Triremen[54], die sich in Richtung Hafen bewegten, um noch mehr Flüchtende aus deren verzweifelter Lage zu retten. Wir ruderten in die südwestliche Richtung der Bucht, um uns nach Baijae dem Heimatort von Quintus durchzuschlagen, was uns nach einigen Stunden gelang. Es dämmerte bereits und der Himmel färbte sich neben dem nächtlichen Dunkel der hereinbrechenden Dämmerung in ein unnatürliches fahles Orangeockergelb, durchzogen von den in der Luft schwebendem Staub- und Ascheflocken. Quintus' Frau Priscilla dankte allen lokalen Göttern, dass ihr Mann sicher aus diesem Katastrophenort, und heil mit mir, ihrem Schwager zurückgefunden hatte, was vielen der bedauernswürdigen Opfer dieser Katastrophe wahrscheinlich wohl nicht mehr gelungen war. Erst viel später erfuhr ich, dass nach amtlichen Schätzungen der darauffolgenden Wochen an die 2.000 Opfer ihr Leben in dieser Katastrophenfalle ließen. Schilderungen eines Philosophen Plinius d. Jüngeren[55] zufolge – sein Onkel Plinius d. Ältere[56] kam bei dem Ausbruch ums Leben – dauerte dieser Ausbruch an die drei Tage. Am schlimmsten jedoch

---

53 Bireme = Antike Kriegsschiffe, mit zwei- bzw.
54 Trireme = drei Ruderbankebenen
55 Plinius d. Jüngere = (*61 †113nChr) Philosoph u. Geschichtsschreiber
56 Plinius d. Ältere = (*23 †79nChr) Gelehrter, Offizier und Verwaltungsbeamter (starb beim Vesuvausbruch)

war es, als wir hörten, dass sich am zweiten Tage des Ausbruchs eine gewaltige Glut- und Aschewolke vom Berghang löste und die beiden Städte Pompeji und Herculaneum unter mehr als zum Teil 100 Ellen (50-60m) hohen Lava- und Ascheregen und Lapilligeröllmassen vernichtete, und damit auch noch sämtliches Leben an Menschen, die sich darunter noch im Schutze ihrer Häuser wähnten.

Diese Katastrophe wird sich wohl noch in den zukünftigen Generationen, ja auch Jahrhunderten in die Erzählungen von Menschen unseres Reiches durch viele Schilderungen hinziehen. Jupiter[57] zum Dank, dass solches nicht alle Tage geschieht und die Menschen dadurch geplagt werden, obwohl ich hörte, dass trotz dem Untergang dieser beiden Stadtsiedlungen, sich bald wieder Menschen in der Nähe des Vulkans niederließen und neue Ansiedlungen errichteten. Aber so ist halt der Mensch. Katastrophen, wenn sie vergingen, verschwinden aus den Erinnerungen, was bleibt und entscheidend ist, ist welchen Nutzen der Mensch daraus ziehen kann, und dies scheint die Bevölkerung – zumindest so hörte ich – aufgrund der fruchtbaren, daraus neu entstehenden Erde für den Ackerbau, voll für sich in Anspruch genommen zu haben.

Den Göttern sei's gedankt – ich war dem Unheil entronnen und konnte mich bald unmittelbar darauf in die Hauptstadt Rom zurückbewegen, wo ich meinen Meldedienst wieder antrat. Mit einer Sondermeldung sowie wichtigen amtlichen kaiserlichen Befehlen, ritt ich bald darauf für unseren erhabenen Caesar Titus in Richtung Norden, in die ferne Alpenprovinz Raetien nach dessen Hauptstadt Augusta Vindelica, und nun sehet, heute wo ich Euch diese Schilderungen am abendlichen Feuer zu diesen späten Kalenden des Novembres erzähle. Danket den Göttern, dass es Euch hier in diesem kleinen Ort Abodiacum nicht zu solchem Unheil geführt hatte, was diese Menschen im fernen Süden unseres Reiches erfahren mussten."

Wir Kinder und Jugendliche, die den Erzählungen des durchreisenden Meldereiters Publius Rufus atemlos gelauscht hatten, konnten uns nur schwerlich von diesen bildlich geschilderten Erlebnissen lösen. Auch wenn dies alles weit entfernt geschehen war – für mich entbrannte eine unheimliche Sehnsucht, mehr von diesem römischen Imperium zu erleben als das, was ich bislang als Jugendlicher mit vierzehn Lebensjahren in diesem kleinen Orte Abodiacum erlebt habe. Die Welt begann sich in meinen Vorstellungen zu öffnen, und ich wollte ein Teil davon sein und mich mit ihr ebenso meinen Erlebnishorizont erweitern. Aber davon mehr in meinen nächsten Lebenserzählungen.

---

57 Jupiter = oberste Gottheit der röm. Mythologie

27

Abbildung 4: Joseph Rebell – Vesuvausbruch bei Nacht (Öl auf Leinwand 1822)

Kapitel II
Auf ins Leben (Augusta Vindelicorum)
Beginn meiner beruflichen Laufbahn

Octobris, 838 - ab urbe condita (85 n.Chr.)
im 4. Regierungsjahr des Erhabenen Caesars Domitian

Denke ich zurück an den Beginn meiner beruflichen Laufbahn, dann taucht vor meinem geistigen Auge immer eine Stadt auf. Augusta Vindelica, die Stadt benannt nach dem Gründer unseres Reiches, dem Nachfolger von Caesar, Augustus Imperatore, oder wie er auch vor seinem Regierungsantritt hieß, Octavian. Sah ich doch in seiner Regierungszeit die Verwirklichung der Pax Augusta Romanum[58], einer Friedenszeit nach all den Wirren der Aufstände nach der Ermordung von Julius Caesar durch Senatsmitglieder, den nachfolgenden Bürgerkriegsumständen und den Auseinandersetzungen zwischen den Heeren des Octavian, dem Großneffen von Gajus Julius Caesar und Marcus Antonius.

Ihnen voraus ging ein 17jähriger Bürgerkrieg über die Vorherrschaft im Reich, die er im Jahre 726 a.u.c.(27 v.Chr.) abschloss. Obwohl nach außen hin eine intensive Expansionspolitik betrieben wurde, begründete er nach innen hin im Reich die Pax Augusta Romanum und schuf damit das Wachstum des Reiches im gesamten Bereich des Mare Nostrum.

In seinem 12. Regierungsjahr begann dann die Romanisierung des Alpenraumes, und damit verbunden auch die Assimilierung meiner Vorfahren, den Kelten, dem Volk meiner Mutter. Damals bezeichnete man dies unter der einheimischen Bevölkerung Eroberungsfeldzüge. Heute weiß ich, dass dies trotz all der kriegerischen Umstände, uns allen aber auch einen Bezug zu einer angenehmeren Lebenskultur brachte. Augusta Vindelicorum, das bald nach Gründung des römischen Heerlagers zur Hauptstadt der Region wurde, war nunmehr das Zentrum für jegliches römisches Leben in dieser Alpenprovinz. Wenn man etwas werden wollte, so war dies die Stadt, in der alles begann. So auch für mich, der ich nun zwanzig Jahre alt war, und meinem Vater nachzueifern begann. Die Welt war für mich zu klein geworden in meinem Geburtsort, nach all den

---

58 Pax Augusta Romanum = Allgemeine Friedensperiode, begründet durch Kaiserdynastien (200-250Jahre).

Erzählungen, die ich von Durchreisenden nah und fern hörte, denen wir als Kinder immer ungläubig mit erstaunten Augen und Ohren gelauscht hatten. In mir herrschte bereits seit meiner Kindheit ein unbändiger Drang die Welt zu entdecken. Und dazu bot dieses römische Reich die Gelegenheit.

Hatte es doch mein Vater in seiner militärischen Dienstzeit nicht nur zu Ansehen und Akzeptanz gebracht: Durch seine Verdienste wurde ihm auch der Familienname Clemens mit dem Zunamen Claudius dem während seiner militärischen Dienstzeit herrschenden damaligen Imperator geehrt. Seine ehemaligen militärischen und späteren geschäftlichen Beziehungen, hatten ihm und seiner Familie nicht nur erheblichen Wohlstand in Form eines Vermögens, sondern seiner Familie und Nachkommen auch das Jus civile[59] gebracht. Für mich stand fest: Ich wollte ihm nicht nur nacheifern, mich zog es weiter fort die Welt kennenzulernen, und dafür war diese Stadt Augusta Vindelica. Nur war mir noch nicht klar, ob ich mich in den zivilen Verwaltungs- oder militärischen Dienst einreihen sollte, um in meiner beruflichen Laufbahn vorwärts zu kommen.

Schweren Herzens akzeptierten mein Vater und meine Mutter meine Entscheidung, obwohl sie es lieber gesehen hätten, dass ich als Ältester den Besitz und die Bewirtschaftung unseres heimischen Anwesens in Abodiacum übernommen hätte. Ich tröstete sie mit dem Bewusstsein, dass für diese Aufgabe auch mein um vier Jahre jüngerer Bruder Aeilius bestens geeignet sei, und dass ich ja sowieso nur in Augusta Vindelica eine Tagesreise per Schiff flussabwärts stationiert sein würde. Damals erinnerte ich mich an die Worte eines Bekannten von meinem Onkel, als wir als Jugendliche zusammen mit meinen Cousins Sicatus und Marcus unsere ersten „Reiterfahrungen" im Gestüt meines Onkels Indutus Licatus machten. Damals war auch Lucius Proximus anwesend, der in der Provinzhauptstadt bereits in einem einflussreichen Posten als städtischer Verwalter tätig war. Mit seiner Hilfe und Unterstützung begann ich in Augusta Vindelica meine ersten beruflichen Schritte und lernte das römische Verwaltungssystem von Grund auf kennen. Normalerweise hatte man es als ursprünglicher „Nicht-Römischer-Bürger" nicht einfach eine senatorische Verwaltungslaufbahn ohne finanziellen Hintergrund zu beginnen, verfügte ich doch Dank meines Vaters über beides, das römische Bürgerrecht, sowie ein ansehnliches kleines Vermögen, das meine Eltern zusammengespart hatten, um mir diesen Schritt zu ermöglichen.

---

59 Jus civile = römisches Bürgerrecht, konnte direkt oder nach ehrenvoller Dienstzeit auch auf Nicht-Römer übertragen werden

Trotzdem war es ein mühevoller Einstieg, wenngleich auch ein sehr trockener Lehr- und Lernprozess durch die Rechtsprinzipien der römischen Verwaltung, die mit der Übernahme von sämtlichen Provinzen, die erst militärisch erobert, romanisiert und dem Reich politisch eingegliedert wurden. Nach dem römischen Recht war man recht flexibel in der Auslebung der regionalen Gegebenheiten. Sei es religiöser, kultureller oder politischer Ansicht. Solange man den römischen Kaiser als das Oberhaupt und göttlichen Ursprunges anerkannte und seinen steuerlichen Verpflichtungen nachkam, konnte man auch andersartigen Glaubens sein. Ob man, wie meine eigenen Vorfahren, die Kelten, den einheimischen seit lang her regionalen Göttern in den eroberten Gebieten opferte, oder seinen persönlichen Lebensstil verwirklichen wollte: Das römische Reich akzeptierte die verschiedenartigen Götterwelten, solange dies in dessen Rahmen passte, und erklärte mitunter auch die verschiedenen Götter, trotz anderer Namensbezeichnungen zwischen den verschiedenen Bevölkerungsschichten als gleichwertig. Zum Beispiel „Jupiter", oberster römischer Göttervater, Hauptfigur der römischen Staatsreligion, Herrscher des Himmels und des Donners, ihm gleichbedeutend dem keltischen „Taranis" mit ähnlichen Eigenschaften. Oder „Mars", römischer Gott des Krieges, mit dem keltischen Pendant „Teutates", Gott aller Stämme, Kriegsgott und Erfinder aller Künste. Aber auch „Venus", der Göttin der Liebe und Fruchtbarkeit, ihr gleichbedeutend im keltischen, „Branwen". So zog sich dies durch den ganzen Götterhimmel, wieviel da auch unter oder über dem großen Sternenzelt wohnen mochten. Dass es da vielleicht nur einen geben mochte, kam mir damals nicht in den Sinn. Mit solch ungewöhnlicher Auffassung sollte ich erst viel später in meiner Laufbahn konfrontiert werden. Vor allem die Liebe sollte mich in jungen Jahren in ihren Bann ziehen, nur hatte ich damals noch keine Vorstellung davon, was dies auch für Schwierigkeiten mit sich bringen konnte. Karriere und Liebe war selten in Einem zu vereinen, doch das sollte mir noch erst später zur Bedeutung werden.

Eines Tages, nachdem ich die ersten drei Verwaltungsdienstjahre absolviert hatte, trat mein Gönner Lucius Proximus an mich heran und fragte mich, ob ich ihn denn nicht zu seiner Verwandtschaft begleiten wollte, die ca. elf Meilen aufwärts an der Straßenverbindung der Via Claudia in einer Guts-Villa lebte. Nun, dieses Besuchsangebot schien mir ein wenig Abwechslung in den Alltag zu bringen und so willigte ich ein. Drei Tage später nahmen wir Platz in einem Pferdegespann und ab ging es in Richtung Süden. Was ich zu diesem Zeitpunkt aber nicht wusste war, dass mein Mentor Lucius Proximus anderes im Sinn hatte, denn liebäugelte er doch schon lange damit, dass seine Großnichte Flavia in ihrer aufblühenden weiblichen Schönheit mit zwanzig Lenzen immer noch nicht verheiratet war. Da kam ihm die Gelegenheit sicherlich recht seinen Schützling, der eine gute berufliche Position in der Provinzhauptstadt anstrebte, durch die Bande der „Venus" aktiver an seine verwandte Familie zu schmieden. Aber dies alles wusste ich zu diesem Zeitpunkt noch nicht.

Vorbei ging es an der ebenen Straße durch diese wunderschöne Flusslandschaft, und kurz bevor wir am Ziel des Gutshofes ankamen, sah ich eine Wegbiegung, deren Meilenstein rechts abgehend ca. zwölf Meilen weiter zu einer weiteren römischen Siedlung, Rapis[60] genannt, hinwies. Die Siedlung war wie ich von Proximus hörte nicht unbedeutend, wurde dort doch auch eine bedeutende Werkstatt, in der das römische Porzellan aus dem dortigen Lössmaterial der berühmten „terra sigillata" hergestellt wurde, das in jedem bedeutenderen römischen Haushalt gut und gerne seinen Absatz bei der Dame des Hauses fand.

Vor uns erstreckte sich jetzt am Reiseziel eine ansehnliche Villa, Flaviana[61] genannt, wie mir Lucius erklärte. Blumen, Gärten sowie weiterer Hof und Wirtschaftsgebäuden umsäumt von brusthohen Mauern, die sich um das gesamte Areal zogen. Darum herum wogten in goldgelben Farben ergiebige Weizenfelder, die für die Versorgung des Gutshofes, als auch der naheliegenden Provinzhauptstadt dienten. Diese Gutshöfe, so erklärte mir Lucius Proximus, wären die Grundversorgungsadern des römischen Straßennetzes mit den umliegenden Siedlungen und militärischen Standorten und bei guter Betreuung könne ein Besitzer einen erheblichen finanziellen Vorteil erwirtschaften, sofern er diesen sorgsam bewirtschaftete. Aufmerksam geworden aufgrund des abrupten Halts des Kutschers unseres Reisewagens, trat eine ca. an die 40 Jahre alte Dame aus dem an einer Treppe liegenden erhöhten Hauseingang und begrüßte Lucius Proximus überaus freundlich. Ihr zur Seite gesellte sich nach einigen Minuten anscheinend auch der Hausherr sowie zwei Jugendliche im Alter von ca. 18 und 16 Jahren. Umso überraschter war ich, nachdem auch ich mich aus dem Reisewagen geschwungen hatte, als noch eine jüngere Dame, ca. an die 20 Jahre, aus dem Hauseingang trat. Ihr Haar leuchtete golden wie die Weizenähren, die ich auf den umliegenden Feldern am Wege hierhin schon bewundert hatte. Ihre Augen leuchteten in tiefstem saphirblau, die

---

60 Rapis = römische Siedlung bekannt für wertvolle Terra Sigillata Manufaktur (Schwabmünchen)
61 Villa Flaviana = Gutshof an der Via Claudia liegend (in etwa heutiger Siedlung Königsbrunn entsprechend)

mich jemals angeblickt hatten, und der Körper, der dieses liebreizende Haupt trug, das ich jemals gesehen hatte, bewegte sich anmutig die Stufen des Hauses herunter auf den Hof. Ich war so beeindruckt, dass mir in den ersten Momenten der Atem fast stillstand. Ein seitlicher Blick von Lucius Proximus genügte, um zu erkennen, was sich hier abspielte. Sein gönnerhaftes Lächeln bewegte sich von mir weiter zum Hausherrenehepaar, um dann mit weitgeöffneten Armen diese überschwänglich zu begrüßen, das sich nach seiner Vorstellung als seinen Neffen Fulvius und seiner Frau Domitia herausstellte, sowie deren Söhne Linus und Decius. „Na, habe ich Euch zu viel versprochen, als ich euch meinen Zögling in den Verwaltungsdienst des kaiserlichen Legaten zum Besuch angekündigt habe?" Erst da dämmerte es mir, dass dieser Besuch nicht nur zufällig zustande kam, sondern anscheinend schon seit längerer Zeit geplant war. Aber das war mir gleich, solange ich nur in dieses lächelnde Angesicht sehen durfte, das sich mit ihrem Namen als Flavia Domitilla vorstellte. „Kommt rein", lud uns die Hausherrin freundlich auf. „Unsere Gäste können sich ja kurz erfrischen, und bis wir etwa in zwei Stunden essen, kann Flavia unserem jungen Gast das gesamte Anwesen zeigen", dem ich natürlich mit freudestrahlendem Gesicht bejahend und gerne zusagte. Diese wunderschöne Venus hatte mir mein Gemüt vom ersten Augenblick an verzaubert, sodass ich meinen Anblick nicht von ihr lösen konnte, während sie mir den Gutshof zeigte. An die Wohngebäude anliegend schmiegten sich weitere Gebäude, einige Wirtschaftsgebäude sowie Unterkünfte der Bediensteten, die hier am Gutshof tätig waren. Etwa 50 Schritte einem sanften ansteigenden Hügel folgend lag auch ein römisches Badegebäude[62] etwa mit einer Fläche von 80 Ellen im Quadrat. Darin liegend befanden sich mehrere Räumlichkeiten mit inliegendem Kalt- und Warmwasserbecken, Ruhe- und Umkleideraum, was sowohl den Bewohnern dieser Anlage, aber auch den Durchreisenden an der Via Claudia zur Verfügung stand. Umso erstaunlicher beeindruckte es mich, da nicht viele Straßenstationen mit einem solch wohlhabenden Komfort wie diesem Anwesen ausgestattet waren und von enormer Bedeutung zeugten. In einiger Entfernung lag noch ein Gebäude, das, wie mir Flavia Domitilla erklärte, einer Darre entsprach, worin die abgeernteten Landwirtschaftsgüter zur längeren Haltbarkeit getrocknet wurden, bevor man sie selbst nutzte oder

---

62 Röm. Badegebäude; Grabungen 2002-12, durch Archäolog. Arbeitskreis für Vor- u. Frühgeschichte auf dem Gelände des heutigen neuen kath. Friedhofes von Königsbrunn entdeckt. Anmerkung d. Autors: Diplomarbeit: Julia Polleres (1999) „Eine römische Ansiedlung mit Mithräum in Königsbrunn"

zum Weitertransport in andere umliegende Siedlungen transportierte. Alles in allem war die Lage dieses Gutshofes wirklich ideal angelegt, und zwar auf einer Hochterrasse liegend in Richtung Osten sanft abfallend, wo sich der Licca-Fluss in ca. eineinhalb Meilen Entfernung durch die Auen zog.

Ein sonderbares Gebäude zog meine Aufmerksamkeit auf sich. Es war ein niedriges, vielleicht etwa zwei-Mann hohes Steingebäude in der Nähe etwa an die 100 Ellen[63] entfernt in südlicher Richtung liegend. Zwei Seitenmauern umgrenzten mit einem flachen Runddach und überdeckten das Gebäude, das wir auf meine Bitte hin betraten. Inmitten des Hauptraumes, etwa an die 50 Ellen im Quadrat, rechts und links umsäumt von steinernen Bänken, erhob sich ein Altar, mit einem bunten Relief ausgestattet. Dieses zeigte einen Stier mit einem über ihm liegenden Mannes, dessen Haupt mit einer runden Haubenmütze bedeckt war und in der rechten Hand ein Messer führend, das er dem Stier an seine Kehle hielt. Kerzenstummel umringten den Weihealtar, dazwischen blinkten einzelne Münzen, die Reisende hier wahrscheinlich geopfert hatten. Die Szene umsäumten noch zwei seiner Begleiter, mit Namen, Cautes und Cautopates, wie mir Flavia erklärte, sowie ein Sternenhimmel. Flavia Domitilla erklärte mir, dass dies ein römisches Heiligtum sei, dessen Darstellung einen Stiertöter und Weltenherrscher symbolisierte, der von Sternbildern umrahmt war. Dieser römische Kult war von römischen Legionären, die im Osten das Mare Nostrum stationiert waren, hier in diesen Kulturbereich mit deren Versetzung an die Grenzbefestigung des Limes in der Alpenregion, mitgebracht wurden. Der Kult war allerdings nur Männern vorbehalten. Nach sieben Weihestufen sollten die „Eingeweihten" die geistige „Unsterblichkeit" erhalten. Sowohl das „Heiligtum des Mithras[64]", wie Flavia-Domitilla es nannte, als auch das naheliegende Badegebäude waren ein Bestandteil des Anwesens, das unmittelbar an der Fernverkehrsverbindung der Via Claudia lag und von jedem durchreisenden Händler, zivilen Reisenden oder auch militärischen Centurien, genutzt werden konnte. Dies umso mehr, da dieser Halt an der letzten Station vor der Provinzhauptstadt Augusta Vindelica lag und von Durchreisenden,

---

63 Elle = römisches Längenmaß (100 Ellen entsprechen ca. 45 Meter)
64 Mithras = ein im 1. Bis 4. Jh. n.Chr. religiöser Kult im röm. Reich mit Ursprung in Vorderasien, zeitreal einstufbar ab Ende 1.- Mitte 2.Jh. n.Chr. durch Legionstruppenverlegung in den germanisch/röm. Bereich importiert.
Anmerkung d. Autors: Beispiel Königsbrunn, auf ursprünglich. röm./kelt. Weihetempel, Nähe zu röm. Villa Rustica an einer Straßenstation errichtet. Grabungsfreilegung ca. 1976/77; auf dem Gelände des heutigen Friedhofes von Königsbrunn.

die hier an diesem Orte hielten und übernachteten, gerne als Erholung von der beschwerlichen Reise auf der römischen Fernstraße genutzt werden konnte.

Mit solch ausführlichen Informationen ausgestattet kehrten wir ins Hauptgebäude zurück, wo man das Abendessen durch die Dienerschaft im Triclinium[65] auf niedrigen Tischen zum Verzehr aufbereitet hatte. Die Hausherrin lud uns ein zuzugreifen, was uns alle nicht ein zweites Mal gesagt werden musste, da sich der Appetit an den servierten Speisen orientierte. Laut der Hausherrin bestand das abendliche Hauptmahl aus drei Gängen. Als Vorspeise gab es Gemüse, Salat, gekochte Eier und Fisch, gefolgt vom Hauptgang mit gebratenem Geflügel mit Gemüse und Hülsenfrüchten. Als Nachtisch wurde dann Obst und Gebäck serviert. Das hätte selbst „Licinius Lucullus[66]", seines Zeichens bekannter Gourmet, zur Ehre gereicht. Solchermaßen gestärkt verbrachten wir den gemeinsamen Abend noch in gelöster Unterhaltung, so manchen Philosophen der Antike erläuternd, bis dass uns die Müdigkeit an die späte Stunde mahnte, die so schnell, ohne dass wir es gemerkt hatten, hereingebrochen war.

Den nächsten Tag verbrachten wir noch mit einigen gemeinsamen Gesprächen sowie Spaziergängen in der sommerlichen Idylle der Umgebung, bis dass uns Lucius Proximus zum Aufbruch zurück nach Augusta Vindelicorum gemahnte. Soviel sei gesagt: Es blieb nicht bei diesem einmaligen Besuch bei den freundlichen Gastgebern. Man sah uns oft und gerne als liebe Besucher, insbesondere mir, der die Gesellschaft von Flavia-Domitilla sichtlich genoss, und die Besuche zur Knüpfung der zarten Bande des Herzens miteinander nutzte. Der Wunsch der Gastgeber mich als ihren zukünftigen Schwiegersohn noch öfter empfangen zu können, erfüllte sich zu meinem und deren Leidwesen jedoch nicht. Es kam doch anders, als ich es mir selbst vorerst gewünscht hätte, aber davon mehr in meinen nächsten Erzählungen.

65 Triclinium = römischer Wohn- und Speiseraum
66 Licinius Lucullus = (* 117 v. Chr.; † 56 v. Chr.) römischer Senator u. Feldherr, bekannt durch Gourmet-Gastmahle

Aprilis, 842 - ab urbe condita (A.D. 89)

im 9. Regierungsjahr des Erhabenen Caesars Domitian

Ja, es waren stürmische Zeiten, die in unserem Reich heranbrachen. Meine ursprüngliche Absicht weiterhin eine politische Laufbahn in der Provinzhauptstadt Augusta Vindelicorum einzuschlagen, begann sich, aufgrund der hereinbrechenden Ereignisse, mehr und mehr zu ändern. Als ich vor vier Jahren meine zivile amtliche Dienstlaufbahn einschlug, mehrten sich die Meldungen, dass im Osten des Reiches ziemlicher Aufruhr unter der dortigen Bevölkerung herrschte. Dieses Gebiet bevölkerte eine bunte Schar von Volksstämmen, darunter die Jazygen, Costobocen, Quaden, Sarmaten und Roxolanen, um einige von ihnen zu nennen. Insbesondere ein Volksstamm, Daker[67] genannt aus dem Raume am Pontus Euxinus[68] entstammend, fielen mit ihren Kriegerhorden in das Grenzgebiet unserer errichteten Provinzen von Moesia-[69] und Pannonia Inferior[70] in das neu besiedelte Gebiet vor. Raubend und mordend, gemäß den Berichten zufolge, brandschatzen sie Siedlungen und umliegenden Landschaften, sodass ein gefährlicher Brandherd in diesem Gebiet entstand. Dies veranlasste unseren erhabenen Caesar Domitian eine Strafexpedition in das unruhige Grenzgebiet zu entsenden, die Ruhe und Ordnung wiederherstellen sollte. Wider Erwarten jedoch wurde der dortige römische Statthalter Gaijus Oppius Sabinus[71] in den Aufständen getötet, was Domitian veranlasste sich persönlich mit seiner Anwesenheit seiner militärischen Truppen in diesem Gebiet stärker zu widmen. Die Kämpfe, an denen er persönlich teilnahm, stockten vielfach, da der Gegner ziemlich hartnäckigen Widerstand leistete, und es dauerte über zwei Jahre einen einigermaßen „geordneten" Zustand zu erreichen. Der dortige dakische König Diupaneus[72] befürchtete aber die Folgen des römischen Einmarsches und trat zugunsten seines Neffen Decebalus[73] seinen Herrschaftsrückzug an.

Dieser neue König war nicht zu unterschätzen, da er eine militärisch hoch qualifizierte Person war, großes charismatisches

---

67 Daker = Volksstamm, im Gebiet der Schwarzmeerküste (Bulgarien) lebend.
68 Pontus Euxinus = Schwarzes Meer
69 Moesia inferior = römische Provinz am Schwarzen Meer
70 Pannonia inferior = röm. Provinz (heutiges Gebiet Ungarn)
71 Gaijus Oppius Sabinus = Statthalter der Provinz Moesia
72 Diupaneus = Dakischer König
73 Decebalus = Dakischer König

Verhandlungsgeschick zeigte, und enorm zielstrebend zurückschlagen konnte. Dies bekam auch der neu eingesetzte Prätorianerpräfekt Cornelius Fuscus[74] zu spüren, der die von Domitian befohlene Strafexpedition übernommen hatte, dabei jedoch vom Gegner vernichtend geschlagen wurde. Auch seinem Nachfolger, dem Legaten Tettius Julianus[75], blieb der Erfolg verwehrt, als dieser von der Stadt Banat auf die gegnerische Siedlung Sarmizegetusa[76] vorstoßen wollte und scheiterte. Die hohen Verluste an Offizieren zwangen die Offensive diesen verlustreichen Feldzug abzubrechen. Weitere Versuche den dakischen König Decebalus in die Knie zu zwingen, blieben die nächsten beiden Jahrzehnte erfolglos und sollten das römische Reich unter den folgenden Caesaren noch weiterhin beschäftigen, was, wie ich selbst damals aber noch nicht ahnen konnte, noch viel mit meinem eigenen Schicksal zu einem späteren Zeitpunkt ereignisreich zu tun haben sollte.

Damit aber nicht genug, war vor wenigen Wochen im Monat Januarius in der naheliegenden Provinz Germania Superior[77] auch ein Legionsaufstand in Mogontiacum[78] losgebrochen. Ursprünglich hing dies mit dem Aufstand des germanischen Volksstammes, der Chatten[79], zusammen. Im Jahre meines Eintrittes in die zivile Verwaltungslaufbahn in Augusta Vindelica fielen germanische Stämme in das Gebiet um Mogontiacum ein. Einem bedeutenden Geschichtsschreiber meiner Zeit namens Tacitus[80] zufolge war dieses Volk sehr ähnlich dem unsrigen. Offensichtlich war dieser germanische Stamm, mehr als alle anderen Stämme, Bergbewohner, verfügten über kräftige Körper, sehnige Beweglichkeit und einem regen Geist. Tacitus schilderte mit seinen Worten, dass dieser Stammesverband sehr dem unseren, der Römer, glich. Disziplin, Organisationsgeschick und wie unsere Legionäre führten sie ihr Marschgepäck mit sich, ordneten sich den Befehlen ihrer Heerführer unter, verschanzten sich in ihren Marschlagern über Nacht und standen dem Feind am Tage in geordneter Schlachtreihe gegenüber. Auch hatten sie einen sonderbaren Initiationsritus[81]. Sie ließen, sobald sie das Erwachsenenalter und damit ihren

---

74 Cornelius Fuscus = römischer Feldherr
75 Tettius Julianus = römischer Feldherr
76 Sarmizegetusa = Hauptstadt des antiken Reiches der Daker.
77 Germania superior = Obergermanien
78 Mogontiacum = Mainz
79 Chatten = germanischer Stamm, der im heutigen Taunusgebiet siedelte
80 Tacitus = röm. Senator u. Historiker (* 58 n. Chr.; † um 120) im Werk Germania, Kap. 30, 31
81 Initiationsritus = Übertritt vom Jugendlichen zum Erwachsenen (Krieger)

Kriegerstatus erreichten, Haupt- und Barthaar wachsen und einer Gottheit weihen. Getöteten Feinden schnitten sie die Haartracht ab und bezeichneten sich damit ihres Stammes und ihrer Eltern würdig, womit sie ihrer Geburt bezahlt hätten. Tapferkeit im Kampfe unterstrichen sie mit dem Tragen eines eisernen Ringes und behielten auch die wildwachsende Haartracht ihr gesamtes Leben lang. Ebenso wenig heirateten sie, ja ließen sich sogar von anderen Stammesangehörigen versorgen.

Dies alles schien mir zu damaligen Zeiten aufgrund der etwas übertrieben Schilderungen sehr fragwürdig, zumal dieser Mann hauptsächlich zivile Staatsämter bekleidete, sich aber nie an den diversen Kämpfen in den Provinzen engagiert hatte.

Zumal im selben Jahre 842a.u.c.[82] (89 n.Chr.) ein Legionsaufstand, wie bereits von mir erwähnt, im nahen Mogontiacum ausbrach. Urheber war ein gewisser Lucius Antonius Saturnius[83], dessen Gründe nie so richtig eruiert werden konnten. Dieser wurde von seinen Truppen der Legio XIII-Gemina und der Legio XXI-Rapax zum Herrscher ausgerufen. Angeblich, so sagt man, wurde Saturnius von unserem Herrscher Domitian des Verbrechens der Unzucht (corpore infamis[84]) bezichtigt, was diesen umgehend veranlasste sich gegen ihn zu erheben. Dieser Aufstand dauerte nur kurz. 42 Tage genügten, um diesen durch den Statthalter der Provinz Germania inferior, Aulus Bucius Maximus[85], niederzuschlagen, der Domitian damit zuvorkam, als dieser mit seinen Prätorianern aus Rom nach Norden anrücken wollte. Die dem Kaiser treu gebliebenen Legionstruppeneinheiten erhielten den ehrenden Namenzusatz „Pia fidelis", jedoch verfügte Domitian, dass keine zwei Legionen mehr in einem gemeinsamen Lager verbleiben sollten. Damit verbunden beeinflusste dies auch die Entwicklung eines seit den Zeiten des Caesar Tiberius[86] gegründeten Legionslagers, Ulpia Noviomagus Batavorum[87] und späterer Standort der „Legio X-Pia fidelis", das am unteren Flussabschnitt des Rhenus lag, was für meinen weiteren Lebensweg noch bedeutend werden sollte.

Der damit verbundene erneute Aufstand der Chatten, die Saturnius unterstützen wollten, wurde niedergeschlagen. Man begann danach in mehreren Zeitabschnitten zur Verkürzung des römischen Grenzverlaufes des

---

82 a.u.c. = ab urbe condita; von Roms Gründung (753 v.Chr.) aus gerechnet
83 Lucius An. Saturnius = röm. Rebellionsanführer gegen Domitian
84 Corpore infamis = Homosexualität (Knabenliebe)
85 Aulus Bucius Lappius Maximus = röm. Feldherr, Politiker und Senator Ende 1.Jh. n.Chr.
86 Tiberius = röm. Kaiser (* 42 v. Chr.; † 37 n. Chr.)
87 Noviomagus Batavorum = röm. Kastell/Siedlung am unteren Rhein (b. Nymvegen/Niederlande)

Flusses Rhenus[88] und dem raetischen Danuvius[89] einen Grenzwall, genannt den Obergermanisch-Raetischen- Limes [90], gegen diese Volksstämme zu errichten, um die Provinz abzusichern, da diese über sehr fruchtbare Böden zum Anbau von Getreide verfügte. Dies war insbesondere wichtig, um die Versorgung der militärischen Stationen sowie alle ansiedelnden Bürger mit dem wichtigsten Lebensmittel des Reiches, dem täglichen Panem[91], zu versorgen. Angeregt durch diese Schilderungen, überdachte ich meine Absicht mich weiterhin in der Ausbildung ziviler Ämter zu bewegen. Mein Geist strebte nach weiteren Zielen, die sich nicht nur in dieser Hauptstadt der Provinz Vindelica bewegen sollten. In mir gab es viele persönliche Umbrüche, hatte ich doch wie im vorigen Kapitel geschildert, der Liebesgöttin Venus gewebtes Netz meine ersten Erfahrungen in der Person von Flavia-Domitilla heimgesucht. So sehr mich diese gelegentlichen Besuche unweit von Augusta Vindelica in meinem Herzen beflügelten, so sehr brannte jedoch auch in mir die Flamme der Freiheit, des persönlichen Bewegungsdranges, den ich schon seit meiner Jugend kannte. Alle Bemühungen meines amtlichen Gönners Lucinius Proximus mich mit Flavia-Domitilla in der Ehe zu verbinden und damit meine zivile amtliche Karriere in der Provinzhauptstadt zu festigen, schlugen fehl. Ja, mehr noch, je stärker er darauf drängte, desto mehr gewann mein Herz Abstand von dieser Idee, die viele andere junge Männer aufgrund der herzensmäßigen Umstände sowie Karrieremöglichkeiten einer gesicherten zivilen Amtslaufbahn in meinem Alter sicher gerne angenommen hätten. So kam was kommen musste. Ich entschied mich für meinen weiteren Lebensweg, von der zivilen zu einer militärischen Ausbildungslaufbahn hin zu bewegen, auch auf Kosten, dass ich damit meine herzensmäßige Beziehung zu Flavia-Domitilla aufgeben musste. Im Folgejahr dieser schicksalsschweren Überlegungen, hatte ich mich für die militärische Laufbahn in meinem weiteren Leben entschieden.

88 Rhenus = Rhein
89 Danuvius = (auch Danubius) Donau
90 Obergermanisch-Raetischer-Limes = Grenzwall zu Ende des 1.Jh.
91 Panem = lat. Bezeichnung für Brot

Kapitel III
Cultura Militiae
(Militärdienst/Gontia/Offiziersausbildung)

Octobris, 843 - ab urbe condita (A.D.90)

im 10. Regierungsjahr des Erhabenen Caesars Domitian

Sed in primis ad fontes ipsos properandum
Man muss vor allem zu den Quellen eilen

Mit Beginn dieses Jahres hatte sich meine Laufbahn von der zivilen zu einer militärischen geändert. Aber wie das Sprichwort sagt „es ist noch kein Meister vom Himmel gefallen", so war auch mein Beginn nicht mit Erleichterungen gesegnet. Zwar hatte ich aufgrund meiner Herkunft den großen Vorteil in der militärischen Rangstufe nicht vom einfachen Legionärsrang zu beginnen, sondern konnte mit dem untersten Rang einer ritterlichen Laufbahn als Offiziersanwärter beginnen. Die „tres militae equestres[92]" begleiteten mich von nun an 24 Stunden am Tag durch die nächsten zehn Jahre. Darin sollte ich mich als Alternative zum cursus honorum[93] mit dem Hintergrund meiner vorherigen Amtszeit für eine spätere militärisch/zivile Verwaltung vorbereiten. Zur besseren Orientierung dieser unterschiedlichen Dienstränge möge sich die Leserin bzw. der Leser in die am Ende angefügten „Ergänzenden Erklärungen" begeben, sodass ich im Fluss meiner Erzählungen nicht die Übersicht verliere und damit die Leserin bzw. den Leser nicht zu viel strapaziere.

Eine weitere Hilfestellung über den Aufbau einer Legion sowie Auxiliartruppeneinheiten bieten nachstehende Tafeln, die mehr Aufschluss zur militärischen Struktur geben mögen. Auch ich musste mich nun die nächsten Jahre meiner Laufbahn mit all diesen Begriffen mehr und mehr vertraut machen, deshalb sei meinen Leserinnen und Lesern verziehen, wenn auch diese sich mit all den Begriffen in der Folge auseinandersetzen sollten, um zu verstehen, wie der militärische Alltag sowie Aufgabenstellung

---

92 Tres militae equestres = („drei Militärposten") Reiterorden in der kaiserlich römischen Armee, bestehend aus dem Präfekt einer Kohorte (Praefectus cohortis), Militärtribun (Tribunus angusticlavius) und Präfekt einer Ala (Flügel)
93 Cursus honorum = ziviler Senatsorden

und damit verbunden entsprechende Rangstrukturen mit einer solchen Aufgabe einhergehen.

Nicht weit entfernt der raetischen Provinzhauptstadt in Richtung Westen in einer Entfernung von ca. 30 Meilen lag das Kastell, Gontia[94] genannt, und darum liegend eine kleinere Ansiedlung, die nun meine Heimat für den zukünftigen Lebensabschnitt werden sollte. Hier stationiert war die Ala II Flavia[95], eine Reitereinheit der Auxiliartruppen der römischen Armee. Zur besseren Unterscheidung für Leserin und Leser sei gesagt, dass sich die Römische Armee in zwei Bereiche aufteilte. Die Legion(en) zu je 4.800-6.000 Legionären, sowie ihr zur Seite gestellt die Auxiliar-(Hilfs-)Truppen genannt, die in der Regel aus verbündeten Völkern oder freien Bewohnern (ohne Bürgerrecht = peregrini) der Grenzprovinzen rekrutiert wurden. Bei ehrenhafter Entlassung erhielten die Soldaten nach dem Ende ihrer Dienstzeit zumeist das römische Bürgerrecht.

Der Ort liegt an der Mündung der beiden Flussläufe Gonza und Nao die in den Fluss Danuvia fließen. Das Kastell Gontia wurde ungefähr vor 15 Jahren zur Verteidigung der Grenzlinie am Danuvius begründet, worum sich in späteren Jahren eine kleine Ansiedlung ergänzte. Der Name, so habe ich mir sagen lassen, leitet sich ab aus dem lat. Begriff „Gheu", im Sinne „wasserreicher Fluss" bedeutend, aber nach der keltischen Flussgöttin „Gôntia" benannt, deren Kult von den Römern übernommen wurde. Dies bezeugte auch ein errichteter Weihestein in einem keltischen Heiligtum mit dem Text Gontiae sacr(um), „der Gontia geweiht".

Ergänzend sei gesagt, dass sich an diesem ursprünglichen Grenzfluss des Danuvius die Kastelle in Abständen von ca. 20 Meilen[96] reihten, um entsprechende Flussübergänge ins germanische Grenzgebiet abzusichern. Erst in den letzten 20-30 Jahren wurde die Grenze allmählich 30-40 Meilen weiter in den Norden verschoben. Man begann diese später als den obergermanisch-raetischen Limes zu bezeichnen.

Was römische Militärlager (castra) angeht, so unterscheidet man zwischen einem kurzlebigen Marsch- oder Belagerungscastra mit Zelten zur Zeit der Römischen Republik, sowie einem massiv ausgebauten römischen Standlager (castra sativa) bestehend aus Holz-, Fachwerk- oder Steinhäusern, wie es vergleichbar zur Verteidigung der riesigen Reichsgrenze (Limes) in der Kaiserzeit eingerichtet wurde.

---

94 Gontia = Günzburg, 77/78 als Castrum an Flussmündung von Günz a. d. Donau errichtet
95 Ala II Flavia (Gemina) = milit. Auxiliartruppe (Günzburg), ab 106/117 in Heidenheim, später 160 nach Aalen verlegt
96 Röm. Meile = 0,675km

Bevorzugte Orte waren leicht erhöhte, übersichtliche Gelände in der Nähe von Gewässern, Wäldern und Wiesen, die man zur Wasser-, Holz- und Grünfutterversorgung nutzen konnte. So auch dieses, Gontia genannt, das hier an einer Flussmündung der Gonza in den Danuvius lag. Berichten zufolge wurde dieses Lager unter dem damaligen Herrscher Vespasian vor ca. 23 Jahren gegründet, um den Flussübergang des Danuvius in die nördlichen Bereiche der germanischen Stämme der Chatten abzusichern.

Bereits auf meinem Weg von Augusta Vindelica hierher, das in einer Entfernung von annähernd 38 Meilen lag, stellte ich fest wie gut eine römische Trasse ausgebaut sein konnte. Ausgehend von dem sanften Becken der Licca-Ebene, in dem die Hauptstadt der Provinz Raetia lag, ging die Straße über sanfte Hügel und Täler in Richtung Nordosten. Mal machte sie eine Schwenkung nach links, später rechts, je nach der Geländelage, vorbei an kleineren Weilern und Raststationen, bis sich nach ca. acht Wegstunden mit unserem Reisewagen, der Rheda[97], die Landschaft zu einer Ebene auslaufend zum Danuvius weitete. Die Reise war trotz der gut ausgebauten Straße nicht ganz bequem, jedoch besaß das robuste, vierrädrige Gefährt zwei Sitzbänke, mit je drei Personen belegt, und einer Plane überdeckt. Mit im Wagen war das Gepäck der Reiseteilnehmer sowie etwas Fracht, das der Kutscher mit zwei Pferden zu seinem Reiseziel transportieren sollte. Zusammen mit mir waren es fünf Personen, die nach Gontia wollten: Ein Kaufmann mit seinem Diener, ein Beamter auf der Durchreise sowie zwei angehende Rekruten, die mit mir an der Militärstation ihren Dienst antreten sollten. Um eine Vorstellung der Entfernungen und Wegstrecken zu bekommen, sei gesagt, dass wenn man von unserem Ziel aus zur nächsten Provinzhauptstadt Mogontiacum[98] weiterfahren würde, so bedeutete dies eine zusätzliche Strecke von ca. 220 Meilen. Mit einem solchen Gefährt würde dies an die fünf bis sechs Tage dauern. Ein Meldereiter für dieselbe Wegstrecke mit entsprechendem Pferdewechsel würde knapp einen bis anderthalb Tage benötigen, was natürlich eine ausgezeichnete Straßenverbindung und entsprechende Versorgungsstationen im Reiche erforderte. Aber es ist natürlich ein Unterschied, ob man selbst reitet, oder in einem solchen Reisegefährt als Passagier unterwegs ist und jeden erhöhten Stein auf der Straße über den der Wagen fährt, spürt. Solchermaßen durchgeschüttelt, müde und hungrig kamen wir natürlich an diesem Abend an unserem Ziel an.

---

97 Rheda = vierädriger Wagen, für Lasten und Personentransport
98 Mogontiacum = Mainz, Hauptstadt der Provinz Germania superior

Wir drei Rekruten meldeten uns am Lagertor und bekamen nach einigem Warten einen Bereich zugewiesen, wo wir übernachten konnten, mit dem Auftrag uns am Morgen umgehend beim Lagerkommandanten zu melden. Zufrieden verzehrten wir die Reste unserer Essensration, die wir bei unserer Abreise mitbekommen hatten. Unser Gespräch richteten sich etwas ausführlicher auf das persönliche Kennenlernen sowie welche Ziele wir in der Armee verfolgten. Einer der beiden stellte sich als Titus Flavius Quintinus [99] vor, der andere als Victorinus Longinus. Es waren junge, wehrtaugliche Männer im Alter von 20-25 Jahren, denen der Dienst an der Waffe schmackhaft gemacht wurde nach Beendigung der militärischen Laufbahn das verbriefte Bürgerrecht für sich, der Ehefrau und auch für die Kinder zu erhalten. Überdurchschnittlicher Sold, ein großzügiges Entlassungsgeld, mit dem man danach eine zivile Existenz aufzubauen konnte und später für die Armee als landwirtschaftlicher Versorgungsbetrieb fungierte, lockten viele, die nicht in deren eigenen Familien diese Chancen hatten. Bewohner Raetiens schätzten, wie das Nachbarvolk die Noriker, bereits vor der römischen Alpeneroberung den Wohlstand des Mittelmeerraums durch die importierten Konsum- und Gebrauchsgüter. Dies war auch mitunter der Grund für die schnelle und meist friedlich ausbreitende Romanisierung, was viele männliche Rekruten für die Armee brachte, die damit auch die Vorteile der römischen Lebensweise schätzten. Dies war vor allem durch den minimalen Widerstand der urbanen Bevölkerung belegt, während sich in anderen Regionen und eroberten Provinzen manchmal erheblicher Widerstand, und damit verbunden kriegerische Auseinandersetzungen, mitunter auch einen hohen Blutzoll forderte.

Besonders der Erste, Titus Flavius Quintinus, sollte mir in späteren Jahren meines Dienstes ein guter Freund und Weggefährte werden, aber das konnte ich zu diesem Zeitpunkt noch nicht wissen. Nach diesem ersten Interessensaustausch nach der gemeinsamen Reise forderte der lange Tag seinen Tribut und wir begaben uns alsbald zur Nachtruhe, in der wir bald danach in einen erholsamen Schlaf sanken.

---

99 Titus Flavius Quintinus = Mit-Rekrut von CPC im Kastell Gontia (historisch belegt, siehe Namensverzeichnis)

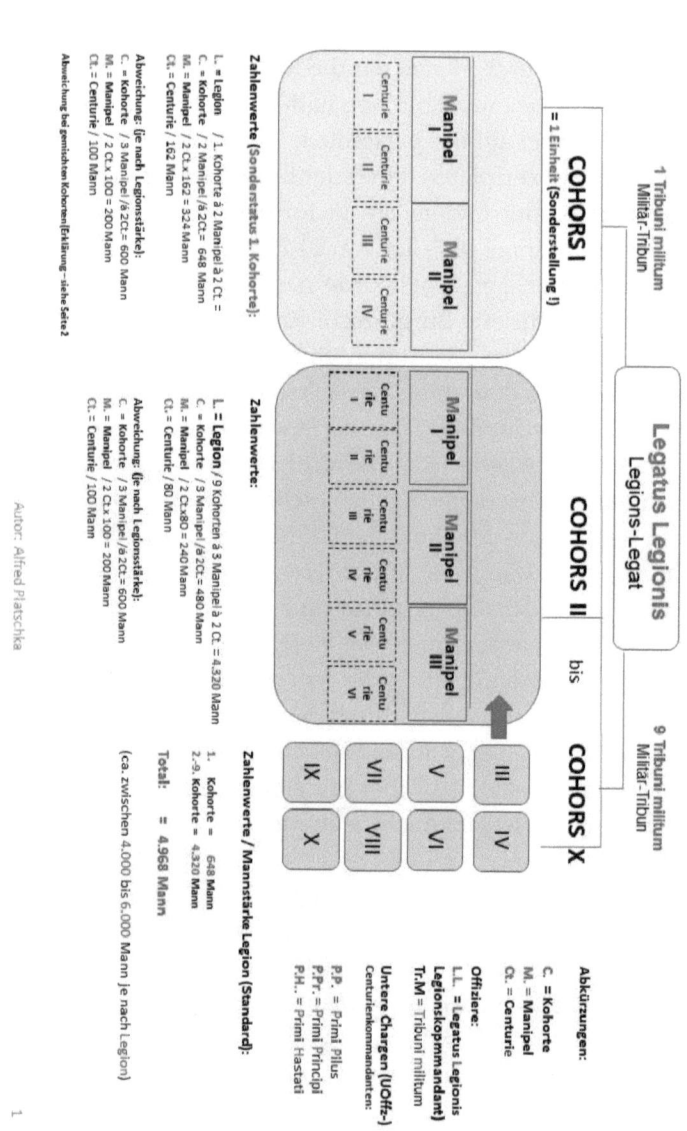

Abbildung 5: Der Autor / Aufbau einer römischen Legion und deren Einheiten, sowie deren Mannschaftsstärken

44

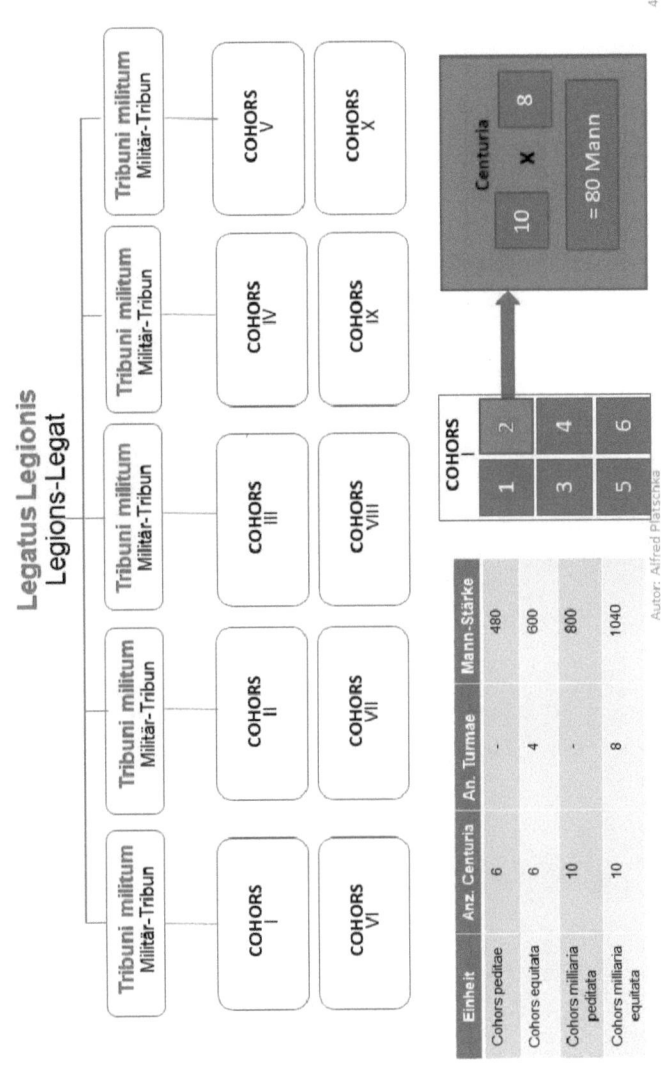

Abbildung 6: Der Autor / Aufbau einer römischen Legion und deren Einheiten, sowie deren Mannschaftsstärken

45

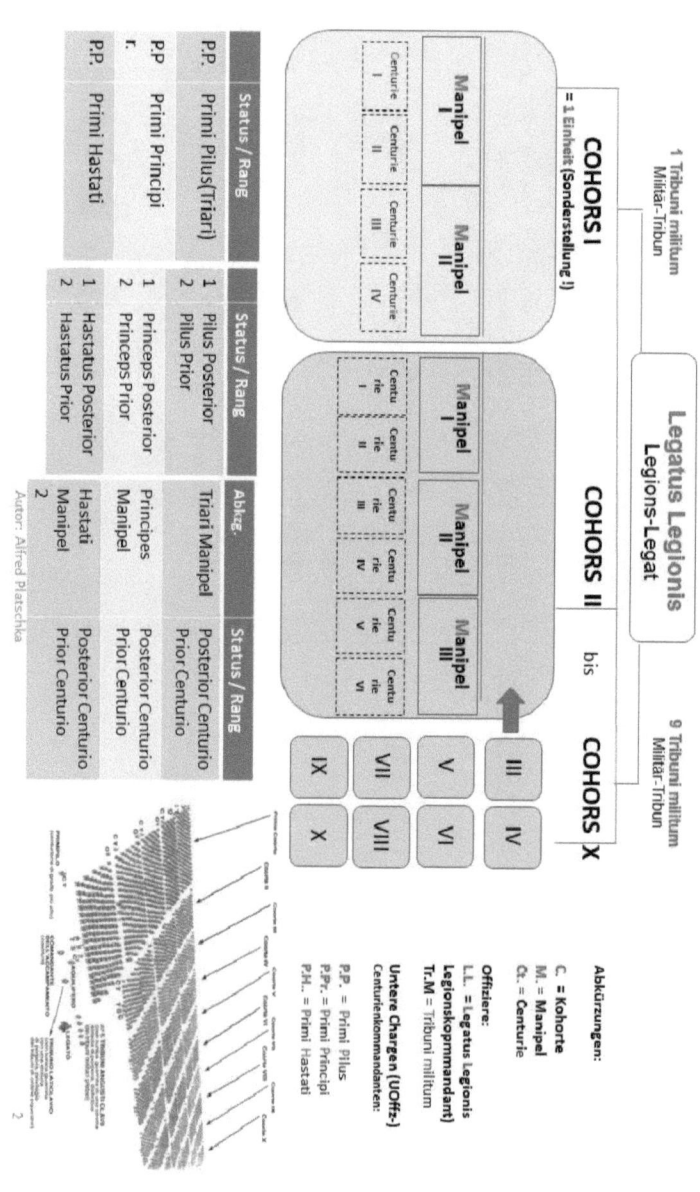

Abbildung 7: Der Autor / Aufbau einer römischen Legion und deren Einheiten, sowie deren Mannschaftsstärken

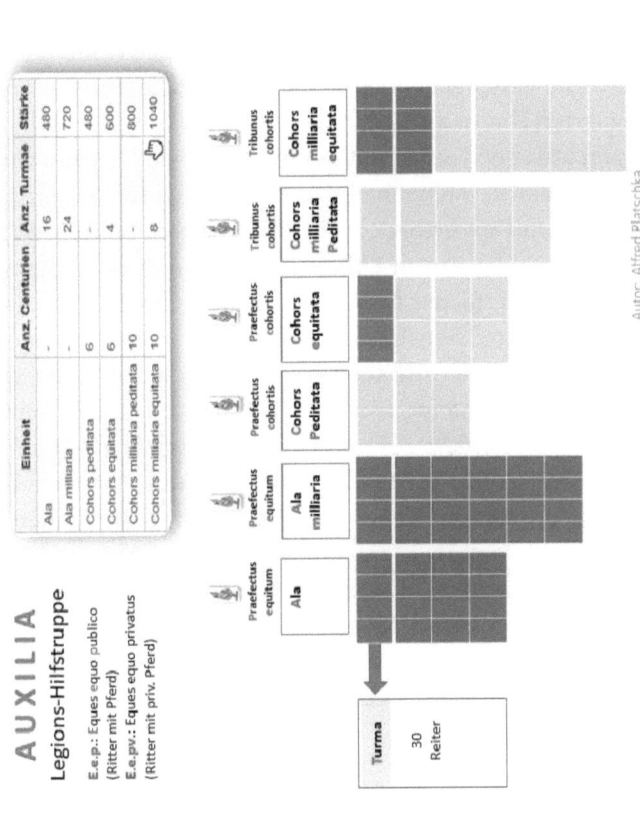

Abbildung 8: Der Autor / Aufbau und Mannstärke einer römischen Auxiliar (Hilfstruppe)-Legion

Tääättttereetääääää!

Frühmorgens riss uns der Weckruf des Lager-Cornicen[100] aus dem Schlafe, von dem wir glaubten, erst vor kurzem eingeschlafen zu sein. Mit müden Knochen, verschlafen die Augen reibend, erhoben wir uns von dem uns gestern zugewiesenen Nachtlager. „Ihr Schlafmützen, wollt ihr euch wohl bewegen! Wir sind ja hier nicht in einer zivilen Amtsstube", vernahmen wir eine anherrschende und laut befehlende Stimme eines Signifers[101], die uns augenblicklich in die Realität des Lebens zurückbrachte. „Die Herren wollen hier doch nicht weiter übernachten, wir befinden uns hier in einem Castrum mit entsprechenden Aufgaben. So wie ich euch drei hier sehe, scheint ihr die Ankömmlinge aus Augusta Vindelica zu sein, die uns vor einigen Tagen vom dortigen Zivilkommandanten angekündigt wurden. Auf, auf. Meldet euch sofort in der hiesigen Kommandantenstube, damit euch die entsprechenden Bereiche zugewiesen werden, in der ihr zukünftig euren Dienst antretet."

So begann unser erster Tag mit der militärischen Dienstordnung, an der auch andere Rekruten teilnahmen, die sich auch für die Ausbildung aus der umliegenden Provinzregion gemeldet hatten. Nach Meldung an der Principia[102] sowie der ersten Untersuchung durch den Lager-Medicus[103] und bestandener ärztlicher Diensttauglichkeit ging es ab in das Materiallager, wo wir unsere Dienstausrüstung, vom Gewand bis zur Waffe aushoben. Uns zugestellt wurde auch je ein Pferd, da das Castrum ja eine Auxiliareinheit, Ala[104] genannt, war. Die Auxiliareinheit war Teil einer in der Provinz Raetia stationierten Truppe, die, wie wir danach erfuhren, dem kaiserlichen Prokurator[105] Titus Flavius Norbanus[106] unterstellt war. Dieser hatte, wie im vorigen Kapitel bereits erwähnt, die Einheit bereits vor zwei Jahren als Unterstützung siegreich gegen den Aufstand des Saturnius in Mogontiacum geführt. Er war, wie ich später erfahren habe, im Allgemeinen als „scharfer Hund" bekannt, ehrgeizig, streng und willensstark, was ihn in späteren Jahren leider zum Verhängnis wurde. Ein Geschichtsschreiber, Cassius Dio[107], bezichtigte ihn auch an einer der späteren

---

100 Cornicen = (Plural cornicines) Hornbläser im Römischen Heer und Teil der Militärmusiker
101 Signifer = Feldzeichenträger, den Principales (Unteroffizieren/Feldwebel) zugeordnet
102 Principia = Stabsgebäude, religiöses und verwaltungstechnisches Zentralgebäude
103 Medicus = Arzt
104 Ala = Reitereinheit
105 Procurator = militär. Dienstgrad (Amtsbezeichnung)
106 Titus Flavius Norbanus =
107 Cassius Dio = (*2.Hälfte des 2.Jhd.) Senator, Konsul und Geschichtsschreiber

Mitverschwörung gegen den regierenden Kaiser Domitian. Doch dazu später mehr, liebe Leserin, lieber Leser, denn will ich der Geschichte doch nicht vorgreifen, aber wie halt so in manchen Augenblicken, schweifen mir als Autor dieser Zeilen die Jahre, die ich erlebt habe, in wenigen Sekunden an meinem geistigen Auge vorbei und wieder zurück, obwohl das reale Leben natürlich wesentlich länger dauert und seine Höhen und Tiefen mit sich bringt, ohne die das Leben seine Würze nicht hätte.

Da ich aufgrund meines Status als vorheriger politischer Amtsanwärter, dessen Dienst ich bereits für fünf Jahre verrichtet habe, und aufgrund meines erworbenen Zivilstandes in den Stand eines „Ritters[108]" aufgenommen war, begann mein Dienst zwar nicht wie der aller anderen als einfacher Rekrut, sondern als „ordo equester[109]", dem Rang eines Offiziersanwärters entsprechend. Mit mir nahmen auch andere Anwärter an dieser Offiziersausbildung teil, die sich wie ich gemeldet hatten, um Teil dieser Ausbildungsarmee zu werden. Wie dem auch sei, auch mir blieb der alltägliche Drill einer viermonatigen Grundausbildung als Probatur[110] vorerst eines einfachen militärischen Soldaten nicht erspart. Meine Ausbildung begann, neben den alltäglichen leiblichen Ertüchtigungsübungen, auch in strategischen Verhaltensmaßregeln, Kennenlernen von Angriffs- und Verteidigungstaktiken, aber vor allem in der Führung und Verantwortung für den einfachen Soldaten bis zum Unteroffizierschargen. Ich war zwar bereits 25 Jahre alt, hatte aber trotzdem auch mit einigen älteren Offiziersanwärtern einen nicht alltäglichen Stand aufgrund meines militärischen Wissens und meiner Erfahrung in den praktischen Erfahrungen eines soldatischen Lebens. Was die Reiterfahrung und deren Ausbildung anging, da hatte ich weniger Probleme. Ich denke doch oftmals mit einem süffisanten Lächeln auf den Lippen an meine jugendlichen Erfahrungen bezüglich Reitübungen auf unserem elterlichen Hofe in Abodiacum zurück. Mein um drei Jahre älterer Cousin Sicatus hatte sich zum Zeitpunkt meiner ritterlich-militärischen Ausbildung in Gontia bereits von den damaligen blauen Flecken und Abschürfungen seiner „Flugerfahrungen" im elterlichen Reitstall erholt und führte, wie ich bei meinen späteren Besuchen erfuhr, zu diesem Zeitpunkt bereits seinen elterlichen Hof. Trotzdem bedurfte es tagtäglicher Übung sich in voller Rüstung auf einem Pferd bewegend gegen

---

108 Ritter = nicht nur von Equites (Reiter), sondern auch Legionsoffizieren, meist auch verbunden mit entsprechenden finanziellen Voraussetzungen
109 Ordo equester = einfacher (niederer) Adelsstand
110 Probatur = Grundausbildung i. d. Regel 4 Monate, danach Aufnahme zum Signatus (Soldatenstand)

einen vermeintlichen Gegner anzustürmen. Entsprechende Waffenausbildung von der Handhabung der mitgeführten Waffen war ein weiterer Teil der Ausbildung. Zum Beispiel die Wurftechnik der Jacula[111] (oder lancea) die zusammen mit dem Handschild geführt wurde, oder in einem am Pferd befestigten mitgeführten Köcher transportiert wurde. Wucht und Reichweite wurde unterstützt durch Wurfschlaufen, die hinter dem Schwerpunkt der Waffe angebracht waren. Oftmals kamen dabei Würfe von bis zu 140 Ellen[112] zustande. Im Nahkampf verwendete man das Kurzschwert der Reiterei, die Spatha[113], das vom Reiter in einer Schwertscheide am Gürtel befestigt wurde. An vielen Abenden sanken wir nach absolviertem Training, z. T. übersät mit blauen Flecken, in unseren zugewiesenen Quartieren, wo wir lebten, aßen und schliefen, auf unsere strohgefüllten Matten, nicht ohne vorher auf entsprechend gesäuberte Waffen und Ausrüstung von unserem Ausbildungs-Decurio[114] mit kritischem Blicke kontrolliert worden zu sein.

Kurz und gut, nach langen und schweißtreibenden vier Monaten der Grundausbildung jedoch stand nach erfolgreicher Absolvierung der Akt des sacramentum[115] an, das vom jeweiligen Lagerpräfekten oder Legionscenturio abgenommen wurde. Dies war der Höhepunkt und Ausbildungsweihe zugleich. Man wurde als vollwertiges Mitglied der jeweiligen Kampftruppe in den Stand aufgenommen. An diesem ereigniswürdigen Tag sah ich auch meine beiden Reisekameraden wieder, die mit mir vor einigen Monaten aus Augusta Vindelica gekommen sind. Obwohl wir uns während unserer Ausbildungszeit in unterschiedlichen Einheiten öfters auf dem Appellplatze oder während der Übungen im freien Feld aus unterschiedlicher Entfernung sahen, war es doch dieses Mal ein anderes Wiedersehen, als ausgebildeter Reitersoldat oder wie in meinem Falle eines Offiziersanwärters.

Der große Tag hatte begonnen. Vor uns lag das Kastell in seiner heutigen Größe. Wie ich erfahren hatte, war dies nicht das ursprüngliche Kastell, das hier an diesem Platze stand. Bereits vor 50 Jahren, zu Zeiten unseres erhabenen Kaisers Claudius, die Götter mögen seiner Seele gnädig sein, war an diesem Übergang des Danubius bereits ein älteres, einfaches Holzkastell errichtet worden. Nachdem die nun vor ein bis zwei Jahren

---

111 Jacula/Lancea = Wurfspeer des Reitersoldaten
112 Elle = römisches Längenmaß (Elle/1 gradus = 0.444528 m)
113 Spatha = römisches Kurzschwert der Reiterei
114 Decurio = Zehntschaftsführer, Gruppenführer der kleinsten Wohn-/Kampf-Einheit
115 Sacramentum = Abschluss einer Grundausbildung, ähnlich dem heutigen Fahneneid (Gelöbnis)

ursprüngliche Reitereinheit, Ala II flavia (gemina pia fidelis) genannt, aufgrund der verstärkten Truppenbewegungen in den nördlichen Bereich des Danubius ausgeweitet wurde, war die ursprüngliche militärische Stärke einer „ala" von 360 auf eine „ala milliaria" mit 720 Mann/Reiter verstärkt worden, zumal die ursprüngliche Reitereinheit von Obergermanien in dieses Gebiet am Danuvius verlegt wurde.

Während das ursprüngliche Kastell mit einer kleineren Fläche ausgekommen war, so war nunmehr in unmittelbarer Nähe zum alten Kastell, etwas weiter östlich versetzt, eine größere Fläche erforderlich geworden. Die Dimensionen erstreckten sich nunmehr auf eine Länge von 500 Ellen[116] an der Nord-Südachse sowie 340 Ellen an der Ost-Westachse.

Umsäumt an den jeweiligen Flanken dieser Fläche befand sich vor der zinnenbewehrten Ummauerung ein ca. sieben Ellen tiefer Wall. An den jeweiligen vier Ecken, als auch mittig an den beiden Längsmauern, befand sich je ein zusätzlicher zweigeschossiger Wachturm, an dessen oberem Ende sich ein hölzerner Rundgang als Aussichtsplattform befand. An der Längsachse, der sogenannten via decumana[117], in Ausrichtung Nord-Süd befanden sich jeweils ein Tor, zur nördlichen (Feindseite), die Porta Praetoria[118], und zur Südseite hin die Porta Principalis[119]. An der Ost-West-Achse lagen das linke Lagertor Porta principalis sinistra[120] und das rechte Lagertor, die Porta principalis dextra[121], die die Verbindung zu den jeweiligen Zufahrtsstraßenverbindungen herstellten. Im südlichen Bereich rechts und links der via decumana lagen je vier Mannschaftsbarracken, einstöckige Gebäude die in je zehn contubernen[122], zu je acht Insassen darin, aufgeteilt waren.

Im nördlichen Bereich in Ausfallsrichtung des Kastells lagen rechts davon das Horraeum[123], sogenannte Getreide- und sonstige Vorratsspeicher, die von der Ausfallstraße nach Augusta Vindelica liegenden Villa rusticae[124] und sonstigen Produktionsstätten (Holz, Ziegel, Baumaterial) beliefert wurden.

---

116 Elle (gradus) = 1 röm. Elle (0,445m) Längenmaß - 500Ellen(220m) 340 Ellen (150m)

117 Via decumana = Haupt-/Längsachsenstraße eines Kastells

118 Port Praetoria = Nord-Tor, i. d. Regel Ausfalltor zur feindlichen Seite

119 Porta Principalis = Gegenseite/ vom Feind abgewandte Seite

120 Porta principalis sinistra = rechtes Lagertor

121 Porta principalis dextra = linkes Lagertor

122 Contuberna = Zelt-/Wohn-/Kampfeinheit, je nach Standort

123 Horraeum = plural horrae; Vorrats- i. d. Regel Getreidespeicher

124 Villa rustica = singular rustica; ländliches Versorgungsgut an Verkehrsverbindungen liegend

Am Schnittpunkt dieser Nord-Süd/Ost-West Achse stand das Zentrum des Kastells, die Principia[125], ein viereckiges gemauertes Gebäude mit Vorhof mit rechteckiger Fläche, an deren Eingang sich ein ca. drei Ellen hohes Tor erhob. Betrat man das Kastell durch das zweite Tor, so gelangte man durch einen erneuten Innenhof in das Stabsgebäude, bestehend aus dem Wohnsitz des Lagerpräfekten[126], den Schreibstuben, Waffenkammern, sowie Valetudinarium[127], dem medizinischen Bereich, und danebenliegend den vigiles[128]. Ich beschreibe dies in dem ausführlichen Maße für die Leserin und den Leser dieser Zeilen, da sich diese militärisch/architektonische Struktur in einem jedem römischen Kastell wiederfindet. Ob hier am Limes, am Rhenus, oder jeder Provinz im römischen Reiche, all dies ist nach gleicher Struktur, militärischem Aufbau und Strategie unterworfen, das dieses Reich so groß gemacht hat und das ich in meinem Leben noch in vielfältiger und staunender Weise kennenlernen sollte.

Kommen wir zurück zur sogenannten „Fahnenweihe" nach Beendigung unserer militärischen Grundausbildung. An diesem besagten Tage standen wir „frischgebackene" Rekruten nunmehr vor der Principalis, dem Stabsgebäude. Schätzungsweise an die 50 Mann Soldaten, als auch an die zehn Offiziersanwärter, die nun auf den römischen Adler vereidigt werden sollten. Es war ein warmer Herbsttag. Der Wind strich über die umliegenden Felder des Kastells, die Fahnen rechts und links des Stabsgebäudes bauschten sich mit leichtem Knattern. Wir alle standen nun in Reih und Glied aufgeteilt in den Ausbildungschargen. Um uns herum standen ebenfalls die bereits bewährten ausgebildeten Soldaten und warteten, dass wir alle nun in deren Reihen in die militärische Einheit aufgenommen, und damit die Auxiliar-Einheit der Ala II Flavia und deren Beinamen Gemina Pia fidelis, als eine neue Einheitenstärke zusammengeschweißt werden sollten. Man murmelte unter uns Soldaten, dass unser erhabener Kaiser Domitian Absichten hegte den nördlichen Bereich des bisherigen Grenzflusses Danuvius nach Norden hin auszuweiten und damit die darin befindliche urbane germanische Bevölkerung, die Hermunduren[129], dem Reiche einverleibt werden sollten. Nach angehenden Schweigeminuten ertönte das Signal des Signifer, der die Feierlichkeiten ankündigen sollte. Vor uns auf einem etwas erhöhten Podest stand unser Lagerpräfekt

---

125 Principia = Haupt-/Stabsgebäude
126 Lager-Präfekt = Kommandant einer Kastell-/Kampf-Einheit
127 Valetudinarium = medizinisches Versorgungszentrum
128 Vigiles = Feuerwache
129 Hermunduren = germanischer Volksstamm am Limes in Kooperation mit den Römern

Tiberius Claudius Pollio[130], ein drahtiger Mann, etwa vier Ellen groß, mit ledergegerbten, kantigen Gesichtszügen im Alter von etwa 50 Jahren. Wie wir erfahren hatten, war dieser bereits in vielen römischen Provinzen eingesetzt worden, hatte er doch schon in einer Reitereinheit der Ala flavia milliaria in Syria, später als Tribun der Legio III Gallica, im selben Gebiet gedient und wurde nach seinem Einsatz in der Provinz Africa[131] vor drei bis vier Jahren eben hier in dieses Grenzgebiet am Danuvius abkommandiert.

„Legionäre! Kommandeure!", donnerte seine kräftige Stimme, „ihr steht hier an diesem Tage nach Beendigung Eurer Grundausbildung." Einige schweigende Sekunden folgten, „ihr habt die Technik der römischen Armee als kampfbereite Reitereinheit, insbesondere an diesem Orte, kennengelernt. Seid ihr bereit Euch dieser Einheit, die bereits vor zwei Jahren erfolgreich dem Kaiser die Treue durch ihren Einsatz bewies, und erfolgreich den Aufstand des ehemaligen Statthalters von Mogontiacum, Lucius Saturnius, niederschlug, und dieser Einheit mit Stolz den Beinamen „milliaria pia fidelis[132]" gab, zu dienen, und die Fahne sowie den Adler des römischen Reiches in jedem eurer Einsätze zu verteidigen?" Ein donnerndes, lautes und klares Echo mit dem „Ja, wir sind bereit" der Anwesenden bekräftige die euphorische Ansprache des Kommandanten und nach den anschließenden Eidesformeln, begrüßte uns der Kommandant als neue Legionäre der Reitereinheit. Wir waren noch jung, ungestüm und nur allzu bereit, allem zu glauben und zu folgen, was den römischen Adler und dessen ausbreitenden Schwingen in umliegende Gebiete diente. Blicke ich heute mit vielschichtiger Erfahrung meiner Laufbahn meines weiter folgenden Lebens zurück, machte ich oft auch die leidvolle Erfahrung, dass wir alle, ob Kommandeure oder Legionäre, eben nur Menschen mit Fehlern und Stärken waren, und uns oft auch als die Herren der uns bekannten Welt fühlten und so benahmen. Aber dies kam uns damals so noch nicht in den Sinn.

---

130 Tiberius Claudius Pollio = röm. Lagerkommandant, ca. 87-92/93 der Ala II milliaria, späterer Politiker
131 Africa Proconsularis = Provinz, als heutiges Gebiet Lybien, und der Cyrenaika (westl. Ägypten) bekannt
132 Milliaria Pia fidelis = urspr. Einheit Ala (480 Mann) unter Domitian erweitert auf etwa doppelte Mannstärke, geehrt durch „loyal und treu" ergeben, an Einsätzen in Germania (82, als auch später 89 beim Saturnius-Aufstand)

Nun nach dem absolviertem Grundausbildungstraining und abschlie-ßender Aufnahme in die Legionseinheit wollten wir dies mit einigen Kameraden zusammen feiern. Als geeignet schien uns dazu einen Ausflug in die nähere Umgebung zu machen, um die urbane Bevölkerung, die sich im Laufe der Jahre um die Kastelle herum angesiedelt hatte, näher kennenzulernen. Dazu haben wir eine kleine Siedlung, Phoebiana[133] genannt, die in nordöstlicher Richtung von ca. 15 Meilen entfernt lag, ins Auge gefasst. Longinus hatte mir davon erzählt, dass sich dort auch ein kleines römisches Tempelheiligtum zu Ehren des gallo-römischen Apollo Grannus befand. Ursprünglich war diese dem keltischen Heilgott Grannus geweiht. Nach Übernahme des Ortes durch die römische Armee errichtete sie an dieser Stelle ein Kleinkastell zur Sicherung des Verkehrsweges zwischen der Hauptstadt der Provinz Raetia von Augusta Vindelica nach Mogontiacum in der Provinz Germania-superior. Um dieses Kastell herum siedelten nach und nach Anhöfe von Familien der Legionäre und Kaufleute, die sich z. T. mit der urbanen Bevölkerung mischten, bis sich daraus eine lokale Ansiedlung bildete, die, für hiesige Verhältnisse, zu einer erheblichen Größe herangewachsen war.

Es war ein wunderschöner sonniger Herbstmorgen an unserem freien Diensttag, dem Tag, der dem Gotte Sol-elagabal (auch invictus) geweiht war. Von unserem Standort aus war es ein knapper erholsamer Ritt von ca. einer Stunde im gemächlichen Tempo. Wir, insgesamt vier Personen, gaben nicht nur uns, sondern auch unseren Pferden zuerst in Richtung Osten zum Erd-/Holzkastell Islinga[134] und dann über den Danuvius nach Phoebiana einen erholsamen Ausflug. Vor uns erstreckte sich eine weite Ebene in der Ferne. Im Norden grüßten einige höhere Hügelketten, ansonsten war dies eine typische Flussniederung an der Einmündung eines kleineren Flusslaufes in den Danuvius. Bald danach tauchten vor uns auch die ersten Gehöfte auf. Wir hielten uns nahe am Ufer des Danuvius, da dort das Apollo-Grannus Heiligtum liegen sollte. Nach all den Mühen und Strapazen der letzten Wochen wollten wir hier mit einem kleinen Dankesopfer den Tag feiern und uns für die kommenden Aufgaben in unserer militärischen Einheit vorbereiten. Trotz des relativ frühen Morgens, bis zum Mittag fehlten uns noch zwei Stunden, schien die Sonne schon relativ stark, sodass sowohl wir als auch unsere Pferde nach etwas Erfrischung dürsteten. Vor uns schälten sich aus dem Baumgehölz die Umrisse einer kleinen Tempelanlage. Vom Danuvius aufsteigend, oberhalb an einem

---

133 Phoebiana = Lauingen (Stadtteil Faimingen)
134 Islinga = Aislingen

kleinen Hügelplateau, stand nun dieses Heiligtum in der vormittäglichen Sonne vor uns. Wir stiegen von unseren Pferden, begleitet vom Klingeln der metallenen Pferdetrensen und Sattelumsäumung ab und banden unsere Pferde am Rande dieses Areals an. Da wir uns hier auch nicht in Feindesgebiet befanden, hatten wir auf unsere Rüstungen verzichtet und waren nur in leichte Leinentuniken gekleidet. Als Bewaffnung diente uns lediglich ein Gladus, den wir an einem ledernen Gürtel unserer Kleidung trugen.

Vor uns erhob sich eine etwa 400 Ellen im Quadrat große Anlage. Ein knapp drei Ellen hohes, rechteckiges Gebäude, in leuchtenden rötlich-gelben Farben, umgab den eigentlichen Tempel. Rechts und links, mit der offenen Seite in Richtung Süden ausgelegt, erhob sich vor uns an der Nord-Südachse jeweils eine Säulenreihe. Inmitten dieses Areals erhoben sich zwölf flache Treppenstufen, die zu einem blumengeschmückten Weihealtar führten. Darauf erblickten wir die in weiß gestaltete Skulptur, eine junge mit einer Palla[135] bekleideten Frau, Sirona[136] genannt, teilweise mit Traube und Ähre als Attribut, ähnlich dem Vorbild der Hygeia mit Schlange in den Händen dargestellt. Darunter entzifferte ich die Inschrift „DEO APOLLINI ET SANCTE SIRONE". Umgeben von einigen Blumengirlanden fanden sich noch restliche Opfergaben, die wir mit unserem mitgebrachten Wein- und Speiseopfer ergänzten und damit auch die Gunst der Götter für ein langes, gesundes und erfolgreiches Leben erbaten. Nachdem wir unsere Opfergaben abgelegt hatten, drängten meine Kameraden zur naheliegenden Taverne der Ansiedlung, wo sie den Tag mit einem opulenten Mahl, als auch erquicklichem Trinkgenuss feiern wollten. Ich schlug vor, dass sie schon mal vorab dorthin reiten sollten. Ich wollte noch eine Weile an diesem heiligen Orte verbleiben, um mich meinem Gemüt an diesem sonnigen Herbsttage hinzugeben und danach zu ihnen in die Taverne zu stoßen. Unter lautem Gelächter und spaßhaften Bemerkungen machten sich meine drei Kameraden auf zu den angebundenen Pferden, nicht ohne mich daran zu erinnern, dass ich ihnen baldigst nachfolgen sollte. Nur Titus Flavius Quintinus sah mich mit einem Blicke erstaunt an, den ich nie vergessen werde, gesellte sich aber dann zu den beiden anderen, um mit ihnen aufzubrechen. Wie ich so an diesem Orte saß und die Sonne genoss, vernahm ich leises Singen aus einer Richtung, dessen

---

135 Palla = mehrfach gelegtes Stück Gewebe, meistens Leinen
136 Sirona = keltische weibliche Gottheit, findet sich häufig in Verbindung mit dem Heilgott Apollo Grannus, in den nördlichen Alpenregionen (ehemals keltischen Einflusses) und wird auch oftmals mit der römischen Heilgöttin Hygieia gleichgesetzt

Ursprung ich ergründen wollte. Nicht weit entfernt an einem kleinen Brunnen sah ich eine junge Maid mit flachsblondem langem Haar, der Urheberin der sanften und lieblichen Stimme. Ich näherte mich mit vorsichtigen Schritten, um sie zum einen nicht zu erschrecken, zum anderen um ihren lieblichen Gesang nicht zu stören, der sich so betörend in mein Herz einbrannte. Ich beobachtete sie eine Weile. Meine Gedanken schweiften in die Ferne zurück nach Augusta Vindelica zu Flavia Domitilla, die ich vor Jahren in einer kleinen Siedlung südlich davon kennen- und lieben gelernt hatte, aber deren Beziehung zu mir ich in meiner Sehnsucht nach der Ferne aufgegeben hatte. Dieses wunderschöne Geschöpf und dessen Gesang brachte mich wieder zurück in die Gegenwart und ich begann auf sie zuzugehen. Sie blickte erstaunt auf als sie mich bemerkte, und fragte mich, was ich denn an solch einem Tage an diesem Orte machte. Sie schien mich vom Gesicht nach nicht zu einem der einheimischen Bevölkerung einordnen zu können. Ich stellte mich höflich vor, erzählte ihr in wenigen Worten meine Geschichte, und dass ich mich noch mit meinen Kameraden in dem Orte treffen wollte. Wie ich von ihr erfuhr, hieß sie Livinia-Pryscilla und lebte in einem nahen Gehöft zu diesem Tempel mit der Familie eines ansässigen Bewohners. Sie selbst stammte aber nicht aus dem hiesigen Gebiet, sondern aus einem etwas weiter nördlich siedelnden, germanischen Stamm der Narisker[137] (Variscii). Ihre Eltern waren bei einer kriegerischen Auseinandersetzung mit einem anderen germanischen Stamm der Chatten ums Leben gekommen und so hatte sie bei dieser Familie eines weit entfernten Verwandten eine neue Heimat gefunden. Wie wir uns so unterhielten, verstrich die Zeit, ohne dass es uns so richtig bewusst war, doch erkannten wir beide, dass wir uns einander so viel zu erzählen hatten und erfreuten uns daran, dass wir uns auf Anhieb so gut verstanden, um uns unsere nähere Lebensgeschichte mitzuteilen. Sie sah liebreizend aus, hatte langes blondes Haar, hohe Wangenknochen, die ihr ein edles Aussehen gaben, einen vollen geschwungenen Mund und einen hellbräunlichen Teint aus dem ihre blauen leuchtenden Augen wie Diamanten blitzen. Kurz und gut, sie hatte mich mit ihrem Anblick sofort in ihren unwiderstehlichen Bann gezogen, sodass mir mein Herz bis zum Halse schlug.

Sie erfuhr von mir, dass ich aus Abodiacum am Fluss des Licca stammte und mein Großvater selbst dem keltischen Urvolk der Vindeliker entstammte, ich selbst jedoch aufgrund meiner Eltern die römische Bürgerschaft besaß und im naheliegenden Kastell Gontia stationiert war. So

---

137 Narisker (Variscii) = germanischer Stamm, der sich mit Rom verbündete und gegen die Chatten kämpfte

verging die Zeit, ohne dass es uns beiden bewusst war, bis wir erstaunt bemerkten, dass die Sonne bereits den mittäglichen Höhepunkt überschritten hatte. Erschrocken blickte sie auf und erklärte mir, dass sie sich zurück auf den Weg zu ihrer Wohnstatt machen müsse, nicht ohne dass wir beide einander versprachen uns baldmöglichst hier an diesem Orte zum gemeinsamen Treffpunkte wiederzusehen. Ich hatte, ohne dass ich es so richtig bemerkt hatte, mein Herz an dieses zauberhafte Geschöpf verloren. Pries den Tag mit all seinen Göttern, die mich veranlasst hatten, noch länger als meine Kameraden, hier an diesem Orte zu verweilen. Traurigen Herzens machte ich mich dann ebenso auf, um zu meinen Kameraden in der naheliegenden Taverne zu stoßen, die mich mit fragenden und staunenden Blicken ansahen, warum ich erst so spät zu ihnen stieß. Mit freudigem Gejohle und in den Händen gewaltige Becher mit cervisia[138] schwenkend, begrüßten sie mich lautstark erläuternd, dass sie sich schon ernsthafte Sorgen um mich gemacht hatten und Flavius Quintinus lossenden wollten, um nach mir zu suchen. Mein guter Freund sah in meine Augen und erblickte dieses selige Lächeln, das er zuerst nicht so richtig deuten konnte, später aber umso besser verstand, als ich ihm den Grund meines verspäteten Kommens darlegte.

Nach einer ordentlichen Stärkung mit den regionalen Köstlichkeiten machten wir uns wieder auf unseren Heimweg nach Gontia, nachdem die Sonne sich schon dem Horizont zuneigte. Wie es auch kommen musste, blieb es nicht bei diesem einzigen Besuch in Phoebiana, ihm folgten viele weitere an meinen freien Stunden/Tagen, in dem ich meinem Herzen folgte und Livinia, meiner Herzensflamme, oft meine Aufwartung machte und sich daraus unsere beiden Herzen mehr und mehr verbanden, sodass wir bald Pläne für eine gemeinsame Zukunft schmiedeten.

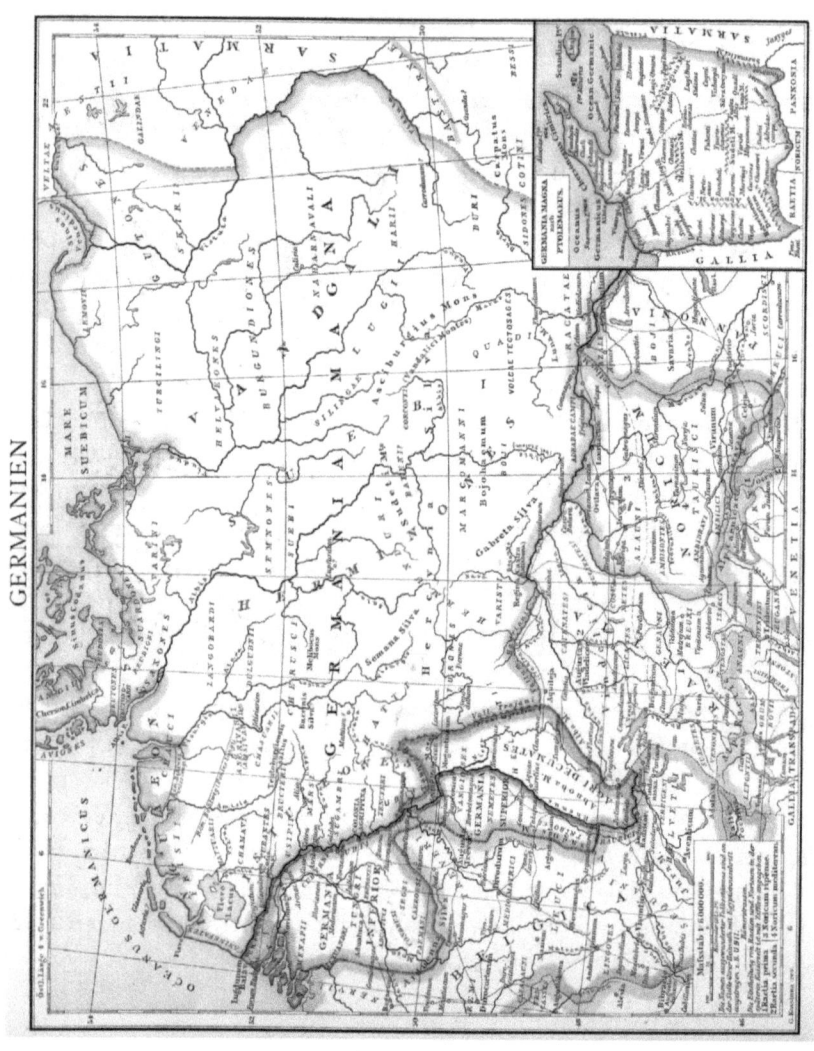

Abbildung 9: Der Autor / Siedlungsgebiet der germanischen Stämme nördlich des römischen Limes. Die 1. Ehefrau von Claudius Paternius Clementianus stammte aus dem Volk der Narisker (Variscii). Diese siedelten im Süden der Germania Magna, östlich des Regnitzflusses zwischen Fichtelgebirge und Bayerischem Wald. Bildquelle: historische Karte Germaniens zur Römerzeit aus dem Historischen Handatlas von Droysen (1886), entnommen aus Wikipedia, https://de.wikipedia.org/wiki/Narisker

58

Octobris, 849 - ab urbe condita (A.D. 96)

im 16. Regierungsjahr des Erhabenen Caesars Domitian

Amor vincit omnia
Liebe überwindet alles! (Vergil)

Sechs Jahre waren es nun her, dass meine Offiziersausbildung abgeschlossen war. Inzwischen waren wieder einige Ereignisse ins Land gegangen. Wie ich schon erwähnt hatte, hatten die Überlegungen unseres Kaisers Domitian mehr und mehr Form angenommen, um die Sicherung der Grenze zu den germanischen Barbaren vom Danuvius um einen Tagesmarsch weiter nördlich zu verlegen. Mit in diese Planungen wurden bei einem Besuch von Domitian in Mogontiacum, ein verdienter und angesehener Feldherr, Marcus Ulpius Trajanus[139], einbezogen. Bereits beim Aufstand des Saturnius vor sieben Jahren wurde dieser Feldherr in die Provinz Germania Superior abkommandiert und bewährte sich in erfolgreicher Weise, wofür er nachträglich von Domitian ausgezeichnet wurde. Gontia wurde dabei auch zu einem wichtigen Knotenpunkt und Flussübergang des Danuvius für die römische Armee, vor allem, um die Nachschubwege in den Norden in die neu gegründeten Grenzkastelle abzusichern.

Und auch bei mir hatten sich Veränderungen angekündigt. Amors Pfeil hatte mich getroffen! Die Ausflüge in meiner Freizeit nach Phoebiana mehrten sich, zumal ich mein Herz an Livinia verloren hatte. Zum ersten Mal in meinem Leben begann ich ernsthaft darüber nachzudenken, ob denn mein Platz wirklich in der Armee, oder besser in einem liebenden Heim mit Frau und Kindern das Erstrebenswerteste war. Und so wurde Livinia vor vier Jahren meine Ehefrau, was vor allem meinen besten Freund Titus Flavius Quintinus freute, da er mich noch ansonsten immer als ernsthaften, selten fröhlichen Menschen so glücklich und zufrieden gesehen hatte. Meinen Dienst in der Armee verrichtete ich weiterhin und meine Ehefrau hatte eine kleine Wohnung in der vor dem Kastell wachsenden Ansiedlung gefunden, wo ich meist meine Freizeit mit ihr verbrachte. Ich war vor vier Jahren Vater von einem Sohn, Marcus, und vor kurzem von einem Mädchen, Flavia-Aterissa, geworden, was mir großes Glück bescherte. Wann immer es mir möglich war, verbrachte ich auch Zeit mit meiner Familie, da es uns als Armeeangehörigen nicht erlaubt war,

---

139 Marcus Ulpius Trajanus = *53; römischer Kaiser von 98-117

unsere Familien innerhalb des Kastells zu beherbergen. So verging die Zeit mit dem Organisieren des Armeenachschubs, weiterer Ausbildung der neuen Equitata[140]-Rekruten, wie ich einer vor fünf Jahren war, sowie den Erkundungs- und Sicherungsausritten der nördlich des Danuvius geschaffenen Verkehrswegen zu den stetig wachsenden neuen obergermanisch-raetischen Limes und deren errichteten Grenzkastellen. Ernsthafte Grenzverletzungen brauchte man zu der Zeit nicht zu befürchten, da die hier örtlich siedelnden keltisch-germanischen Volksstämme der Narisker[141], Turonen und Hermunduren sich relativ friedlich verhielten und viele wirtschaftliche Verbindungen mit den Vorzügen der römischen Kultur knüpften. Wie so oft entschieden sich manche Grenzkonflikte auch aus dem Verhalten der römischen Legionen und Wach-/Grenztruppen. Verhielt man sich, trotz Gebietseroberungen, menschlich, war dementsprechend auch das Verhalten der urbanen germanischen Bevölkerung. Die Limesgrenze war ja auch nicht als undurchlässiger Grenzwall zu verstehen, sondern mehr als Kontrolllinie, obwohl diese Gebiete manchmal schnurgerade mit Holzpalisaden und ergänzt durch Grenz-Wachtürme durchzogen und zum Teil auch schon als Steinmauer und -türmen errichtet wurde. Vielmehr versuchte man durch diese Grenzlinien den Warenaustausch und die Bevölkerungsströme in geregelte Bahnen an den errichteten Straßenverbindungen zu lenken, und damit auch zu kontrollieren. Ergänzend muss man dazu sagen, viel Erfolg hätten räuberische, oder kriegerische Einfälle von germanischen Stämmen nicht gehabt. Durch die in regelmäßigen Abständen errichteten Wachtürme hätte man im Falle von kriegerischem Eindringen in diese Grenzregion, sofort durch entsprechende Licht-/Feuersignale in die naheliegenden kleinen Grenzkastelle die Auxiliar-Reitertruppen informiert, um mit deren sofortigem Eingreifen solche Situationen sofort unterbinden zu können. Viele Stammesfürsten zogen es jedoch vor durch entsprechende Geschenke die Vorzüge der römischen Kultur kennenzulernen und damit auch den gesamten Stamm in das römische Kultur-Einflussgebiet zu ziehen. Vielfach wurde daraus aus den jungen heranwachsenden Männern, Personal für die römische Armee als „Auxiliar-/Hilfstruppen" rekrutiert. Damit hatte man dann schon viel gewonnen, um die „Pax-Romana[142]" in eine weitere Region zu tragen.

---

140 Equitata = berittene Legionäreinheit
141 Narisker, Turonen, Hermunduren = keltisch/germanische Stämme im nördlichen Bereich des heutigen Bayern lebend
142 Pax romana = Bezeichnung für „römischer Frieden"

Trotz dieser relativ friedlichen Periode durchstieß eine Sondermeldung eines Nachrichtenkuriers aus Rom diese Ruhe. Unser erhabener Herrscher Domitian war vor ca. drei Wochen am 17. des Septem in seinem Palast in Rom ermordet worden. In den Wochen und Monaten voraus gingen zu diesem Ereignis Befehle Domitians zu Hinrichtungen in seinem eigenen Verwandtenkreis, da dieser zunehmend eine Verschwörung gegen sich befürchtete. Man munkelte darüber, dass dieser von seinem engsten Beraterkreis, ja auch vielleicht im Auftrag von seiner Frau Domitia-Longina, von einigen Soldaten, Freigelassenen und Gladiatoren niedergestreckt wurde. Die Beteiligten wurden von den Wachen sofort getötet. Obwohl Domitian bei Volk und Armee eigentlich beliebt war, begann man, mit Billigung des Senates, umgehend das Andenken des Kaisers mit der „damnatio-memorae [143] " zu belegen. Sein Nachfolger Marcus Cocceius NERVA[144] entstammte ebenfalls der „flavischen Dynastie[145]" und war zum Zeitpunkt der Inthronisierung bereits ein älterer Mann von 66 Jahren, zudem auch kinderlos und wurde vom Senat aus diesen Gründen auch vorzugsweise gewählt, da dieser verständlicherweise keine neue Dynastie mehr gründen würde. Man hoffte mit ihm einen Herrscher nach eigenen Vorstellungen formen zu können. Allerdings konnte man aus der heutigen Sicht absehen, dass dieser Kaiser aufgrund seines Alters nicht so lange regieren würde, wie seine Vorgänger aus der flavischen Dynastie.

143 Damnatio-memorae = Verfluchung und demonstrative Verdammung des Andenkens an eine Person durch die Nachwelt
144 Marcus-Cocceus-NERVA = *8.Nov. 30; römischer Kaiser von 96-98 n.Chr.
145 Flavische Dynastie = römische Dynastie, 69-96 n.Chr. (Vespasian, Titus, Domitian)

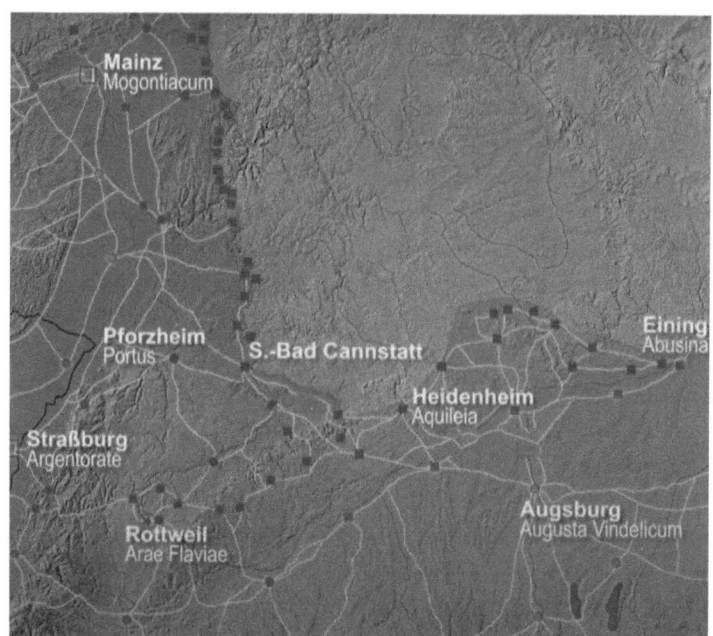

Abbildung 10: Der Autor / Römischer Limes und Straßenverbindungen in Raetien & Obergermanien gegen Ende 1. Jh. n. Chr. zur Orientierung mit heutigen Ortsnamen.

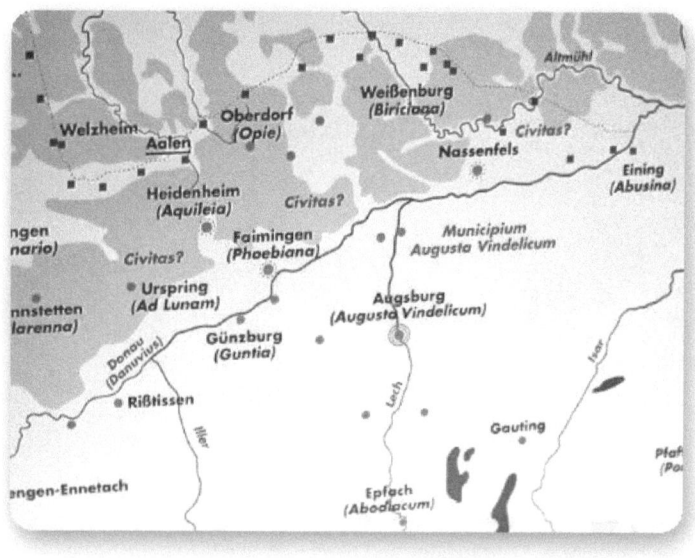

Abbildung 11: Der Autor / Bayerisch-schwäbischer Limes

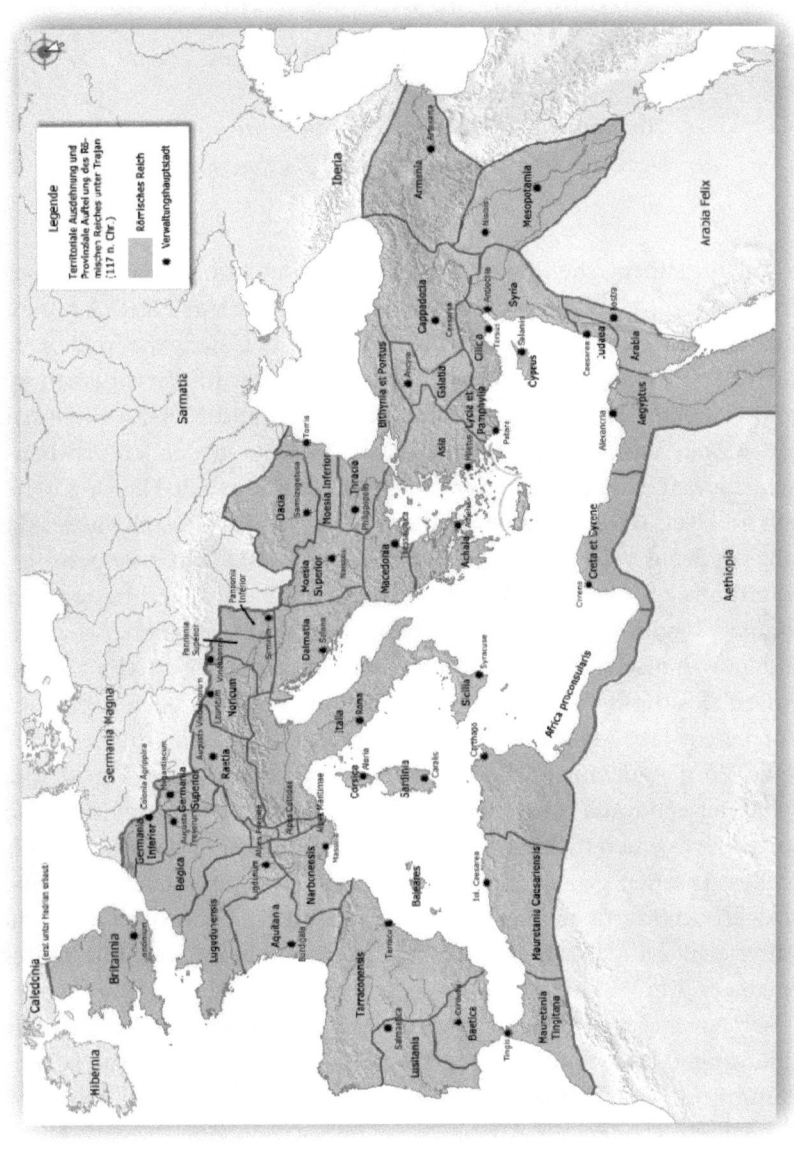

Abbildung 12: Der Autor / Römisches Weltreich unter Kaiser Trajan (98-117)

63

Novem, 851 - ab urbe condita (A.D. 98)

im 1. Regierungsjahr des Erhabenen Trajan

Acquam memente rebus in arduis, servare mentem!
Denke daran, in Schwierigkeiten Gleichmut zu bewahren
(Horaz)

Was für stürmische Ereignisse! Wie vor zwei Jahren schon vorauszusehen, war der Machtübernahme durch Marcus-Cocceus-NERVA nur ein relativ kurzer Zeitraum beschert. Nachdem dieser Gefangene freiließ, die an der Verschwörung und Ermordung von Domitian mit Verantwortung trugen, viele konfiszierte Eigentümer zurückgab und selbst weitere Anklagen wegen Verrats verbot, wurden die Senatoren der kaiserlichen Gerichtsbarkeit entzogen und dem Senat direkt unterstellt. Die Unzufriedenheit im Heer, wo er selbst nie gedient hatte, sowie seine schwache Akzeptanz im Senat verursachten viele Krisen während seiner Regierungszeit. Allerdings konnte er in diesem Zeitraum auch durch mildtätige und besonnene Regierung die zerrütteten Staatsfinanzen sanieren. An viele notleidende römische Bürger wurden während seiner Regentschaft Millionen Sesterzen verteilt, die auch zum Großteil seinem Vermögen entstammten. Vor einem Jahr jedoch meuterte die Prätorianergarde, die er nicht wie seine Vorgänger mit üppigen Geldgeschenken bedachte. Um den möglicherweise daraus entstehenden Problemen entgegenzuwirken, adoptierte Nerva einen tüchtigen Armeekommandeur, der bei seinen Soldaten großes Ansehen genoss. Er hieß Marcus Ulpius Trajanus[146], der uns aus vorigen Schilderungen schon etwas bekannt ist. Dann im Januar dieses Jahres erlitt NERVA bei einer Privataudienz einen Schlaganfall, an dessen Folgen er drei Wochen später in seiner Villa verstarb.

Sein Nachfolger wurde nun jener Imperator Trajan, der auch in meinem zukünftigen Leben noch eine große Rolle spielen sollte. Trajan selbst entstammte den Nachfahren einer Gruppe von Kolonisten, die sich vor über 300 Jahren von Scipio Africanus in Italica[147] in der Provinz Hispania Baetica[148] ansiedelten. Seine militärische Laufbahn hatte er als Militärtribun unter seinem Vater in der Provinz Syria[149] begonnen, danach als

---

146 Marcus Ulpius Trajanus = Trajan; Feldherr (*47, ab 98 Kaiser, †136 n.Chr.);
147 Italica = römische Stadt in Spanien, südlich von Sevilla
148 Baetica = römische Provinz in Südspanien, heutiges Gebiet um Andalusien
149 Syria = römische Provinz in Vorderasien (heute Libanon/Syrien)

Quästor[150] sein erstes senatorisches Amt, wiederum mit seinem Vater als Legat[151] in der Provinz Asia[152], später Praetor[153], und dann als Legat[154] in der Provinz Tarraconensis[155] in der dort stationierten Legio VII Gemina[156] angetreten bis er vor zehn Jahren in die Provinz Germania superior[157] versetzt wurde, wo er bislang seinen Diensteinsatz absolvierte. Alles in allem war er ein verdienter und anerkannter militärischer Führer, der auch in der ersten Anfangszeit seiner Herrschaft in der ihm unterstellten Provinz und deren Hauptstadt Colonia Claudia Ara Agrippinensus[158] seine Regierungsgeschäfte vollzog. Während dieser Zeit hatte ich ihn bei einer Inspektionsreise, die ihn an den Rhenus[159] führte, und insbesondere dann direkt am Danuvius im Kastell Gontia kennen und schätzen gelernt. Mit Beginn seiner Regentschaft übergab er die Statthalterschaft von Germania superior an seinen langjährigen militärischen Berater Julius Ursus Servianus[160], sowie für Germania inferior an Lucius Licinius Sura[161]. Beide sollten ihm in den Folgejahren eine wesentliche Stütze sein, um die Sicherung der Nordgrenze des Reiches, Aufbau der Infrastruktur des Hinterlandes und den Ausbau der Verteidigungsanlagen zu gewährleisten. Auch der Ausbau des Straßennetzes von Mogontiacum über Aquensis[162] zum Danuvius sowie nach Norden über Colonia, weiter nach Vetera[163] bis Ulpia Noviomagus Batavorum[164] wurden in dieser Phase fertiggestellt.

Aber neben all diesen Errungenschaften wurde mein persönliches Leben aufs Intensivste auf die Probe gestellt. Der erste Schicksalsschlag ereilte mich im Frühjahr dieses Jahres, als ich die Kunde vom Tode meines Vaters erhielt. Ich hatte während meiner Dienstzeit in Gontia oftmals nach Möglichkeit meinen Geburtsort in Abodiacum besucht, der nur einen Tagesritt von ca. sechs bis acht Stunden entfernt lag. Ich hatte jedoch niemals

---

150 Quästur = niedrigsten Amtes in der römischen Ämterlaufbahn
151 Legat = römischer Gesandter oder Befehlshaber
152 Asia = römische Provinz (heute West-Türkei)
153 Praetor = höhere Beamtenlaufbahn (meist nach Praetur, Aedilat)
154 Legat = Gesandter/antiker Befehlshaber
155 Tarraconensis = römische Provinz in Nordspanien
156 Legio VII Gemina = Römische Armee-Einheit, 68 n.Chr. von Galba aufgestellt, stationiert in Spanien
157 Germania superior = römische Provinz (Rheingebiet) von Straßburg bis Koblenz
158 Colonia Claudia Ara Agrippinensus = römische Provinzhauptstadt (heute Köln)
159 Rhenus = römische Bezeichnung für Rhein
160 Julius Ursus Servianus = (*47-†136 n. Chr.) römischer Politiker und Senator
161 Lucius Licinius Sura = (*40-†110/113 n. Chr.) römischer Politiker und Senator
162 Aquensis = heutiges Baden-Baden
163 Vetera = heutiges Xanten
164 Noviomagus = heutiges Nijmvegen (NL)

in Erwägung gezogen, dass mein Vater im Alter von knapp 65 Jahren sein Leben beenden sollte. Als mich diese Nachricht erreichte, reichte ich in meiner Dienststelle meinen Urlaubsaufenthalt ein, um umgehend nach Hause zu eilen und an den rituellen Begräbnisfeierlichkeiten teilzunehmen. Meiner Familie war es nicht möglich, zumal meine Frau mit einer Krankheit darnieder lag und die Kinder im Alter von sechs und vier Jahren auch noch versorgt sein mussten, was in dieser Zeit eine Frau in der Kastellsiedlung, die meine Frau gut kannte, erledigen konnte. Als ich zuhause ankam, war meine elterliche Familie gerade dabei die Riten der feierlichen Bestattung herzurichten. Nach seiner Waschung und Salbung wurde er mit seiner schönsten Toga bekleidet und aufgebahrt. Ihm zu Ehren wurden seine Verdienste währen der Militärzeit, sowie sein stetes Engagement in der heimatlichen Siedlung, wo er sich durch seinen wirtschaftlichen Erfolg und Einsatz in der Siedlung viele Verdienste erworben hatte, aufgeführt. Da man im Allgemeinen nur eine ungefähre Vorstellung hatte, wohin die letzte Reise des Verstorbenen ging, hatten wir ihm zur Sicherheit als Lohn für den Fährmann zur Überquerung des Styx[165] eine Münze unter seine Zunge gelegt. Als ältester Sohn des Verstorbenen fiel mir die Ehre zu in der vordersten Reihe den Trauerzug durch die Siedlung mit meinem Schwager Indutus Licatus bis zu den Familiengrabstätten anzuführen. Die Trauergemeinde sowie Musikanten, von den professionellen Klageweibern begleitet, reihten sich dem Zug ein, bis man den Ortsrand und die letzte Ruhestätte erreicht hatte, wo der blumengeschmückte Scheiterhaufen bereits vorbereitet war. Darum hatte man seine Lieblingsgegenstände und Geschenke der Trauergemeinde abgelegt. Ein letztes Mal wurde sein Name aufgerufen um den Verstorbenen zu ehren, bevor die Bahre entzündet wurde. Vom Klagen der Trauergemeinde begleitet verabschiedeten sich alle Anwesenden von seinem irdischen Leib, der nach einer geraumen Zeit in der Glut der verbrannten Hölzer verschmolzen war. Mit Wasser und Wein löschte man die letzte verbleibende Glut, bevor man die Überreste des Leichenbrandes mit wertvollen Essenzen vermischte und diese in einer bereitgestellten Urne deponiert hatte, die anschließend in der kleinen Familiengruft ihre letzte Ruhestätte fand. Eine kleine tönerne Öllampe sowie Speise und Trank wurden für den Verstorbenen bereitgestellt, bevor die offizielle Zeremonie am Grabe für beendet erklärt wurde und die Trauergemeinde zu einem Mahl mit den Hinterbliebenen eingeladen wurde, nicht ohne sich vorher der entsprechenden Reinigungszeremonie mit Feuer und Wasser zu unterziehen. Im Hause

---

165 Styx = in griech. /röm. Mythologie, Grenzfluss zwischen dieser Welt und dem Jenseits

der Hinterbliebenen wurden noch die restlichen Opferriten abgehalten. Mit Hinterlassung von Speise- und Trankopfern beendete man die offizielle neuntägige Trauerzeit.

Mit dem Ableben meines Vaters wurde mir zum ersten Mal so richtig bewusst, wie zerbrechlich doch dieses Leben, und wie wichtig jeder Tag war, den man mit seinen Liebsten verbrachte, und dass jedes Leben irgendwann auch mal endet, ob in Ehre, in Frieden, im Kampfe oder im Kreise seiner umgebenden Mitmenschen. „Nur das, was den Menschen ausmacht, verbleibt", ein Spruch, der mich noch oftmals durch mein Leben begleiten sollte. Getreu der Aussage des weisen Seneca[166]: „Animus, non loculus, replendus est!" [Der Geist, und nicht die (Geld-)Kiste, muss angefüllt werden!].

Die restlichen Tage verbrachte ich noch mit meiner elterlichen Familie und meiner Mutter, die ich versuchte in ihrer Trauer zu trösten, nachdem sie ihren geliebten Mann mit 18 Jahren geehelicht und nun nach gemeinsam erlebter 38-jähriger Lebensspanne verloren hatte. Mit ihren nunmehr 51 Jahren war sie zwar nicht mehr die Jüngste, aber für ihr Alter dennoch relativ rüstig. Mein Bruder Aelius war mit seinen 31 Jahren, seiner Ehefrau Aurelia und deren beiden Kindern Janus (zehn) und Delia (acht), sowie meiner verheirateten Schwester Lucia Clementina und ihrem Mann Marcus Balbinus eine gute Unterstützung für meine Mutter, die nun gemeinsam die Villa Rustica sowie die Straßenstation führten. Ihr zur Seite stand auch noch die Familie meines Schwagers Indutus Licatus, der zusätzlich noch sein Pferdegestüt mit seiner Ehefrau Flavia Secunda und deren erwachsenen Kindern, Sicatus und Marcus, die beide ebenfalls verheiratet waren, bewirtschafteten. So hatte ich zumindest das Gefühl sie nicht alleine und unversorgt zurücklassen zu müssen, wenn ich meinen Dienst bei der Armee in Gontia nach meinem Urlaubsende wieder antreten musste. Wehmütig verabschiedeten wir uns voneinander, nicht wissend, dass wir uns bald wieder zu einem noch größeren Unglück wiedersehen sollten.

166 Lucius Annaeus Seneca = (ca. *1 - †63 n. Chr.) römischer Philosoph, Naturforscher, Gelehrter und Politiker

Amori finem tempus, non animus facit!
Die Zeit setzt der Liebe ein Ende, nicht der Wille
(Publilius Syrus)

Schwermütig hatte ich nach der Beerdigung meines Vaters im Frühjahr meinen Rückweg in meine Garnison in Gontia angetreten. Den ganzen Ritt bis zum Heim meiner Familie hatte ich meinen Gedanken nachgehangen und über die Zerbrechlichkeit des Lebens sinniert. Zuhause angekommen, schloss ich meine Kinder überglücklich in meine Arme, um Ihnen die Grüße meiner Mutter auszurichten. Dabei musste ich von der Nachbarin erfahren, dass sich der Gesundheitszustand meiner Frau während meiner Abwesenheit nicht unbedingt gebessert hatte. Sie klagte oftmals über Unwohlsein, Müdigkeit und Beginn von leichten Leibschmerzen, was in mir mehr und mehr Besorgnis auslöste. So beschloss ich bei meinem nächsten Besuch im römischen Heiligtum in Phoebiana, wo ich meine geliebte Frau kennengelernt hatte, ein Opfer zu Ehren der keltisch/römischen Gottheiten des Apollo-Grannus und der Sirone für die Gesundung meiner Frau darzubringen. Die Wochen und Tage vergingen und es wurde nicht besser. Nun hatten wir als Armeeangehörige in dem Kastell das Glück über einen ausgezeichnet fähigen Medicus zu verfügen, der sich nicht nur den üblichen Blessuren und diversen Krankheiten der Legionäre annehmen konnte. Diesen bat ich sich bei nächster Gelegenheit dem Gesundheitszustand meiner Frau zu widmen und sie zu untersuchen. Man muss dazu sagen, dass unsere Armee immer noch die beste medizinische Versorgung mit einem gelehrten Medicus anbieten konnte, dessen Vorteil sich nicht jeder Bürger des römischen Reiches leisten konnte. Flavius-Aurel, so hieß dieser, versprach am nächsten Tage nach unserem Gespräch im Heim meiner Frau vorbeizukommen, und ihren Krankenzustand zu prüfen. Nach eingehender Untersuchung bat er mich zu einem persönlichen Gespräch unter vier Augen, was meine Sorge nur noch mehr hob. Mit ernstem Gesicht eröffnete mir der Medicus, dass er nach eingehender Prüfung meiner Frau zur Diagnose gelangen war, dass sie unter einer bösartigen und unheilbaren Krankheit des canzer[167] litt, der sich in ihrem Körper mehr und mehr breit machte. Und so sehr er all sein ganzes medizinisches Können versuchte, vermochte er dieses nicht zu stoppen, ja er eröffnete mir, dass ich mich langsam von meiner Frau innerlich verabschieden sollte, da er keine Heilung aus dieser hoffnungslosen Krankheit eröffnen konnte. In mir brach eine komplette Welt zusammen. Ich begann mit all

---

167 Canzer = lateinische Bezeichnung für Krebs.

den Göttern des römischen Himmels zu hadern, warum ausgerechnet unserer Familie dieses Schicksal einer frühen Trennung beschieden sein sollte, hatte ich mich doch schon bereits im Frühjahr mit dem Ableben meines Vaters abfinden müssen, und nun auch noch vor diesem erneuten Schicksalsschlag der unweigerlichen Lebens-Trennung von meiner geliebten Frau Livinia, die mir die letzten acht Jahre so viel an Freude und Lebensenergie geschenkt hatte. Der Medicus versprach mir, das Leiden meiner Frau mit einigen Energiekräutern und Opiaten abzuschwächen, sodass ihr in den letzten noch verbleibenden Lebenswochen, die diese grausame Krankheit verursachte, größere Schmerzen erspart bleiben sollten. So begannen für mich, meiner Frau, als auch den Kindern für die letzten verbleibenden Wochen ein schmerzhafter Abschied der in diesem Leben immerwährenden Trennung. Die Sorge für den weiteren Verbleib meiner beiden Kinder begleitete mich die kommenden Wochen, als auch meine ferne elterliche Familie in Abodiacum, der ich diese bestürzend ernste Nachricht weiterleiten musste. Die heißen Wochen des Sommers waren verstrichen. Die Tage des Septem brachen an, als meine Frau von mir und den Kindern für immer, tränenreich von uns allen begleitet, ihren Abschied nahm, um ihre Reise in die nächste Welt der Laren[168] anzutreten. Nach all den 33 Jahren, die ich nun schon auf dieser Welt war, haderte ich mit allen Göttern dieses irdischen Daseins, und nur die Sorge für meine Kinder, sowie die Unterstützung von vielen meiner Legionskameraden, insbesondere meines langjährigen Freundes Titus Flavius Quintinus, hielten mich aufrecht. Als meine Mutter diese Nachricht vor Wochen erfuhr, hatte sie mir ausrichten lassen, dass sie und meine elterliche Familie, in Abodiacum sich gerne meiner Kinder angenommen hätte, da ich doch meiner Verpflichtung im Dienst in der Armee weiter nachkommen musste. Und so begann für mich der schwerste Abschied von meinen beiden Kindern, die ich in die für sie großmütterliche Obhut meiner Mutter übergeben musste, mit dem Versprechen, so oft es mir möglich war, sie immer zu besuchen. Das Einzige, was mich aufrecht hielt, war die Gewissheit, dass sie bei meiner Mutter und der Familie meiner Verwandten in einem gesicherten und beschützten Lebensraum, und zusammen mit gleichaltrigen Kindern in diesem Lebensumfeld aufwachsen konnten. Dank meiner finanziellen Grundlage vermochte ich auch einen privaten Hauslehrer für sie zu bekommen, der ihnen für den weiteren Lebensweg auch die so notwendige geistige Erziehung, nebst der körperlichen Ertüchtigung,

---

168 Laren = nach römischer Mythologie Welt der Schutzgeister und Welt der Vorfahren im Jenseits

69

gewährleisten konnte. So endete für mich dieses irdische Jahr in größter Schwermut und Trauer, das seine narbigen Spuren in meinem weiteren Leben hinterließ. Mein Herz war zweigeteilt, zum einen an meine erste Familie, meine Gedanken an meine Kinder, für deren finanzielles Wohl ich verantwortlich war, und zum anderen meiner zweiten Familie – der Armee, der ich mich zum Dienst am römischen Imperium mit meinem Eintritt in die Militärlaufbahn vor acht Jahren verpflichtet hatte.

Abbildung 13: Der Autor / Röm. Wagenlenker/Prozession

Kapitel IV
Unterwegs auf dem Rhenus

Februarius, 855 - ab urbe condita (A.D. 102)

im 5. Regierungsjahr des Erhabenen Trajan

Sunt quidem cuncat sub unius arbitrio!
Es hängt doch alles vom Willen eines Einzelnen ab
(Plinius d. Jüngere[169])

Blicke ich auf die letzten drei Jahre zurück, so wundere ich mich heute, dass ich diese Lebensumstände meistern konnte. Nach dem Ende der Tränen verblieb der Trost an die vergangenen schönen Jahre meiner Ehe mit Livinia, die ihr irdisches Leben verlassen, und mich mit meinen Kindern zurücklassen musste. Wie erwähnt, verblieb mir für die folgende Zeit nur die Möglichkeit, mich meiner Aufgabe als Stabsoffizier im Kastell Gontia zu widmen. Die Karriereleiter der Tres militae Equestres[170] hatte ich erfolgreich abgeschlossen. Die Dienststufen eines Präfekten einer Kohortenquingenaria (Praefectus cohortis), Militärtribun (Tribunus angusticlavius) und Präfekt einer Reiter-Ala (Flügel) hatte ich erfolgreich abgeleistet. Und wie schon erwähnt, hatte unser erhabener Imperator Traian außerordentlichen Wert darauf gelegt, dass vor allem auch Auxiliartruppen, insbesondere berittene Soldaten, durch Aufstiegschancen gefördert wurden. Diese Karrieremöglichkeit war als Alternative zum Cursus honorum[171] (nur möglich für Senatoren) gedacht, und bot die Möglichkeit sich durch Eignung für die Verwaltungslaufbahn als Ritter zusätzlich zu qualifizieren.

Trajan hatte in seinem ersten Regierungsjahr während einer Inspektionsreise am Danuvius auch Gontia besucht und sich von dem qualifizierten Militärpersonal einen persönlichen Eindruck verschafft, als er den stattfindenden militärischen Manöver-Übungen beiwohnte. Bei dieser Gelegenheit hatten wir ausgebildete Offiziere der Einheit auch die

---

169 Plinius d. Jüngere = (* 61; † 113/115), Anwalt, Senator unter den Herrschern Domitian, Nerva und Trajan.
170 Tres militae Equestres = „drei Militärposten" Militärlaufbahn (8-10 Jahre in römischer Armee für Männer des Reiterordens
171 Cursus honorum = militärisch/politischer Verwaltungs-/Ämterlaufbahn (hpts. für Senatoren)

Gelegenheit ihn persönlich näher kennenzulernen. Es galt für ihn auch zukünftige Legionen auszuheben, die das Gebiet am unteren Abschnitt des Rhenus verstärken sollten. Ebenso rumorte es in der Region am unteren Abschnitt des Danuvius, wo sich in der Provinz Dacia wieder Unruhen ankündigten. Auch hierbei sollte vor allem das Flottenkommando der Armee eine aktive Rolle übernehmen. Die Voraussetzungen in Gontia durch einen bereits bestehenden militärischen Hafenstützpunkt am Zusammenfluss der Gunza mit dem Danuvius, hatte sich hierbei auch bei dem Limesausbau und dessen Nachschubsicherung bestens bewährt. Aufgrund meiner abgeschlossenen Ausbildungslaufbahn hatte ich vor einem Jahr die Möglichkeit angeboten bekommen, das Kommando eines Preafectus cohortis[172] einer Cohors nauticorum[173] am niedergermanischen Limes zu übernehmen. Meinen Dienst begann ich im Frühjahr letzten Jahres im neu errichteten Kastell Fletio[ne][174] am unteren Abschnitt des Rhenus, das als AuxiliarKastell des Legionsstützpunktes der Cohors I Classica [Pia Fidelis Domitiana] diente.

Unterdessen erhielten wir über die Nachrichtenkuriere, dass wiederum ein erneuter Aufstand der Daker unseren Imperator Trajan an die pannonisch/moesische Front berief. Trajan hatte insgesamt sieben Legionen[175] sowie mehrere Auxiliar-[176] als auch Vexillationstruppen[177] (ca. an die 40-45.000 Mann) im besagten Gebiet zusammengezogen. Man begann den Truppenvormarsch über die Donau Stück für Stück abzusichern, weshalb ein rasches Vorrücken nicht möglich war. Kurz vor Tapae[178] kam es zur ersten Entscheidungsschlacht in der sich der thrakische König Decebalus[179] wegen einer absehbaren Niederlage zurückziehen musste. Gleichzeitig begann Decebalus mit diesem Feldzug auch die dakische Offensive im unteren Abschnitt des Danuvius mit den verbündeten Stämmen der Roxolanen[180], die jedoch ebenfalls scheiterte. Es war ihm also nicht gelungen die römische Herrschaft in seinem Regierungsgebiet

---

172 Prefectus cohortis = Kohortenpräfekt (Kommandant einer Legions-Unterabteilung)
173 Cohors nauticorum = Seestreitkraft-Kohorte
174 Fletio[ne] = Castell op de Hoge Woerd (Vleuten de Meern/NL nahe Utrecht)
175 Legion = militärische Kampftruppe (ca. 5.500Mann)
176 Auxiliar-Truppe = Hilfstruppe zur Legion (500-1.000Mann)
177 Vexillations-Truppe = flexible Einsatztruppe zu bestimmten Zwecken
178 Tapae = Engpass des Bistra-Tales (Eisernes Tor), Rumänien
179 Decebalus = thrakischer König, Dakerkrieg 85/86 gegen Domitian, 101/102 1.Dakerkrieg, + 2.Dakerkrieg 105/105 gegen Trajan, Selbsttötung um Gefangenschaft zu entgegen, Darstellung Trajanssäule in Rom.
180 Roxolanen = Sarmaten (heutiges Gebiet Ukraine), schwer gepanzerte berittene Bogenschützen

zurückzudrängen, und so feierte Trajan den römischen Sieg in den folgenden Herbstwochen. Im folgenden Frühjahr zog Trajan erneut mit seiner Streitmacht wieder über Tapae in Richtung Sarmizegetusa[181], während der zweite Heeresflügel mit dem unter-moesischen Heer in die Südkarpaten eindrang. Es bedurfte drei erfolgreiche Feldschlachten, bis sich Decebalus endlich geschlagen gab, aufgrund geschickter Verhandlungen aber dennoch günstige Bedingungen aushandeln konnte. Vermutlich hatten sich auch die römischen Streitkräfte erschöpft, weshalb man gemeinsam auf dieses Abkommen hinzielte. Sämtliche Festungen in seinem Herrschaftsgebiet mussten von Decebalus geschleift werden, wodurch er für das dakische Hochland als Unterkönig der römischen Herrschaft akzeptiert wurde. Damit war der Dakerkrieg vorerst abgeschlossen, aber dennoch blieb die Unsicherheit dieses widerspenstigen Herrschers, der sich auch schon von den Kriegen vor 15 Jahren gegen den früheren Caesar Domitian immer wieder erhoben hatte.

Trotz all dieser beunruhigenden Nachrichten war mein Dienstantritt in dem Auxiliarkastell am Mündungsgebiet des Rhenus relativ ruhig. Hier im Einflussgebiet des germanischen Stammes der Bataver, hatte sich die Situation seit den vor über 30 Jahren aufgeflammten Aufstände beruhigt. Nachdem vor über 100 Jahren das erste Militärkastell in dieser Region entstand, während der Aufstände vor über 30 Jahren dann zerstört, aber in der Nähe neu aufgebaut wurde, hatte sich in der Folgezeit eine rege wirtschaftliche Entwicklung vollzogen, die sich auch in der zivilen Siedlungsgründung der Ulpia Noviomagus Batavorum[182] niedergeschlagen hatte. Insbesondere während die im Kastell stationierten Legio X Gemina[183] [pia fidelis] auch Equestris („zehnte berittene Legion") zur Sicherung in diese Region abkommandiert wurde, die nun einen Frontabschnitt von etwa 3.000 Meilen vom Fluss Rhenus bis zur Maas absicherte, gesandt wurde. Der wirtschaftliche Aufschwung wurde begleitet von vielen Bauvorhaben, die ihr Material aus dem Gebiet nahe dem Rhenus liegenden Tegulariae[184] bezogen. Diese lieferten die begehrte Töpferware, sowohl für die Legionsbesatzungen als auch deren darum entstehenden zivilen civitas[185]. Durch

---

181 Sarmizegetusa = Provinz DACIA, Militärischer Stützpunkt und Hauptstadt des antiken Reiches der Daker. Wurde im 2.Dakerkrieg im Jahre 106 unter dem römischen Kaiser Trajan zerstört.
182 Ulpia Noviomagus Batavorum = Nijmegen-(NL)
183 Legion X Gemina = berittene Legion, stationiert am Niederrhein, die später am 2.Dakerkrieg Trajans teilnahm
184 Tegulariae = plural für Ziegeleien
185 Civitas = zivile Siedlungen

den aufkeimenden Wohlstand hatten sich auch viele junge Männer aus diesem Stamm dem römischen Legionsdienst als Auxiliartruppe verpflichtet, nachdem die Legion mit drei weiteren vor über 13 Jahren erfolgreich den Aufstand des Saturnius in Mogontiacum niedergeschlagen hatten, und vom damaligen Caesar Domitian den Beinamen „pia fidelis" (pflichtbewusst und treu) erhielten. Diese wurde während dieser Zeit kräftig von der Legio II Adiutrix[186] („die Helferin") unterstützt, die im nahegelegenen Militärlager Ulpia Noviomagus Batavorum stationiert war.

Während eines Hilfseinsatzes bei einem urbanen Bauprojekt, zu dem ich ins naheliegende Noviomagus berufen wurde, lernte ich, während diesem Zeitpunkt zwei Offiziere dieser Einheit kennen, mit denen mich meine weitere Zukunft noch mehr verbinden sollte, was mir zu diesem Zeitpunkt jedoch noch nicht so bewusst war. Der eine, Publius Aelius Hadrianus[187], war während meiner Ausbildungszeit in Gontia bereits Militärtribun der Legio II Adiutrix. Ein weiterer war der Centurio Quintus Marcius Turbo[188]. Wie auch immer, mag man es Schicksal, oder Fügung der Götter nennen, war es der Beginn einer Bekanntschaft, die mir noch viele gemeinsame Erlebnisse in der Zukunft bringen sollte. Hadrian war ein vielfach interessierter Mensch, vor allem begierig seine Talente in jeglicher Weise zu erproben. Politisches Geschick verbunden mit organisatorischem Talent zeichnete ihn in vielen Entscheidungen aus. Zugleich war er auch vielfacher Bewunderer der griechischen Kultur, deren Bauwesen ihn immer wieder sehr begeisterte. Bereits früh hatte er diese Kultur kennengelernt, nachdem ihn sein Vater, der dort als Senator und Proconsul in der Provinz Achaea[189] tätig war, bis zu seinem zehnten Lebensjahr erzog. Leider verstarb dieser sehr früh, und Hadrian kam damit unter die Vormundschaft Trajans, der ein Cousin seines Vaters war. Schon wurde er in die militärische Grundausbildung integriert und sollte dann mit der Verwaltung seiner Familiengüter betraut werden, worauf er aber aufgrund seiner Jagdleidenschaft an den Kaiserhof beordert wurde. Nach dem Beginn einer Beamtenlaufbahn in einem Gerichtsgremium, sowie nach zwei weiteren Stationen, wurde er Militärtribun bei der Legion II Adjutrix. Mit 24 Jahren wurde er dann mit Trajans Großnichte Vibia Sabina verheiratet und rückte während des ersten Dakerkrieges in dem kaiserlichen Umfeld nunmehr

---

186 Legio II Adiutrix („die Helferin") = Legion der römischen Armee, stationiert in Nijmvegen.
187 Publius Aeilius Hadrianus = (* 76; † 138), Großneffe von Trajan, späterer Kaiser ab 117 n.Chr.
188 Quintus Marcius Turbo = (* 76; † 138), persönlicher Freund von P. A. Hadrian
189 Achaea = römische Provinz in Griechenland

als quaestor augusti[190] (Berater) auf. Seine Lebensgeschichte erfuhr ich bei einem gemütlichen Beisammensein nach einer Lagebesprechung, wo er über die Entwicklung am unteren Grenzabschnitt des Danuvius, und des kürzlich abgeschlossenen Dakeraufstandes, und damit die weitere Planung und weiteren Vorkehrungen in dieser Region in der Provinz Pannonia- und Moesia-inferior für die nächsten Jahre, besprach. Da man sich mit meiner bislang zweijährigen Tätigkeit in der in Fletione stationierten Einheit als Kohorten-Praefect zufrieden zeigte, wurde mir in diesem Gespräch dann auch die Möglichkeit einer weiteren Beförderung mit einem möglichen Kommando in der Region angeboten. Mein bislang zweijähriger Diensteinsatz hatte sich an einem friedlichen Nebenkriegsschauplatz abgespielt, und da sich nun die dreijährige Einsatzzeit im nächsten Jahr dem Ende zuneigte, bekundete ich damit mein reges Interesse.

So verliefen die weiteren Monate in diesem Lebensabschnitt relativ ruhig, abgesehen von mehreren Kontrolleinsätzen am unteren Abschnitt des Rhenus, sowie anfallenden Reparationsarbeiten an den umliegenden Dämmen dieses Tieflandes und seiner weitverzweigten Kanäle, ohne dass sich gravierende Ereignisse im Legionseinsatz abspielten. Die Zeit verstrich und neigte sich mit einem neuen Jahr und dazwischenliegenden Monaten bereits wieder dem Ende zu, als ich aus dem Heeresstab von unserem erhabenen Kaiser Trajan den Befehl erhielt, mit Beginn des neuen Folgejahres nach der eintretenden Schneeschmelze, zu meinem neuen Kommando am unteren Abschnitt des Danuvius am Standort Brigetio einzutreffen.

Da mir zu dieser neuen Aufgabe einige Wochen Urlaub zugestanden wurden, die ich im Laufe der vergangenen drei Jahre wenig genutzt hatte, sah ich damit auch die Chance auf dem Weg zu meinem neuen Kommando in meiner Heimatstadt Abodiacum meine Familie zu besuchen. Nachdem ich meine bisherige Aufgabe dem neuen Legionskommandanten von Fletio übergeben und ihn eingewiesen hatte, nahm ich Abschied von den Kameraden, für die ich während meiner Zeit verantwortlich war und machte mich auf den langen Weg nach Raetia.

---

190 Quaestor augusti = kaiserlicher Beraterstab

Stromaufwärts ging es an die 370 Meilen mit einem Lastenschiff den Rhenus bis zur civitas Nemetae[191], wo sich am Ufer des Rhenus eine Siedlung nach Abzug der milites[192] entwickelt hatte. Von hier aus nahm ich dann die kürzeste Straßenverbindung nach Augusta vindelica über die Siedlungen cannstatts[193]. Auch hier hatte sich nach der Grenzverschiebung des Limes nordwärts in den letzten Jahren eine kleine Ansiedlung um ein Milites-Kastell entwickelt, das zur Absicherung der Straßenwege von der Provinz Germania superior zur Provinz Raetia diente. Etwa 80 Meilen führte die Wegstrecke nach Gontia[194], meinem ursprünglichen Ausbildungsort, wo ich in der dort stationierten Auxiliareinheit vor über zwölf Jahren meinen militärischen Lebensweg begann. Diese Wegstrecke unternahm ich dann mit meinem Pferd, einem dreijährigen Hengst, den ich am Wegstreckenwechsel vom Schiff zum Landweg in Nemetae erstanden hatte. Das Tier war in prachtvollen Zustand, gut eingeritten, und gewöhnt, sich auf seinen Reiter in voller militärischer Rüstung einzustellen. Hinzu kam, dass ich das Tier auf Anhieb sympathisch fand. Sein Fell glänzte schwarz, der Hals und Rücken waren kräftig, und das Reitverhalten ausdauernd, sodass ich es auf den Namen „Vitus[195]" taufte. Diese Wegstrecke bis Gontia dauerte etwa zweieinhalb Tage, wo wir jeweils abends an einer Wegstrecke liegenden Villa rustica nächtigten. Am dritten Tage passierten wir das Kastell Aquileia[196] bis wir nach einer restlichen Strecke von 30 Meilen den Fluss des Danuvius überquerten und Gontia mit seiner darüberliegenden hügeligen Anhöhe vor uns endlich auftauchte. Mein Herz machte einen richtigen Sprung, meine Vergangenheit zog in vielen Bildern an meinem inneren Auge vorbei, verband mich doch so viel mit dieser Stadt, in der Glück und Leid für mich so nah beieinander lagen. Der Hauptgrund jedoch war, dass ich meinen langjährigen Freund Titus Flavius Quintinus wiedersehen wollte, bevor ich weiter nach Abodiacum zu meiner Familie reisen wollte.

Natürlich hatte ich mich, gemäß der militärischen Anordnung nach, zuerst beim jetzigen Legions- und Kastellkommandanten in Gontia Aulus Pomponius Paetus [197] als zukünftiger Praefect von Brigetio im

---

191 Nemetae = Speyer
192 milites = Militärische Truppeneinheit
193 Canstatts = Cannstatt (Stuttgart)
194 Gontia = Günzburg
195 Vitus = der Lebendige
196 Aquileia = Heidenheim
197 Aulus Pomponius Paetus = vollständig Aulus Pomponius Gai filius Quirina Augurinus Titus Prifernius Paetus, Angehöriger des römischen Ritterstandes, durch zwei Inschriften mit

Garnisonsort Brigetio auf der Durchreise zum zukünftigen Einsatzort vorgestellt. Nachdem wir uns kurz kennengelernt, und über die zukünftigen Pläne unseres erhabenen Imperators Trajan in der aufständischen Region der Provinz Thracia unterhalten hatten, erfuhr ich von ihm, dass er nunmehr als Mitvierziger als tribunus militum in der Legio X fretensis in der Provinz Judaea, als auch danach als Reiterpräfekt der Cohors I milliaria .in der Provinz Thracia, seinen Dienst absolviert hatte. Nach diesem Kennenlernen ließ er nach seinem Alen-Decurio[198] Titus Flavius Quintinus, meinem ehemaligen Kameraden, rufen. Seiner Meinung nach war dieser ein zuverlässiger Abteilungskommandeur, der es aufgrund seiner Auffassungsgabe und seines Einsatzes noch weit in seiner Karriere bringen würde. Nachdem dieser beim Eintritt in die Kommandantur seinen Vorgesetzten pflichtgemäß salutierend gegrüßt hatte, stürzte mein langjähriger Freund, mit einem lauten Freudenschrei in meine Arme. „Claudius, mein alter Freund, schön dich wiederzusehen." Dies lauthals ausrufend drückte er mich, dass mir im ersten Moment fast die Luft wegblieb. Die Freude war ebenfalls meinerseits, hatten wir uns doch seit meiner Versetzung nach Fletione in die Provinz Germania inferior seit über drei Jahren nicht mehr gesehen. „Bei allen Göttern, du hast dich überhaupt nicht verändert, nur dein Haaransatz hat etwas mehr an grauer Farbe dazugewonnen." Man konnte ihm sichtlich die Freude des Wiedersehens nach langer Zeit ansehen. „Komm", forderte mich Titus auf, „lass uns heute Abend ausgiebig feiern und über die „Guten alten Zeiten" sinnieren." Der Kommandeur entließ uns wohlwollend lächelnd, und bat mich abschließend, vor meiner Weiterreise mich bei ihm abzumelden. An diesem Abend beschlossen wir unser Wiedersehen mit einem guten Wein in der lokalen Taverne, die im Zentrum der kleinen Siedlung vor dem Kastell lag, zu feiern. Hier stärkten wir uns auch mit einer kräftigen Mahlzeit. Der Wirt hatte frischen Wildschweinbraten auf dem Speiseplan, zu dem frisches Gemüse, und die nicht zu vergessende berühmte Fischsauce „Garum" als Gaumenkitzel reichte. Der exportierte Wein aus den Winzerhängen des Rhenus schmeckte prächtig zum gereichten Braten, und wir schwelgten in den Erinnerungen der Vergangenheit, als wir hier vor über 13 Jahren unseren Militärdienst in Gontia antraten. Gleichzeitig überlegten wir uns was wir am nächsten Tag, an dem Titus frei bekommen hatte, planen sollten, als

---

Stationsangaben seiner Karriere belegt. Nach Auszeichnung in den Dakerkriegen wurde dieser später Prokurator der Provinz Achaea (Griechenland)
198 Decurio = gleichgesetzt einem Centurio, Führer einer Auxiliar-Turmae, im Rang eines primus pilus, ranghöchster Zenturio (Unteroffizier) einer Legion.

uns das naheliegende Grannus-Heiligtum Phoebiana in den Sinn kam, das wir damals erstmalig besuchten. So beschlossen wir uns zu einem Ausritt in das naheliegende Apollo-Grannus Heiligtum Phoebiana.

Zuvor jedoch wollte mir Titus Flavius noch das neuste Bauprojekt von Gontia vorstellen, das im Frühjahr dieses Jahres durch das Militär gestartet wurde.

Seitdem vor einem Jahr bereits der Krieg in der Provinz Dacien mit der Urbevölkerung wieder aufgeflammt war, hatte Trajan den Auftrag gegeben, den Raetischen Limes zum einen weiter nach Norden zu verlegen, zum anderen hatte Gontia die strategisch günstige Position als Versorgungslager zur Verschiffung von militärischen Truppen und Gütern den Fluss Danuvius abwärts zu dienen. Dafür mussten Unmengen Material, Pferde, Versorgungsgüter und ein Kriegsgerät flussabwärts verschifft werden, das auf dem Landwege hierher transportiert wurde. Da dieses Gerät bis zur Verschiffung natürlich zwischengelagert werden musste, waren enorme Anstrengungen und Voraussetzungen notwendig, es zwischenzulagern. Aus diesem Grunde hatte man begonnen, ein ehrgeiziges Bauprojekt umzusetzen, das diesen Anforderungen gerecht werden sollte. Oberhalb des kleinen Zuflusses des Danuvius, der Gunza, an dem der Fährhafen des Kastells angelegt war, hatte man begonnen, eine Fläche von unmittelbar nach dem Anstieg zum darüberliegenden Hügel, eine Fläche zu planieren, um darauf das Bauvorhaben umzusetzen. Eine Seitenlänge von 140 x 80 Gradus[199], was einer Gesamtfläche von ca. 5.600 pedes[200]-quadratus[201] entspricht. Darauf waren in der Umrahmung der Randseiten ca. 200 Baumstämme aus schwerem Eichenholz, aufgerichtet in nordsüdlicher Richtung mit 100 zu 55 Gradus in ostwestlicher Richtung, mit einer Gesamthöhe von 35 in einer Tiefe von sieben pedes, in mannshohen Bohrlöchern versenkt, um eine korrekte Statik des Gebäudes zu gewährleisten (siehe Tabelle).

Diese Pfosten hatten einen quadratischen Durchmesser von 1,8 pedes, die aus zwei pedes dicken, ca. 200-jährigen Eichenstämmen, gefertigt wurden. Diese waren von den naheliegenden Eichenwäldern am Danuvius geschlagen, und mit Ochsenkarren zu dieser Baustelle transportiert worden. Diese Eichenpfosten mussten zum Teil in dem feuchten Gerölluntergrund mit mächtigen Holzbohlen als Unterlage gestützt werden, um die

---

199 100 Gradus = 1 Einzelschritt entspricht 0,74m (Doppelschrittfuß =2,5 pedes/Fuß), ca. 5.600 pedes-quadratus entsprachen ca. 100x60m = Fläche eines heutigen Fußballfeldes
200 1 pes (plural pedes), = entspricht 0,296mm
201 Quadratus = lat. Bezeichnung für „Quadrat"

Stabilität auf dem teilweise molassigen Lehmuntergrund zu gewährleisten. Man kann sich also vorstellen, mit welchen Dimensionen und Gewichten die erforderlichen Bauarbeiten hier bewerkstelligt werden mussten, die nur an einem solchen wichtigen Siedlungsplatz am Flussübergang des Danuvius möglich waren. Riesige hölzerne Drehkräne, in deren Laufrädern Menschen traten, hatten diese Stämme und Dachkonstruktionen aufgerichtet und in ihre endgültigen Positionen bewegt. Dank dem naheliegenden, ca. 1.000 Gradus entfernten Armeekastell, konnten die Bauarbeiter die z. T. aus dem Armeepersonal rekrutiert, und aus den umliegend-wohnenden zivilen Bauarbeitern verpflichtet wurden, diese gewaltigen Bauarbeiten geschafft werden. Dem Bauwerk angegliedert war auch ein Pferdestall, in dem bis zu 1.000 Reittiere untergebracht wurden, deren Trinkwasserversorgung mit einer Kapazität von 10.000 Litern Frischwasser über den naheliegenden Hügel über eine eigens eingerichtete Wasserleitung gewährleistet werden konnte. Die jetzt fertiggestellte Halle nutzte zum einen für die herangebrachten Rüstungsmaterialen, die über den Danuvius später in die flussabwärtsliegenden Provinzen von Pannonien und Dakien verschifft werden sollten. Dies war von besonderer Wichtigkeit für die derzeitigen militärischen Konfliktsituationen in diesen Provinzen, insbesondere den Dakerkriegen, die seit zwei Jahren wieder aufgeflammt waren.

Sie konnte andererseits aber auch als Versammlungsstelle genutzt werden, in dem der zuständige Kastellkommandant, als auch der römische Statthalter der Provinz Raetia, aus dem nahen Augusta Vindelica kommend, die umliegende Bevölkerung zusammentrommeln, und entsprechende Gesetzesverordnungen, und römischen Lebensprinzipien und kulturelle Lebensweisen anordnen konnte. Über solche Baufertigkeit konnte man nur staunen, war es doch nur aufgrund der Lebensweise, kulturellen Errungenschaften und technischen Möglichkeiten dieses riesigen Imperiums möglich, dem wir als Teil der Armee angehörten. Mögen zukünftige Generationen darüber urteilen, wie schaffens- und segensreich sich unser Kulturkreis in dieser Welt ausbreiten konnte.

Nachdem Titus Flavius mir stolz diese Bauliche Monumentalleistung vorgestellt hatte, die meiner Bewunderung größte Hochachtung der architektonischen Leistung abverlangte, machten wir uns auf den Weg das beim gestrigen Tavernenbesuch ins Auge gefasste Ausflugsziel zu besuchen. Unsere Pferde waren frisch ausgeruht, besonders mein Hengst „Vitus" wieherte freudig, sich an diesem Tage wieder ausgiebig zu bewegen. Der Morgen hatte bereits die fünfte Tagesstunde erreicht, und die Sonne näherte sich bereits dem horizontalen Höhepunkt der mittäglichen Stunde, nachdem wir das ausführlich besuchte Areal der Lagerhalle verließen, um in unser Ausflugsziel nach Phoebiana aufzubrechen. Zum einen freute ich mich unser nicht weit entferntes keltisch-römisches Heiligtum wieder zu sehen. Dies umso mehr, da wir an diesem Orte vor 13 Jahren unsere ersten freundschaftlichen Bande nach unserer Grundausbildung in der Armee knüpften. Hier hatte ich ja auch meine damalige spätere Frau Livinia kennengelernt. Mögen ihr die Götter gnädig sein, nachdem sie so früh von mir in das Land der Ahnen gerufen wurde. Auch meine damaligen Opfergaben am Altar des Apollo-Grannus hatten nichts mehr genutzt, um ihren Gesundheitszustand zu bessern. Titus bemerkte auch meine auf dem Wege dahin, und während unseres Aufenthaltes dort sinnierende Stimmung. Er munterte mich auf mit den Worten, dass das Leben immer in den gewünschten Bahnen der Götter verlief und der Mensch nichts dazu machen konnte. Ich hörte ihn, konnte aber nicht so recht daran glauben, da ich nach dem damaligen Schicksalsschlag mein Vertrauen in die helfende Wirkung des Götterhimmels anzuzweifeln begonnen hatte.

Umso mehr aber freute es mich, als er mir freudestrahlend anvertraut hatte, dass er selbst beabsichtigte eine Familie zu gründen. Gemäß seinen Worten hatte es lange gedauert, bis er diesen Entschluss in die Tat umzusetzen gedachte, hatte doch Amor[202] ihn lange mit seinen Pfeilen verfolgen müssen, bis der Blitz bei ihm im Herzen eingeschlagen war. Ein Mann ist nur ein halber Mensch, erklärte er mir. Was soll die Nachwelt einmal von mir berichten, wenn ich nicht mehr bin. Wer wird sich meiner erinnern, wenn nicht meine Frau und meine Kinder und Kindeskinder? Bei einer Einladung vor einem halben Jahr zu einem Familienfest im Bekanntenkreise, war er den Augen einer glutäugigen, schwarzhaarigen Schönheit begegnet, von deren Blick er sich nicht mehr lösen konnte. Sie war nicht mehr so jung, zählte an die 30 Lenze, war selbst Witwe, hatte aber keine Kinder. Und so kam das eine zum andern, gestand er mir. Ich freute mich aus ganzem Herzen für ihn und beglückwünschte ihn, bedauerte aber gleichzeitig, dass ich nicht an seiner geplanten Hochzeit im nächsten Frühjahr teilnehmen konnte, da ich meinen Dienst ja zu dieser Zeit im Garnisonsort Carnunto[203], bzw. Brigetio[204] der Provinz Pannonia superior

---

202 Amor = römischer Gott der Liebe
203 Carnunto = Carnuntum (Hainburg, Niederösterreich), Standlager der Legio XIV Gemina, Pannonia superior
204 Brigetio = Ungarn (Komorn), zwischen Wien (Vindobona) und Budapest (Aquincum) an der Donau liegend

antreten sollte. Das Wichtigste, gestand er mir, ist und bleibt, dass wir unsere Freundschaft pflegen, und wann immer es uns möglich ist, sollten wir uns wiedersehen, ganz gleich wo im römischen Reich wir uns befinden. Seine Worte im Hinterkopf behaltend, versprach ich, dass wir immer, so oft es uns möglich sein sollte, diese Beziehung pflegen sollten.

Ich erzählte ihm davon, dass ich noch am nächsten Morgen nach meinem Besuch in Gontia, weiter in meinen Heimatort Abodiacum reiten wollte, um meine Kinder und Verwandten in die Arme zu schließen, bevor ich mich weiter in meinen neuen Einsatzort dem Danuvius abwärts in Bregetio einfinden wollte. Mit diesem gegenseitigen Versprechen für die nächsten Jahrzehnte unseres Lebens im Herzen, genossen wir die herrliche Natur unseres Ausrittes und kehrten am Abend nach Gontia zurück, wo wir noch ein gemeinsames üppiges Mahl in der Garnisonstaverne genossen, bevor wir uns für unseren nächsten Lebensabschnitt verabschiedeten.

Römische Längenmaße:

Längenmaße					pedes
pes (Mz. pedes)	Fuß	= 1	pes	≈ 296 mm	1
cubitus	Elle	= 1 ½	pes	≈ 444 mm	1 ½
gradus	Einzelschritt	= 2 ½	pes	≈ 740 mm	2 ½
passus	Doppelschritt	= 2	gradus	≈ 1480 m	5
pertica	Rute	= 2	passus	≈ 2,96 m	10
actus	Arpent	= 12	perticae	≈ 35,52 m	120
stadium	Stadion	= 1/8	mille passus	≈ 185 m	625
mille passus	Meile	= 1000	passus	≈ 1,48 km	5000
leuga	Leuge	= 1 ½	milia passuum	≈ 2,22 km	7500

Römische Flächenmaße:

Flächenmaße					actus
pes quadratus	Quadratfuß	= 1	pes qu.	≈ 876,16 cm²	1/14400
scripulum	Quadratrute	= 100	pedes qu.	≈ 8,7616 m²	1/144
acnua		= 120	pedes qu.	≈ 10,51 m²	1/120
actus minimus	Ulne Furchen*	= 1/30	actus	≈ 42,06 m²	1/30
clima	Stückchen	= ¼	actus	≈ 3,1542 a	1/4
actus quadratus	Acker	= 1	Quadratarpent	≈ 12,62 a	1
iugerum	Joch	= 2	actus	≈ 0,2523 ha	2
heredium	Morgen	= 2	iugera	≈ 0,5047 ha	4
centuria	Großhufe	= 100	heredia	≈ 50,47 ha	400
saltus	Quadruplex	= 4	centuriae	≈ 2,019 km²	1600

* 1 actus minimus ist ein Rechteck von 4 mal 120 Fuß.

Die in der Tabelle angegebenen metrischen Maße sind Orientierungswerte und beruhen rechnerisch auf einem Fuß zu 296 mm.

Der actus (Acker) ist das Quadratarpent (1 Arpent = 12 Zehn-Fuß-Ruten). Das entspricht 14 400 pedes quadrati oder 144 scripula, also etwa einem Achtel Hektar

Am nächsten Morgen meldete ich mich, wie ursprünglich vereinbart, beim Lagerkommandanten von Gontia ab, um meinen Weg nach Abodiacum fortzusetzen. Zuvor gab mir dieser noch einen cursus publicus[205] für Quintus Martius Turbo[206] mit, den ich bereits während meiner Zeit in Fletione kennengelernt hatte. Dieser war der amtierende

---

205 Cursus publicus = Depesche; militärische Nachricht
206 Quintus Martius Turbo = Kommandant v. Aquincum (Budapest), der Legion IIO Adjutrix und persönlicher Bekannter von Publius Hadrianus (späterer Kaiser 117-138)

Hauptlegionskommandant von Aquincum[207], dessen Stammsitz die Legio II Adjutrix[208] war. Abkommandiert war ich eigentlich als Tribun zur Legio XIV [(Martia-victrix) VI pia fidelis VI][209], die zu dieser Zeit in Carnunto[210] stationiert war. Mit diesem Kommando sollte ich ja im Frühjahr das ca. 80 Meilen entfernte, neu errichtete Auxiliar-Lager Brigetio[211] beziehen, um die Sicherung des Grenzabschnittes des Pannonischen Limes bis zum weiter 60 Meilen entfernten Aquincum abzusichern. Mit entsprechender Nachricht, sowie etwas zusätzlichem Reiseproviant und einer persönlichen Donatio[212] ausgestattet, setzte ich meinen Weg über die Auen und Hügel zu meiner ursprünglichen Geburtsstadt Abodiacum fort. Nach einem knapp fünf-stündigen Ritt im lockeren Trab, sah ich dann die heimatlichen Hügel vor meinem Auge erscheinen. Der herbstliche Blätterwald hatte die Landschaft in bunte Farben gehüllt. Vor mir erstreckte sich die Tiefebene des Licca, dessen Flussschleifen den heimatlichen Ort umzogen. In der Ferne hörte man das Brüllen einer Viehherde. Die Sonne hatte, nachdem ich ziemlich früh losgeritten war, die dritte Stunde des Nachmittages erreicht und der morgendliche Bodennebel des Monats Octobris hatte sich um die Mittagsstunden gelegt, und war den wärmenden Sonnenstrahlen der herbstlichen Sonne gewichen. Ich freute mich meine Lieben und Verwandten, vor allem aber meine zwei Kinder nach langem wieder in die Arme schließen zu können. Von dem Gehöft, das noch in einer Entfernung von ca. einer Meile vor mir lag, löste sich eine Gestalt, die mich als nahenden Reiter bereits ins Auge gefasst hatte. Beim Näherkommen beschleunigten sich ihre Schritte, nachdem sie erkannte, wer sich dem Anwesen näherte. Mit einem Freudenschrei und eiligem Tempo stürzte sie mit einem lauten, freudigen Ausruf auf mich zu. „Pater, Pater-familias[213], endlich bist du wieder auf Besuch gekommen!" Ihre Stimme klang mit überschwänglicher Freude. Es war meine Tochter Flavia Iterissa, die mich überglücklich in Ihre Arme schloss, und durch ihre lauten Ausrufe die übrigen Bewohner des Anwesens über den ankommenden Besuch informierte. Flavia mit ihrem flachsblonden Haar, das sie von ihrer Mutter

---

207 Aquincum = Budapest, römisches Hauptlegionslager der Provinz Pannonia, Hauptlager der -
208 Legio II Adjutrix = Stammsitz in Aquincum (Budapest)
209 Legio XIV Gemina = Stammsitz Carnuntum (Österreich)
210 Carnunto = Carnuntum, Legionslager und Auxiliarkastell und Lagerstadt, sowie Verw.-Mittelpunkt der Provinz Pannonia superior zum Schutz des oberpannonischen Limes
211 Brigetio = Szoeni/Komarom (Ungarn)
212 Donatio = Gabe (finanz.) Ehrengeschenk
213 Pater-familias = lat. Bezeichnung für Hausvater, i. d. Regel der Älteste des Hausstandes

geerbt hatte, nunmehr an die neun Jahre alt, wollte unbedingt mit mir auf dem Sattel meines Pferdes sitzen, was ich ihr freudestrahlend gewährte. Vermisste sie mich als Vater in Ihrem Leben doch wahrscheinlich so sehr, den sie nur in größeren Zeitabständen sah, wenn ich meine berufliche Aufgabe/Laufbahn änderte, und die Zeiten zu einem heimatlichen Besuch nutzen konnte.

Einer nach dem anderen gesellte sich nun zu den Kreisen derer, die mich herzlich begrüßten, als ich von Vitus, meinem Reithengst, abstieg. Vor allem meine Mutter schien überglücklich mich wieder zu sehen. Man sah es ihr an, dass die letzten Jahre nach dem Tode meines Vaters sichtlich an ihr gezehrt hatten. Als sie aus dem Hause trat, bemerkte ich als erstes ihre vollen silber-weißen Haarsträhnen. Sie schien mit ihrem Alter von 56 Jahren noch immer rüstig, mit ihren markanten Gesichtszügen, energischen Mundfalten und ihrem Gesicht mit dem bronzenen Teint der urbanen keltischen Bevölkerung. Doch ihre Augen waren nach wie vor aktiv und interessiert an allen Geschehnissen um sie herum. Überglücklich schloss sie mich in ihre Arme. Ihr stummer und doch freudiger Ausdruck sprach mehr als Worte, als ob wir uns erst gestern verabschiedet hätten. „Komm herein, mein Junge, und stärke dich nach deiner langen Reise. Dein Sohn Marcus ist mit seinem Onkel Sicatus und seinem Großonkel Indutus noch auf der Reitkoppel beim Zureiten der Pferde und wird zum Abendessen zu uns stoßen, da er nicht so schnell mit deiner Ankunft gerechnet hatte." Bei der Nennung des Namens von meinem Cousin Sicatus schossen mir wieder die Bilder aus meiner Jugendzeit mit 14 Jahren und dem Erlebnis des ereignisreichen Pferderennens in den Kopf, als er damals seine unerfreuliche Landung im Gebüsch des nahen Wäldchens erlebte. „Mir scheint, dass Sicatus große Fortschritte gemacht hatte", bemerkte ich. „Ja er hat vor kurzem die Pferdezucht seines Vaters übernommen, der seinen Ruhestand mehr genießen wollte. Und dein Sohn Marcus scheint ein gelehriger Schüler zu sein. Er ist ständig, wann immer ihm möglich, mit ihm auf der Koppel beim Zureiten der Jungpferde." Marcus war im Sommer zwölf Jahre alt geworden, überlegte ich, und fragte meine Mutter, ob er denn schon Äußerungen zu seiner zukünftigen beruflichen Richtung gemacht hätte. „Dein Junge ist ein Wildfang, wie du einer in der Jugend warst, aber er scheint mir sehr bodenständig zu sein, jemand der sehr mit dem Boden seines Anwesens verbunden ist. Ein Weltenwanderer wie du einer zu sein scheinst, ist er nicht." Jedem das seine, wer weiß, dachte ich und freute mich, dass meine Kinder sich unter der Fürsorge ihrer Großmutter und Onkelfamilie prächtig entwickelt hatten. „Wie lange hast du frei bekommen", fragte mich meine Mutter interessiert. „Nun, wir haben jetzt Ende Octobris. Mit Beginn des kommenden Neuen Jahres[214] im Monat Martius[215] sollte ich mich bei meinem neuen Kommando im Legionslager Carnunto einfinden." Die enorme Strecke von 770 Meilen[216], ab Augusta Vindelica den Danuvius abwärts, war zu dieser Zeit erst nach der eintretenden Eisschmelze hauptsächlich mit dem Schiff zu erreichen. Das hieß, dass ich bis zu diesem Zeitpunkt im Urlaub war, nachdem ich mir die letzten Dienstjahre meinen zustehenden Urlaub immer aufgespart hatte. „Das ist ja wundervoll", entgegnete meine Mutter, „dann hast du ja richtig viel Zeit mit deinen Kindern zu erleben." Wofür ich selbst richtig dankbar war, diese Zeit zu nutzen.

Zur zwölften Stunde des Tages fand sich die komplette Familie ein, und es gab ein großes Begrüßungszeremoniell, mit all denen, die ich schon lange nicht mehr gesehen hatte. Mein Sohn Marcus schloss mich überglücklich in die Arme, und jubelte hell, als er hörte, wie lange ich die Zeit bis zu meinem nächsten Kommando mit der Familie verbringen konnte. „Dann können wir ja gemeinsam am Licca richtig fischen gehen", rief er. „Ich kenne da eine besonders gute Stelle, wo man fette Forellen fangen kann." Mein Bruder Aelius, seine Frau Lucia Clementina, und deren beiden Kinder gesellten sich zur Runde, und wir genossen das gemeinsame Cena[217], das uns meine Mutter vorbereitet hatte. Als Vorspeise gab es Pilze aus den heimatlichen Wäldern, serviert mit Brot und der leckeren römischen Speisensauce, dem Garum, oder auch liquamen, genannt. Zum Hauptgang gab es dann gebratenes Schwein, genauer gesagt, Wildschwein, das mein Schwager Marcus Balbinus eigens selbst erlegt hatte. Dieser war ein sehr geschickter Jäger in der Ortschaft und versorgte mehrere Tavernen in der hiesigen Gegend. Der Nachtisch folgte mit Trauben aus der Region, sowie saisonalen Nüssen. Alles in allem war es ein opulentes Wiedersehensmahl, das bestimmt nicht alle Tage gereicht wurde, aber speziell für mich zum Wiedersehen vorbereitet wurde. Dank den guten Geschäften meines verstorbenen Vaters, sowie dem wirtschaftlichen Versorgungsgut der zwei örtlichen Tavernen meines Bruders und dem Pferdegestüt meines Cousins, erfreute sich unsere Familie eines gehobenen Lebensstandes, der sicherlich nicht auf die gesamte urbane

---

214 Neujahr = nach urspr. römischer Zeitrechnung begann das Jahr mit dem 1. März, wurde jedoch durch den Julianischen Kalender im Jahre 45 v. Chr. auf den Monat Januar abgeändert.
215 Martius = März, nach dem römischen Kriegsgott „Mars" genannt
216 1 Meile = 0,675 km (Entferndung Augsburg – Carnuntum/Österr.; also an die 520km)
217 Cena = Abendmahl, Hauptmahlzeit der römischen Esskultur

Gesellschaft übertragen werden konnte. Dankbar und wohlig gefüllt vom guten Abendmahl planten wir für den morgigen Tag einen Ausritt mit meinen zwei Kindern in die nähere Umgebung, um meine alte Heimat wieder in Augenschein zu nehmen.

Der Morgen eines neuen Tages war angebrochen, und wie versprochen bereiteten meine beiden Kinder und ich den Ausritt in die nahe Umgebung vor. Unsere Pferde bekamen eine Extraration Heu, und wir hatten ein ausgiebiges Frühstück, zu dem wir dann noch etwas Reiseproviant für den Tag einpackten. Als Reiseziel hatten wir uns eine Villa Rustica vorgenommen, die entlang des Licca flussaufwärts in einer Entfernung von ca. 35 Meilen lag. Hier war vor kurzem ein Landgut zur Versorgung der westlich über dem Licca liegenden Straßenverbindung der Via Claudia errichtet worden. Diese diente als wirtschaftliche Versorgung für die Straßenstationen vom südlichen Mutterland nach Augusta Vindelicorum. Wie ich von meinem Sohn Marcus Clemens erfuhr, war hier ein guter Freund von ihm mit seinen Eltern zur Bewirtschaftung des Landgutes eingesetzt worden und hatte dieses schon mit seinem Onkel Sicatus und Großonkel Indutus an einem seiner Ausritte besucht, da der Besitzer des Gutshofes ein guter Bekannter meines Onkels war. Unser Ausritt, bei gemächlichem Reittempo von Abodiacum den Licca aufwärts, dauerte etwas über zwei Stunden. Die Gegend war auf dieser Seite des Licca relativ eben, der Fluss zog seine Schleifen durch diese Ebene. Auf der anderen Seite des Flusses ragten etwas größere Anhöhen empor, umsäumt von Waldsäumen, die sich zu dieser Zeit im buntesten Blätterwerk wiegten. Der Herbst hatte seine Mitte bereits überschritten, und nachdem sich der Morgennebel der Flussniederung verzogen hatte, wärmte uns die Sonne bei dem Ritt durch die Ebene des Flusstales. Während dieser Zeit unterhielten wir uns über die vergangenen Jahre, was meine Kinder alles erlebt hatten, über die Fortschritte in ihrem Unterricht, sei es das Latinum, oder der Mathematik, oder Naturphänomene. Dank der finanziellen Ressourcen konnte ich es ihnen ermöglichen den Unterricht bei meinem ehemaligen Lehrmeister Balbus zu erhalten, der bereits uns als Kinder in meinem elterlichen Gutshof unterrichtet hatte. Von ihm wusste ich, dass er zwar ein etwas strengerer, jedoch sehr fähiger litterator[218] des Wissens war, was meine Kinder einmal befähigen sollte, ihren festen Platz in der römischen Gesellschaft zu finden. Denn nur menschliche Bildung schaffte die Möglichkeit sich zu einem fähigen und gerechten Menschen in der Gesellschaft zu entwickeln. Er hatte uns auch beigebracht, dass nicht nur der Verstand, sondern auch das Herz in unserem Leben die Richtung unserer Entwicklung bestimmt. Hinzu kam dann die Fähigkeit des einzelnen Individuums und die Liebe zu den Dingen, die dann die Richtung im Leben steuert. Meine Vorliebe galt in meiner Jugend meist der Literatur, und die Schilderungen von fernen Ländern, die sicherlich Anteil an meinem jetzigen Lebenswege hatten. Mein Sohn Marcus Claudius tendierte in seinen Interessen mehr zur Fähigkeit einer militärischen Laufbahn, anstatt zur Mathematik und Latein, sowie politischer Verwaltung, während Flavia Aterissa sich mehr an den schönen Dingen des Lebens der Kunstrichtung und Sprachen interessierte. Mit ihren jugendlichen Fähigkeiten ließe sich diese Fähigkeit sicherlich noch weiterhin gut ausbauen, und ich hoffte durch diese Erziehung, die ich zwar nicht selbst verrichten konnte, ihnen einen guten Start in ihr eigenes Leben zu verschaffen.

Neben diesem Austausch war es natürlich für meine Kinder interessant zu hören, was ich alles in dieser Zeit in den fernen Provinzen erlebt, und was ich über die vielen großen Flüsse, wie Danuvius, und Rhenus, die ich in meinem Beruf als Angehörigen der römischen Auxiliar-Flotten erlebt, zu berichten hatte. Begierig sogen sie meine Erzählungen auf, aber auch meine Schilderungen des Respekts der verschiedenen Volksstämme der Germanen, die mir während meiner Aufgabe begegneten. Obwohl viele nicht über die technischen, uns zivilisatorischen Errungenschaften wie wir Römer verfügten, so waren doch viele sehr aufgeschlossen und begegnungsfreudig, sofern nicht gerade kriegerische Auseinandersetzungen die Beziehungen störten. Wie bei uns gab es aber auch unter den vielen germanischen Volksstämmen Individuen, in denen der Hass gegen das Fremde stärker war als die Verbindung zu einer friedlichen Völkerverständigung und Austausch der kulturellen Errungenschaften. Glücklicherweise hatte ich noch keine kriegerischen Konflikte persönlich erlebt und konnte dadurch auch nur vom Hörensagen einiges an meine Kinder weitergeben. Aber wie es im Leben so ist, auch dies sollte sich auf meinem weiteren Lebensweg später ereignen, aber ich möchte mit meinen Erzählungen ja nicht vorgreifen.

---

218 Litterator = Lehrmeister; Hauslehrer

Nach diesen geschilderten Erlebnissen und dem zweistündigen Ritt, näherten wir uns unserem Ziel, einer Furt am Licca, wo wir nach dessen Überquerung nach Osten hin eine weitere Viertelstunde brauchten, um zu unserm Ausflugsziel zu gelangen. Schon von der Ferne sahen wir nach einer Überquerung eines gemächlichen Hügels ein schmuckes Landgut vor unseren Augen auftauchen. Wie mir mein Sohn erklärte, war diese Villa Rustica[219] vor zwei Jahren von Rufus, einem Bekannten meines Onkels, hier errichtet worden. Seine Familie, Regina, seine Ehefrau, Quintus deren Sohn, der ungefähr im gleichen Alter meines Sohnes war, sowie dessen jüngere Schwester Gemella, hatte dieses Gut an der Verkehrsverbindung zur westlich über dem Liccafluss gelegenen Via Claudia errichtet. Der stattliche Bau des Anwesens war eines der seltenen Atrium-[220] Gebäude mit seitlichen Apsiden[221], einem rundum liegenden, überdachten rechteckigen Wohn- und Aufenthaltsgebäude, Wirtschaftsräumen und einem wunderschönen Innenhof mit Garten. In unmittelbarer Nähe befand sich auch eine beheizte Badeanlage, eine Hypokaustheizung und verschiede Räumen, für Kalt- und Warmwasser, was für diese Gegend von der Größe recht einmalig war. Um diese Anlage gruppierten sich dann noch einige Gebäude zur Bewirtschaftung des Anwesens sowie Wohnräume der Bediensteten. Alles in allem maß dieses Landgut mit einer umgebenden Mauerbegrenzung eine Fläche von rund 280.000 pes quadratus[222]. Ein riesiges Areal für hiesige Verhältnisse, was sicherlich für großflächige Versorgung der Umgebung diente.

---

219 Villa Rustica = meist ländliches Wirtschaftsgut zur Versorgung der umliegenden Gebiete
220 Atrium = Rechteckiges Wohnhaus mit Innenhof – gehörend zu einer Villa Rustica
221 Apsis = (plural Apsiden) halbkreisförmiger oder polygonaler, selten rechteckiger oder quadratischer Raumteil, der an einen Hauptraum anschließt
222 pes quadratus = Quadratfuß, röm. Feldmaß; 1.000 = 880,000cm²/8,8m² / = 25.000m² / 2.5Ha (ca.3 heutige Fußballfelder)

Anmerkung des Autors:
Das Anwesen dieser in der Erzählung beschriebenen Villa Rustica liegt am Rande der heutigen Siedlung Peiting am Lechfluss und wurde Mitte des 20. Jhdt. von Archäologen ausgegraben. Auf dem Gelände des festgestellten Anwesens, das heute als eines der größten im süddeutschen Raum zählt, befand sich auch eine aufgefundene Badanlage. Diese wurde in den Jahren 2000-2004 tlw. vom Förderverein Villa-Rustica-Peiting restauriert, und ist unter einem Glasschutzbau ganzjährig zu besichtigen. Hier kann sich der einheimische als auch ausländische Besucher die ehemalige Struktur der verschiedenen Funktionsräume durch freigelegte Flächen, als auch via Schautafeln mit Textbeschreibung, (auch englisch/französisch/italienisch) ein plastisches Bild der damaligen räumlichen Funktionsweise verschaffen. Ergänzt wird dies durch, in Glasvitrinen zur Schau gestellten, Fundstücke, Baufragmente, Wandmalereien, sowie Werkzeuge, Tongeschirr und Alltagsgegenstände. Besonders sticht

Nach einer herzlichen Begrüßung lud man uns ein, im behaglichen Atrium mit vorliegendem Garten Platz zu nehmen, und servierte uns Erfrischungen nach dem vergangenen Ritt und tauschte Informationen aus. Insbesondere, da ich ja auch selten zu Hause war, war natürlich auch viel Gesprächsstoff zur augenblicklichen politischen Lage, wo man Gerüchte hörte, dass in der Provinz Pannonien u. Thrakien wieder Unruhe herrschte. Die Kinder hatten sich gleich zu mit denen des Hausherrn gesellt, um sich mit ihresgleichen zu unterhalten. Nicht entgangen war mir jedoch der Blick meines Sohnes zur Tochter des Hauses Gemella. Mit seinen über zwölf Jahren befand er sich zu Beginn seiner pubertären Phase und das Interesse für das weibliche Geschlecht war sicherlich Neuland für ihn, aber auch interessant und erregend. Gemella, dem seine Blicke folgten, war ein hübsches Mädchen von aufblühenden 13 Jahren mit fein strukturiertem Gesicht, einer zierlichen Gestalt mit erblühender, weiblicher Schönheit, wobei sicherlich nicht nur ihr Gesicht den Blickpunkt meines Sohnes einfing. Nun dämmerte mir auch der Vorschlag, gerade diese Villa Rustica am heutigen Tagesausflug zu besuchen, wobei sich die Jugendlichen ja bereits von vorigen Besuchen her kannten. Meine Gedanken bewegten sich während dem Gespräch mit dem Hausherrn in meine Jugendzeit an meine damalige Herzensflamme Flavia Domitilla, als ich damals noch in Augusta Vindelica meine berufliche Laufbahn begann und sie ebenfalls in einer ländlichen Villa Rustica am Licca flussabwärts kennengelernt hatte. Nur war ich damals aber schon 22 als Gott Amor mich damals in seine verführerischen Netze verstrickte. Nun ja, Jugend ist ein Vorteil der Unwissenden, aber die Leidenschaft begann sich auch damals in mir als männlichen Jugendlichen zum weiblichen Geschlecht heftig zu entwickeln. Ich begriff, dass mein Sohn nicht länger nur mein Kind sei, sondern er sich langsam zum jugendlichen Erwachsenen zu entwickeln begann. Wie für alle Mütter und Väter ähnlich, denkt man, dass dieses Band der Beziehung zueinander für immer währt und doch früher oder später sich vom Elternteil beginnt loszulösen, um seine Identität zu entdecken und durch Erlebnisse zu erfahren.

Nach einer ausführlichen Besichtigung des Landgutes und einem ergiebigen und erfrischenden Erfahrungsaustausches über mehrere Stunden, hieß es wieder Abschied nehmen, um uns wieder auf unseren Heimweg zu begeben, da der Tag sich bereits seiner zehnten Stunde näherte. Dieser Besuch sollte, wie ich viel später in meinem Alter erfahren habe, sicherlich

---

hier ein aufgefundenes Objekt hervor: Zwei Bleitafeln, auf denen ein „Liebeszauber" eines römischen Bürgers namens „Clemens" zugunsten einer Frau „Gemella" eingraviert wurde.

nicht der letzte meiner Kinder bei diesem Anwesen sein, aber dazu später mehr, sonst würde ich der Geschichte vorgreifen.

Auf dem Heimwege erfuhr ich dann von meiner Tochter Flavia Aterissa unter der vorgehaltenen Hand, dass ihr Bruder sich in die Tochter des Hausherrn „verguckt" hätte, was sowohl sie als auch ich mit einem geheimnisvollen Lächeln quittierten, und ich musste ihr bei allen Hausgöttern versprechen, bloß nichts darüber gegenüber ihrem Bruder verlauten zu lassen. Flavia war zwar über zwei Jahre jünger, aber wie alle Mädchen ihres Alters in ihren Verständnissen den Jungs gegenüber, etwas pfiffiger und verschmitzter. Zur zwölften Stunde des Tages erreichten wir dann wieder unseren heimatlichen Ort und unsere Familie, die uns, sichtlich erfreut uns wohlbehalten wieder zu sehen, begrüßte. So zogen sich die Tage hin und wir hatten viel Gelegenheit uns miteinander ausführlich zu verschiedenen Themen zu unterhalten. Marcus-Clemens gegenüber musste ich versprechen, oftmals zu schreiben und ihm von meinen zukünftigen Abenteuern zu erzählen, sodass er sich eine konkrete Vorstellung meines Berufsstandes in der Praxis machen konnte. In seinem Kopf war noch vieles ein „Abenteuer", was für mich ein reales tägliches Erleben war, aber das geht wohl jedem Vater so. Flavia wollte vieles wissen. Über die Menschen, mit denen ich tagtäglich konfrontiert wurde, die fernen Länder und Völker, die ich im Lauf meines Berufsstandes kennenlernte, welche Sprachen sie verwendeten, und wie sich fremde Völker, insbesondere Frauen, kleideten. Da unterscheid sie sich nicht von anderen Mädchen.

Der Herbst wich dem Winter, der in diesen Wochen Einkehr hielt. Die Wiesen und Wälder wandelten sich in weiße Flächen und Konturen, die Blätter waren verschwunden. Nur die vielen Nadelhölzer hatten ihr frisches Grün nicht verloren, auch wenn diese mit einem dicken Schneemantel verdeckt wurden. Auch der Winter hatte seine Vorzüge. Die umliegenden Hügel boten vielfache Möglichkeiten die Hänge mit Holzkufen runterzurutschen, aber auch die Jagd nach den umliegenden wäldlichen Bewohnern, sei es sus scrofa[223] oder cervinus[224], bot genug Abwechslung zu dieser Jahreszeit. Denke ich an diese Zeit zurück, so war sie doch, so finde ich, die schönste Zeit zusammen mit meiner Familie. Das Jahr neigte sich dem Ende zu, die Witterung wurde strenger und kälter, und so vergingen weitere Wochen, bis im neuen Jahre der Schnee begann, sich in der wärmeren Sonne zu tauen. Der Januarius neigte sich dem Ende zu und der

---

223 Sus scrofa = lat. Bezeichnung für Wildschwein
224 Cervinus = lat. Bezeichnung für Hirsch/Reh

Februarius hielt Einzug und ich begann mich langsam wieder an den Gedanken des Abschieds zu gewöhnen. Die Eisschollen, die den Liccafluss während der letzten Wochen und Monate fest gefangen hielten, begannen mit Knacken und Brausen aufzubrechen, und ich rüstete mich für meine Reise stromabwärts zur Provinzhauptstadt und weiter an den Danuvius, wo ich meine Fahrt auf dem Schiff weiter fortsetzen sollte. Nach den vergangenen Wochen der Ruhe und Erholung bei meiner Familie, begannen meine Gedanken sich wieder in Bewegung zu setzen, was wohl das Leben mir in weiterer Zukunft bringen sollte. Mein Kommando sollte ich in zwei Wochen als Kommandant der Legio XI Claudia [pia fidelis] in Carnunto[225] der Provinz Pannonia beginnen und so begann ich mich seelisch auf die neue Aufgabe vorzubereiten. Meiner Familie gegenüber musste ich versprechen, mich öfter brieflich zu melden, sodass sie nachvollziehen konnte, wie es mir ging und wo ich überall unterwegs war.

Der Abschied von meinen beiden Kindern fiel mir sichtlich schwer nach all den erlebten vorausgegangenen Wochen, und ich musste mich sichtlich im Inneren davon losreißen, hatte ich doch eine berufliche Aufgabe, der ich pflichtgemäß nachzukommen hatte, und damit auch das wirtschaftliche Leben meiner Familie hier im heimatlichen Abodiacum abzusichern hatte. Als ich meinen Hengst Vitus sattelte, und mein Packpferd mit einigen Versorgungsgütern beladen hatte, hieß es Abschied nehmen von meiner Mutter, mit dem Versprechen gut für meine beiden Kinder zu sorgen. Die Familie meines Bruders, als auch meines Onkels, versorgte mich zum Abschied mit guten Wiedersehenswünschen. Als ich dann meinen Sohn Marcus-Clemens verabschieden musste, gab ich ihm als Geschenk einen faustgroßen hölzernen Adler, mit dem Versprechen, dass dieser ihn immer an mich, während meiner Abwesenheit, erinnern und beschützen würde, bis wir uns einander wieder in die Arme schließen würden. Meiner Tochter Flavia Aterissa gab ich ein kleines metallenes Medaillon, das ich in der dörflichen Schmiede anfertigen lassen hatte, mit dem Hinweis, dass dieses sie immer an ihre Mutter und mich erinnern sollte, mit den besten Wünschen in ihrem Leben, immer ihrem Herzen und Gefühlen zu folgen. Solchermaßen verabschiedend schwang ich mich auf meinen Hengst Vitus, der freudig erwartend wieherte und endlich wieder auch die Gelegenheit zu ausführlicher Bewegung witterte. Lange auf den Vicus Abodiacum zurückblickend, entschwand dann auch der heimatliche Hof meinen Blicken, als ich mich zielstrebig auf meine Reise licca-abwärts zum

---

225 Carnunto = Carnuntum, an der unteren Donau (Hainburg/Petronell; heutiges Niederösterreich)

91

Zielort an der Flussmündung in den Danuvius begab, um mich dort für meine Reise nach Pannonia einzuschiffen.

Kapitel V
An den Ufern des Danuvius
(Carnunto/Brigetio/Tribunis militis)

Octobris, 858 - ab urbe condita (A.D. 105)

im 7. Regierungsjahr des Erhabenen Trajan

Alea iacta est!
Die Entscheidung (der Würfel) ist gefallen!
(Julius Caesar 49 v.Chr.)

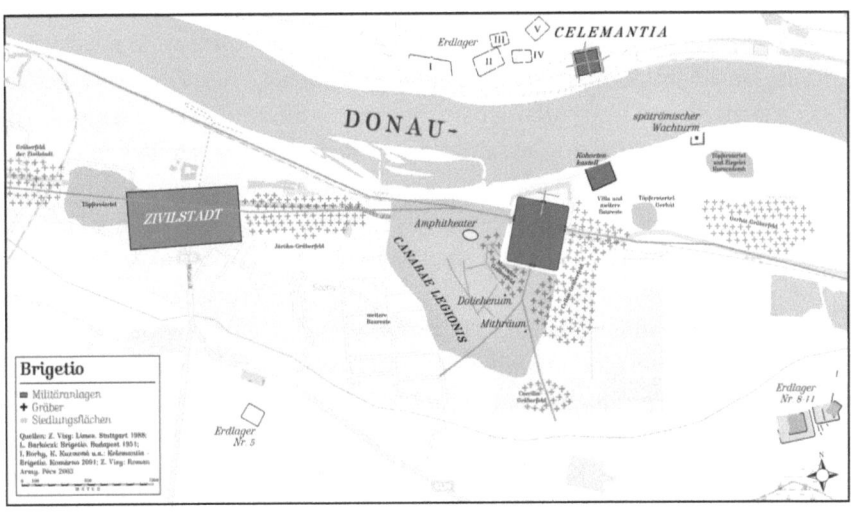

Abbildung 14: WIKIPEDIA / Flottenstützpunkt Legionslager Brigetio a. d. Donau (Quelle: L. Barkóczi: Brigetio.1951)

Nun bin ich schon wieder über eineinhalb Jahre in dieser neuen Garnison in Carnunto. Der Abschied von meiner Familie in der fernen Heimat fiel mir anfänglich sichtlich schwer. Nur die tägliche Routine meines Dienstes half mir über diese ersten Monate nach meiner Ankunft, über diese Gemütslage hinweg. Viel Zeit dieser inneren Muse verblieb mir nicht, denn es gab viel vorzubereiten. Mein Kommando als Tribun in der Legio XI, deren Unterkommando als Marinesoldat der Donauflottille ich innehatte, kostete ziemliche Vielschichtigkeit und Anforderungen. Bei

93

meiner Ankunft in Carnunto im letzten Frühjahr konnte ich nur staunen, welche Größe dieses Lager innehatte. Wie ich erfuhr, entwickelte sich dieses Militärlager seit seiner Gründung vor 60 Jahren unter dem erhabenen Imperator Claudius anfänglich aus einem befestigten Holz-/Erdlager, zu einem vor einigen Jahren befestigten Legionslager mit Steinmauern, einem weiteren Auxiliarkastell, dem ich anfänglich zugeordnet wurde, und im Umkreis einer gallischen „leuga[226]" liegenden urbanen Siedlung, bestehend aus Angehörigen und Familien der Legionäre, Veteranen sowie Kaufleuten. Die Siedlung war ein verkehrsgünstiger Knotenpunkt. Sie zählte mit den Lagern zu diesem Zeitpunkt bereits an die 30.000 Menschen und versprach sich in den Folgejahren noch weiter auszudehnen. Diese Menschenansammlung entstand aufgrund einer außerordentlich günstigen Verkehrslage. Zum einen führte die sogenannte „Bernsteinstraße[227]" aus dem fernen Norden hier entlang und weiter in den Süden an das Mare Nostrum, und kreuzte sich an diesem Orte auch mit der Handels- und Militärstraße der Via Danuvia entlang des Donau-Limes, der sich weiter den Fluss entlang bis zum pontus euxinus[228] erstreckte. An diesem Grenzverlauf säumten sich die einzelnen Grenzkastelle wie Perlen an einer Schnur, nach Norden hin zu den Quaden, Markomannen und Sarmaten, gegen Osten und Süden hin gegen das Gebiet der Jazygen, Costoboken, sowie weiter im Osten der Roxolanen und Daker. Immer wieder gärte es hier unter dieser Bevölkerung und entwickelte sich zu Aufständen gegen das römische Reich. Zwar waren einzelne Stämme bereits während des vorigen Dakerkrieges vor vier Jahren besiegt und befriedet worden, andere jedoch, wie die Daker, hatten immer wieder gegen die römische Gebietsbeeinflussung aufbegehrt. Insbesondere ein Stammesfürst der sich damals als König erhob – Decebalus[229], zuerst mit den Römern nach dessen Niederlage verbündet – schaffte es immer wieder Unruhe unter die verschiedenen Stämme zu bringen.

Vor kurzem erhielten wir Meldungen, dass die mit den Römern verbündeten Stämme der Jazygen von Decebalus' Kriegerhorden angegriffen wurden. Auch einige kleine römische Auxiliarkastelle waren erstürmt worden. Nur ein größeres, etwas weiter östlich des Danuvius in

---

226 Gallische Leuga = ca. 2,2 km Fläche
227 Bernsteinstraße = Handelsweg, von der Ostsee aus nach Süden führend ans Mittelmeer.
228 Pontus euxinus = heutiges Schwarzes Meer
229 Decebalus = dakischer König nach Ende des 1. Dakerkrieges

Sarmizegetusa[230], ein Wirtschafts- und religiöses Zentrum in der Region Dakien, war zwar stark beschädigt worden, hatte aber den Anstürmen der dakischen Truppen tapfer Stand gehalten. So waren in den letzten Monaten mehrere Legionen, sowie Auxiliar-Einheiten der pannonischen Provinzarmee (exercitus Pannoniae) in Carnunto und Umgebung zusammengezogen worden. Zusammen mit der fest stationierten Legio XIIII Gemina, waren auch die Legio X Gemina pia-fidelis, als auch der Legio Adjutrix I+II im nahen Aquincum[231], die Legio XXII Primigenia, Cohors I Alpinum, Legio XV Apollinae, Legio I Adjutrix, sowie berittenen Einheiten, wie der Ala tertia augusta Thracum Sagittaria, anwesend. Insgesamt 15 Legionen wurden in der Region zusammengezogen. All diese waren zwar nicht unmittelbar in Carnunto quartiert, sondern z. T. in den umliegenden befestigten Kastellen. Dennoch gab es ein stetes Kommen und Gehen der Befehlseinheiten. Wie wir inzwischen erfahren hatten, hatte unser Imperator Trajanus angesichts der bedrohenden Situation sich entschlossen, zu einem Kriegszug gegen Decebalus und seinen thrakischen Verbänden zu rüsten.

Meine Einheit bekam den Auftrag u. a. das 80 Meilen nahe Brigetio[232] zu erneuern, um es als neuen Stützpunkt zu beziehen. Nachdem die vorher darin stationierte Legio I Adjutrix aktiv in den ersten Dakerkrieg Trajans vor vier Jahren eingriff, mussten wir, vor der endgültigen Stationierung darin, die verlassene Befestigung kriegstechnisch ausbessern und optimaler befestigen. Einzelne Vexillationen unserer Legion waren auch im noch weiter entfernten Aquincum eingesetzt, dort u. a. auch die stationierte Legio II Adjutrix. So vergingen die Wochen mit den Vorbereitungen, bis die Meldung einlangte, dass Decebalus zu einem Großangriff auf die römischen Befestigungen am Grenzverlauf des Donaulimes angesetzt hatte. Meine befehligte Einheit wurde in diesen Wochen danach auch zur Sicherung der Grenze und deren umliegenden Siedlungen und Kastellen eingesetzt, während Meldungen weiter aus dem Süden der Provinz beunruhigende Nachrichten über Kampfhandlungen an uns herangetragen wurden. Vor allem machte aber die Runde, dass in den dortigen Kämpfen der Statthalter, ein Kommandeur einer römischen Einheit, Gnaeus Pompejus

---

230 Sarmizegetusa = altes Handelszentrum auf dem Gebiet Rumäniens gelegen, 106 zerstört und später etwas weiter südlich als Veteranenkolonie Colonia Ulpia Traiana Augusta Dacica Sarmizegetusa neu errichtet

231 Aquincum = heutiges Budapest a. d. Donau liegend

232 Brigetio = Heutiges Szöny (Ungarn) – ca. 60km donauabwärts von Carnuntum/Petronell liegend

Longinus, während einem fingierten Kapitulationsangebot von Decebalus, in Gefangenschaft geriet.

Nachdem sich Trajan aufgrund dieses Druckes der Erpressung des Dakerkönigs dagegen wehrte Pompeius Longinus auszulösen, hatte sich der Kommandeur freiwillig das Leben genommen, um nicht Gegenstand der Erpressung zu werden. Über dessen Freitod geriet Trajan dermaßen in Rage auf den Dakerkönig, was wiederum weitere kriegerische Auseinandersetzungen mit sich brachte. So zogen sich diese Kämpfe bis Anfang Winter dieses Jahres hin. Mal trug die eine Seite, mal die andere einen Sieg davon, bis die Witterung den Kamphandlungen Einhalt gebot und die gegnerischen Parteien sich zur Winterruhe in ihre sicheren Festungen zurückzogen, nicht jedoch ohne Pläne für das neue Jahr und dessen Kampfziele zu schmieden.

Abbildung 15: Der Autor / Trajans Dakerfeldzüge

Der ausgehandelte Friedensvertrag veranlasste Trajan jedoch für Vorbereitungen eines erneuten Kriegszuges, da sich Decebalus nicht an die vereinbarten Bedingungen des Friedensvertrages hielt, sondern die geschleiften Festungen der Hochplateauregion des Orastie-Gebirges wieder befestigte. Mehr noch: Die benachbarten Volksstämme versuchte er für eine antirömische Koalition zu gewinnen.

Trajan hatte bereits im ersten Dakerkrieg seinen Hauptstoß, von Viminiacium und Drobeta aus den Danuvius überschreitend in nordöstlicher

96

Richtung durch das Banat, auf die dakische Hauptstadt Sarmizegethusa geführt, und in der Schlacht von Tapae den Feldzug, trotz der Gegenoffensive des Decebalus in Moesia Inferior, siegreich beendet.

Das neue Jahr war angebrochen und die durch den Winter erzwungene Kampfpause ging ihrem Ende entgegen. Sobald die hügelig/bergige Gegend schneefreier wurde, setzten sich die einzelnen Kommandoeinheiten unter der persönlichen Anführung von Trajan in Richtung dakisches Hoheitsgebiet in Bewegung. Nach meiner Ernennung zum Legionskommandanten der Auxiliareinheit der Legio XI Claudia hatte ich zum ersten Mal die Gelegenheit, aktiv an dem Kriegszug in der Provinz Dakien teilzunehmen, nachdem die Einheit vorher hauptsächlich für logistische und bautechnische Einsätze in der Umgebung von Brigetio und Aquincum eingesetzt wurde, hatte Trajan nunmehr mit einer militärischen Übermacht, insgesamt 14 Legionen mit div. Auxiliartruppen, an die ca. 60.000 Mann aus dem gesamten Provinzraum zusammengezogen. Diesmal ging der Stoßangriff wieder von Drobeta aus in Richtung Sarmizegetusa, nachdem Decebalus wieder einige Garnisonskastelle überfallen hatte.

An diesem Feldzug nun im zweiten Kriegsjahr war meine Einheit zusammen mit der Legio I Minerva unter dem Kommando des späteren Imperators Hadrian, sowie der Legion II Adjutrix und dessen Kommandeur Quintus Martius Turbo in Richtung der dakischen Hauptstadt unterwegs. Beide Kommandeure waren mir gut bekannt, hatte ich doch die erstmalige Bekanntschaft mit den beiden während meines Einsatzes in der Provinz Germania Inferior in Fletione bei einem Strategiegespräch in Noviomagus kennengelernt. Während Hadrians Legion sich durch die Bergtäler hindurchbewegte, wurde meine Einheit Legio Claudia XI [Pia fidelis] als Flankensicherung für die, oftmals aus dem bergigen Gelände angreifenden, Dakerverbände abgestellt. An diesem Tage, man zählte die vierte Stunde des Tages, hatte ein leichter Nieselregen eingesetzt. Waldige Bergflanken zogen sich links und rechts des Marschweges. Der militärische Tross zog sich wie ein Bandwurm durch diese Bergtäler. Die Marschgeräusche der Militärkolonne wurden unterbrochen durch die metallischen Scheuergeräusche der Brustpanzer und Wehrgehänge der Legionäre, den Klappgeräuschen der Schilder, und den murmelnden Lauten deren Träger, die sich zu diesem Feldzug unterhielten. Trotz des einsetzenden Regens war die Lufttemperatur nicht kalt. Der nahende Sommer des Monats Junius bereitete mit seiner Tagestemperatur Marschklima für die Armeen, das nur durch den einsetzenden Nieselregen eine relativ feuchte Beeinträchtigung mit sich führte. Unsere Auxiliareinheit, die die Legio I

Minerva flankierend begleitete, hatte zumindest den Vorzug eine berittene Einheit zu sein, und die mitgeführte Waffenausrüstung war eher leichte Armierung, im Vergleich zur marschierenden Fußtruppe der Legio I Minerva von Trajan. Während ein berittenes Vorauskommando, eine Equites-Ala-Tumae, die eingeschlagene Marschrichtung absicherte, war unsere Flankeneinheit stets darum bemüht, nie offenes freies Gelände wie die Marschkolonne des Legionskommandos zu überqueren. Als der Marschtrupp sich in Richtung eines Hügelkammes bewegte, der sich links und rechts zu Wäldern verengte, kamen plötzlich Kampfgeräusche am Kolonnenbeginn auf, der von einer dakischen Einheit herrührte, die den Hügelkamm mit einem Überraschungsangriff auf die Armeekolonne zu nutzen beabsichtigte. Sofort gab der Kommandant Quintus Martius Turbo den Formationsbefehl zur „Testudo-Formation [233] ". Der Legions-Cornicen[234] blies das entsprechende Kommando in sein Horn: Die bisherige Marschformation weitete sich in Sekundenschnelle auf eine defensive Form aus, um die vorrückenden Legionäre vor feindlichem Beschuss zu schützen. Die einzelnen Zenturien gruppierten sich umgehend zur kleineren Verteidigungseinheiten. Die Spannung der ersten Momente hielt an, bis der Angriffsschrei der heranstürmenden Feinde erschall. In der zweiten Linie der langsam marschierenden römischen Reiheneinheiten, hatten unsere Bogenschützen Aufstellung genommen, um dem Feind eine Pfeilwolke, einem Hornissenschwarm gleichend, in die Angriffswelle zu senden. Hinter der ersten geschützten Legionsreihe streckten sich die Speerwerfer, um ihre Kampfwaffe, das pilum[235], den anstürmenden Dakern entgegenzuwerfen. Als sich diese krachend in die Schilde der Angreifer bohrten, hatte deren Gewicht in dem gegnerischen Schutz die Bewegungsfreiheit der Angriffswelle verlangsamt, so dass deren Schutzschilde ihre Wirkung verloren und der Gegner solchermaßen seines größten Schutzes entblößt, den Verteidigern keine entscheidende Gegenwehr mehr darstellte. Mit der Testudoformation hatten sich die Legionäre den Angreifern gegenüber sofort wie ein Igel geschützt, sodass die Angreifer ohne ihre Schildabwehr wenig Schutz im Nahkampf gegen die römische Waffe, dem Gladus[236], hatten.

Dem Aufprall der Angreifer auf die Legionsformation folgte ein dumpfes Krachen und Splittern inmitten der gegnerischen Parteien. Der Lärm

---

233 Testudo-Formation = Schildkrötenformation der röm. Centurieneinheiten
234 Cornicen = Hornbläser im Römischen Heer
235 Pila = singular pilum (röm. Wurflanze)
236 Gladus = Kurze Stichwaffe des Legionärs

war ohrenbetäubend. Das Angriffsgeschrei, die Getroffenen, die niedersanken und die Sterbenden, die mit stöhnender Begleitung zu Boden gingen. Eine Welle nach der anderen warf sich der Legionseinheit entgegen, und nun kam unser Befehl zum Flankenangriff gegen die Daker. Mit dem Signal des Legions-Cornicen wurde nunmehr unsere berittene Auxiliar-Einheit in das heiße Kampfgeschehen gerufen, um dem Gegner seitwärts und in den Rücken zu fallen und ihm auf diese Weise in seinem Vorstoß zu schwächen und zurückzutreiben. Im donnernden Galopp ging unsere Einheit vor. Wir hatten zudem den Vorteil von einer etwas erhöhten Hügelflanke an die Daker zu stürmen, die sich im Nahkampf mit den Fußtruppen der „Minerva"-Legion befanden. Unsere Spatha[237] schwingend, und das brachiale Ritttempo der Pferde ausnutzend, dem sich schwerlich jemand der Gegner entgegenstemmen konnte, warfen wir uns in das Kampfgetümmel. Mitten in dem Kampfpulk sah ich auch den Legionskommandanten Quintus Martius Turbo, der sich einigen Angreifern entgegenstemmte, um sich sein Umfeld freizukämpfen. Zwei, drei Gegner hatte dieser bereits niedergestreckt, bevor er plötzlich strauchelnd sein Gleichgewicht verlor und vor einem Angreifer in die Knie brach. Bevor dieser jedoch mit seiner Kampfwaffe zum entscheidenden Axthieb ausholen konnte, war mein Pferd Vitus mit mir in dieses entscheidende Kampfgeschehen eingebrochen. Mit einer ausholenden Armbewegung meiner Spatha, konnte ich diesen Angreifer mit einem schnellen Schwerthieb die Axthand des Angreifers vor dem entscheidenden tödlichen Schlag von seinem übrigen Körper trennen. Mit einem dumpfen Schrei fiel der Gegner vor Quintus Martius Turbo zu Boden, der erleichtert aufblickend seinen Kopf hob, um mir mit einem anerkennenden Salut für seine knappe Rettung zu danken. Der ohrenbetäubende Lärm des Kampfgetümmels lag immer noch über dem Kampfgebiet, der Geruch von Blut und Schweiß zog sich durch die Talebene. Trotz energischer, wütender Kampfformation war es dem Gegner mit der Masse seiner Angreifer nicht gelungen, eine entscheidende Schneise in die Legionsformation zu schlagen. Auf diese Weise gelang es uns, dem dakischen Gegner nicht nur einen entschiedenen Widerstand zu leisten, sondern vielmehr noch, ihn in seiner Kampfmoral durch das Aufbrechen seiner Kampfeinheit langsam, aber entscheidend zurückzudrängen. Dank unserer Kampfweise einer berittenen Auxiliar-Einheit, und der standhaften Wehrkraft unserer Legionseinheit, entwickelte sich dies endgültig aber doch zu unserem Vorteil. Über

---

237 Spatha = Kampfschwert der berittenen Auxiliartruppe, etwas länger als der Gladus der Legionäre

und über, durch die Menschenmassen kämpfend, durchbrachen wir den Angriffskeil und konnten den Gegner mehr und mehr in die Defensive drängen, sodass der Kampf sich nach etwa eineinhalb Stunden allmählich dem Ende zuneigte. Die übrig verbliebenen Kampfgegner zogen sich allmählich flüchtend aus dem Kampfgeschehen zurück, als sie den verlorenen Kampf erkannten. Der Lärm ebbte schließlich langsam ab und wir konnten endlich unsere Truppeneinheiten sammeln.

Die Kampflage überblickend gingen wir daran unsere Verwundeten zu versorgen und die Sterbenden und gefallenen Kameraden zu sammeln. Trotzdem wir als Soldaten daran gewöhnt waren, dem Tod ins Auge zu blicken, war es für viele nicht einfach nach dem vorherigen Kampfgeschehen, ins normale entspannte Bewusstsein zurückzufinden. Der Adrenalinspiegel, der während des Kampfgeschehens in die Höhe geschossen war, fand allmählich auf sein normales Niveau zurück. Jeder versorgte seine Verwundungen, die er erlitten hatte, und dennoch betrauerten wir unsere gefallenen Kameraden, die tapfer an unserer Seite dem Gegner standgehalten hatten. In solchen Momenten habe ich mir als Armeeangehöriger, trotz Abhärtung oftmals die Frage gestellt, wofür in unserem Leben für Mensch und Volk solche Konflikte eigentlich notwendig sind. Den hohen Zielen der Politiker und strategischen Planungen der Staatsräson mehr Einfluss in einer neuen Provinz zu gewinnen und das römische Reich zu vergrößern, die kulturellen Errungenschaften weiteren Völkern in den gegründeten Provinzen mit der sogenannten „pax-romana[238]" weiterzugeben, oder aber auch den angreifenden Widerstand mit Waffen, die Freiheitsbestrebungen eines oder mehrerer Stämme zu bekämpfen. Dies alles sind Gründe, aber ob dies immer zur Rechtfertigung der Ziele nützt, daran habe ich oftmals gedacht. Wir als Überlebende können uns dies immer noch fragen, diejenigen aber, die nicht mehr unter uns weilen, können dies nicht mehr, höchstens, wenn man den Göttern zufolge konform ist, Ruhm und Ehre mit denen zu teilen, die die Jahrhunderte zuvor dasselbe Schicksal erlitten. Hinter jedem dieser Gefallenen stehen Eltern, insbesondere Mütter, die den Tod ihrer Söhne betrauern, egal ob römischer Bürger, barbarischer Krieger, oder einfacher Bauer. Und dennoch kommen wir nicht umhin in dieser Welt, uns zu rüsten, oder wehrhaft und bereit zum Kampf zu sein. Diesen und anderen Gedanken nachhängend, der eine freudig siegestaumelnd, der andere, oder wiederum andere auch nur müde durch die vorherigen erschöpfenden Kampfhandlungen, sammelten wir uns

---

238 Pax-romana = Bezeichnung „römischer-Frieden", 200-250-jährige Periode des inneren Friedens trotz regionaler Aufstände

langsam wieder, und wichen viele einer weinseligen Stimmung. Wir hatten gesiegt, mussten aber auch erkennen, dass dies nicht ohne erhebliche Opfer geschehen war. Dennoch hatte der römische Adler wieder einmal siegreich die Oberhand behalten! Unser erhabener Herrscher Trajan konnte stolz auf seine Armee sein.

Wie wir nach diesem Kampfeinsatz später erfuhren, hatten sich diese Kampfhandlungen, die sich an mehreren Schauplätzen in der dakischen Region mit den verschieden eingesetzten Legionseinheiten wiederholend zugetragen. Decebalus musste langsam erkennen, dass die Übermacht des römischen Reiches doch zu groß war. Aufgrund der überwältigenden römischen Militärpräsenz erlahmte der regionale Widerstand vielerorts, sodass aufgrund dessen, mehrere dakische Stammeseinheiten zum römischen Reich überliefen. In den letzten Wochen des Herbstes rückte die römische Armee auf Sarmizegetusa vor und belagerte diese Bastion des dakischen Widerstandes. Im nördlichen Bereich der dakischen Provinz hatte Trajan vorsorglich ein befestigtes Legionslager bei Apulum[239] errichtet, das den verbleibenden feindlichen Rückzug zum Ausgang der dakischen Hochebene absicherte. Solchermaßen eingekesselt versuchte Decebalus nochmals ein Friedensabkommen zu erreichen, da mehr und mehr ursprünglich mit ihm verbündete Stämme nun ins Lager der Römer überschwenkten. Der römischen Forderung nach bedingungsloser Übergabe ging dieser jedoch nicht ein, sodass die Armee zum offenen Angriff auf die Festung Sarmizegetusa überging und diese vollständig eroberte. Decebalus versuchte noch mit wenigen Überbleibenden einen letzten Widerstand zu organisieren, blieb ihm jedoch trotz allem nur die Flucht nach Norden übrig. Unter der Führung der Auxiliar-Reitereinheit, der Ala II Pannonium, und dessen Centurio Tiberius Claudius Maximus, wurde er jedoch eingeholt und gestellt. Um der Gefangennahme zu entgehen, wählte Decebalus den Freitod, indem er sich in seiner ausweglosen Lage die Kehle durchschnitt. Damit endete der dakische Widerstand in der Region. Der zweite Dakerkrieg endete mit einer vollständigen Niederlage.

239 Apulum = röm. Legionslager (heute Alba Lulia/Karlsburg) in Rumänien
Lit. Anmerkung: (Daniela Hendel/Kaiser Trajan und die Dakerkriege)
Nach diesem Sieg Trajans wurde die Organisation und der weitere Ausbau zu einer römischen Provinz eingeleitet. Dacia umfasste nunmehr die römischen Gebiete des Banats, Zentralsiebenbürgen und Nordwesttoltenien. Die Walachischen Ebenen, Zentralsüd- und Südostsiebenbürgen und die römisch besetzen Teile der mittleren und unteren Moldau wurden an die Provinz Moesia Inferior angegliedert.

Kapitel VI
Tribunis militum „Ala Siliana"
(Alta Ripa/Pannonia Inferior)

Septem, 862 - ab urbe condita (A.D. 108)
im 11. Regierungsjahr des Erhabenen Trajan

Infidem!
„Für die Treue"
(Beglaubigungsformel bei Abschriften)

Ereignisreiche Zeiten brachen heran. Nachdem der Zweite Dakerauf-
stand mit dem Tode von Decebalus im vorigen Jahre ein Ende gefunden
hatte, keimte die Hoffnung auf, dass nunmehr Ruhe in der Provinzregion
einkehrte. Unser siegreicher Befehlshaber und erhabener Herrscher Trajan,
hatte sich, nachdem er sich die Jahre zuvor meistens in den Provinzen aufgehalten hatte, entschlossen nunmehr nach Rom zurückzukehren. Zuvor
wurde die Provinz Pannonia in zwei neue Gebiete aufgeteilt, in die ehemalige Pannonia superior[240] und in die neue Pannonia inferior[241]. In der
neu gegründeten Provinz wurden, aufgrund seiner Verdienste, der militärische Befehlshaber Hadrian als Kommandant der Legio I Minerva nunmehr als neuer Statthalter eingesetzt. Ebenso wurde er für seine militärischen Leistungen während des Dakeraufstandes von Trajan mit einem Diamanten ausgezeichnet, den dieser von seinem kaiserlichen Vorgänger erhalten hatte. Quintus Marcius Turbo wurde von Trajan nach Rom beordert,
wo er das Amt eines Tribuns in der kaiserlichen Prätorianergarde übernehmen sollte. Trajan selbst hatte nach Jahren, wo er ausschließlich von
den Provinzen aus das kaiserliche Amt ausübte, beschlossen seine Amtsgeschäfte nun von Rom aus zu führen. Er entwickelte einen intensiven
Schaffensdrang, Verschönerung von Bauten in Rom und Optimierung der
Trinkwasserversorgung mit dem Bau der Wasserleitung „Aqua-
Trajana" und Trajans-Thermen, nahe dem Colosseum zur

---

240 Pannonia superior = Ober-Pannonien (tlw. nördliches Ungarn u. Serbien)
241 Pannonia inferior = Nieder-Pannonien (Südliches Ungarn tlw. Rumänien)

Trinkwasserversorgung. Auch die intensivierte Alimentarinstitution [242] verschaffte Trajan große Sympathien unter der Bevölkerung.

Sein endgültiger militärischer Sieg in Dakien führte zur Neuordnung der Provinz Dacia, mit der Neugründung der römischen Hauptstadt Ulpia Trajana Sarmizegethusa [243], die ca. 26 Meilen südöstlich, nahe der geschleiften dakischen alten Königsstadt errichtet wurde. Überall im Reich entstanden städtische Neugründungen, auch in Germanien, unter anderem die Colonia-Ulpia-Trajana [244], sowie Ulpia Noviomagus Batavorum [245]. Er verstärkte die Grenzanlagen des raetischen Limes, gab den Bau von Aquae Mattiacorum [246] in Auftrag, verstärkte die Grenzanlagen des Danuvius [247] abwärts in Pannonien, sowie weitere Städtegründungen in den Provinzen des Mare Nostrum. Zur Festigung seiner Macht im römischen Reich stellte er auch zwei neue Legionen auf, Legio II Trajana [248], als auch die Legio XXX Ulpia [249].

Sein größtes Bauprojekt verwirklichte er aber mit der Schaffung des Forum-Trajani [250], sowie der Errichtung des Siegeszeichens der Trajan-Säule [251] nahe dem Colosseum [252] in Rom, in der er penibel Situationsberichte des ersten und zweiten Dakerkrieges in Stein gemeißelt darstellen ließ. Freilich damit verbunden war auch die Verschleppung eines Großteils der jüngeren männlichen und weiblichen Bevölkerung der besiegten Provinz. An die 50.000 Kriegsgefangene wurden in die Versklavung geführt, viele wurden auch in den anschließenden Schaukämpfen im Colosseum als Gladiatoren [253] ausgebildet, das sich zu jenen Zeiten großer Beliebtheit unter der römischen Bevölkerung erfreute. Ich für meinen Teil konnte diesen blutigen Spielen keine große Begeisterung abgewinnen. Es schien jedoch, dass das allgemeine Volk, des durch den jeweiligen Kaiser angestoßenen Volkssport, mit dem Motto „Brot und Spiele", nicht ohne auskommen konnte. Ich zog lieber den nötigen Kampf im Feldzug vor, wenngleich nach Beendigung die Besiegten mit brutaler Härte auch

---

242 Alimentarinstitution = kostenlose Getreideverteilung an 5.000 Kinder
243 Ulpia Trajan Sarmizegethusa = Hauptstadt der römischen Provinz Dacia
244 Colonia Ulpia Trajana = heutiges Xanten am Niederrhein
245 Ulpia Noviomagus Batavorum = heutiges Nijmegen (NL)
246 Aquae Mattacorum = heutiges Wiesbaden am Rhein
247 Danuvius = Donau
248 Legio II Trajan = Neugründung zu Trajans Zeiten, späterer Einsatz in Ägypten
249 Legio XXX Ulpia = (ebenso) späterer Einsatz in Germania inferior (am Niederrhein)
250 Forum Trajani = kaiserliches Geschäftsviertel nahe dem Colosseum
251 Trajansäule = steinerne Siegessäule Trajans über die Daker
252 Colosseum = antike römische Schaukampfarena, errichtet unter Vespasian ca. 75 n. Chr.
253 Gladiatoren = ausgebildete Schaukämpfer (zumeist Sklaven)

versklavt wurden, was in der verbliebenen restlichen Bevölkerung nicht unbedingt einen Friedensstatus garantierte, sondern immer wieder in bestimmten Provinzen Revolten ausbrechen ließ, was sich oftmals zu späteren Zeiten immer wieder zeigen sollte.

Ich erhielt nach meiner Dienstzeit als ritterlicher Tribun der Legion XI Claudia nach den Kampfeinsätzen in Dakien im vorigen Jahr eine neue Aufgabe zugeteilt. Das Kommando als Praefectus ala equitum[254] über eine Reitereinheit, der Ala Siliana[255] mit dem Hauptstützpunkt Alta Ripa[256] in der neugegründeten Provinz Pannonia inferior. Diese neue Aufgabe war im Vergleich zur vorigen relativ friedlich, und bestand aus provinzialen Erkundungsaufgaben, sowie Überwachung der örtlichen Verwaltung. Resultierend aus der Versklavung der Kriegsgefangenen nach Beendigung des Krieges, war ich eines Tages auch in dem Kastell vorliegenden zivilen Siedlungsmarkt unterwegs, um einige Kontrollen mit dem Verwalter der jeweiligen Transportwege, als auch für Rekrutierungsmaßnahmen von Jungmännern aus der örtlichen Bevölkerung zur Ausbildung in der römischen Armee durchzuführen. Da sich die Colonia[257] unmittelbar vor dem militärischen Kastell befand, beschloss ich nicht zu Pferd, sondern zu Fuß, nur von einem Legionär begleitet, den kurzen Weg zu beschreiten. Der vor uns liegende zivile Markt der Siedlung war völlig überfüllt, emsige Geschäftigkeit erfüllte alle Besucher, sämtliche verschiedenen Kaufleute boten jeweils halsschreierisch den Kunden ihre Waren an. Einer der auch anwesenden Sklavenhändler trat auch an mich heran und versuchte mit theatralischen Gesten mich davon zu überzeugen, dass seine Ware bestimmt für mich interessant wäre. „Mein Herr, 200 Sesterzen[258] für diese hervorragenden Daker. Durch seinen starken Körperbau und guten Zähnen bestimmt ideal für einen Dienst in Ihrem Haushalt", hörte ich ihn seine Dienste anzubieten. Ich wollte mich schon unwillig von ihm abwenden, als mein Blick diesen Gefangenen streifte, der da inmitten der anderen angebotenen Sklaven, zerlumpt und schweißüberströmt durch die sengende Mittagshitze, stand. Üblicherweise waren diese armen Gestalten nach dem Verlust ihrer Freiheit, nur mehr Abbilder ihrer selbst, in sorgenvoller Erwartung ihrer Zukunft unter dem Joch des Siegers, der sie nunmehr überallhin sandte. Was mir aber auffiel, war das Blitzen seiner Augen, die dem

---

254 Praefectus als equitum = Kommandant/Präfekt einer berittenen Einheit
255 Ala Siliana = römische Auxiliareinheit, durch Militärdiplome und Inschriften belegt
256 Alta Ripa = heutiges Tolna (südliches Ungarn)
257 Colonia = urbane zivile Siedlung
258 Sesterz = röm. Silbermünze (100 Sesterzen = 25 Denare; / ca. Wochenlohn eines Centurios; 1 Denar = 10 Asse),

Betrachter nichts über seine Angst verrieten, sondern mehr über einen versteckten Stolz, trotz verlorener Freiheit immer noch ein menschliches Wesen zu sein. Solcherart angetan, trat ich vor diesen und fragte, ob er der lateinischen Sprache mächtig wäre. Zu meiner Überraschung antwortete dieser mit „Ja". Auf meine weitere Nachfrage hin, weshalb, antwortete er in knappen Worten, dass er einen griechischen Lehrer hatte, der ihn in seinem früheren Haushalt bei einem wohlhabenden adeligen Regionsfürsten aufgewachsen, und erzogen hat. Auf meine Frage nach seinem Namen hin, antwortete dieser „Mamertus". Überraschenderweise war der Name nicht der eines illyrischen Dakers, sondern eher römisch, „Mamertus" (Sohn des Mars). Solcherart angetan, fragte ich ihn auch nach seinen Kenntnissen. Nachdem ich erfuhr, dass er auch des Schreibens und Rechnens kundig war, was ich von einem Menschen dieser Region nicht unbedingt vermutet hätte, dachte ich über einen Einsatz in meinem Stand als Legionskommandeur nach. Der Mann interessierte mich, sein Wesen, seine Haltung, und doch diese unmenschliche Behandlung, die ihm als Gefangener/Sklave in anderen Händen vielleicht passieren würde, ließ mich überlegen, ob er mir für meine Arbeiten hilfreich von Verwaltungsaufgaben zur Hand gehen könnte. Kurz und gut, nach einiger Überlegung und reiflicher, sowie lauter Verhandlungstaktik mit dem Händler, wechselte Mamertus in meinen Besitz über. Ich übergab ihn meinem Begleiter Septimius, einem Legionär meiner militärischen Einheit, mit dem Auftrag diesen Mann zu unserem Standort im Kastell zu bringen, und ihn sicher in meinem Hausstand abzuliefern, wo ich mich nach der Rückkehr um ihn kümmern wollte. „Und vergiss nicht ihn in der Zwischenzeit in ein ordentliches Bad zu stecken", rief ich Septimius noch zu, „sodass ich diesen danach in einigermaßen ordentlichem Zustand sprechen kann!" Meine Art, einen Sklaven, wie in unserer Kultur üblicherweise, nicht als Eigentum zu betrachten, rührte schon von meiner Kindheit her. Hatte ich doch bereits auf dem elterlichen Gutshofe die Bekanntschaft eines im Hause ansässigen Haussklaven gemacht, der mich vieles in seiner geduldigen und menschlichen Art lehrte, sodass ich mich mit der allgemeinen Auffassung, Menschen als zweiter Klasse zu betrachten, niemals identifizieren konnte. Vieles rührte bestimmt auch von meiner Mutter her, die selbst als Angehörige eines keltischen Stammes nach der römischen Besetzung in Raetien, trotz allem mit der Ehelichung meines Vaters als ehemaliger römischer Legionsveteran, niemals einen Klassenunterschied zwischen den vermischenden Kulturen empfand.

Nach diesem ereignisreichen Zwischenspiel wendete ich mich wieder meinem Ziele des Verwaltungssitzes des örtlichen Aedils[259] zu, um mich dem eigentlichen Ziel meines Tagesauftrages zu widmen. Die Neuverwaltung des eroberten Gebietes der neuen Provinz Dacia gestaltete sich relativ zügig. Da die ursprüngliche dakische Bevölkerung erheblich dezimiert war, wurden nunmehr Siedler aus allen Reichsteilen, als auch Legionsveteranen angesiedelt. Da alle Siedler auch der lateinischen Sprache mächtig waren, wurde die neugegründete römische Provinz relativ schnell romanisiert. Um diese Entwicklung voranzutreiben, sollte dieses Gebiet gegen den Volksstamm der Jazygen[260], die im östlichen und nördlichen Raum des Danuvius siedelten, abgesichert werden. Obwohl mit Rom verbündet, wo sie uns im Feldzug gegen den ehemaligen Dakerkönig Decebalus unterstützt hatten, gärte es immer wieder unter der Bevölkerung. Die Jazygen hatten sich durch die Unterstützung Roms gegen Decebalus wahrscheinlich erhofft, ihre ehemaligen Siedlungsgebiete, die sie gegen die Daker verloren hatten zurückzuerhalten, was jedoch auf strikte Ablehnung von Trajan stieß, der kein erobertes Gebiet wieder an die regionalen Stämme abgeben wollte. Im selben Jahr hatten sich dann auch eine verbündete Einheit des Volksstammes der Kataphrakten[261] zusammen mit den Jazygen erhoben, die versuchten, die von Rom eroberten Gebiete anzugreifen, was jedoch relativ bald niedergeschlagen wurde. Die Situation der kriegerischen Erhebung schien sich nach einigen kleineren vergeblichen Aufständen, und deren Niederschlagung, mit der Zeit wieder zu beruhigen, was sich jedoch, wie sich erst einige Jahre danach später herausstellte, erneut in größerem Rahmen wieder aufflammten. Doch will ich hier nicht vorgreifen, sondern mich wieder den aktuellen Geschehnissen zuwenden.

Nach meinem ausführlichen Kontrollbesuch beim Aedil der Colonia Alta Ripa kehrte ich am späten Nachmittag in das Kastell zurück, um mich um das neue Mitglied meines Hausstandes, Mamertus, zu kümmern. Nachdem dieser nach seiner erfolgten Badeprozessur vor mir stand, versuchte ich ihm klarzumachen, dass ich ihn mit einem verlässlichen, passenden Aufgabenbereich beauftragen wollte, und bat ihn eine kurze Probe seiner schriftlichen Kenntnisse abzugeben. Sichtlich vom Erfolg des

---

259 Aedil = röm. niederer Verwaltungsbeamter einer (colonia civicum) Siedlung/Stadt
260 Jazygen = ansässiges Reitervolk östlich/nördlich der Donau (heutiges Gebiet Rumänien) tlw. verbündete/manchmal Gegner
261 Kataphrakten = antike (orientalische) schwer gepanzerte Reiter, verbündet mit den Jazygen,

Versuches überzeugt, erörterte ich ihm die neue Aufgabe der täglichen Kontrolle meiner ausgegeben militärischen Tagesbefehle für meine Reitereinheit, nachdem ich mich auch von seinen menschlichen Qualitäten und entsprechender Aufgabeneinstellung überzeugt hatte. Im Laufe der darauffolgenden Wochen konnte ich mich sehr von seiner Arbeitsqualität überzeugen, und erfreute mich sehr seiner verwaltenden Fortschritte in meiner Dienststelle. Mit der Zeit entwickelte sich daraus auch eine zufriedene, ja in späteren Jahren auch eine regelrechte freundschaftliche Beziehung wie sich noch herausstellen sollte. Mit Zufriedenheit erfüllte es mich, dass ich in ihm einen zuverlässigen Gehilfen, als auch Vertrauten in vielen Verwaltungsfragen gefunden hatte, was meine Entscheidung, ihn dem Schicksal eines Kriegssklaven zu ersparen, noch um ein Vielfaches bestärkte.

An einem frühen Sommertag des Folgejahres nach Beendigung des dakischen Aufstandes erreichte mich nun eine Nachricht, mich zusammen mit dem mir bekannten, nunmehrigen Statthalter der Provinz Pannonia inferior, Publius Aelius Hadrian, im Auftrag des Kaisers Trajan, unverzüglich in Rom einzufinden. Wie wir unter der Hand erfahren hatten, standen in diesem Jahr wieder einige Ehrungen an, in denen Trajan Verdienste seiner militärischen Einheiten während der Dakerkriege ehren wollte. Nachdem ich von meinem guten Bekannten Hadrian aus Aquincum[262] eine Nachricht erhielt, dass dieser mit mir gemeinsam nach Rom wollte, wartete ich seine Ankunft mit einem militärischen Transportschiff ab, bis dieser im Hafen am Danuvius bei Alta Ripa ankam. Den Abend nach seiner Ankunft nutzten wir noch zu einem gemeinsamen Abendmahl, sowie einen guten Umtrunk eines Falerner-Weines, der in den Kellern des Castrums lagerte und verbrachten die Zeit mit einem gemeinsamen Austausch der letzten politischen Geschehnisse, bevor wir uns am nächsten Morgen an den Aufbruch machten. Zusammen mit Hadrians Begleittruppe von zehn Legionären, und zwei Bediensteten, sowie meinem Hausstand mit Mamertus, brachen wir die ca. 400 Meilen weite Reise in südlicher Richtung nach Salonae[263] auf, die wir mit einem relativ zügigen Ritt von fünf

262 Aquincum = heutiges Budapest (Ungarn)
263 Salonae = ehem. Metropole. Röm. Provinz Illyrien (nahe heutiger Stadt Split)

Tagen[264] schafften. Wir kamen am Stadttor, der Porta Caesarea, das an beiden Seiten durch achteckige Türme flankiert wurde. Die Straße führte in der Mitte für Pferde und Wagen weiter, während links und rechts Durchgänge für die Fußgänger waren. Bei Durchquerung der Siedlung erblickten wir im südöstlichen Teil ein Forum mit dem Capitol als Mittelpunkt des öffentlichen, politischen und religiösen Lebens. Nicht gänzlich fertiggestellt war nahe dem Forum ein Theater, das wie wir später erfuhren, Platz für 3500 Zuschauer bieten sollte. Der Hafen lag am Ende der südlichen Wegstrecke durch die Stadt, wo wir eine rege Bautätigkeit bestaunen konnten, die Trajan überall im Reich angestoßen hatte. Wir fanden für die Übernachtung eine Taverne, wo wir uns auch umgehend nach einem Schiff für die Überfahrt erkundigten, das uns über das mare adreaticum[265] bis zum Hafen von Aternum[266] bringen sollte. Wir hatten Glück, dass uns am darauffolgenden Tage der Kapitän eines griechischen Frachtschiffes unsere Reisegruppe von 15 Mann zur Überfahrt nach Aternum an Bord aufnehmen konnte. Die Überfahrt dauerte eineinhalb Tage, nach deren Ankunft wir dann noch weitere vier Tage die restliche Wegstrecke von 300 Meilen über die Via Tiburtina bis nach Rom schafften.

„Omnes viae Romam ducunt"[267] – diesen Spruch hörte ich zum ersten Mal, konnte dies aber verständlicher und besser nachvollziehen, als wir die vergangene Wegstrecke seit unserer Abreise nochmal vor unseren geistigen Augen nachvollzogen. Was für eine Leistung. Innerhalb von zwölf Tagen, hatten wir es geschafft, diese Reise zu bewältigen. Was für ein Fortschritt, diese Straßenverbindungen, die das gesamte Römische Reich in all seinen Provinzen durchzogen. Hier verstand ich einen der Gründe, der dieses gewaltige Reich so omnipotent auf der uns bekannten Welt machte. Weitere sollten hier in den nächsten Jahren noch folgen, aber ich will ja nicht vorgreifen …

Schon an der Stadtgrenze konnte ich nachvollziehen was für eine geschäftige Stadt dies doch war. Warenlieferungen, Ochsenkarren, Pferdefuhrwerke, Kurierreiter, Wanderer. Man hatte den Eindruck, als wollten alle ins Zentrum, oder kamen daraus. So etwas hatte ich mir in meinen kühnsten Träumen nicht vorstellen können, obwohl ich in meiner soldatischen Laufbahn die Jahre zuvor schon einiges erlebt hatte. Wie mir mein Reisebegleiter Hadrian erzählte, war diese Stadt vor über 800 Jahren

---

264 1 Tagesritt = eiliges Pferdetempo; ca. 90 Meilen/60km pro Tag
265 Mare adreaticum = Adriatisches Meer
266 Aternum = heutiges Gelände der Stadt Pescara
267 Omnes via Romam ducunt = Alle Wege führen nach Rom

ursprünglich auf sieben Hügeln erbaut worden. Vor uns erstreckte sich ein Meer von Häusern, Gebäuden, Tempeln, Thermen, Viadukten[268] und Straßenverbindungen im gleißenden Sonnenlicht. Trotzdem, dass wir gegen Ende des Monat Junus[269] unsere Abreise starteten, war hier in Rom die Temperatur bereits wesentlich wärmer als in der Provinz, sodass wir in unserer Reisekleidung relativ schnell ins Schwitzen kamen. Bevor wir die Stadtmauer im Nordwesten passierten, erhoben sich etwas weiter nördlich, die gewaltigen Mauern der Porta Praetoriana[270], einem Gebäude, das als Militärstützpunkt diente, wie ich von Hadrian erfuhr. Dank seiner kundigen Führung, da er Rom bereits mehrmals besucht hatte, folgten wir der Via Tiburtina, die direkt auf den Mons Esquilinus[271] zuführte. Die Gegend war von reichen prächtigen Villen der höheren Schicht des römischen Adels bewohnt. Nordwestlich davon erhob sich der Viminal[272], dem Blick weiter nach Südwesten folgend ragte über einer Talsenke der Palatin[273] empor. Südöstlich davon vor dem Palatin konnte man das imposante und mächtige Gebäude des Colosseums erblicken. Etwas weiter davor erblickte man die Trajan-Thermen[274], auf dessen Mauern sich die gleißende Nachmittagssonne senkte. Staunend streiften unsere Blicke über diese Hügel, hatten doch die meisten von uns solchen architektonischen Weitblick noch nie gesehen, folgten wir den wissenden Erklärungen Hadrians, der sich stolzen Hauptes als wissender Reiseführer herausstellte. Etwas weiter westlich davon erstreckten sich die Monumente des kaiserlichen Palastes. Wir hielten uns jedoch etwas mehr östlich davon, nahe der Thermen des Titus, in Richtung zu einem befestigten Lagerkomplex, dem Standort der praetorianischen Garde zu, wo wir uns beim Kommandanten melden wollten.

Als wir dort ankamen, meldeten wir uns an der Torwache beim zuständigen Wachsoldaten. „Statthalter Publius Aeilius Hadrianus, sowie Legionstribun Claudius Paternus Clementianus bitten aufgrund einer Vorladung des Imperators Trajanus, uns schnellstmöglich mit dem Tribun

---

268 Viadukt = antike röm. Wasserleitung
269 Junus = Monatsname für Juni
270 Porta Praetoriana = Prätorianisches Tor mit Castel Praetoria, dem antiken Militärstützpunkt
271 Mons Esquilinus = einer der sieben Hügel Roms
272 Viminal = ein weiterer der sieben Hügel
273 Palatin = ein weiterer der sieben Hügel
274 Thermae trajani = Trajans Thermen

Quintus Martius Turbo[275], dem Vorstand der „Equites singulares"[276], in Verbindung zu setzen." Diensteifrig versprach dieser, uns sofort zu melden, und gab seinem Mitbegleiter den Befehl uns sofort beim Kommandanten im Praetoriat des Castra priora equitum singularium[277] anzumelden. Mittlerweile rief er einen weiteren Wachsoldaten, der uns und unsere Mitbegleiter in unsere Unterkünfte einweisen, und den Pferden und Gepäck die erforderliche Versorgung zukommen lassen sollte.

Knapp eine halbe Stunde später erreichte uns die Meldung, dass wir uns in der Praetorianer-Kommandantur bei Quintus Martius Turbo melden sollten. Es war ein freudiges Wiedersehen, waren Hadrian und Quintus doch gemeinsame Kampfgefährten, und den ich erstmals vor fünf Jahren in Noviomagus[278] kennengelernt, und später im Kampfeinsatz, während der Dakerkriege zufällig das Leben gerettet hatte. „Salve! Wie bin ich froh euch beide nach langer Zeit mal wiederzusehen." Alle drei lagen wir uns in den Armen, hatte uns doch so vieles zusammen verbunden, und einander in unseren unterschiedlichen Aufgaben, den persönlichen Austausch sehr vermisst. „Schön, dass ihr gut angekommen seid. Sind eure Reisebegleiter während eurer Wartezeit bereits in ihre Quartiere eingewiesen worden?" Wir vermeldeten, dass dies wahrscheinlich zwischenzeitig schon geschehen sein müsste, und schritten durch die Vorhalle des Gebäudes in Quintus Kommandanturbüro. Ein eifriger Diener bot uns eine Schüssel mit frischem Quellwasser, wo wir unser Gesicht und unsere Hände von der staubigen Reise reinigen konnten, bevor uns ein köstlicher Falerner[279]-Wein zur Erfrischung serviert wurde. Nachdem er erfahren hatte, dass wir aufgrund der Einladung von Trajan, vom Ausgangsort unserer zwölftägigen Wegstrecke eben erst angekommen waren, schlug dieser uns vor, dass wir uns am nächsten Tage gemeinsam in den öffentlichen Thermen von der Reise erholen, und uns auf die Audienz am übermorgigen Tage vorbereiten konnten. Wie wir von Quintus erfuhren, standen am fünften Tage des Monats Julius, die Feierlichkeiten der Poplifugia[280] zu

---

275 Quintus Martius Turbo = während 106-110 u. a. Vorstand der Prätorianergarde
276 Equites singulares = berittene kaiserliche Garde, Schutztruppe des Kaisers
277 Castra priora equitum singularium = ursprüngliches Kommandanturgebäude der kaiserlichen Garde, auf dem Caeilius-Hügel nahe der heutigen Via Tasso.
278 Noviomagus = heutiges Nijmegen (NL), ehem. Provinz Germania inferior
279 Falerner = antiker beliebter römischer (auch Falernum) Wein, Anbaugebiet im Norden Kampaniens.
280 Poplifugia = antiker röm. Feiertag – in Erinnerung an die Rettung Roms (Schlacht von Allia)

Ehren der Gottheit Jupiter[281] an, an denen der Kaiser öfters große Feierlichkeiten und Ehrungen von verdienten Mitgliedern seines Reiches durchführte. Unmittelbar darauffolgend vom 6.-13. des Monats, folgten dann die Ludi Apollinares[282]. Wie wir auch erfuhren, fand vor wenigen Wochen die Eröffnung der neu errichteten Thermen Trajans statt, die sich in der Bevölkerung Roms großer Beliebtheit erfreuten. Nachdem vor fünf Jahren die Domus Aurea[283] bei einem Brand zerstört, und die Fläche teilweise zugeschüttet wurde, um dem Areal der neuerrichteten Trajans-Thermen Platz zu machen, war natürlich ganz Rom in seiner Freizeit in der neu errichteten Therme, die mit ihrer Größe, nur unweit entfernt der des Titus[284], durch ihre enormen Ausmaße, derzeit alles in den Schatten stellte. Gesagt, getan. Nach unserer ersten Unterredung mit Quintus, begaben wir uns in unser zugewiesenes Quartier, besprachen uns zur weiteren Tagesplanung mit unseren Reisebegleitern, und gaben ihnen für den nächsten Tag frei, wo sich jeder für den Tag danach wieder bei unserer Audienz beim Kaiser einfinden sollte.

---

281 Jupiter = oberste Gottheit der römischen Mythologie
282 Ludi Apollinares = jährliche (ludi) feierliche Spiele zu Ehren des Gottes Apollo
283 Domus Aurea = durch Kaiser Nero errichtet, fiel 104 n. Chr. einer Brandkatastrophe zum Opfer.
284 Titus = röm. Kaiser 79-81 n. Chr.

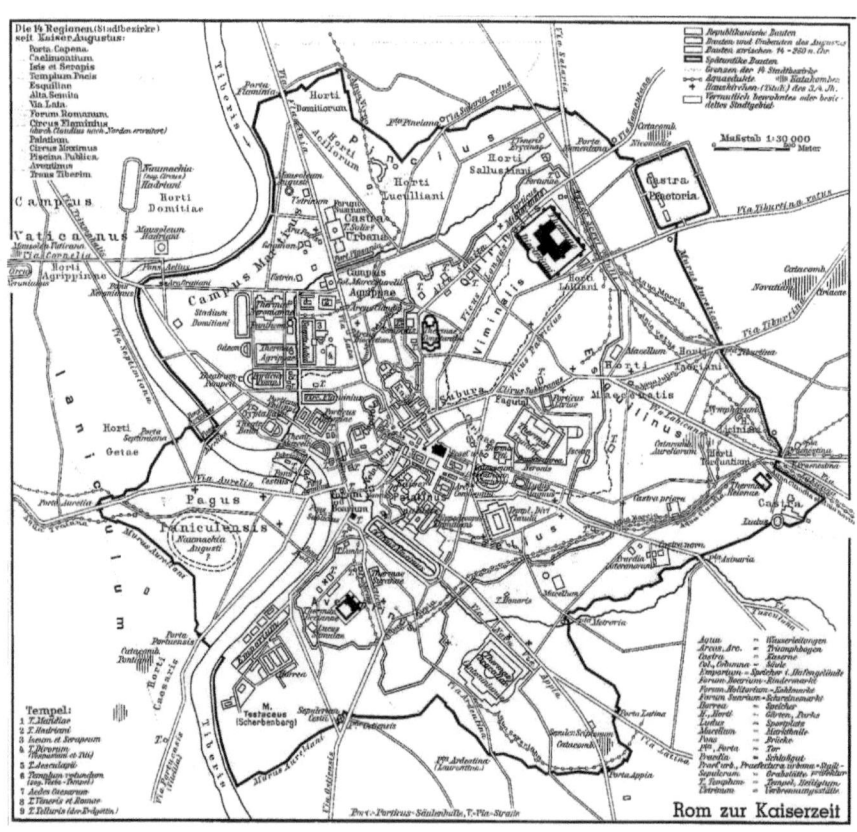

Abbildung 16: Roma antica (zur Kaiserzeit) Quelle: Hist. Atlas 1965 (Völker, Staaten, Kulturen)

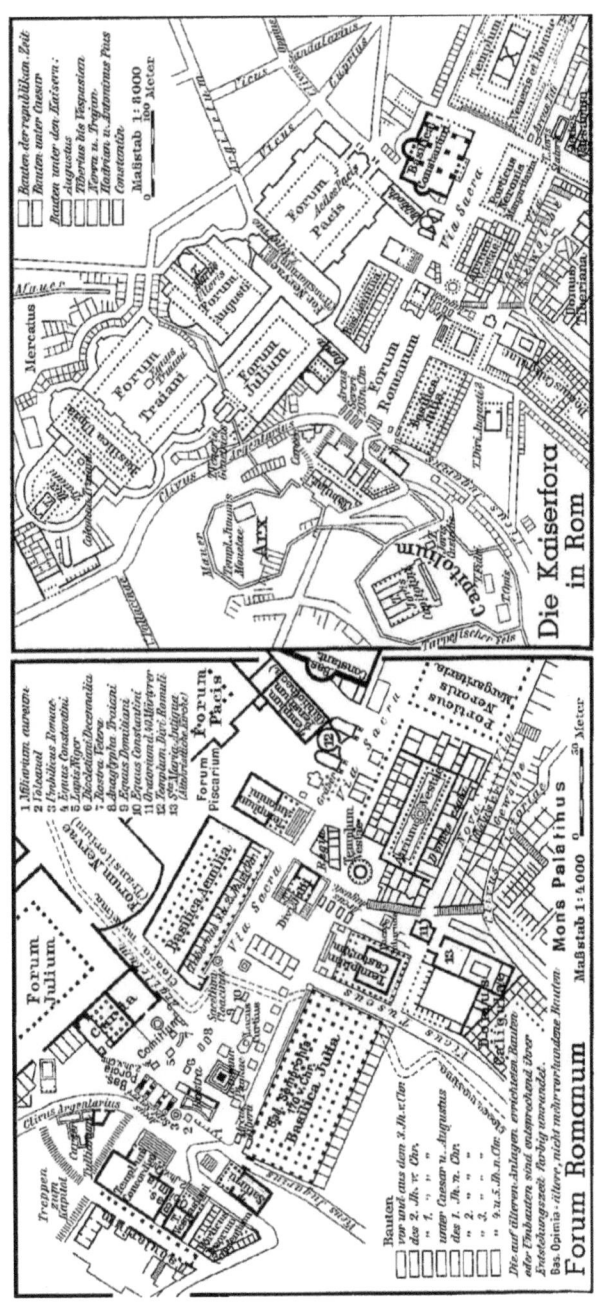

Abbildung 17: Roma antica (zur Kaiserzeit) Quelle: Hist. Atlas 1965 (Völker, Staaten, Kulturen)

113

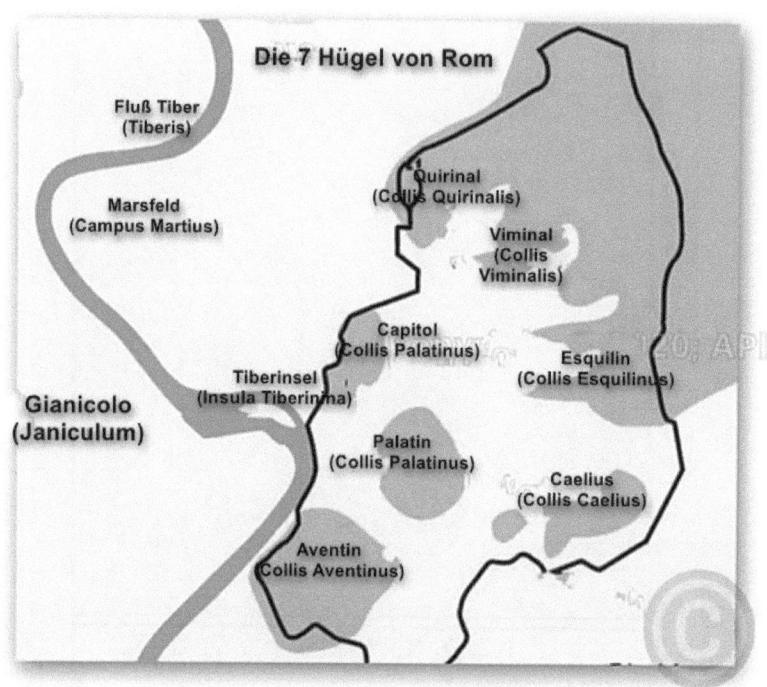

Abbildung 18: Der Autor / Die sieben Hügel von Rom

Abbildung 19: Der Autor / Forum Romanum, im Hintergrund links oben, Kapitolinischer Tempel

114

Am Folgetag holte Quintus uns ab. Uns begleiteten lediglich der Leibdiener von Hadrian, sowie mein Bediensteter Mamertus, um uns gemeinsam zur Therme zu begeben und den Tag entspannt anzugehen. Das neu errichtete Areal umgab einen wunderschönen Park mit vielen exotischen Pflanzen und Bäumen, die die umlaufenden Wege umsäumten. Springbrunnen plätscherten murmelnd ihr Wasserspiel, nur begleitet von dem vielen Gesang der Vögel, die sich wie die Menschen, an den wunderschönen grünen Rasen- und Blumenflächen dieses wunderschönen Parkes erfreuten. Die eigentlichen Thermen waren von einer riesigen Umfassungsmauer umgeben. Eine quadratische Mauergrundfläche mit zusätzlich halbkreisförmigen Exedren[285], jeweils zwei an der Nord- sowie einer rechts und links an der Ost- und Westseite, bildeten die äußere Form, hinter der sich die eigentlichen verschiedenen Bereiche erstreckten. Eine Besonderheit der Therme war, wie wir erfuhren, die Ausrichtung dieser Anlage im Gegensatz zur davorliegenden Titus-Therme. Der Architekt der Therme Apollodor von Damaskus[286] hatte geschickt die Ausnutzung der einfallenden Sonnenstrahlung aus süd- bis südwestlicher Ausrichtung eingeplant, sodass diese optimal den verschiedenen Badethermen neben der darunterliegenden lokalen Beheizungsanlage zugutekamen.

Den Eingang zu den Thermen an der Nordseite, bildete ein Torbau, der im Innern den Blick auf einen offenen Innenhof freigab. Dieser umschloss zwei Gebäudeteile die spiegelbildlich angelegt, mit verschiedenen Ruheräumen ausgestattet waren. Diese waren mit den verschiedenen Räumen, dem eigentlichen Caldarium[287], Tepidarium[288] und einer Basilika[289], ausgestattet. Nach Süden hin lag ein offenes Natatio[290], das sich an die beiden Gebäudeteile anschmiegte, und einen offenen Blick auf die im Süden stehende Sonne freigab. Nachdem wir an den Umkleideräumen unsere Togen abgelegt, und uns vorab mit Warmwasser gereinigt hatten, stiegen wir

---

285 Exedra = (plural Exedren) halbkreisförmige nischenartige Raumausbuchtung (mit oder ohne Säulen), die sich auf einen Hof, Platz oder Halle weitet.

286 Apollodor von Damaskus = (* um 65 in Damaskus; † um 130) bedeutender syrisch-griechischer Architekt (Büste in der Glyptothek/München), der viele Bauprojekte für Trajan errichtete.

287 Caldarium = Heißraum mit 40 bis 50°C Wärme und fast 100%iger Luftfeuchtigkeit.

288 Tepidarium = Wärmeraum mit Bänken und Liegen, Temperatur ca. 30-40 °C

289 Basilika = hoher, kuppelförmiger Saal

290 Natatio = meist im Freien gelegenes offenes Schwimmbecken

in unsere Bademäntel und begaben uns in die Wärmeräume. Hier traf sich von der urbanen Bevölkerung ob arm oder reich, jedermann, wo man Neuigkeiten und Nachrichten austauschen konnte. Beim eigentlichen Vorgang des Schwitzens in den Heißräumen erfuhr ich in einem persönlichen Gespräch, dass Quintus, im Anschluss an den abgeschlossenen Dakerkriegen, zusammen nach der Rückkehr der langjährigen Abwesenheit von Trajan, nach Rom beordert wurde. Trajan hatte sich umgehend für den Fortschritt weiterer Bauvorhaben, ob Gebäude, Straßen, Viadukten (Aqua Trajana), Ausbau einer neuen Hafenanlage nahe von Ostia (Portus Trajani[291]), oder sonstigen monumentalen Baukomplexen, sowie neuen Münzprägungen eingesetzt. In seinem Auftrag wurde hoher Wert auf die Verschönerung Roms, der Sanierung der Infrastruktur von Städten im Reich, dem Nutzen der Bevölkerung, und natürlich auch zum Ausbau seines Ruhmes gelegt. Als Quintus nach Rom beordert wurde, erhielt er zuerst den Tribunsposten bei den Vigiles[292], bevor er die Aufsicht über die kaiserliche Garde erhielt. Trotz all der außerordentlichen Verantwortung und Aufgaben durch Trajan, sehnte er sich zurück, für Aufgaben und Verantwortung in den kaiserlichen Provinzen, und bat die Götter inständig darum, seinen heimlichen Wunsch doch zu erfüllen. Wie ich später erfuhr, sollte dieser Wunsch auch in Erfüllung gehen, davon aber noch später.

Mit dem Austausch der Verschiedenen Erlebnisse und Neuigkeiten, verstrichen die angenehmen Stunden beim abwechselnden Genuss der Heiß-, Kalt- und Schwitzbäder und erfrischendem Aufenthalt des im Freien befindlichen Schwimmbeckens, sodass wir uns zum Schluss noch in den Genuss einer vorzüglich entspannenden Körpermassage begaben, die den Aufenthalt dieses Tages in der Therme abrundete, bevor wir uns wieder zurück in unser Quartier begaben. Gemäß Quintus' Information, sollten wir uns zur hora quinta[293] am morgigen Tage in den Palasträumen zum Empfang beim Kaiser einfinden, um die weiteren Anordnungen zu erfahren.

Ein neuer Tag war angebrochen. Nachdem wir ein kurzes Frühstück eingenommen hatten, bereiteten wir uns für die Audienz beim Kaiser vor.

---

291 Portus Trajani = Neubau eines Hafens zur besseren Getreideversorgung Roms
292 Vigiles = Städtische Feuerwehr
293 Hora quinta = gem. röm. Tageszeit zur fünften Stunde des Tages (heute 11:00 Uhr)

Mamertus gab mir in meiner Kleiderauswahl Vorschläge, die ich dann auch in die Tat umsetze. Ich wählte angepasst an die klimatischen Umstände, und den geplanten Anlass der Audienz, eine Toga praetexta[294]. Mamertus half mir mit dem Umlegen des Kleidungsstückes, das zuerst über den linken Arm gelegt, und dann mehrmals um den Corpus[295] geschlungen wurde. Das blendende Weiß wurde nur durch einen langen Streifen mit violetter Farbe unterbrochen, der der Kleidung einen gewissen „Pfiff" gab. Damit die Falten sich auch richtig geschwungen fügten, waren am unteren Rand Metallkugeln eingenäht, was der Kleidung eine verstärkte Schwere vermittelte, und sich schwingend dem Schritttempo des Trägers besser anpasste. Mamertus hatte sich seit seinem Beginn in meinem Hause als zuverlässiger Bediensteter, Verwalter meiner bürokratischen Verpflichtungen, als auch persönlicher Berater entwickelt. Auch seine Kenntnisse, was Kleidungsstil und modische Beratung am Hofe für Empfänge anging, waren nicht minder, was er, wie ich erfahren hatte, auch in seinem vorigen Haushalt eines adeligen Dakers gelernt hatte. Aufgrund seiner Bildung durch einen griechischen Lehrer, verfügte er auch über Kenntnisse diverser Philosophen und Geschichtsschreiber, was mir in meiner wenigen Freizeit, die mir verblieb, oftmals bei Diskussionen innerlich sehr viel Vergnügen verschaffte, wenn es darum ging diverse philosophische Spitzfindigkeiten abzuhandeln. Kurz und gut, in dieser wenigen Zeit, seit wir uns kannten, war er mir zu einem treuen und zuverlässigen Begleiter geworden, den ich nicht mehr missen wollte.

Als es an der Türe klopfte und Mamertus öffnete, stand Hadrian davor, um mich und die weiteren Reisebegleiter zur Audienz abzuholen. Von unserer Unterkunft bis zum Kaiserpalast am sogenannten Forum Romanum dauerte es zu Fuß eine knappe halbe Stunde schlendernden, entspannten Schrittes. Dank dem Klima dieser Region war es im Vergleich zum Klima in den Provinzen von Germania nicht vergleichbar, und so genossen wir das wunderschöne „römische" warme und trockene Kaiserwetter. Vorbei am imposanten Colosseum, passierten wir den Templum Veneris et Romae[296] und kamen direkt auf den Triumphbogen des Titus zu, und passierten das Haus der Vestalinnen[297], bis zum Templum Divi Juli[298], um

---

294 Toga praetexta = (Symbol des Freien Bürgers) römischer Bekleidungsumhang, ca. 6m lang, mehrmals um den Körper gewickelt
295 Corpus = Körper, Leib
296 Templum Veneris et Romae = Tempel der Venus und der Roma
297 Vestalinnen = Wohnsitz der Priesterinnen der Vesta, befand sich in direkter Nachbarschaft zum Tempel der Vesta.
298 Templum Divi Juli = Tempel des vergöttlichten J. Caesar

dann den Bereich des Forums zu betreten. Bereits hier gab es schon eine riesige Volksansammlung, die sich das Schauspiel der kaiserlichen Präsenz am herangebrochenen Festtag der Poplifugia, und der anschließenden Tage der Ludi Apollinaris die Feierlichkeiten nicht entgehen lassen wollten. Hunderte von den geladenen Gästen säumten bereits den im Sonnenlicht gleißenden Platz des Forums, während sich das Volk im Anschluss der abgetrennten Bereiche drängte, um der Dinge zu harren, die da kommen sollten. Am zentralen Platz angekommen, wurden wir durch die Prätorianergarde zum Kommandanten Quintus, der uns bereits von weitem zuwinkte, geleitet, um uns zu den vorgesehenen Ehrenplätzen zu geleiten. Mit bewundernden Blicken gab ich mein Erstaunen über die uns umgebenden, architektonischen, marmornen Prachtgebäude und Tempel zum Ausdruck. Ich hatte während meiner verschiedenen Einsätze schon vieles gesehen, aber was sich mir hier darstellte, überschritt bei weitem meine Vorstellungskraft. Vor unserer linken Seite erhob sich die Basilica Julia[299], eine riesige antike Halle deren zwei Stockwerke von Säulenbögen gestützt wurden. Auf der gegenüberliegenden Seite des Platzes erhob sich die Basilica Aemilia[300]. Nordwestlich davon gruppierten sich die Gebäude der Foren Vespasiani[301], Nervae[302] und Augusti[303]. Anschließend erhoben sich die ersten Fragmente eines imposanten Neubaus, dem Forum Trajani[304], den der aktuelle Herrscher nunmehr als seinen Regierungssitz errichten ließ. Und in westlicher Richtung überragten die von jeweiligen Herrschern errichteten Tempel der Hügel des Capitolium[305] mit seinen beiden, auf den Kuppeln befindlichen Tempel des Jupiter-Optimus-Maximus[306], sowie Tempel der Juonis Moneta[307]. In der Senke zwischen beiden Hügelkuppen, befand sich das Tabularium[308], das sich sanft vor die

---

299 Basilica Julia = riesiges Verwaltungsgebäude
300 Basilica Fulvia-Aemilia = Geschäftsgebäude, Münzprägestätte etc.
301 Forum Vespasiani = Vespasian; (röm. Kaiser 69-79)
302 Forum Nervae = Nerva; (röm. Kaiser 96-98)
303 Forum Augusti = Augustus (Octavian, röm. Kaiser 27 v.-14 n. Chr.)
304 Forum Trajani = Trajan; röm. Kaiser 98-117)
305 Mons Caitolium = kapitolinischer Hügel (einer der sieben Hügel Roms)
306 Jupiter Optimus maximus = oberste Gottheit der antiken röm. Mythologie; abgekürzt: I.O.M.
307 Juonis Moneta = röm. Göttin Juno (Beschützerin der Stadt)
308 Tabularium = Staatsarchiv des antiken römischen Reiches (heute Standort des Senatorenpalastes/Rathaus)

Tempelgruppe der Concordia[309], des Titus/Vespasiani[310], dem Dei Consentium[311] und dem Saturni[312] gruppierte. All diese Bauwerke waren den jeweiligen Herrschern vor dem jetzigen Imperator Trajan geweiht, wie ich von Hadrian staunend erfuhr. An den Tribünen vor den Tempeln waren Feuerschalen aufgestellt, an denen die Sacerdot[es][313], begleitet von einer Schar Vestalinnen, ihre Brandopfer abhalten sollten, um die Götter für den Feiertag und die anschließenden Spiele der nächsten Tage gnädig zu stimmen. Ein Raunen ging durch die Menge, als Kaiser Trajan die Treppen abwärts zur Tribüne schritt, begleitet von schallenden Tuba[314]-Klängen und rhythmischen Trommelschlägen, die den Beginn der Rituale einleiten sollten. Auf das Handzeichen Trajans erhob sich auf dem gesamten Platze ein Jubelklang der Teilnehmer, die den Kaiser frenetisch und freudvoll grüßten, war dieser doch in der Bevölkerung allgemein beliebt und vielgerühmt. Ein weiteres Tuba-Signal beendete das Jubeln, und die Sacerdotes gaben den Priestern nebenstehenden Auguren[315] den Befehl die bereitgestellten Opfertiere, für diesen Zweck meistens Vögel, zu schlachten, um die kultischen Riten zu vollziehen. Nach der kultischen Schauprozedur, die von den Auguren als gnädig von den Göttern angenommen bewerteten, wurden die Eingeweide in die dafür vorbereiteten Brandschalen geworfen, wobei der Rauch sich qualmend in den Himmel kräuselte.

Auf ein Zeichen hin, zogen die Priester sich in den Hintergrund zurück, und Trajan erhob sich zu einer Festtagsansprache. „Volk von Rom", ertönte sein mächtiger Ruf, der an den Gebäudewänden des Forums widerhallte, „wie ihr seht wurde das Opfer von den Göttern gnädig angenommen! Es ist Schicksal, dass Rom über die Welt herrscht, denn es wurde von unseren Göttern gesegnet mit Wohlstand und Frieden. Die Kriege an den Grenzen des Imperiums wurden seit zwei Jahren beendet, Jupiter stand uns im Konflikt gegen die Daker bei, die nunmehr geschlagen, und nunmehr unserem Reich untergeordnet wurden. Neue Besiedlungsflächen

---

309 Concordia = Tempel der Eintracht, Symbol des Friedens zwischen Stand der Standeskämpfe zw. Patrizier und Plebejer

310 Titus/Vespasiani = Tempel des Titus (röm. Kaiser 79-81) und Vespasian (röm. Kaiser. 69-79)

311 Tempel Dei Consentium, = Tempel der einigen Götter (insgesamt zwölf der röm. Mythologie)

312 Tempel Saturni = Tempel des Saturn (zweitältester im antiken Rom)

313 Sacerdos = plural Sacerdotes; publicus populi Romani Quiritium („öffentliche[r] Priester des römischen Volkes der Quiriten")

314 Tuba = römisches Musikinstrument (Fanfare)

315 Augur[es] = Priesterpersonen, die aus Eingeweiden der Opfertiere die Zustimmung oder Ablehnung der Götter deuteten

wurden geschaffen, neue Städte gegründet, Viadukte gebaut, und das errichtete Straßennetz verbindet alle darin lebenden Völker. Viele unserer Legionsveteranen haben nach erfolgreichem Abschluss ihrer Dienstzeit, eine neue Heimat, Grund und Boden zur Bewirtschaftung gefunden. Wir wollen aber auch all derer gedenken, die auf dem Schlachtfelde im Elysium[316] verblieben sind, und uns diese Periode des Friedens und der Freiheit damit gesichert haben. Jene neuen Provinzen im Osten des Reiches schaffen neuen Lebensraum, und wachsen mit unserer Kultur nun in eine neue Zukunft. Wir bieten all jenen, die den Frieden und Wohlstand mit uns teilen wollen, unsere Hand, sodass sie an der Zivilisation unseres erfolgreichen Reiches, der Pax Romana[317] teilhaben können.

Wir haben aber auch Männer unter uns, die durch ihren treuen Dienst in der Armee unsere Grenzen gesichert haben. Durch ihren Einsatz in den jeweiligen Legionen, in jenen fernen Ländern, durch ihren Mut und ihrem täglichen Einsatz, verdanken wir ihnen auch diesen unseren Fortschritt. Deshalb stehen wir auch heute an diesem Festtag gemeinsam hier auf diesem Platze und wollen einige dieser herausragenden Männer, die im Dienste unseres Reiches ihren Einsatz, durch ihren Mut im Kampf und der Ausdauer in schwierigen Verhältnissen bewiesen haben, ihnen besonders danken. Wir vollziehen heute wieder einige Ehrungen, um unsere Hochachtung und Anerkennung damit vor unserem versammelten Volk auszudrücken. Ihr alle kennt Publius Aelius Hadrianus, der mit meiner Familie, der Enkelin meiner Schwester Ulpia Marciana[318] verwandtschaftlich verbunden ist. Durch seinen treuen Dienst am Reiche als Legionsbefehlshaber der Legio I Minerva, sowie seiner Statthalterschaft in Pannonia inferior, das er gegen die Einfälle der Jazygen sicherte, sowie seine erfolgreichen Einsätze im Kriege gegen die Daker, verleihe ich ihm im Namen des Senates und des Volkes, die Würde als Suffektkonsul[319], und die damit verbundenen Rechte und Pflichten."

Auf ein Zeichen Trajans ertönten die gewaltigen Tuba-Töne und das Volk jubelte lauthals als Zeichen der Anerkennung und Verehrung. Als der Applaus langsam verstummte, wandte sich Trajan erneut an die Menge.

---

316 Elysium = das „Jenseits" (Totenwelt) in der röm. Mythologie
317 Pax Romana = (Römischer Frieden") eine ca. 200–250 Jahre während Periode des Römischen Reiches, trotz Unterbrechungen durch einzelne Aufstände und Bürgerkriege.
318 Ulpia Marciana = ältere Schwester (* ca. 50; † 112) von Kaiser Trajan
319 Suffektkonsul = Konsul, der erst im späteren Verlauf eines Jahres gewählt wurde und daher nur einige Monate im Amt war.

„Volk von Rom, damit nicht genug, möchte ich heute auch noch jemanden ehren, der sich im Einsatz für das Reich durch seine Tapferkeit während des Dakerkrieges bewährt hat. Unter uns befindet sich heute auch ein Mann, der aus der Provinz Raetia stammt und sich in seinem Einsatz während mehrerer Kommandos in verschiedenen Provinzen verdient bewährt hat. Vor allem, da er während des Kampfes gegen die Daker, damals unserem jetzigen Prätorianerkommandanten Quintus Marcius Turbo, im heldenhaften Kampfeinsatz das Leben rettete. Claudius Paternus Clementianus[320], Reiterpräfekt der Ala I Siliana[321] Civium Romanorum, als Zeichen der Dankbarkeit, und Tapferkeit im Kampfeinsatz verleihe ich euch als Auszeichnung die Goldene Torquata[322] mit Halsreif".

Als ich vortrat, um die Ehrung entgegenzunehmen, entbrannte wiederum Jubel, den ich mit Dankbarkeit vom Kaiser entgegennahm. Mir, einem ursprünglichen Nachfahren keltischer Ahnen, wurde diese Ehrung durch den römischen Kaiser verliehen, was meist für viele Träger dieser Auszeichnung auch, die römische Bürgerwürde und Rechte mit sich brachte. Dankbarkeit erfüllte mich aber auch meinem eigenen Vater gegenüber, der dieses Fundament durch seine Verdienste in der Armee, sowie meiner Erziehung und Basis als römischer Bürger, und seiner finanziellen Lebensgrundlage mir bereits in die Wiege gelegt wurde.

„Nun, Claudius", hörte ich wie hinter einem Nebel die Stimme von Trajan, „wie ich von Hadrian erfahren habe, seid Ihr schon länger in militärischen Positionen erfolgreich tätig. Unser Reich benötigt auch tüchtige Männer in der Verwaltung der verschiedenen Provinzen. Ich denke, dass Ihr Euch gut dafür eignen würdet, denn wie ich erfahren habe, soll im nächsten Jahr ein Personenwechsel in der Aufgabe eines Stadthalters der Finanzverwaltung in der Provinz Judaea anstehen. Bereitet Euch darauf vor, denn wir benötigen solch fähige Männer wie Euch. Die Aufgabe ist sicherlich nicht einfach, scheinen doch dort immer wieder Unruhen unter der lokalen Bevölkerung aufzuflammen. Hier wäre bestimmt ein gutes Betätigungsfeld für Euch in nächster Zeit, da ihr nicht nur über militärische Kenntnisse, sondern wie ich hörte in früheren Jahren vor dem Dienst in

---

320 Cl. Paternus Clementianus = Reiterpräfekt der ala I Siliana, Ehrung belegt durch CIL 3, 5775 +76

321 Ala I Siliana = berittene Auxiliareinheit; um 100 stationiert in Pannonia inferior (vermutlich in Tolna/Alta Ripa)

322 Torquata = offener (meist goldener) Halsreif (mit gedrehten Metallsträngen), lat. Torquere (drehen/winden), mit auslaufenden Stempelenden als Tierkopf oder Kugel. Ehrenvolle Auszeichnung mit Bronzeurkunde für besondere Verdienste. Wurde der Einfachheit halber auch oft am Schulterpanzer getragen.

der Legion, auch bereits Verwaltungsaufgaben in der fernen raetischen Provinzhauptstadt Augusta Vindelica[323] kennengelernt habt."

Ich konnte es nicht fassen, bekam ich doch nun eine zivile Verwaltungsaufgabe in jener fernen Provinz, im Osten des römischen Reiches zugeteilt. Eine neue Herausforderung, die ich dankbar entgegennahm. Gleichzeitig bedeutete es aber auch, dass ich meine Familie im fernen Abodiacum für längere Zeit nicht mehr sehen würde. Trajan nahm Hadrians sowie meinen Arm, hielt diese vor der jubelnden Menschenmenge in die Höhe, die lauthals und frenetisch dem Kaiser Beifall zollte, während zum Abschluss der Feier ein bunter Blumenblätterregen auf die Menschenmenge fiel, begleitet durch Musik und lauten Trommeln, die dem Schauspiel einen feierlichen Abschluss gaben. Beiläufig erwähnte er uns noch, dass wir, bevor wir wieder in unsere Provinzen zurückkehren sollten, noch unbedingt die zu eröffnenden Spiele im Circus Maximus[324] am nächsten Tagen beiwohnen sollten, ehe diese dann weiter ihre Fortsetzung mit Schaukämpfen im Colosseum haben sollten. Trotz all der Ehrungen war ich dankbar, dass wir nur der Eröffnung der Spiele im Circus beiwohnen sollten. Mir waren tosende und staubige Pferderennen lieber als die grausamen Schaukämpfe in der Arena des Colosseums. Als Krieger und Legionär war man den Tod im Schlachtfeld gewohnt, wenn ich aber an die vielen Besiegten und Opfer der Dakerkriege dachte, die dieses Schicksal als Gladiatoren in der Arena teilten, war mir nicht unbedingt wohl zumute. Obwohl hier viele der römischen Gesellschaft diese blutigen Spiele aufgrund der frenetischen Begeisterung zu lieben schienen, lag mir diese Neigung nicht unbedingt auf dem Herzen. Einen Feind im offenen Kampfe zu besiegen war eines, vor einer tobenden Menschenmenge gegen wilde Tiere antreten zu lassen, oder als Kämpfer im Zweikampf gegeneinanderzuhetzen, darin empfand ich in meinen Gedanken nichts Menschenwürdiges. Solcherart mit meinem Herzen und Gedanken beschäftigt, konnte ich dies jedoch nicht offen vor anderen ausdrücken. Ob sich dies in Zukunft der Menschheit, die uns nachfolgen wird, mal ändern wird? Diese Frage fand in meinem Inneren keine Antwort. Nachdem der offizielle feierliche Anlass zu Ende war, lud uns Trajan noch zu einem abendlichen Gastmahle in seinem Palastgebäude ein, bevor wir uns morgen beim Wagenrennen im Circus Maximus als Ehrengäste treffen sollten.

---

323 Augusta Vindelica = Augsburg (heutiges Bayern)
324 Circus Maximus = römische Pferderennbahn unweit des Forum Romanum

Am nächsten Morgen weckte mich Mamertus morgens zur hora[325] quarta[326]. Mein Kopf fühlte sich an wie ein Bienenkorb. Am gestrigen Abend während dem Festgelage, zu dem wir eingeladen waren, hatte ich wohl etwas zu viel von dem dargereichten Wein gekostet. Ich erinnerte mich noch daran, wie ich mitbekommen habe, wie Trajan die verschiedenen geladenen Gäste vorgestellt wurden, später die Musik einsetzte als der Abend in den gemütlichen Teil mündete, köstliche Speisen von der Dienerschaft des Palastes kredenzt wurden, und natürlich auch der dazugehörige Wein nicht fehlen durfte. Eigentlich war ich kein Freund von großen Gesellschaften, erkannte aber, wer Rang und Namen im Römischen Reiche hatte, musste dies auch zur Schau stellen. Der Vorteil war, man könnte bei diesen Gelegenheiten gute Kontakte und Beziehungen knüpfen, der Nachteil, man konnte aber sich auch manchmal der ermüdenden Gespräche mit verschiedenen kontaktierten Gesprächspartnern nicht erwehren. So zog sich der Abend hin und ich versuchte mich, sobald es ging in mein Domizil zurückzuziehen, konnte es aber nicht verhindern, dass der kredenzte Wein meinem Gaumen doch etwas zu gut schmeckte. Jedenfalls konnte ich mich nicht mehr daran erinnern, wie ich nach Hause kam. Mamertus frischte mein Gedächtnis auf meine Frage hin auf, dass er für mich am Vorabend zur Hora quinta eine Sänfte geordert hatte, in der er mich dann verfrachtete, nachdem ich des Gehens nicht mehr mächtig war. Was würde ich wohl ohne ihn tun. Die Zeit, der er nun in meinem Hause diente, war er mir ein treuer und fürsorgender Begleiter geworden.

Nachdem ich mich einer ausführlichen Morgentoilette unterzogen hatte, ein kurzes Frühstück zu mir genommen, und danach wieder über einen klaren Kopf verfügte, fühlte ich mich stark genug, dem heutigen geplanten Tagesprogramm entgegenzusehen. Mein Reisebegleiter Hadrian, sein Diener und ein Gardesoldat unserer Reisegruppe holte mich zur hora octa[327] ab, um uns dann zum Circus Maximus zu führen. Was mich an Rom so begeisterte, war die Tatsache, dass die verschiedenen Kulturstätten, so nahe am Zentrum beieinanderlagen, so dass man sie bequem zu Fuß erreichen konnte. Dies gab mir, sowie auch unseren Begleitern die Möglichkeit, die verschiedenen Bauwerke, ihre Beschaffenheit, ihre

---

325 Hora = lat. Stunde
326 Quarta = Bezeichnung für „Vierte" Tagesstunde (heute 10:00 Uhr)
327 Hora octa = zur achten Tagesstunde (14:00 Uhr)

Farbenpracht, die verschiedenen Gärten, und Pflanzen auf unserem Weg zu bewundern. Zu dieser Nachmittagsstunde waren bereits eine Menge Passanten unterwegs, Kaufleute, die ihre Waren feilboten, Tempeldiener, die beflissen die Öllampen für die Opferungen bedienten, Tragesänften, in den die wohlhabenden Römer von einem zum anderen Orte befördert wurden, dazwischen Armeesoldaten, die an manchen Stätten Wache standen, und vor allem die römischen Damen, die ihre Moden auch farbenprächtig zu Schau stellen konnten. Überhaupt hatte, wie ich beobachten konnte, der Status der Frau hier an diesem Orte einen anderen Stellenwert als in manch anderer Provinz. Hielten sie sich in den verschiedenen provinzialen Siedlungen eher mehr im Hintergrund vor den Männern, so war es hier sehr konträr dazu, nach der Devise, wer hier was galt, der konnte auch hier repräsentieren. Selbstbewusst sah man die Damen in ihren kostbaren seidenen und leinenen Gewändern durch die gleißenden Straßen flanieren, oder auch an verschiedenen Orten miteinander kommunizieren, ja ganz offen, um auch ihren sozialen und reichen Status darzustellen. Ich kam aus dem Staunen nicht mehr heraus und genoss die Wegstrecke zum Circus Maximus, für die wir die geschätzte Entfernung von etwa einein-halb römischen Meilen, im Spazierschritt zirka eine dreiviertel Stunde, benötigten.

Wie wir bereits aus der Ferne erkennen konnten, hatte sich vor unserem Eintreffen am Forum die Pompa circensis[328], der Festzug vom Capitolhügel aus der Via Sacra[329] folgend zum Circus Maximus in Bewegung gesetzt. Angeführt wurde der Festzug durch Musikanten, die ein längliches Holzblasinstrument, die Aloi[330], sowie eine Art Lyra[331] bedienten, gefolgt von verkleideten Satyrn[332] und in bunten Tuniken gekleideten, mit Girlanden und Blumen geschmückten Tänzer. Den Abschluss bildeten Männer, die goldene Schalen und Parfums, sowie Götterstatuen separat in speziellen Wagen transportierten.

Wir folgten dem Festzug, der an der Basilica Julia rechts Richtung Süden in den vicus Tuscus[333] abbog, passierten den domus Caligula[334] in einer kleinen Senke zwischen dem Hügel des Palatin und der Erhöhung des

---

328 Pompa circensis = feierliche Zirkusprozession
329 Via sacra = Heilige Straße, Hauptstraße am Forum Romanum
330 Aloy = Holzblasinstrument, einer zweireihigen Flöte ähnelnd
331 Lyra = Leier/Zupf-Musikinstrument
332 Satyrn = Mischwesen der römischen Mythologie
333 Vicus Tuscus = Etruskische Straße, die zum Circus Maximus führte
334 Domus Caligula = Villa des ehem. Kaiser Caligula (37-41 n. Chr.)

mons caelius[335] liegend, bis sich vor uns die Front des Circus Maximus erstreckte. Diese riesige Arena in länglicher geometrisch ovaler Form, erstreckte sich in nordwestlich-südöstlicher Richtung, ca. eine römische Meile lang, und eine Drittel-Meile breit. Die ehemaligen hölzernen Sitzflächen, erst kürzlich von Trajan angeregt in Ausführung nun aus Stein, stuften sich mehrreihig zur Rennstrecke hin ab. Dies bot Platz für insgesamt 250.000 Zuschauer, einer gewaltigen Menschenmenge, die sich hier an den Wagenrennen mit tobendem Geschrei ergötzen konnte. Die Wagenrennen waren nicht umsonst neben den Gladiatorenkämpfen im Colosseum das beliebteste Sportevent, das von vielen wohlhabenden Bürgern gesponsert wurden, und damit Brot- und Spiele absicherte.

Mittlerweile hatte sich die Arena fast vollständig anhand der Sitzplätze gefüllt, und strahlte große angespannte Geschäftigkeit aus. An den jeweiligen Sitztribünen fanden sich am obersten Ende, sowie in den darunterliegenden Etagen unzählige kleine Geschäfte, Stände, Garküchen, Freiluftkneipen, ja sogar Verkaufsbuden, an denen gestikulierende Händler Miniaturfiguren der Wagenlenker und andere Artikel lautstark feilboten. An nichts der lukullischen Genüsse, ja sogar an, man munkelte unter der Hand, Räumlichkeiten für Lupanare[336] fehlte es nicht zum Zeitvertreib der Zuschauer, die in fiebernder Hektik gespannt auf die heutigen beginnenden Festlichkeiten warteten. Besonders Wettgeschäfte blühten an diesem Orte. Vom einfachen Bürger bis hin zum wohlhabenden Adeligen, wechselten Unmengen an Denaren und Sesterzen an diesem Tage ihre Besitzer in Erwartung auf die Sieger, und dessen Pferdegespann. Über dem Ort lag eine gespannte fiebernde Atmosphäre der Erwartung. Durch die Mitte der Arena verlief eine Spina[337] ca. 150 passus[338] lang, durch die diese in zwei Bahnen geteilt wurde. Um diese herum mussten die Wagenlenker ihre Rösser lenken. Umrahmt an beiden Enden standen drei Kegelsäulen aus vergoldeter Bronze als Markierung. An der Nordkurve waren an dem Ende der Spina der Mittelachse der Arena an einer hohen Steinmauer sieben große Kupferdelphine angebracht, die die jeweiligen absolvierten Runden der Rennwägen über den Status Auskunft geben sollten. Dort am Beginn und jeweiligen Ende der Rennbahn an der Zuschauertribüne befand sich auch die Kaiserloge, umrahmt von bunten, purpurnen und blauen Fahnen, mit einem großen Sonnenschutz überdacht, und

---

335 Mons Caelius = Caelius-Hügel, einer der sieben Hügel Roms
336 Lupanar = plural(-e) röm. Bezeichnung für Bordell
337 Spina = aufgeschüttete Mittellinie der Arena
338 Passus = röm. Längenmaß, 1 Doppelschritt (á 1,48m) = Spina/Gesamtlänge ca. 220m

prunkvollen Sitzgelegenheiten für die Familie des Kaisers und seiner Ehrengäste, und der dahinterstehenden Leibgarde. Wir bewegten uns zu einem der jeweiligen Eingangstore, betraten die oberste Publikumsreihe und begaben uns in Richtung nordwärts zur Kaiserloge, wo uns der Prätorianerkommandant Quintus Marcius Turbo gestikulierend zuwinkte, in die uns der Imperator Trajan am Vortage angekündigt als Ehrengäste eingeladen hatte. An Trajans Seite saß bereits seine Ehefrau Domina Pompeja Plotina[339], die uns huldvoll zur Begrüßung zunickte. Die beiden waren bislang kinderlos geblieben, weshalb die zugeteilten Ehrenplätze in der Loge sich deshalb auf den innersten Kreis der Führungselite und eingeladener Ehrengäste verteilte. Dankbar nahmen wir nach unserer kaiserlichen Ehrenbezeugung unseren angewiesenen Platz ein. Trajan nickte uns freundlich zu, als wir uns setzten, während sich die Arena nunmehr fast vollends mit Zuschauern gefüllt hatte. Von unseren Plätzen aus hatten wir einen großartigen Überblick. Schräg rechts unter uns waren die Eingangstore, aus denen die Streitwägen mit den Pferden starten sollten. Vor uns lag die langgestreckte Sandarena, und links schräg vor uns die Ziellinie, nach der Umrundung der langgestreckten Arena. Mittlerweile hatte der Festzug die Zirkustore durchschritten, und die Arena einmal umrundet, sodass jeder der Besucher, die den Festzug nicht direkt vom Capitolhügel aus begleitet hatten, nochmals die pompöse Eröffnung miterleben konnten. Als Abschluss wurde ein kurzer feierlicher religiöser Weiheritus abgehalten. Ein rundes Becken wurde in die Sandarena getragen, in der sich eine Anzahl Holzkugeln befanden. Im Jubel der Zuschauermenge wurden diese nacheinander in die enthusiastische Zuschauermenge geworfen. Darin enthalten waren kleine Geschenke, sei es ein Vogel, sei es eine Münze, es konnten aber auch größere zugesicherte Geschenke darin enthalten sein, ein Schwein, Ziege oder Nutztiere, im besten Falle aber auch eine Zusicherung für ein Haus oder anderer wertvoller Geschenke, die durch den Kaiser legitimiert worden sind, der sich dadurch auch das Wohlwollenen und die Unterstützung seiner Untertanen als volksnaher Herrscher absicherte.

Nunmehr konnte man schon das Stampfen von Pferdehufen, und Wiehern der Pferdegespanne hören, die nervös tänzelnd vor dem Eintrittstor zur Zirkusarena warteten. Wie ich von Hadrian erfuhr, hatten sich für das heutige Rennen sieben Wagenlenker angemeldet, darunter auch ein beim Publikum sehr beliebter Favorit, was ich mit aufmerksamer Spannung vernahm. Man bot uns Wein und Früchte zur Erfrischung an, während alle Zuschauer gespannt auf den Beginn der Veranstaltung warteten. Auf

---

339 Pompeja Plotina = *ca. 70 – † 123 n. Chr.) Ehefrau von Kaiser Trajan

ein Zeichen des Kaisers hin, begann mit schallenden Posaunenstößen die Ankündigung zur Aufstellung der jeweiligen Wagenlenker. Der Domus majoris[340] erhob seine kraftvolle Stimme für die einleitenden Worte:

„Publikum von Rom, die ihr euch hier an diesem Orte versammelt habt, unser erhabener Imperator eröffnet mit diesen Spielen die Festtage des Ludi Apollinaris[341] zu Ehren des Gottes Apollo. Möge sein Schutz und Segen über dieser Stätte liegen und am heutigen Tage die bereitstehenden Wagenlenker zum Siege und zur Ehre Roms und ihrer Götter lenken. Lasst mich nun die einzelnen Lenker vorstellen."

Ein Posaunenstoß kündigte das erste Gespann an.

„Aus der fernen Provinz Ägypten: Begrüßt Jogenius aus Alexandria." Rauschender Beifall erhob sich, gefolgt von den weiteren Worten des major Domus: „Weiters aus dem fernen Lande der Provinz Syria: Begrüßt Quintus-Arrius aus Palmyra." Ich erblickte einen in bräunlichem Ton gekleideten Mann mit einer Lederhaube, der sein Pferdegespann, insgesamt vier, je zwei links und rechts der Deichsel eingespannte, braune Rösser anführte, die einen Streitwagen mit dem Wagenlenker durch die Eingangstore zur Startlinie dirigierte. Der nächste Teilnehmer wurde angekündigt. „Vergilo aus der Provinz Achaia von Athen", ihm folgend wurde angekündigt ein „Pontius-Dio" aus der Provinz Tarraconensis von Toletum, weiterhin ein „Gajus-Apuleus" von Salamantica der Provinz Lusitania, dann „Scorpus-Decimus" aus der Provinz Noricum von Virunum und zu guter Letzt „Agrippinensus-Rex" aus Colonia Agrippina der Provinz Germania Superior.

Nachdem sämtliche Wagenlenker mit ihren Gespannen, sowie der zugehörigen Rennställe vorgestellt wurden, galt es in einer Reihe vor den geschlossenen Fallgittern Aufstellung zu nehmen, und auf das Zeichen des Rennbeginnes zu warten. Alles wartete in gespannter Erwartung auf das Zeichen des Major domus. Schier unerträglich schien die Wartezeit, bis sein ausgestreckter Arm das weiße Tuch als Startzeichen fallenließ. In den erlösenden Aufschrei der Menschenmenge, mischten sich die rasenden Hufschläge der startenden Pferdegespanne, und nach kurzer Zeit hatten sich zwischen den Gespannen einige Gruppen kristallisiert, die die Gerade der Rennbahn entlang rasten. Den Kopf vorne hatte das Gespann des Pontius-Dio mit seinen weißschwarz gescheckten Pferden, die die Nüstern blähend reckten, gefolgt von Quintus-Arrius, und Scorpus-Decimus gleichauf. Ein halbe Gespannlänge dahinter gefolgt von Agrippinensus-

---

340 Domus Majoris = Zeremonienmeister, Master of MC, Spieleankünder
341 Ludi Apollinaris = Spiele zu Ehren des Gottes Apollo (im Juli)

Rex, sowie Vergilo und Jogenius. Schon bog das Führungsgespann in die erste Linkskurve am Ende der Rennbahn, das das Tempo herunterdrosselte, um die Kurve zu meistern, nach ihm ebenso seine beiden Verfolger. Der Staub wirbelte durch das Tempo auf, nachdem sich die Gespanne die erste Kurve meisternd wieder in die Gerade einbogen. Was war das!? Pontius-Dio verlor etwas an Tempo und langsam zog Quintus-Arrius in den Vordergrund, angespornt durch die tobende Menschenmenge. Unerträgliche Momente später näherte sich das Gespann dem Ende der ersten Runde, wiederum die Linkskurve nehmend. Am Ende der Spina senkte sich als Zeichen der ersten Runde der Kopf des Signaldelphins. Unmittelbar vor unseren Blicken vollendeten sämtliche Wagenlenker ihre erste Runde wieder in die Gerade einbiegend. Der Lärm der begleitenden Zuschaueranfeuerungen war ohrenbetäubend. Die Gespanne rasten weiterhin die Gerade entlang, wobei der Wagen des Agrippinensus sich etwas zu weit an die linke Seite der Spina bewegte und plötzlich an der Umfassungsmauer zu schleifen begann. Begleitet durch das Kreischen der Radnarben am Stein konnte dieser dem Druck nicht mehr widerstehen, plötzlich gab die Achse nach und brach längsseits, sodass der Wagen nunmehr nach links kippte und im Sand der Arena schleifte. Durch den jähen Ruck des zusammenbrechenden Gefährtes verlor der Lenker den Halt und rutschte mit einem Aufschrei in den Arenasand, und wurde von den nachfolgenden Wagen überrannt. Die Zugleinen zu den Pferden rissen mit einem peitschenden Knall und der Wagen überschlug sich mit rumpelndem Gepolter. Gellend schrie die Menge auf, begleitet vom Donnern der vorbeiziehenden Pferdegespanne. In aller Eile versuchten die bereitstehenden Hilfspersonen die zerstörten Überreste des Wagens zu beseitigen, während andere den blutüberströmten Körper des Wagenlenkers bargen und zur Seite der Zuschauertribünen transportierten. Mittlerweile hatten die restlichen Pferdegespanne das Ende der zweiten Runde erreicht, was durch Senken des zweiten Delphinkopfes signalisiert wurde. Wieder preschte der gesamte Pulk an der Kaiserloge vorbei in die nächste Runde. Einer der Wagenlenker, Pontius-Dio, schlug mit seiner Reitpeitsche, um den an seiner rechten Seite vorbeiziehenden Wagenlenker Jogenius daran zu hindern, worauf dieser ihn so zur Seite drängte, dass er zähneknirschend das Tempo verringern musste um nicht dasselbe Schicksal wie Agrippinensus in der Vorrunde zu erleiden. Wiederum bog der Wagenpulk staubbegleitet erneut in die Kurve zur Geraden der dritten Runde ein. Nunmehr wagte Gajus-Apuleus fluchend seinen Wagen mithilfe seiner Peitsche sein Pferdegespann anzutreiben, um den Anschluss an das

Führungsduo nicht zu verlieren. Aus unserer Sicht von der Kaiserloge aus näherte sich nunmehr dichtauf Pontius-Dio, gefolgt von Quintus-Arrius und Scorpus-Decimus, dahinter Vergilo und Gajus-Apuleus. Wiederum senkte sich ein weiterer, der vierte, Delphinkopf an der Signalstange, und der Staub wirbelte so stark auf, dass die untersten Zuschauerreihen der Endkurve den aufwirbelnden Sandstaub abbekamen, und hustend und spuckend nach Luft ringen mussten. Die fünfte Runde begann mit einem Ausbruchversuch von Quintus-Arrius, der versuchte an Pontius-Dio vorbeizuziehen, konnte aber nicht verhindern, dass ihm Scorpus-Decimus dichtauf folgte. Dahinter folgend konnte Gajus-Apuleus nicht verhindern, dass Vergilo und Jogenius ihn nunmehr versuchten nach rechts in der Kurve auszubremsen, worauf er nunmehr den Rennstaub seiner Vorgänger voll ins Gesicht bekam. Desgleichen in seiner Sichtweise behindert, kam er zu sehr rechts an den Zuschauerrand, sodass er dort einen Wachsoldaten versehentlich mit dem Wagen tuschierte, sodass dieser im hohen Bogen in den Sand der Arena geschleudert wurde. Wiederum versuchten das Hilfspersonal sofort den Verunglückten zu bergen, bevor die Wagen erneut die Arena umrundet hatten. Das Ende der fünften Runde näherte sich, als der Wagenpulk erneut die Kurve an der Kaiserloge vorbeipreschte, um in die Wegstrecke der sechsten Runde einzubiegen. Die Zuschauerseite des Pferdegestüts von Quintus-Arrius versuchte ihren Favoriten mit tosendem Gebrüll anzufeuern, da dieser nunmehr die Führung zu übernehmen schien. Doch Scorpus-Decimus ließ sich davon nicht beirren. Unermüdlich trieb er sein Gespann mit wilden Peitschenhieben an, und Quintus-Arrius schaffte es nicht, seine Führungsrolle allein für sich zu beanspruchen. Jede absolvierte Runde steigerte nunmehr die Stimmung in der Arena in fast unerträglicher Weise. Mit dem Beginn der sechsten Runde, erhoben sich nunmehr die Zuschauer, die Scorpus-Decimus und seinem Rennstall der „Alba[342]" beistanden und ihrem Favoritenliebling durch anfeuerndes Geschrei anspornten, um ihn in seinem Versuch seinen Renngegner anzugreifen, zum Erfolg zu führen. Gajus-Apuleus, Pontius-Dio und Vergilo kämpften immer noch darum nicht den Anschluss zu verlieren, während Jogenius mehr und mehr an Boden verlor, da die Pferde anscheinend mit dem rasenden Tempo nicht mehr mithalten konnten. Pontius-Dio glückte mit seinem Wagen in der nächsten Kurve eine gute Parade, worauf Gajus-Apuleus abgedrängt wurde, sodass sich nunmehr ein Duell zwischen den beiden ersten, und den beiden Nachfolgegespannen entwickelte. Pontius-Dio gelang es sich vor seinem Gegner

---

342 Alba = Rennstall (der Weißen) den Winter symbolisierend.

Vergilo um eine Pferdehalslänge voranzusetzen, als sein Wagen plötzlich auf einen kleinen, spitzen eisernen Wrackteil eines Radbeschlages, des zwei Runden zuvor verunglückten Wagens von Agrippinensus, traf. Ein kleiner Teil, aber mit enormer Wirkung, der den Wagen, begleitet von einem metallisch klingenden Geräusch, mit einem Sprung in die Höhe schnellen ließ, sodass Pontius-Dio den sicheren Halt auf seinem Wagen verlor, und zwischen seine Pferde und dem Wagengeschirr stürzte. Dieser wurde circa 50 Doppelschritte mitgeschleift, und blieb danach blutüberströmt liegen, bis ihn dann die Hilfskräfte versuchten so schnell wie möglich von der Sandbahn zu transportieren. Abermals Schreckensgeschrei, man konnte es nicht genau definieren, begleitete den neuen Unfall, der damit die Spannung auf ein Höchstniveau trieb. Vergilo und Jogenius schafften es gerade noch dem Verunglückten auszuweichen, verloren aber durch dieses Manöver noch mehr den Anschluss an die beiden Führungsgespanne. Eben die sechste Runde abschließend, senkte sich ein weiterer Signaldelphin, und unterdessen trieb Scorpus-Decimus sein Gespann zu Höchstleistungen aus der Arenakurve in die nunmehr letzte Runde. Beide Kontrahenten versuchten den letzten Rest aus ihrem Pferdegespann herauszuholen, teils mit anfeuerndem Geschrei, teils mit wütenden Peitschenschlägen. Das schneeweiße Pferdegespann von Scorpus-Decimus schob sich mehr und mehr vor den schwarzen Rössern von Quintus-Arrius und baute seinen Vorsprung um eine halbe Pferdelänge weiter aus. Die Rennwagenlenker bogen nunmehr in die letzte Kurve vor der Zielgeraden ein, als sich das anfeuernde Zuschauerpublikum aus ihren Sitzplätzen erhob, um keine Blick-Sekunde dieses Rennens zu verpassen. Die Arena hatte sich in einen Hexenkessel verwandelt. Das Publikum war nicht mehr zu halten, sogar mein Freund und Begleiter, der neuernannte Suffektkonsul Hadrian, war von seinem Sitz gesprungen, da anscheinend das Temperament in seinem Gemüt durchschlug. Donnernd näherten sich nun die schweißüberströmten Führungskontrahenten in ihren Wagen der Zielgeraden, während Scorpus-Decimus mehr und mehr an Vorsprung gewann. Die Zuschauer tobten, schrien, gestikulierten wild und sprangen auf ihren Sitzplätzen, während die beiden Wagenlenker das Letzte aus ihrem Gespann herausholten. Der Signalgeber hielt das Zugseil des letzten der Signaldelphine in seiner fiebernden Hand, um es für den herandonnernden Scorpus-Decimus endgültig zu senken. Dieser schaffte es, mit einer dreiviertel Pferdelänge über die Ziellinie zu preschen, dicht gefolgt von Quintus-Arrius, danach mit zwei Pferdelängen Abstand Vergilo, gefolgt von Gajus-Apuleus und etwas weiter abgeschlagen von Jogenius, dem sichtlich die Verzweiflung als letzter ins Ziel kommend, ins Gesicht geschrieben stand. Paukenschläge und Fanfarenstöße begleiteten nun mehr Scorpus-Decimus, der es wieder einmal geschafft hatte, und seinem Ruhm durch einen weiteren Sieg für seinen Rennstall festigte. Nichts konnte die jubelnde Menschenmenge halten. Viele sprangen von der untersten Tribünenstufe in die Arena und jubelten dem Sieger zu, sicherlich auch begleitet von dem Gefühl mit ihren Wetten richtig gelegen zu haben, während andere betroffen dastanden und es nicht fassen konnten, dass ihr Favorit nicht ihre Erwartungen erfüllen konnte. Unter dem johlenden Triumphgeschrei der Zuschauermenge für den Sieger, genoss es Scorpio-Decimus seine Ehrenrunde durch die Sandarena zu absolvieren, um dann endgültig vor der Kaiserloge zu halten, und dem Imperator Trajan seinen Ehrengruß auszudrücken. Dieser erhob sich von seinem Platz und gebot der Menschenmenge durch seine ausgestreckten Arme zur Ruhe. Die Stimmen verstummten und der Kaiser rief mit lautstarker Stimme:

„Höret, Volk von Rom. Scorpus-Decimus hat mit seinem heutigen Sieg wieder seinem Namen, aber auch dem römischen Volke Ehre gebracht. Die Götter scheinen ihn in ihren Armen zu wiegen. Kraft meines Amtes kröne ich dich zu Ehren als Sieger dieses Rennens mit dem Palmenzweig und dem Lorbeerkranz! Mögest du ihn mit Stolz und erhobenen Hauptes tragen."

Mit diesen Worten übergab er dem Sieger die begehrte Trophäe, der sich anschließend der Menge zuwandte, um den donnernden Siegerapplaus der Zuschauermenge entgegenzunehmen.

So endete dieses ereignisreiche Rennen, wobei die Zuschauermenge sich teilweise noch die restlichen Stunden auf dem Areal vergnügten, bis sich dieser Tag langsam dem Ende hinneigte. Für uns war es ein willkommener Anlass, während unserem Heimweg noch die vielen Schönheiten dieser Stadt, die herrlichen Bauten Denkmäler und Paläste der vorangegangenen Imperatoren aus Marmor, die liebevoll gepflegten und vielfältigen Gärten, die Tempel und Verwaltungsgebäude zu bewundern. All diese vielen Eindrücke versuchte ich in meinem Geiste zu sammeln, da der Tag unserer Abreise in unsere Verwaltungsprovinzen langsam näher rückte. Diese Erlebnisse sollten mich auf immer in meinem Leben begleiten, drückte es doch diese Allmacht und Erhabenheit der römischen Kultur aus, deren Bestreben es war, solches für all seine Bewohner in die für uns bekannte Welt zu tragen. Wie ich heute, wo ich dieses Buch schreibe, auch beurteilen kann, ist dieses Kulturstreben nur ein Baustein des Lebens. Ein anderer sicherlich auch wie wir als Menschen uns in diesem Bestreben verhalten, die Menschlichkeit, die Güte, aber auch die Zielstrebigkeit in unserem Leben, in der wir als einzelne Individuen jeder unsere Verantwortung tragen. Meine Gedanken galten damals vordergründig auch für die mir von Imperator Trajan auferlegte neue Aufgabe, meinem Einsatz in einer neuen Provinz, fernab im Osten an der Grenze des römischen Reiches, wo ich vernommen hatte, dass es nicht immer ruhig zuging, sondern oftmals unter der Bevölkerung der eroberten Provinz Unruhen gab. Doch dies ist eine andere Geschichte, die hier an dieser Stelle noch nicht vorgreifen möchte. „Rom wurde ja auch nicht an einem Tage erbaut!"

Abschließend möchte ich hier nur vermerken, dass wir zwei Tage später nochmals zu einer Abschiedsaudienz bei Trajan eintrafen, der uns einige Nachrichten für unsere jeweiligen Einsatzeinheiten übergab. Am Folgetag feierten wir, Hadrian, Quintus Marcius Turbo und ich, unseren Abschied bei einem opulenten Abendessen in einer naheliegenden Taverne, und genossen den herrlich köstlichen Gaumenkitzel der römischen Rebsorten, Bacchus zum Danke[343]. Quintus brachte bei dieser Gelegenheit nochmals seinen sehnlichen Wunsch zum Ausdruck, baldigst wieder mit einem Amt in einer der Provinzen betraut zu werden. So trennten sich wieder unsere Wege auf unbestimmte Zeit, aber unsere Freundschaft blieb lebenslang erhalten. Auf dem Rückweg nahm unsere Reisegruppe wieder dieselbe Wegstrecke zurück, wie bei unserer Hinreise nach Rom, wo wir ohne Zwischenfälle nach vierzehn Tagen wieder im Kastell Alta Ripa am Danuvius ankamen. Hadrian nahm dann das nächste Schiff flussaufwärts zu seinem Einsatzort nach Aquincum[344].

---

343 Bacchus = Gott des Weines, als Liber pater, bei Römern Gott des Weines und der Fruchtbarkeit gebräuchlich
344 Aquincum = heutiger Ort Budapest (Ungarn)

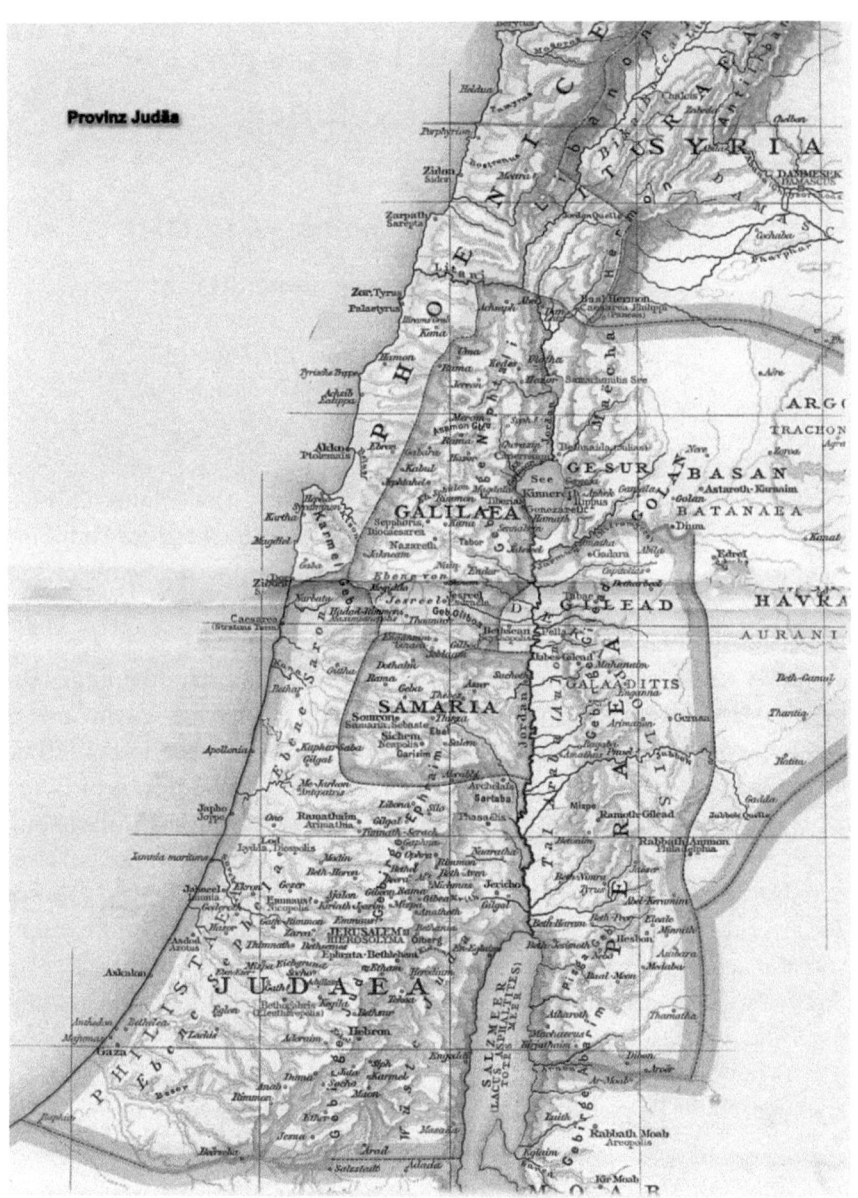

Abbildung 20: Landkarte Judaea

133

Kapitel VII
Proconsul(is) Judae

Octobris 868 - ab urbe condita (A.D. 115)

Im 18. Regierungsjahr des erhabenen Trajan

barbarus hic ergo sum, quia non intellegor ulli
Ein Barbar bin ich hier, da ich von keinem verstanden werde.
(Ovid, Trista, V,5,37)

Nach Abschluss meiner militärischen Laufbahn vor zwei Jahren als Legionstribun der Auxiliareinheit der Ala Siliana in der Provinz Pannonia inferior hieß es Abschied nehmen von meiner Truppe im Garnisonsort Alta Ripa. Nachdem ich bei meinem Besuch mit Hadrian in Rom vor drei Jahren meine neue Dienstaufgabe in der Provinz Judaea übertragen bekommen hatte, galt es mich auf diese neue Aufgabe vorzubereiten. Bei meiner Ankunft im neuen Aufgabenort wurde ich in dieses Amt durch meinen Vorgänger Quintus Pompejus Falco [345] eingewiesen. Falco stammte, wie ich von ihm vernahm, aus vornehmer Familie aus Sicilia[346], wo seine Eltern große Ländereien besaßen. Dieser hatte als Volkstribun Ende des vorigen Jahrhunderts den gelehrten Plinius[347] (d. Jüngeren) kennengelernt, und stand im regen Briefwechsel mit ihm. Als Legat Kaiser Trajans im ersten Dakerkrieg befehligte er die Legio V Macedonia, und war danach bereits Statthalter von Lycia & Pamphilia[348], bevor er zum Statthalter von Judaea, und Kommandant der Legio X fretensis abkommandiert wurde. Von ihm erfuhr ich die notwendigen Details meines neuen Einsatzortes, sowohl in politischer und militärischer Hinsicht als auch wertvolle Tipps für meinen neuen zivilen Aufgabenbereich.

---

345 Quintus Pompejus Falco = römischer Militär, Politiker und Senator zur Zeit der Kaiser Domitian, Nerva, Trajan und Hadrian. Durch archäolog. Fund (Militärdiplom) belegt, als Suffektkonsul mit einem Marcus Licius Lustricus Bruttianus
346 Sicilia = Insel Sizilien
347 Plinius = (*62, † 113 n.Chr.) bedeutender Gelehrter, und Bekannter Trajans
348 Lycia & Pamphilia = heutige Südtürkei

Mein neuer Aufenthaltsort war nunmehr die Hafenstadt Colonia Caesarea maritima[349]. Die Siedlung wurde vor über 120 Jahren von dem ehemaligen Klientelkönig Herodes[350] (d. Große) zu Ehren unseres ersten Imperators Augustus[351],(Imperator Caesar Augustus) anstelle einer ehemaligen kleinen Hafensiedlung, Turris Stratonis[352], ausgebaut. Die Stadt lag günstig direkt an der Küste, an einer Landzunge, was ein hervorragendes mildes Meeresklima begünstigte. Neben den vielen zivilen Bauten, entstanden an kulturellen Bauwerken, ein Theater, ein Hippodrom und ein Amphitheater. Auch eine hervorragende Wasserversorgung wurde durch ein über vier Meilen langes Aquädukt gewährleistet, von dem Frischwasser aus dem ca. sieben Meilen entfernten Karmel-Gebirges geleitet wurde. Die Palastanlage, in der nun der Sitz meiner Verwaltungsbehörde war, lag in unmittelbarer Nähe des Amphitheaters am Ende der Landzunge, die ein hervorragendes Panorama auf das westwärts gelegene mare nostrum ermöglichte. Durch seine hervorragende Lage bot dieser Ort aufgrund seiner in der Ebene an der Nord-Südachse gelegenen Küstenstraße, die die im Norden gelegene Provinz Syria verband, als auch der Querverbindung zum Tal des Jordanes nach Osten hin in die Nachbarprovinz Arabia im Osten gelegen, einen idealen geopolitischen Stützpunkt.

Meine jetzige Aufgabe als kaiserlicher Statthalter und persönlicher Beauftragter von Trajan, im Range eines Procuratores centenari[353], bestand unter anderem darin den fiscus judaicus[354] zu verwalten. Zugute kam mir dabei, dass ich bereits einiges an Erfahrung auf diesem Gebiet während meiner anfänglichen Stationierung in Augusta Vindelica[355] zurückblicken konnte. Vor fast 30 Jahren, als ich von meinem Elternhaus auszog, hatte ich damals unter der Assistenz meines alten Mentors Lucius Proximus erste Erfahrungen mit zivilen Verwaltungsaufgaben bekommen, die mir nun in meiner neuen Aufgabe sehr hilfreich waren. Trotz allem galt es nun diese Distanz an Jahren, in denen sich die römischen

---

349 Caesarea maritima = ab 70 n.Chr. Hauptstadt der röm. Provinz Judaea am Mittelmehr gelegen
350 Herodes = (d. Große; * 73 - †4 v.Chr.), jüdischer Vasallenkönig Roms
351 Augustus = geb. Gajius Octavius; Großneffe Caesars; (*63 v.Chr., ab 33 röm. Kaiser - † 14 n.Chr.)
352 Turris Stratonis = Turm des Straton
353 Procuratores centenarii = röm. Verwaltungs-/Finanzbeamter/Statthalter (Jahresgehalt 100.000 Sesterzen)
353 Fiscus judaicus = lat. Bezeichnung für jüdische Steuer
353 Augusta Vindelica = Augsburg
354 Fiscus judaicus = lat. Bezeichnung für jüdische Steuer
355 Augusta Vindelica = Augsburg

Verwaltungsvorgaben auch in dieser entfernten Provinz weiterentwickelt hatten, einiges dazuzulernen.

Nachdem der jüdische Aufstand vor über 44 Jahren durch unsere Truppen niedergeschlagen wurde, und die ehemalige Hauptstadt Jerusalem dem Erdboden gleichgemacht worden war, galt es die neu errichtete Provinz verwaltungstechnisch neu zu ordnen. Die Steuern, die nunmehr durch das römische Reich von der jüdischen Bevölkerung erhoben wurden, gingen durch die lokale Steuereinzugsstelle danach direkt an den Jupiter-Optimus-Maximus-Tempel in Rom. Neben der Finanzverwaltung, sowie repräsentativen Aufgaben für Besucher und regionale politische Würdenträger, galt es vor allem auch das römische Recht in der Gerichtsbarkeit der Provinz auszuführen. Die in der Provinz hauptsächlich stationierte „Legio X fretensis[356]", hatte ihr Hauptlager auf der westlichen Hügelerhebung der ehemaligen jüdischen Siedlung Jerusalem. Anstelle der zerstörten jüdischen Stadt hatte sich in den letzten Jahrzehnten eine kleine römische Ansiedlung namens Aeilia Capitolina[357] entwickelt. Legionsveteranen, deren Familien und Kaufleute siedelten sich in diesem unbefestigten Gebiet zwischen den zerstörten ehemaligen Siedlungsresten an. Kleine Tempelanlagen, Triumphbögen, öffentliche Gebäude, und Badeanlagen, sowie Aquädukte zur regionalen Wasserversorgung läuteten eine neue römische Siedlungsperiode ein, nachdem der ehem. restlichen jüdischen Bevölkerung der Zutritt zur Siedlung verwehrt war.

Weitere Vexillationen[358] verteilten sich dann östlich von Jericho nahe vom mare nortuum[359] nordwärts längs dem Jordanes[360], bis nach Samaria und Galiläa. Ansiedlungen wie Flavia Neapolis[361], Sebeste[362] und Scythopolis[363], um nur einige zu nennen, waren bedeutende Stützpunkte, die sich aus älteren Ansiedlungen der jüdischen Geschichte entwickelt hatten. Von Skythopolis aus erstreckte sich dann bis zur Küste des mare nostrum im Westen und dem Hafen Caesarea eine fruchtbare Ebene, die zu beiden Seiten von mächtigen Gebirgen flankiert wurde. Durch die Expansion Roms

---

356 Legio X fretensis = röm. Legionsarmee, 41/40 v. Chr. von Octavian, (Augustus) aufgestellt. Bestand bis ins frühe 5. Jhdt.
357 Aeilia Capitolina = ehem. Militärlager, spätere Siedlung, ab 130 n.Chr. Durch Kaiser Hadrian zur „colonia" (Stadt) erhoben
358 Vexillationen = Unterabteilungen
359 Mare nortuum = Totes Meer
360 Jordanes = Jordan-Fluss-/Tal
361 Neapolis = Colonia Flavia Neapolis, (biblisches Sichem, hebräisch: Shekem) heutiges Nablus
362 Sebeste = (Samaria) antike Stadt (polit. abgelöst durch Flavia Neapolis), nahe Nablus
363 Skythopolis = heutiges Beth-Shean, 1970 aufgefundenes röm. Kastell bei Tel-Shalem

in den östlichen asiatischen Raum in Richtung zum parthischen Reich, bedingten sich hier in den Provinzen Judaea und Syria zahlreiche militärische Stützpunkte, die zur Absicherung der Reichsgrenzen durch weitere Legionen verstärkt wurden. So war während meines Aufenthaltes in dieser Provinz ständige Reisen in das Provinzgebiet Galiläa, Samaria, Judäa und Idumea erforderlich, um die militärischen Stützpunkte zu besuchen. Es galt sich mit den lokalen Legionskommandanten, sowie zivilen Siedlungsoberhäuptern auszutauschen, um die politische Lage der Bevölkerung zu inspizieren, kurz und gut beständig das römische Recht und die Durchführung dessen notwendiger Aufgaben zu überwachen. Diese Aufgabe war nicht immer einfach, herrschte jedoch seit der Niederschlagung des damaligen jüdischen Aufstandes immer eine beständige Angespanntheit unter der zivilen Bevölkerung. Das Volk, vor allem aber auch dessen Klerus, sowie fanatische Gruppierungen der sogenannten Zeloten[364] und sonstige religiöse Splittergruppen, zeigten sich der römischen Zivilbarkeit, als auch seiner kulturellen Errungenschaften, immer wieder als widerspenstig. Hatte doch damals vor über 80 Jahren schon der ehemalige römische Statthalter Pontius Pilatus[365] in Caesarea mit großen Demonstrationen[366] und später auch unter Gessius Florus[367] mit dem Widerstand der Bevölkerung zu tun, das dann vor gut 50 Jahren zur Zerschlagung des Aufstandes in Jerusalem, der Zerstörung des Tempels führte und das Leben von über 20.000 Juden kostete. Leider war dieser Umstand auch auf die Grausamkeit von Gessius Florus zurückzuführen, der wie in den Schriften des jüdischen Historikers und späteren römischen Geschichtsschreibers Flavius Josephus[368] erwähnt, sich folgendermaßen ausdrückte: „Kein Mitleid, in seiner Ruchlosigkeit, keine Scham, und nie hat einer so die Wahrheit in Lüge verkehrt oder schlauere Mittel ersonnen, um verbrecherische Absichten zu erreichen".

Um wie vieles mehr und besser würde die Geschichte verlaufen, wenn alle Parteien die Kommunikation und Vernunft, sowie Respektierung der

---

364 Zeloten = jüdische Widerstandskämpfer
365 Pontius Pilatus = 26-36 n. Chr. Präfekt/Statthalter röm. Kaiser Tiberius
366 Caesarea-Demonstration = gem. röm. Historiker/Geschichtsschreiber Flavius Josephus, (1961 archäologisch belegt) durch Auffindung der Pontius-Pilatus-Inschrift von Caesarea.
367 Gessius Florus = 64-66 n.Chr. Beginn des großen jüd. Aufstandes (66-70), der zur Zerstörung Jerusalems führte
368 Flavius-Josephus = jüd.-hellen. Historiker (*37 - †100 in Rom) erhielt als Kriegsgefangener nach Freilassung durch Kaiser Vespasian das röm. Bürgerrecht, lebte von kaiserlicher Pension und seinen Landgütern in Judäa. Verfasste in seiner Freizeit Abfassung mehrerer Werke in griechischer Sprache.

vorherrschenden Ordnung pflegen würden. Wie ich feststellen musste, hängt es oft an der eigenen Person und den persönlichen Handlungsentscheidungen. In meiner bisherigen militärischen Laufbahn habe ich oft feststellen müssen, dass der Fortschritt nicht aufgehalten werden kann. Entscheidend war aber auch die Vorstellung wie man diesen Fortschritt in die urbane Zivilisation und Volksgemeinschaften trug, dies gilt auch für die militärische Besetzung der verschiedenen Gebiete und später daraus entstehenden Provinzen. Ich denke dabei oftmals an meine Heimat Raetien, die vor über 100 Jahren von den Römern besetzt, sich später dann aber in friedlicher Vermischung mit der keltischen Urbevölkerung verschiedener Stammesgruppierungen wie Raeter, Vindeliker, Noriker u.a. assimilierten. Solche Gedanken konnte ich völlig offen jedoch nur mit meinem Verwaltungsgehilfen Mamertus in meiner freien Zeit diskutieren, hatte er doch selbst am eigenen Leib diese Erfahrungen gemacht, als er am Hofe eines dakischen Adeligen aufwuchs, und später im Dakerkrieg gefangengenommen wurde, bis ich ihn auf einem Sklavenmarkt in Alta-Ripa entdeckt und freigekauft hatte. Seitdem war er über sechs Jahre bislang treu in meinen Diensten, und hatte sich hervorragend zur Hilfestellung in meine Verwaltungsaufgaben eingearbeitet.

Unser dienstliches Verhältnis entsprach nicht mehr dem eines Herrn und eines Dieners, sondern hatte sich mehr und mehr zu einer persönlichen Freundschaft entwickelt, und jeder empfand aufrichtigen Respekt vor der menschlichen Leistung des anderen, und oftmals philosophierten wir gemeinsam über die Glaubensvorstellungen dieses Volkes der Juden im Unterschied zur römischen Mythologie. Insofern ich mehr über die religiöse Mythologie dieses jüdischen Volkes erfuhr, schien mir diese nicht weltfremder, oder schlechter als die Werte der römischen Kultur. Nach deren Vorstellungen wurde dem Menschen, oder besser gesagt dem jüdischen Volke, von Ihrem Gott sogenannte „10 Gebote" gegeben, die sich, wenn man sie genauer betrachtete, nicht im Mindesten unterschiedlicher zu den römischen Werten – Tugendhaftigkeit, Tapferkeit, Besonnenheit und Gerechtigkeit – waren. Neu war vor allem deren Idee, dass es nur einen Gott geben sollte, und vor diesem alle Menschen gleichen Wertes waren. Meinem Ermessen nach hielt ich dies für höchst merkwürdig, hielt sich jedoch seit Urzeiten immer wieder die Vorstellung eines mythischen Götterhimmels, früher der griechische, und später von den Römern übernommene Götterkult, mit seinen verschiedenen Personen. Die Geschichte bislang hatte seit jeher immer Herrscher und Untertanen gehabt, ja sogar deren vorherigen Könige, auch wenn sie Vasallenkönige Roms waren, standen immer höher als das allgemeine Volk.

Als persönlicher Beauftragter des Kaisers konnte ich mir solcherlei Gedanken manchmal offen und ehrlich ausgedrückt auch leisten, was nicht immer meine römischen Gesprächspartner, sei es Legionskommandanten oder politische. Würdenträger, teilten. Im Gegensatz zu meiner früheren militärischen Aufgabe Befehle meiner Vorgesetzten loyal zu befolgen, stand ich jetzt in der Situation, selbst Befehle und Anweisungen zu erteilen, aber auch dessen Verantwortung unmittelbar an den Auswirkungen zu spüren. Manche Vorstellungen behielt ich deshalb aber lieber für mich, wenn ich spürte, dass diese offenen Widerstand hervorgerufen hätten. Oftmals hörte ich als Argument, dass Widerstand und Gewaltbereitschaft der regionalen Bevölkerung, gleicherweise durch uns als römische Besatzung mit Gewalt niedergeschlagen werden sollte, denn nur diese Sprache würde man in den Provinzen verstehen. Solcherart Bemerkungen schienen immer wieder durch die Geschichte wie am Beilspiel des jüdischen Widerstandes bestätigt wurde. Ich für meinen Teil war jedoch überzeugt, nicht immer war Gewalt und Durchsetzung der eigenen Interessen von Erfolg gekrönt.

Was mir besonders auffiel, und ich in Schilderungen von Reisenden immer wieder hörte, war das Gedankengut einer besonderen religiösen Splittergruppe, der Anhänger des Nazareners „Jesus", der damals unter Pontius Pilatus[369] zum Tode am Kreuz verurteilt wurde. Man munkelte so vieles von diesen Erlebnissen und Wundern, die hier in diesem Lande passieren sollten. Trotz des unrühmlichen Todes dieses Anführers am Kreuz, und der rigorosen Verfolgung seiner Anhänger, erfreute sich diese Gruppe wachsender Anhängerschaft, obwohl deren Ziele niemals militärisch proklamiert, sondern nur vom Kommen eines himmlischen Königreiches sprachen. Dessen Anhänger proklamierten eine zukünftige Herrschaft des Himmels und Wiederkunft ihres Königs, waren dabei doch immer in ihren praktischen Handlungen eigentlich sanftmütige Menschen, trotz immenser Verfolgung, ja sogar, wenn ihnen der Tod in der Arena drohte, was ich damals durch die Verfolgung des irren Kaisers und Imperators Nero[370], wie später während meines Besuches in Rom in der Arena des Colosseums, mitbekam. Was mich daran beunruhigte, war die Tatsache, dass sich in solchen und ähnlichen Dunstkreisen insbesondere den

---

369 Pontius Pilatus = röm. Statthalter (26 bis 36 n. Chr.), bekannt durch die Passion (Kreuzigung Christi)
370 Nero = römischer Kaiser (54-68 n.Chr.)

berüchtigten „Zeloten" Aufrührer fanden, ebenso der Sicarier[371], die immer wieder kleinere Scharmützel in den verschiedenen Provinzgebieten verursachten, die unter der römischen Besatzung jedes Mal viele blutige Opfer kosteten. Solcherart fanatische religiöse Vorstellungen und Zwischenfälle wurden von diesen „Aufrührern" gerne genutzt, um ihre Überfälle und blutigen Aufstände zu rechtfertigen, und oftmals noch in Unterstützung ihrer Priester, den sogenannten Pharisäern.

Oftmals hatte ich mit Mamertus über diese Ideen gesprochen, sie jedoch immer wieder zur Seite gelegt, wenn der Alltag der Verwaltung, einer solch weit von Rom entfernten Provinz, meine volle Aufmerksamkeit kostete. Nicht verhindern konnte ich jedoch meine beständigen Gedanken an meine heimatliche Familie im fernen Raetien, meinem Geburtsort Abodiacum, meine beiden Kinder Marcus-Clemens, sowie Flavia-Iterissa, die mit meiner verwandtschaftlichen Familie lebten. Beide waren inzwischen 22 und 19 Jahre alt und hatten sich zu prächtigen jungen Menschen entwickelt. Bevor ich meine Aufgabe in Judäa vom Kaiser übertragen bekommen hatte, konnte ich die Gelegenheit noch nutzen, diese für kurze Zeit zu besuchen, bevor ich mich auf meine Reise vom Hafen Aquileija[372] aus nach Judäa einschiffen musste. Mein Sohn hatte mir gegenüber zum Ausdruck gebracht, dass er wie ich eine militärische Laufbahn beginnen wollte. Wie er mir in seinen brieflichen Mitteilungen schrieb, hatte er aufgrund meines Empfehlungsschreibens an meinen ehemaligen Militärkollegen Titus-Flavius-Quintinus, der mit mir damals in Gontia seinen Dienst begonnen hatte, Kontakt aufgenommen. Dort hatte er seine Ausbildung in der hiesigen Garnison der Ala II Flavia Pia Fidelis milliaria im Kastell Alae[373], das unter dem Kommando des Statthalter Tiberius Iulius Aquilinus[374] in Augusta Vindelicum stand, seinen Dienst begonnen.

Von Flavia Iterissa hörte ich über meine Mutter, dass sie zu einer bildhübschen jungen Dame herangewachsen war, sodass sich ihre Verehrer aus der urbanen Umgebung gegenseitig die Türklinke in die Hand gaben. Sie wäre jedoch noch nicht reif für eine verbindliche Beziehung, war meistens ihr Kommentar. Da dachte ich mir oft, dass einiges aus meinem Gemüt auf ihr Temperament als Tochter übergegangen war. Bedauerlicherweise konnte ich beiden gegenüber, aufgrund meiner beruflichen Aufgabe,

---

371 Sicario = (plural Sicarier) von Organisationen u. Gruppierungen bezahlte Auftragsmörder
372 Aquileija = antike Hafenstadt am adriatischen Meer
373 Castell Alae = Aahlen (Baden-Württemberg)
374 Tiberius Iulius Aquilinus = (ab 107-?) Statthalter der Provinz Raetia (in Augsburg)

oftmals kein direkter Vater sein, obwohl ich mich manchmal sehr danach sehnte.

Inmitten solch einer Stimmung platze die unvorhergesehene Meldung eines Kurierreiters, dass in der Provinz Armenia durch den Partherkönig Chosroes I.[375] ein Aufstand nach längeren erfolglosen, diplomatischen Verhandlungen mit Rom losgebrochen war. Dass Osroes in Armenia einen Vasallenkönig Parthamsiris[376] einsetzte, und damit gegen die Interessen Roms handelte, war Trajan zu viel. Man munkelte aber auch, dass Rom nach den Dakerkriegen vor über sieben Jahren insgeheim seinen Machtbereich sowieso nach Osten hin ausweiten wollte. Welche Gründe auch immer dazu führten, weiß man nicht, waren aber wohl begründet durch wirtschaftliche und politische Kontrolle der Handelswege aus dem fernen Asia ins römische Reich. Trajan eilte trotz seines Alters, er hatte die 60 bereits überschritten, unverzüglich aus dem fernen Rom Anfang des Jahres nach Syria (Antiochia) und Mesopotamia, und eroberte zwar Armenia, jedoch blieb das Gebiet weiterhin „kaltes Kriegsgebiet". Ihm zur Seite stand auch mein langjähriger Freund Hadrian, der im Armeestab von Trajan den Feldzug gegen die Parther mit assistierte. Nachdem die Grenzsicherung zum Partherreich im Südosten abgeschlossen schien, starb Parthamsiris unter ungeklärten Umständen, nachdem dieser erfolglos mit Trajan verhandelt hatte, ihn doch als Vasallenkönig einzusetzen. Die Eingliederung und Stabilisierung von Armenia und Mesopotamia als neue Provinzen ins Herrschaftsgebiet des Römischen Reiches brachte Trajan zahlreiche Ehrungen durch den Senat sowie den Ehrentitel „Optimus". Nachdem er aufgrund des erlahmenden militärischen Widerstandes der Parther, aber auch aufgrund eigener gesundheitlicher Einschränkungen, plante, wieder nach Rom zurückzukehren, hatte er Hadrian den Posten als Statthalter in Syrien übertragen. Damit verbunden hatte dieser somit auch die Führung des Heeres im Osten inne, die seine Machtposition stärkten, ein möglicher Nachfolger des Imperators zu werden. Der aktive Widerstand des Partherreiches erlosch vorerst, sicherlich auch aufgrund innerer politischer Wirren, und wurde, wie sich später herausstellte, nach weiteren zwei Jahren von Rom vollständig niedergeschlagen. Trajan brachte dies dann den zusätzlichen Titel „Parthicus" ein, hatte aber seit diesen Ereignissen nicht mehr die beste gesundheitliche Verfassung.

Das Aufgabengebiet und die Position als Statthalter wurde gemäß römischem Recht alle zwei bis drei Jahre gewechselt. Dies geschah schon

---

375 Chosroes = Parthischer Herrscher
376 Parthamsiris = 113 n.Chr. eingesetzter Vasallenkönig durch Parther († 114 n.Chr.)

deshalb, dass sich kein sogenannter „Beamter im Staatsdienst" zu lange auf einer wichtigen politischen Position befinden sollte, um nicht dem manchmal allzu „menschlichen" Aspekt der Machtveruntreuung bis hin zur Korruptheit, anheim zu fallen. Meine Dienstzeit näherte sich hier in dieser fern von Rom liegenden Provinz dem Ende entgegen, obwohl ich die Zeit meines Aufenthaltes in dieser mediterranen Provinz trotz der erwähnten Zwischenfälle sichtlich genossen hatte, wurde mir nunmehr der Auftrag übertragen, meine Statthalterfunktion zukünftig auf der Insel Sardinia[377] im Mare Nostrum auszuführen. Mittlerweile war ich auch nicht mehr der Jüngste, näherte ich mich doch schon einem reifen Alter von 50 Jahren, und konnte, wie ich auf mein Leben zurückblickte, schon viele wertvolle Erfahrungen in allen meinen Lebensabschnitten machen. Ob dies der Wille der „sogenannten Götter" oder der des „eines Gottes" war, wie die Nazarener in Judäa dies behaupteten, lassen wir mal dahingestellt. Meinem Gefühl nach, ist einzig allein die Tatsache entscheidend, was wir aus diesen Erfahrungen lernen, und wie wir diese in unserem Leben und in unserer Umgebung mit den Mitmenschen umsetzen. Möge die Zukunft darüber entscheiden, was oder welcher „Götterhimmel" hier näher an der Wahrheit liegt. Was ich abschließend zu diesem Kapitel meines Lebensabschnittes sagen möchte, wie anfänglich dieses Kapitels mit den Worten des bekannten römischen Dichters „Publius Ovidius Naso (kurz gesagt Ovid) gesagt: „Arbarus hic ergo sum, quia non intellegor ulli. Ein Barbar bin ich hier, da ich von keinem verstanden werde". Als solcher habe ich mich hier in dieser entfernten Provinz oftmals in meinen philosophischen Überlegungen, auch im Gespräch mit Mamertus, meinem Verwalter, gefühlt. Nicht die geistesmäßige und kulturelle Überlegenheit ist entscheidend, sondern das herzensmäßige und mitfühlende Verständnis, gepaart mit klugem Entscheidungswillen seine Umgebung nicht nur zu seinem Eigennutz, sondern auch im Verbund zum Wohle ebenso anderer, gemeinsam zu verändern.

Mit diesen Gedanken und Ratschlägen für meinen Nachfolger als Statthalter in Caesarea, einem gewissen Tiberianus[378], übergab ich ihm meine Dienststelle, verbunden mit den besten Glück- und Segenswünschen für seine zukünftige Aufgabe, und nahm Abschied von diesem Stück Erde, das ich in meinem Leben kennengelernt habe.

---

377 Sardinia = Insel Sardinien im Tyrrhenischen Meer
378 Tiberianus = Statthalter Judäas ab 114 bis ?

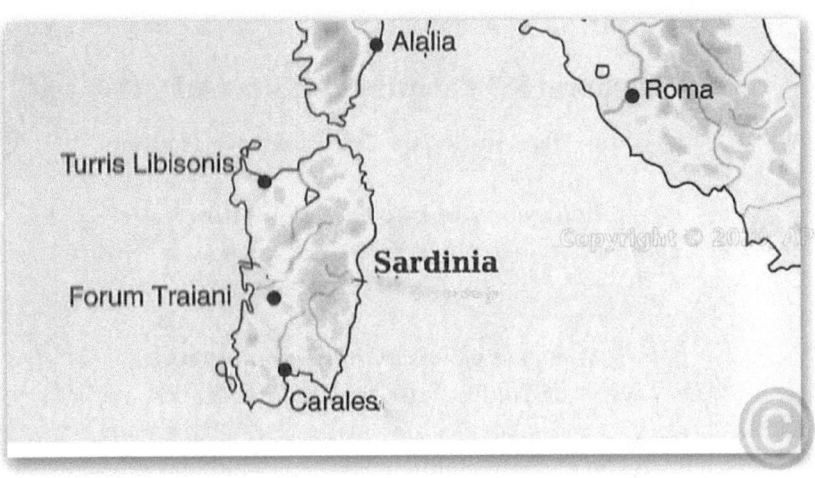

Abbildung 21: Der Autor / Provinz Sardiniae

Kapitel VIII
Legatus Augusti pro Praetore (Sardinae)

Octobris 869 - ab urbe condita (A.D. 117)

im 1. Regierungsjahr des Erhabenen Hadrian

„India ebore, argento Sardinia, Attica melle"
„Ebenholz aus Indien, Silber aus Sardinien, Honig aus Attika"
(Zitat: Solinus)

Amor est parens multarum voluptatum.
Die Liebe ist die Mutter vieler Freuden. (unbekannter Verfasser)

Als ich mich von meinem Statthalterposten in Judäa verabschiedete, um mich per Schiff nach Sardinia, meinem nächsten Aufgabeziel zu begeben, erhielt ich kurz darauf die Nachricht, dass sich das jüdische Volk erneut gegen die römische Staatsmacht in einer Revolte erhoben hatte. Diese war meinen Informationen zufolge aber nicht in Judäa, sondern in einigen anderen Provinzen aufgeflammt. Die Kämpfe, die sich an verschiedenen Orten zutrugen, schienen sich zwar nicht im jüdischen Kernland zu konzentrieren, hatten jedoch während der zweijährigen Dauer eine verheerende Auswirkung auf die gesamte jüdische Bevölkerung in der östlichen Region Roms. Ausgehend von Cyrene[379] in der nach ihr benannten Provinz Cyreneika, wo ein gewisser Andreas[380] (oder Lukas), sich zu einem messianischen Anführer erhob, zog sich der Aufstand bis nach Alexandria[381] in Ägypten. Die griechische Bevölkerung flüchtete nach Alexandria, und brachte die dort lebende jüdische Bevölkerung um. Auf der Insel Cyprus[382], wo ebenfalls eine große jüdische Gemeinde existierte, erhob sich dann ein gewisser Artemion[383], und verursachte dort ein Blutbad in Salamis[384] unter der regionalen hellenischen Bevölkerung. Man sprach von über 200.000

---

379 Cyrene = antike griechische Stadt im heutigen Lybien
380 Andreas/Lukas = messianischer Rädelsführer des 2. Jüd. Aufstandes (115-117 n.Chr.)
381 Alexandria = ägyptische Hafenstadt, benannt nach Alexander dem Großen (*356 - †323 v.Chr.)
382 Cyprus = Insel Zypern
383 Artemion = Aufständischer der jüd. Revolte auf Cypern (117 n.Chr.)
384 Salamis = Hafenstadt auf der Insel Cypern

Opfern, was mir wohl ein wenig übertrieben schien, aber einen schrecklichen Eindruck hinterließ. Der dortige stationierte römische Präfekt Markus Rutilius Lupus[385] musste sich zurückziehen, und die anrückenden Juden zerstörten und brannten die Stadt nieder, dem auch das Grabmal des Pompeijus[386] zum Opfer fiel. Wie ich ebenfalls hörte, hatte Trajan meinem langjährigen Bekannten Quintus Martius Turbo [387] dem langgehegten Wunsch entsprochen und sandte ihm mit der römischen Militärmacht in die Provinz Africanus, um die Ordnung wiederherzustellen, was dieser auch dann in blutiger Weise vollzog. Ebenso beordert wurde die Legio VII Claudia, die bereits im Dakerkrieg eingesetzt war, nach Cyprus, deren Einsatz tausende Juden dieser Revolte zum Opfer fielen, unabhängig ob beteiligt oder nicht. Die Rache und Zerstörungssucht der Truppen und griech. Bevölkerung richtet sich nunmehr gegen sie. Der jüdischen Bevölkerung wurde nunmehr für alle Zeiten der Zutritt auf Zypern verboten, was nun einer vollständigen Diaspora[388] gleichkam.

Aber auch für Rom hatten diese Aufstände folgenschwere Auswirkungen. Die noch immer schwelenden Auseinandersetzungen mit dem Partherreich zwangen Trajan sämtliche weitere Eroberungen abzubrechen. Dieser hatte sich im Winter vor zwei Jahren nach Antiochia zurückgezogen, nachdem die aufständische jüdische Bevölkerung in Mesopotamia sich mit den parthischen Truppen verbündete. Zwar konnten die römischen Truppen endgültig die Oberhand gegen die Parther gewinnen, nachdem Parthamaspates[389], ein parthischer Heerführer und Sohn des Königs, die Seite wechselte, und somit den römischen Sieg besiegelte. Dieser erhielt dann von Trajan die Königswürde, womit dieses Gebiet den Status als Provinz Roms durch die Einsetzung des Vasallenkönigs verlor. Der Gesundheitszustand von Trajan verschlechterte sich aber auf dem Feldzug jedoch zusehends, sodass dieser das Kommando an seinen Stabsoffizier Hadrian übergab, und ihn zum Statthalter von Syria ernannte, wo die römischen Truppen für den Partherkrieg zusammengezogen wurden. Einem weiteren römischen Feldherrn Lucius Quietus wurde aufgrund seiner militärischen Erfolge die Statthalterschaft von Judäa übertragen. Aufgrund dieser schweren Erkrankung hatte Trajan noch auf dem Sterbebett

---

385 Markus Rutilius Lupus = Präfekt (113-117) von Alexandria
386 Pompejus = (* 106 - † 48 v.Chr.) fiel bei Pelusium im Kampf gegen Gajus Julius Caesar
387 Quintus Martius Turbo = Politiker, Militär und Prätorianerpräfekt zur Zeit der Kaiser Trajan und Hadrian, der die jüd. Revolte in Nordafrika und Syria (116/117) niederschlug
388 Diaspora = Vertreibung (gem. historischen Annalen des röm. Geschichtsschreibers Cassius Dio (163-235 n.Chr.))
389 Parthamaspates = parthischer Heerführer und Sohn des Partherkönigs Osroes

seinen Neffen Hadrian adoptiert, und ihm damit die kaiserliche Würde bestätigt, bevor er dann am achten Tage des Monates Augustus in der Provinzstadt Selinus[390] der Provinz Cilicia[391] verstarb. Trajans Leichnam hatte man dann auf Hadrians Anordnung verbrannt und seine Asche wurde später in dem Sockel der Trajansäule in Rom beigesetzt. Mit diesem Akt der Geschichte änderte sich die Expansionspolitik Roms. Man schloss einen Kompromissfrieden in den östlichen Provinzen mit dem Parthischen Reiche. Hatte sein Vorgänger Trajan mehr die Stärkung des römischen Zentralreiches gepflegt, so konzentrierte sich Hadrian nunmehr verstärkt auf die jeweiligen Provinzen. Seine eifrige Reisetätigkeit war geprägt durch seinen Wunsch nach mehr Kenntnis der regionalen und überregionalen Probleme seines Reiches, was ihm gegenüber oftmals die Kritik des Senates und führender Militärstrategen einbrachte.

Dies alles erfuhr ich während meiner Zeit in meinem neuen Aufgabengenbiet als Statthalter auf der Insel Sardinia. Meine Einstufung als procuratores ducenarii[392] verschaffte mir einen guten sozialen und finanziellen Status, wobei ich darauf achtete, einen Teil meines Verdienstes meiner entfernten Familie in Raetia zukommen zu lassen.

Im Gegensatz zu meiner Aufgabe in Judäa, war dies damit verglichen, eine entspanntere Zeit. Obwohl das in dieser Region nicht immer so war. Die Insel wurde vor 350 Jahren[393] während des 1. Punischen Krieges[394] römisch, nachdem die Punier (Karthager) diese Auseinandersetzung verloren. Aus der Sicht der einheimischen Bevölkerung geschah die Einrichtung der Provinz Sardinia et Corsica, gegen deren ausdrücklichen Willen. Aufstände und Rebellionen der urbanen Bevölkerung, die auf ihre Eigenständigkeit gegen ihre Besatzer, sei es Griechen, oder Karthager pochten, setzten sich auch gegen uns Römer fort. Bei drohender Gefahr zogen sich die Rebellen ins bergige Hinterland zurück um sich dort in ihren „Höhlen[395]", unterirdischen Wohnungen gleich in steinernen Rundbauten,

---

390 Selinus = (auch Traianopolis) antike Küstenstadt nahe heutigem Gazipasa (Südtürkei)
391 Kilikien = röm. Provinz im heutigen Kleinasien
392 Procuratores ducenarii = Statthalter mit eine Jahressalär von 200.000 Sesterzen
393 258 v.Chr. Verlust von Karthago an Rom
394 1. Punischer Krieg = (262-241 v. Chr.) vorrangig Seekrieg zwischen Karthago und Rom
395 Gemäß Strabon = (*63 v. --† 23 n.Ch.) griechischer Geschichtsschreiber und Geograph

sogenannten Nuraghen[396] zu verschanzen. Dies dauerte weitere 150 Jahre an bis schließlich vor 250 Jahren die Insel endgültig als römische Provinz einigermaßen befriedet[397] wurde. Von da an gab es nur mehr kleinere lokale Erhebungen[398] gegen Rom, manchmal auch verursacht durch nicht gerechte Verwaltung und Habgier einiger römischer Beamter. Wie gesagt, „Hitzköpfe" gab es immer auf beiden Seiten. Das Klima war während des Sommers sehr heiß und ungesund, die erwirtschafteten Produkte trotz zahlreicher Bodenschätze, damals nicht wertvoll genug, sodass die Insel mehr als Verbannungsort genutzt wurde. Davon konnte auch Lucius Annaeus Seneca[399], der spätere Erzieher von Kaiser Nero, ein Lied singen, hatte er selbst doch acht Jahre auf der Insel verbracht. Es hielt sich jedoch hartnäckig der Spruch von Marcus Tullius Cicero[400]: „Sarden sind käuflich, einer nichtsnutziger als der andere", wohingegen die Sarden aus ihrer Sicht ein altes Sprichwort hatten: „Wer über's Meer kommt, stiehlt".

Die Insel selbst hatte eine Größe von ca. 16.000[401] Quadratmeilen, besaß zum heutigen Zeitpunkt gute Verbindungsstraßen. An der Westküste die „Tibulas Sulcis" von Tyrris-Libonis[402] bis zur südlichen Provinzverwaltungsstadt Corales[403], sowie an der nordöstlichen Küste bis Olbia[404] und an der Ostküste wiederum bis Coralis. Mittig verlief noch die „Tibulas Coralis", die durch Luguidonis Castra[405] über die Siedlung „Forum Trajani" führte und sich später mit der westlichen Route nach Carales vereinigte. Eine weitere östlich verlaufende, genannt „aliud iter ab Ulbia Caralis" führte von Luguidonis Castra über Caput Tyrsi[406], dann weiter südwärts durch die hügelige Berglandschaft „Barbaria" direkt nach Coralis. Während sich an den Küsten die römischen Siedlungen und Städte mehr und mehr durchsetzten, die sich mit den Besiedlungswellen der Römer vermischten, verblieben die verschiedenen urbanen Stämme im Landesinneren meist für sich abgeschlossen, lebten im bergigen Hinterland und ernährten sich hauptsächlich von der Viehwirtschaft, Schaf- und

---

396 Nuraghen = steinerne Rundbauten der einheimischen Bevölkerungen
397 111 v.Chr. = letzter Aufstand
398 55 v.Chr. Aufstand, gegen röm. Statthalter Marco Aemilius Scaura, der eine korrupte Verwaltungspolitik betrieb
399 L. A. Seneca = (*1-† 65) Philosoph, Naturforscher und späterer Erzieher von Nero
400 M. T. Cicero = (*106-† 64v.Chr.) röm. Politiker, Schriftsteller, Anwalt & Philosoph
401 Fläche Sardiniens = ca. 24.000km²
402 Tyrris-Libonis = Heute Porto Torres
403 Coralis = Heute Cagliari
404 Olbia = Heute gleichnamig
405 Luguidonis Castra = antike Stadt, heute Santa Luci di Siniscola
406 Caput Tyrsi = römische Straßenstation, heute Buduso

Ziegenzucht, und lebten zum Teil als Nomaden. Bis zur endgültigen Befriedung starteten solche Volksstämme größtenteils vom nördlichen Teil der Insel zum Teil auch Überfälle und Plünderungen, eigens mit Schiffen, die zum Teil zum römischen Festland bis Pisae[407] reichten. Aus diesem Grunde galt in der römischen Kolonisationszeit der Insel Sardinia & Corsica die oberste Priorität die Küsten zu sichern, sowie die errichteten und ausgebauten Straßen ins Landesinnere durch sogenannte mansiones[408] abzusichern. Über die beiden Inseln waren zum Teil ein bis zwei Legionen verteilt, die in der Regel durch eine doppelt so hohe Anzahl von Auxiliartruppen, die sich mit der Zeit zu Beginn des römischen Kaiserimperiums ab Augustus (Octavian) jedoch drastisch verringerte. Von der ursprünglichen Legionsstärke[409] verblieben die letzten 100 Jahre nur ca. acht Kohorten, die mehr und mehr bis zu fünf Kohorten zusammenschmolzen. Aus diesem Grunde wurden später die Offiziere, die ursprünglich aus der adeligen Schicht stammten, zum Großteil auch aus dem „Ritterstand" rekrutiert, die dann anstatt zwei für drei Jahre hier stationiert waren. Mit der Zeit wurde in der Iglesiente[410] auch der Bergbau intensiviert, weshalb die Minen (Silber, Blei, Zink, Eisen, Kohle), sowie Steinbrüche und Ziegelproduktionen militärisch abgesichert werden mussten, während sich der Getreideanbau mehr in den Ebenen u.a. im Süden der Insel konzentrierte. Ein misenischer[411] Flottenstützpunkt befand sich an der Nordostküste bei Olbia, als auch an der südlichen Küste in Coralis, in der sich auch der kaiserliche Regierungssitz befand. Dem jeweiligen Statthalter stand neben einer Ehrengarde, rekrutiert aus der cohors I gemina sardorum et Corsarum[412], auch eine Polizeitruppe zur Verfügung, die die Einhaltung der römischen Justiz gewährleistete. Die Verwaltung der Provinz unterstützten in den Regionen sogenannte „amicus consiliarius[413]", sowie proc. Metallorum et praediorum[414]. Durch meine Reisetätigkeit auf der Insel, um die verschiedenen Regionen zu besuchen, und wirtschaftliche, soziale, und

---

407 Pisae = antiker Name für Pisa (Italien)
408 Mansiones = Straßenstationen
409 Legion = ca. 4.800 Mann (bestehend aus 10 Kohorten, zu je 3 Manipel)
410 Iglesiente = eine der ca. 20 Ebenen (Bodenschätze) sowie agrarwirtschaftlichen Anbaugebiete
411 Classis misenensis = Misenische Flotte, kaiserliche Marine
412 Coh. I Gem.sard.et Cors = eine von 3 Auxiliareinheit auf Sardinien (ca. 80-130/171 n.Chr.) stationiert, durch Diplome belegt, Rekrutiert aus Sarden, Corsen, und Liguren (Cohors I Corsorum, der Cohors Ligurum und der Cohors I Sardorum)
413 amicus consiliarius = Funktion eines Staatsanwaltes f. Recht & Justiz
414 Proc.Met. et Praed. = Sektionsverwalter, z.B. Bergbau, Agrarwirtschaft, (oft Freigelassene) in Funktion eines Verwalters

finanzielle Abgaben zu kontrollieren, konnte ich mir in den letzten beiden Jahren einen recht guten Überblick über die Insel verschaffen. Oftmals blieb ich gerne länger in der, während Trajans Regierungszeit baulich geförderte Siedlung Aquae Hypsitanae[415], die zu Ehren des verstorbenen ehemaligen Imperators in Forum Trajani umbenannt worden war. Diese Stadt hatte wichtige militärische Bedeutung, lag sie doch zum einen an der Nord-Südachsen-Straßenverbindung von Turris Libisonis[416] nach Coralis, sowie der Nordost-/Südwestachse von Olbia nach Tharos[417] und Sulci[418]. Darüber hinaus jedoch besaß sie eine berühmte Heilquelle mit Marktzentrum, die Trajan durch wichtige monumentale Bauten förderte. Die Heilquelle besaß ein 54° heißes, sprudelndes Salz-Heilwasser, das zur Behandlung für rheumatische und Gelenkserkrankungen sehr hilfreich war, welches ich während meiner Aufenthalte dort sichtlich genoss, und wofür mir mein Körper mit meinen nunmehr 52 Jahren sichtlich dankte. Der gesamte Badekomplex, den Trajan damals errichten ließ, bestand aus mehreren Räumlichkeiten, die von mehreren Tonnengewölben an der Galerie der Thermen umschlossen wurden. In den Räumen waren mehrere Heiß- und Kaltwasserbecken, deren Zuleitung von den regionalen Wasserreservoiren gespeist wurden. Unterhalb dieses Bauwerkes verliefen starke Mauern bestehend aus großen opus quadratum[419], die zum einen als Schutz in Hochwasserzeiten vor dem nebenan fließenden Tirso, dem regionalen Hauptfluss in Richtung der Bucht von Aristanis[420] zur Westküste, die zum anderen aber auch der Kanalisierung der Thermalabwässer dienten.

Bei einem solchen Aufenthalt in der Siedlung begab es sich an einem Nachmittag, als ich in der mir verfügbaren Freizeit die Vorzüge eines heißen Bades genehmigte, dass ich die Bekanntschaft einer etwas älteren Dame machte, die sich im Vorgarten der Thermalanlage mit zwei weiteren Besuchern unterhielt. Mein administrativer Begleiter Mamertus stellte mich ihr als den röm. Gouverneur der Provinz Sardinia vor, was die Dame sichtlich interessiert und freundlich zur Kenntnis nahm. Sie stellte sich mir ebenfalls vor und so erfuhr ich, dass sie Pamphilia-Gratia hieß, und Witwe

---

415 Aquae Hysitanae = umbenannt in Forum Trajani (heute Fordongianus)
416 Libisonis = heute Hafenstadt Porto Torres an der Nordwestküste
417 Tharros = antike Siedlung, ca. 20km westlich von Oristano an der Westküste
418 Sulci = bedeutende antike Siedlung auf Halbinsel, a. d. Südwestküste heute San Gianno di Sinis
419 Opus quadratum = quadratische Steinblöcke; wurden von 1899-1902, sowie 1969 in mehreren Grabungen freigelegt
420 Aristanis = heutiges Oristano – nahe zu Tharros gelegen

eines ansässigen Asklepios[421] in diesem Orte war. In ihrer Eigenschaft als Kräuterheilkundige stattete sie oftmals der Thermalquelle einen Besuch ab, um sich mit den hiesigen Ärzten auszutauschen, oder auch diese mit verschiedenen Heilkräutern zu versorgen. Wie ich in dem interessanten Gespräch erfuhr, stammte ihre Familie ursprünglich aus Epirus[422], die im Laufe der ursprünglich hellenischen Kolonisierung der Insel vor über 600 Jahren auf der Insel Sardinia ansässig waren. Etwas an ihrem Blick faszinierte mich, sodass ich eigentlich länger als sonst üblich in ein interessantes Gespräch verwickelt wurde. Wir unterhielten uns über die augenblickliche politische Lage, schwenkten um auf die landschaftliche Beschaffenheit und so verging die Zeit wie im Fluge. Auf meine Bitte hin, ob wir das interessante Gespräch gerne zu einem weiteren Zeitpunkt fortsetzen könnten, nickte sie freundlich und lud mich für den nächsten Tag zu einem abendlichen Treffpunkt ein, wo sie verschiedene Gäste zu einem kleinen Bankett erwartete. Solcherart angesprochen, bedankte ich mich für die Einladung, da mir solch ein Treffen im Kreise mehrerer Menschen in diesem Orte sichtlich zurechtkam, war ich doch immer daran interessiert an einem gesellschaftlichen Austausch mit der regionalen Bevölkerung. Darüber hinaus ließ mich dieses erste Treffen innerlich nicht mehr los, verspürte ich schon seit langem nicht mehr das Gefühl, dass ich an einem Menschen mehr, als nur an einem persönlichen gesellschaftlichen Austausch interessiert war. Woran konnte ich zum Zeitpunkt nicht sagen, aber etwas an ihrem Wesen hatte mich innerlich angesprochen, und dieses Gefühl ließ mich nicht mehr in Ruhe.

Der folgende Tag verstrich mit den alltäglichen Aufgaben eines kaiserlichen Verwalters, und ich war in Gedanken bereits mehr an der Einladung zum abendlichen eingeladenen Bankett als bei meinen eigentlichen Tagesaufgaben. Mamertus bat ich meine festliche Gewandung für den Abend herzurichten, da ich tagsüber gerne mehr in der einfachen Leinenkleidung meine Aufgaben verrichtete, es sei denn ich hatte an repräsentativen Gesprächen und Verhandlungen teilzunehmen. Mamertus ließ seinen Blick bei der Äußerung meines Wunsches sichtlich länger als sonst üblich, und mit etwas Verwunderung an mir hängen, was mir aber nicht so bewusst auffiel. Vielmehr aber war ihm etwas an meiner Stimme, mehr als sonst aufgefallen, was er mir aber erst zu einem späteren Zeitpunkt offenbarte.

---

421 Asklepius = Berufsbezeichnung eines griech. Wund- und Heilarztes
422 Epirus = griech. /hellenische Region

Zur hora secunda/prima vigilia[423], der zwölften Stunde Tages, kleidete ich mich nach Erledigung meiner Aufgaben in eine leichte weiße Toga mit der violetten Schärpe, und machte mich frohgemut auf den Weg zur angegebenen Adresse. Das kleine Gehöft lag an einer kleinen Anhöhe am Rande der Siedlung, besaß einen schmucken Vorgarten mit vielen Pflanzen und Blumen, war aber auch umrandet von vielen heilkundigen Gewächsen, wie ich bewundernd feststellen konnte. Der heißen Luft des sardischen Tagesklimas entronnen, war eine angenehme wohlige und abendliche Stimmung angebrochen, die von einer sanften Brise aus den nahen Hügeln begleitet wurde. An der Pforte wurde ich von einem Bediensteten empfangen, der mich in die Räumlichkeiten brachte, wo sich bereits einige Gäste des Abends befanden, mit denen sich Pamphilia angeregt unterhielt. Als ich den Raum betrat und sie mich bemerkte, winkte sie mir mit einem Lächeln und bewegte sich in meine Richtung. War mir bei unserem gestrigen Treffen, die Einfachheit und Schlichtheit ihrer Persönlichkeit aufgefallen, so stand dies mit ihrer heutigen Erscheinung nicht im Gegensatz, sondern wurde nur verstärkt durch ihren gepflegten Teint, ihrer eleganten Kleidung, sowie ihrer anmutigen Bewegung, mit der sie sich zwischen den anwesenden Gästen bewegte. Auf ein Zeichen ihrer klatschenden Hände hin, wies sie in meine Richtung und stellte mich als kaiserlicher Statthalter der Region ihren Gästen vor, die ihre Gespräche momentan unterbrachen, um mich ebenfalls wohlwollend und interessiert zu begrüßen. Als ich in die Runde blickte, ich schätze es waren etwa an die bis zu 30 Gäste, sah ich einige bekannte Gesichter in der Runde, die mir im Laufe meiner Zeit in der Provinz Sardinia bekannt wurden. Von militärischer Seite sah ich zwei, drei Angehörige mir bekannter Kommandoeinheiten, denen ich freundlich zunickte, sowie Verwalter von Erzgruben und einigen Personen, die ich als Kaufleute einschätzte. Manche befanden sich wie ich bemerken konnte, auch in Begleitung ihrer Ehefrauen, die sich sichtlich der illustren Runde erfreuten, und interessiert an den laufenden Gesprächen teilnahmen. „Mein lieber Claudius", vernahm ich ihrer freundlichen Stimme, „es freut mich, dass Sie meiner Einladung gefolgt sind, und uns mit Ihrer Anwesenheit hier beehren". Pamphilia stellte mich dem einen oder anderen, den ich nicht persönlich kannte vor, und erwies sich als hervorragende Entertainerin im sogenannten „Interessengespräch" mit den unterschiedlichen Thematiken. Auf ein Zeichen von ihr, bat sie uns

---

423 Hora secunda/prima vigilia = entspricht heutigem 18:00 Uhr, man zählte die Tagesstunden nicht fortlaufend, sondern gemäß des Tagesabschnittes (Vormittag/Nachmittag/abends/nachts) und teilte diese der Anzahl danach ein.

sich an den bereitstehenden Essen und Getränken zu bedienen, während im Hintergrund leise Musik einsetzte, und die Stimmung begleitend untermalte. Trotz der Schlichtheit der Räumlichkeiten, strahlten die darin befindlichen Möbel, Utensilien und Wandmalereien eine warme Atmosphäre aus, wie ich sie an vielen Banketts, zu denen ich in den verschiedenen Provinzstädten eingeladen war, nicht kennengelernt hatte. Auf mein Kompliment hin, dass sich ihre Ausstrahlung wunderbar, an die Atmosphäre ihrer Umgebung einfügte, sah ich ein heimliches Aufblitzen in ihren Augen, das mit einem freundlichen Lächeln und dankenden Worten wohlwollend begleitet wurde.

So verstrich der Abend mit vielen neuen Bekanntschaften und Gesprächen, bis sich der Großteil ihrer Gäste zu späterer Stunde verabschiedete. Pamphilia bat mich darum, mehr von mir zu erzählen, woher ich stammte, wo ich bereits im Einsatz war, und was ich an meiner Aufgabe so liebte und warum ich dann auch alle zwei bis drei Jahre meinen Einsatzort im Römischen Reich wechseln wollte. Erstaunt, dass mir ein Mensch mit solchen Fragen sein Interesse bekundete, begann ich mit meiner Schilderung vom Leben im fernen Noricum am Licca-Fluss, meiner dortigen Familie, meinem ersten Einsatzort in Augusta Vindelica, meinem Beginn des militärischen Werdeganges und den verschiedenen Einsatzorten in den Provinzen im Römischen Reiche, meiner letzten Station im fernen Judäa, sowie meinen bisherigen Erfahrungen in der Provinz Sardinia. Meine Gesprächspartnerin hörte mir interessiert zu, und musterte mich mit ihrem liebevollen, durchdringenden Blick, der mir schon bei unserer ersten Begegnung aufgefallen war. „Und all das, bestrebt dein Leben, deinen fortwährenden Wechsel der Lebensstationen?", fragte sie mich, „gibt es da nichts und niemanden, der dein Leben gerne begleitet hätte?" Über mein Lächeln fiel ein Schatten der Gefühle, als ich ihr vom traurigen Schicksal meiner ersten Frau in Noricum und den hinterbliebenen beiden schon erwachsenen Kindern erzählte. Warum mir dies plötzlich einfiel, konnte ich im Augenblick nicht sagen, hatte ich doch über solche Gefühle mit anderen niemals so ausführlich gesprochen, und in der Armee und Politik zählte vordergründig nicht das Gefühl, sondern die Aufgabe, Zielstellung und die begleitende Pflicht zur Umsetzung der gesetzten Ziele. Bei den Schilderungen meiner Worte, verspürte ich plötzlich und seit langem wieder einmal, den betörenden Duft einer anwesenden Frau, was mich einerseits verwirrte, andererseits aber doch wiederum anzog. Nicht dass ich in meinem Leben keine netten weiblichen Wesen kennengelernt hätte, aber das unstete Leben in der Armee, bot dafür auch keine gute Gelegenheit, es war auch keine darunter gewesen, bei der ich das Gefühl gehabt hätte, mich auf eine längere Beziehung, oder auf Dauer für mein Leben, zu realisieren. Auf meine Bitte hin, mir doch mehr von ihrem Leben zu erzählen, vernahm ich ihre erstaunliche Lebensgeschichte, die ebenso nicht immer einfach gewesen war. Sie entstammte einer hellenischen Familie, die als Einwanderer vor über 500 Jahren über das Meer kamen, und auf dieser Insel ihr Dasein neu gegründet hatten. Durch den Wechsel der verschiedenen politischen Vorherrschaft in der Region, den späteren Karthagern, und den Beginn der römischen Übernahme der Insel, waren ihre Vorfahren meist als sogenannte Ureinwohner der Insel den Besatzern zu Diensten, was sich nur dadurch änderte, dass sie durch ihre gewissenhafte Lebens- und Aufgabenstellung mehr und mehr Einfluss gewannen. Ihr Großvater, sowie Vater waren ansässige Großgrundbesitzer in der Region, und so wurde sie jung mit Sempronius einem Asklepios und Medicus der ansässigen römischen Gesellschaft verheiratet. Ihrer Beziehung entsprang nur eine Tochter. Diese aber war früh an einer Krankheit gestorben, weshalb sie in ihrer Ehe mit dem einige Jahre älteren Ehemann, sich früh mit der Heilkunst, und vor allem den Heilkräutern befasste. So konnte sie es sich, nach dem Tode ihres 15 Jahre älteren Ehemannes Sempronius vor einigen Jahren, trotz alleinstehendem Haushalt, mit dieser beruflichen Aufgabe leisten. In solcher Angelegenheit war sie am Vortag unterwegs, als ich sie an der Therme kennenlernte, um ihre Heilprodukte dem medizinischen Personal zu liefern. All diese Schilderungen ließen meine Bewunderung für sie nur noch mehr steigern, sich als Frau in dieser männlichen römischen Gesellschaft so behaupten zu können. Wie ich mit wachsender Freude bemerkte, war ich ihr nicht unsympathisch, und fragte sie, ob sie mich denn in drei Tagen gerne an einem Besuch in der hiesigen Region begleiten würde, wo ich die steuerlichen Abgaben von landwirtschaftlichen Erträgen des hiesigen Großgrundvillen prüfen wollte. So könnte sie mir auch einige Sehenswürdigkeiten zeigen, die ich als „Nicht-Einheimischer" ansonsten niemals kennenlernen konnte. Zu meinem größten Vergnügen bejahte sie mit einem schelmischen Lächeln meine Frage, sodass mein Herz höher zu schlagen begann. Zur Beendigung des abendlichen Besuches trat sie zum Abschied nochmals an mich heran, und küsste mich plötzlich zum Abschied auf meine Lippen, die sich bebend und voller Verlangen öffneten, und mich in einen Tornado der Gefühle stürzten, der mich mit intensivem Herzklopfen begleitete. „Also mein lieber Claudius, sofern ich dich so nennen darf, dann sehen wir uns in drei Tagen zu unserem regionalen Ausflug." Betört und voll glückseligem Gefühl verabschiedete ich mich danach, und verließ beschwingt das gastliche Haus, in der hoffnungsvollen Erwartung sie bald wiederzusehen. Ich hatte zum ersten Mal nach langer Zeit wieder das Gefühl, dass mich ein Mensch nicht nur wegen meiner Aufgabe respektierte, sondern mein herzensmäßiges Gefühl erwiderte. Etwas in mir schien aufzubrechen, was ich schon lange in meinem Herzen begraben hatte.

Bei meiner Heimkehr traf ich noch Mamertus an, der zu später Stunde noch über einem Schriftstück saß, das für den morgigen Tag erledigt werden musste. Als er mich sah, lächelte er mich verschmitzt an, und wünschte mir eine Gute Nacht, wohl wissend, dass mich irgendetwas innerlich bewegte, was er mir dann einige Tage später in einem persönlicheren Gespräch auch offenbarte. Ich konnte in dieser Nacht nur schwerlich ein Auge schließen, zu sehr wirkte in mir noch das erlebte Gefühl, das ich mit nach Hause gebracht hatte. Erst zu später Nachtstunde versank ich dann endlich in einen unruhigen Schlaf, aus dem mich Mamertus zur Erledigung der täglichen Pflichten eines Statthalters am nächsten Morgen weckte, nachdem einige Besuche am Vormittag von den regionalen Würdenträgern anstanden. So vergingen die nächsten beiden Tage mit den öffentlichen Aufgaben und der dies saturni[424], der Inspektion in einem nahegelegenen wirtschaftlichen Anwesen, zu dem ich Pamphilia eingeladen hatte, war herangerückt. Mit Mamertus als begleitender Verwalter, sowie einer Leibgarde von drei Mann, holte ich sie an ihrer Villa ab, und wir ritten zu unserem Tagesziel, das etwa eine Stunde entspannten Rittes in Richtung Nordosten entfernt an einer hügeligen Erhebung lag. Am Anwesen angekommen begrüßte uns der verantwortliche adiutor praediorum rusticorum[425] des kaiserlichen Anwesens, mit dem wir uns über die steuerliche Abgabenhöhe des kommenden Jahres in Abhängigkeit der wirtschaftlich erwarteten Erträge unterhalten wollten. Ich stellte Pamphilia als begleitende Person vor, die Erkundigungen über die medizinisch-ärztliche Versorgung der regionalen Bevölkerung einholen sollte. Die Erledigung zog sich über mehrere Stunden des Tages hin, sodass man uns zur

---

424 Dies saturni = röm. Bezeichnung für Samstag, gegen Ende des 1. Jhdt. n.Chr. setzte sich der 7 Tage Wochenrhythmus durch
425 adiutor praediorum rusticorum = Hilfsverwalter, eines wirtschaftlichen kaiserlichen Landgutes

späten Tagesstunde einlud, im Gästehaus des Anwesens doch mit einer Übernachtung vorlieb zu nehmen. Ich gab Mamertus, und meiner begleitenden Gardesoldaten den Auftrag, am darauffolgenden frühen Morgen mit den ausgehandelten Ergebnissen der Besprechung, wieder nach Forum Trajani zurückzukehren, die froh waren den freien Tag nicht unterwegs verbringen zu müssen, und sich unverzüglich auf den Rückweg begaben.

Meinen privaten freien Tag, dem dies solis[426], beabsichtigte ich mit meiner Begleiterin Pamphilia mit einem ausführlichen Ausflug in der Umgebung zu verbringen. Nach einem ausreichenden Frühstück sattelten wir unsere Pferde, nachdem wir vom Verwalter noch mit etwas Reiseproviant ausgestattet wurden und erkundeten die nähere Umgebung. Da Pamphilia die urbane Gegend ausgiebig kannte, zeigte sie mir die umgebende hügelige Landschaft, die davorliegenden weiten Getreidefelder, und auch eine etwas höher liegende Anhöhe, bei der wir ankamen. Ein murmelnder Bach in einer kleinen Senke, sowie der ausgiebige Baumbestand lud uns zu einer Mittagsrast ein, und wir stärkten uns an dem mitgegebenen Proviant. Auch eine kleine Amphore mit Wein erfrischte uns, und so setzen wir unser Gespräch weiter fort. Ich kam nicht umhin, ihr mein Kompliment auszudrücken, wie gut sie ihre Rolle einer so hübschen Begleitung meinen gestrigen Gesprächspartnern gegenüber ausgefüllt hatte. Ich gestand ihr meinen erlebten Gemütszustand nach dem Besuch vor drei Tagen, und sie offenbarte mir, dass sie ähnliches erlebt hatte, und so war es nur natürlich, dass wir uns in der nachmittäglichen Sonne aneinanderschmiegten, und unsere Lippen sich zu einem innigen leidenschaftlichen Kuss trafen. Das berauschende Feuer der gegenseitigen Anziehung durchfuhr unsere Körper, und unser begleitender Atem wurde heftiger, als wir einander inniger berührten. Meine Hände durchwühlten ihr wunderschönes schwarzes langes Haar, liebkosten ihre Halsbeuge, woraufhin sie sich innig in meine, sie umfassenden Arme begab. Nichts konnte uns mehr halten, so sehr begehrten wir einander, nachdem wir beide schon länger nicht mehr die Köstlichkeit der Liebe erlebt hatten. Mit einem Seufzen bot sie mir ihre knospende Brust dar, die ich liebevoll berührte und mit Küssen

---

426 Dies solis = röm. Bezeichnung für Sonntag

überdeckte. Unsere Hingabebereitschaft steigerte sich so sehr, dass wir ineinander sanken, unsere Leiber aneinanderpressten, und das lodernde Feuer unseres gegenseitigen Begehrens über uns zusammenschlug und uns in einer Leidenschaft miteinander verband, die ich so schon lange nicht mehr erlebt hatte. Mit hingebungsvollen Bewegungen verbanden sich in Harmonie unsere beiden Körper, ungebändigt wie Ertrinkende aneinander klammernd, unserem sinnlichen Höhepunkt entgegenstrebend, bis wir erschöpft zusammensanken und mit ermattendem Seufzen endlich wieder miteinander zur Ruhe kamen. Ich flüsterte ihr meine Empfindungen der Liebe ins Ohr, und dass ich solch ein Gefühl schon so lange nicht mehr erlebt hatte, was sie mir ebenso offen erwiderte und ihre leuchtenden Augen eine Glückseligkeit ausstrahlten, die mich so sehr in ihren Bann zog. In inniger Umarmung versunken, vergaßen wir unsere Umgebung, ob es Augenblicke, endlose Minuten oder auch Stunden waren, wir konnten es nicht ermessen, so sehr waren wir von dem Erlebnis unserer gegenseitigen Liebeserfahrung gefesselt. Unendlich gefühlte lange Momente lagen wir ineinander verschlungen auf unserer Decke, über uns die Bäume mit ihren mächtigen Kronen schwankend. Wir lauschten dem Gesang der auf den Ästen sitzenden Vögel, ebenso dem Murmeln des kleinen vorbeifließenden Baches. Die zwischen den Ästen hereinfallenden Sonnenstrahlen berührten unser Gesicht und Körper, sodass sich bewegende Muster auf unseren ermatteten Leibern abzeichneten. In diesen Momenten schienen mir meine Aufgabe, und mein bisheriges Leben so unbedeutend und nur ihre berauschende Gegenwart erfüllte meine Seele, sodass ich sie zärtlich fragte, ob sie sich denn mit mir ein gemeinsames Leben vorstellen könnte. Mit ihrem wunderschönen Lächeln antwortete sie mir, dass sie sich dies ebenfalls vorstellen könnte, obwohl unsere beiden Lebenswege bisher so unterschiedlich verlaufen waren.

So verbrachten wir die Zeit miteinander im zärtlichen Gespräch, wo wir vorsichtig unser zukünftiges beider Lebensziel miteinander abzustecken versuchten. Da ich ja im 80 Meilen entfernten Corales an der Südostküste meinen Amtssitz hatte, würde dies für ein gemeinsames Leben sicherlich eine Umstellung sein, was sie zwar bestätigte, aber wir planten, dass ich in der Zwischenzeit oftmals meine Rundreisen durch die sardische Provinz, und Zwischenstation bei ihr machen würde, bis sie alle wirtschaftlichen Anforderungen, zum Verkauf ihres Besitztums regeln konnte. Diese Zeit wollten wir auf alle Fälle nutzen, um uns noch intensiver kennenzulernen, bevor wir unseren gemeinsamen Hausstand in Corales nutzen konnten. Mit diesen glückseligen ersten Planungen in unseren Gedanken, packten wir unsere mitgebrachten Habseligkeiten auf unsere Pferde und machten uns auf den einstündigen Heimritt nach Forum Trajani. Nachdem ich sie bis zu ihrem Wohnsitz gebracht hatte, verabschiedeten wir uns mit einer innigen Umarmung im Gedenken an die glückseligen Momente, die wir an diesem Ausflug miteinander geteilt hatten. Bis zu meiner Weiterreise in zwei Wochen, verabredeten wir uns aber noch für unsere nächsten Treffen, bevor ich mich auf den Heimweg zu meiner momentanen stationären Unterkunft der Siedlung machte.

Dort angekommen empfing mich Mamertus mit einem rätselhaften Lächeln, der aufgrund meines Gemütsumstandes natürlich sofort den Grund erriet, hatte er mich doch seit seiner Zeit in meinen Diensten noch nie so erlebt wie jetzt, wofür er sich für mich von ganzem Herzen freute. Die verbleibende Zeit an diesem Orte verbrachte ich in meiner freien Zeit nach meinen dienstlichen Aufgaben, in der Villa von Pamphilia, bevor ich mich an die Weiterreise zur Westküste der Insel nach Tharros machte, nicht ohne ihr noch mein ganzes Herz zu widmen, und wie ich mich glücklich schätzen konnte, dies mit ihr zu teilen. So verabschiedeten wir uns beide vorübergehend schweren Herzens, bis zu unserem baldigen Wiedersehen.

Was soll ich sagen, mein Leben nach diesem Zeitpunkt war nicht mehr dasselbe, wie vorher, zwar erfüllte ich meine beruflichen Aufgaben mit derselben Sorgfalt wie vorher auch, aber meine Gedanken waren in meiner freien Zeit immer bei ihr und ich sehnte mich nach der Zeit, wo wir gemeinsam unser Leben zusammen verbringen konnten. So vergingen die nächsten Wochen und Monate und das Jahr neigte sich dem Ende zu, nachdem sich die römische Kalenderzählung vom ursprünglichen Jahresbeginn Martius, zum nunmehrigen Januarius geändert hatte. Pamphilia-Gratia und ich kannten uns nun schon seit fünf Monaten, in der Zwischenzeit hatten wir uns mehrmals besucht, und unsere gemeinsame Zeit wollten wir nun zu Beginn des Neuen Jahres mit unserer Eheschließung besiegeln. Nachdem Pamphilia alles Notwendige mit dem Verkauf ihres Besitzes in Forum Trajani regeln konnte, hatte sie vor wenigen Wochen ihre Reise mit all ihrem Besitztum zu mir nach Coralis angetreten, wo sie sichtlich das Küstenklima der Hafenstadt genoss. In der statthalterlichen Regierungsunterkunft hatten wir einen gemeinsamen Wohntrakt bezogen, so dass wir, wann immer es mir die beruflichen Repräsentationen zuließen, unsere freie Zeit gemeinsam genießen konnten.

Unsere Eheschließung, obwohl zwischen mir, einem römischen Bürger, und Pamphilia, die in erster Ehe verwitwet war, beendete sich unsere

Konkubinats[427]-Beziehung, und wurde damit rechtsgültig. Die Trauung fand im kleinen zivilen Rahmen statt, nachdem die tabulae nuptiales[428] vor Zeugen verlesen wurde. Pamphilia war gekleidet in eine wunderschöne weiße Tunica, mit darüber gezogener gelb-roter Palla galbeata[429] und gelbem Schleier. Nachdem der Sacerdos[430] unsere beiden Hände mit einem weißen langen Leinentuch umschlungen, und Pamphilia-Gratia die Eheformel „Ubi-Tu-Gaius, Ego-Gaia[431]" gesprochen hatte und die erforderlichen Weihegaben und Opfer für die Gottheiten Tellus, Ceres, Picumnus und Juno, erfolgt waren, wurde sie durch die Räumlichkeiten ihres Ehemannes geführt. Ihr folgten das Dienstpersonal des Hauses, die die symbolische Spindel und den Spinnrocken als weiblicher Haushaltsvorstand hinter ihr hertrugen. Als Abschluss der Zeremonie musste ich die zukünftige Herrin des Hauses über die Türschwelle der gemeinsamen Wohnung tragen, wo sie im Atrium des Hauses mit Feuer und Wasser als neue Hüterin des Hauses begrüßt wurde. Zum Glück stolperte ich nicht an der etwas erhöhten Türschwelle, was ansonsten, den Göttern sei Dank, kein gutes Vorzeichen für eine glückliche Ehe gewesen wäre. Ein anschließendes Festessen, zu dem einige Personen des näheren Bekanntenkreises geladen waren, rundeten diesen ereignisreichen und glücklichen Tag in unserem neuen Leben ab.

So begann unser neues gemeinsames Leben, das wir nunmehr gemeinsam in Corales führten. Pamphilia hatte sich hervorragend an ihre neue Rolle an meiner Seite als kaiserlicher Repräsentant in der Provinz Sardinia eingelebt, was mir ihr gegenüber, immer wieder größte Bewunderung entlockte. Unterstützend begleitete sie mich auf meinen Reisen in der Provinz, und beriet mich oft bei schwierigen Fragen und Lösungen, die von der Bevölkerung, den städtischen Beamten und Verwaltern der verschiedenen

---

427 Konkubinat = monogame Beziehung zweier unabhängiger Personen und/oder römischen Bürger oder Beamten einer römischen Provinz und urbaner nicht-römischer Frau oder Witwe. Anders als die Ehefrau war die Konkubine ihrem Mann nicht zu ehelicher Treue verpflichtet und konnte ihn jederzeit verlassen. Auxiliar-Armeeangehörige erhielten normalerweise das römische Bürgerrecht erst nach 25 Jahren, und konnten ihre eheähnliche Beziehung in eine erbrechtliche Ehe überführen, aus der erbberechtigte Kinder (Mädchen wie Jungen) das römische Bürgerrecht erhielten, was sich erst nach 140 unter Antoninus Pius zugunsten der Nachfahren änderte.
428 Tabulae nuptiales = Ehevertrag
429 Palla galbeata = einem mantelähnlichen Überwurf
430 Sacerdos = Priester
431 Ubi tu Gaius, ibi ego Gaia = Hochzeitsgelübde der Ehefrau „Da wo du bist Gaius, werde auch ich, Gaia, sein." Dabei werden die Namen „Gaius" und „Gaia" als allgemeingültige Stellvertreter benutzt.

wirtschaftlichen Bereiche an mich zur Entscheidung herangetragen wurden. Hatten wir einen entsprechenden Empfang, an dem entsprechende Honoratioren und ggf. ausländische Gäste geladen waren, so war sie stets an meiner Seite als aufmerksame Gastgeberin, was ihr viel Anerkennung und Bewunderung entgegenbrachte. So verging das laufende Jahr, das sich mit meinem angebrochenen vierten (verlängerten dritten) Dienstjahr, nachdem bislang kein geeigneter Nachfolger gefunden werden konnte, in dieser Provinz dem Ende näherte. Mein Kaiser der nunmehr erhabene Hadrian, hatte mich für eine neue Aufgabe an einen neuen Einsatzort berufen, für die ich mich in den nächsten Wochen rüsten sollte, nachdem endlich ein geeigneter Kandidat für meine Nachfolge gefunden worden war. Diesmal nicht weit entfernt von Sardinien. Über das Mare nostrum an die Küste der südlichen in die 170 Meilen entfernte Provinz Africa Proconsularis[432].

---

432 Africa Pronsularis = Küste Nordafrikas (heutiges Tunesien)

Kapitel IX
Proconsular(is) africae
Colonia Iulia Concordia Carthago

Octobris 872 - ab urbe condita (A.D. 119)

Im 3. Regierungsjahr des erhabenen Hadrian

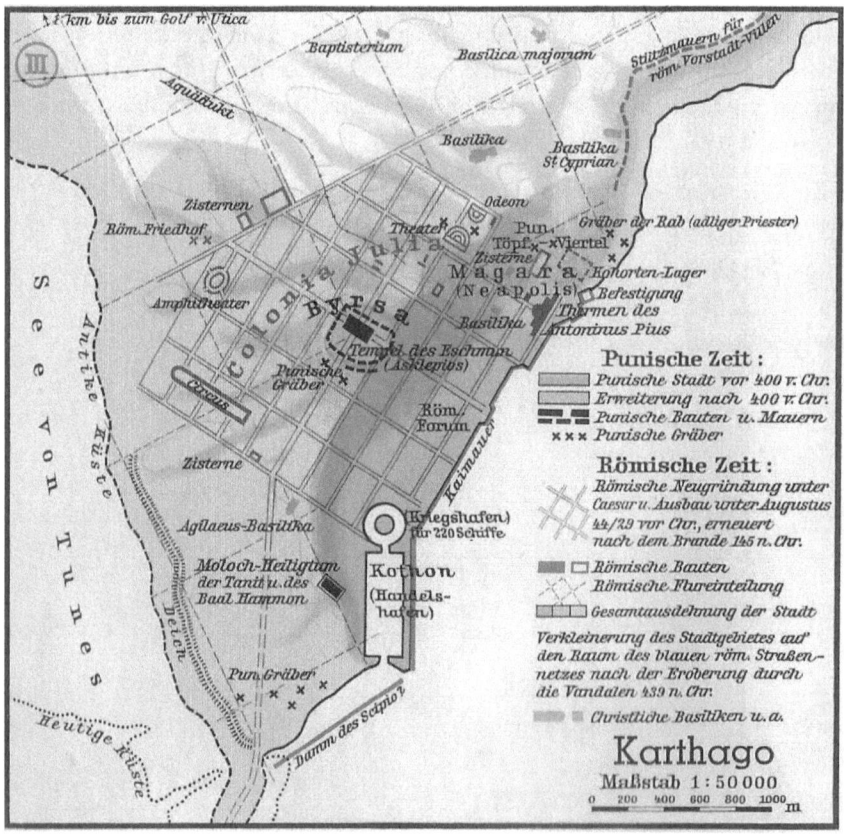

Abbildung 22: Colonia Julia Concordia Carthago (Atlas 1965 Völker-Staaten-Kulturen)

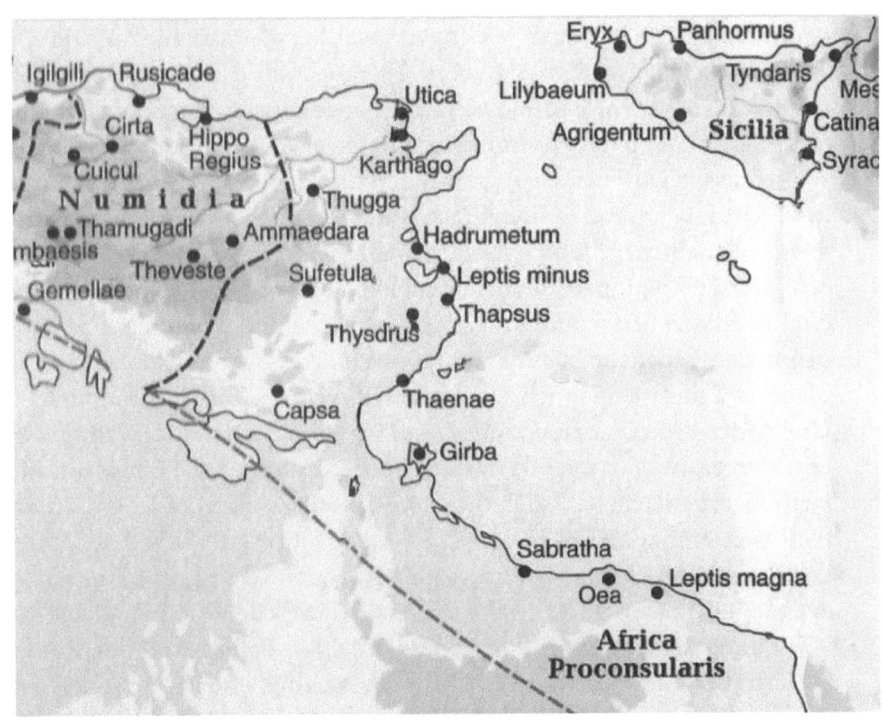

Abbildung 23: Proconsulis Africae (Karthago) u. Römische Siedlungen

Ein neues Kapitel meiner Lebensgeschichte hatte sich nunmehr aufgetan. Der Sprung von Sardinien nach Carthago war zwar nicht weit, was die Entfernung betrifft, aber dennoch ein weiterer Schritt in meiner zivilen Laufbahn. War ich von Sardinien her gewohnt, dass das Klima dort sehr heiß und feucht war, so war dieses hier nur in den Küstenregionen ähnlich mediterran, je weiter man jedoch ins Landesinnere kam, umso mehr wandelte sich dieses in ein kontinentales Wüstenklima. Erschwerend kam hinzu, dass manchmal die Windrichtung wechselte, und vom Kontinent her zusätzlich der heiße Wüstenwind Shirroc[433] wehte. Man hatte das Gefühl man würde heiße Luft atmen, und so war jede Minute des Tages entscheidend, wie man seinen Tagesablauf gestaltete und das notwendige Programm oder Aufgabenziel durchführte. Die besten Stunden waren morgens, bis zum frühen Mittag, und danach später wieder ab dem späten Nachmittag. Trotzdem vom mare nostrum immer eine frischere Brise bei Nordostwind wehte, gestalteten sich viele Aufgaben in dem heißen

---

433 Shirroc = Schirokko, heißer Wüstenwind

Landklima als nicht immer leicht. Nun war ich schon einiges aus der Provinz Judaea, oder Sardinia gewohnt, aber dies war eine Erfahrung, die für mich in dieser Form und meinem Alter angemessen erneut eine Herausforderung bedeutete. Was mir jedoch in vielerlei Weise half, war der Umstand, dass ich an meinen späten Tagen die Liebe meines Lebens auf der Insel Sardinia gefunden hatte. Pamphilia-Gratia war mit dem gemeinsamen Haushalt drei Monate nach meinem Beginn in Carthago, mit einem Schiff nachgefolgt, nachdem ich meine ersten Wochen nach Dienstantritt damit verbrachte die politische, wirtschaftliche und persönliche Situation den neuen Lebensumständen anzupassen. Von meinem Amtsvorgänger Maecius Celer[434] erhielt ich wertvolle Hinweise zur Verwaltung der Provinz Africa Proconsularis[435], die dieser in den letzten Jahren während seiner Statthalterschaft mit Sitz in Carthago, wie dieser neue Einsatzort nunmehr hieß, gemacht hatte. Die Siedlung Colonia Concordia-Julia-Carthago hatte bereits eine längere historische Periode hinter sich. Ursprünglich von karthagischen[436] Seefahrern, ca. 60 Jahre vor der Reichsgründung Roms[437] entstanden, später jedoch während des 3. Punischen Krieges[438] von Rom vollständig zerstört, wurde diese in den Jahren danach von den Römern neu errichtet und entwickelte sich zu einer blühenden Metropole und wurde neben der Stadt Rom die zweitgrößte Stadt und eine wohlhabende Provinz. Neben Aegyptus war diese Region eine weitere wichtige Kornkammer im Römischen Reich zur Versorgung von Getreidelieferungen an Rom. Da die Küstenregionen sich hervorragend für den Getreideanbau eigneten, mussten diese Regionen auch entsprechend zum Landesinneren abgesichert werden. So zog sich vom Osten der Cyreneica[439] der Limes Tripolitanus[440] über Leptis Magna[441] nahe zur Küste weiter nach Tacapae[442],

---

434 Maecius Celer = († nach 130 n.Chr.), Lucius Roscius Aelianus Maecius Celer römischer Suffektkonsul, Tribun, spät. Senator, belegt durch Inschriften, Prokonsul 117/118 (nach W.Eck) in Provinz Africa Proconsularis.
435 Africa Proconsularis = heutiges Gebiet Tunesien/Lybien
436 Karthago Gründung = ca. 814 v.Chr.
437 Rom-Gründung = 753 v.Chr.
438 Punische Kriege = 1.(264-241 v.Chr. Seestreitkräfte/Sizilien), 2.(218-202/Hannibal-Alpenüberquerung) und 3.(149-146/endgültige Zerstörung).
439 Cyreneica = Landschaft im östlichen (heutigem) Lybien
440 Limes Tripolitanus = Grenzwall im römischen Nordafrika
441 Leptis Magna = antike Hafenstadt (nahe Ghoms / Al-Chum) Gebiet heutiges Lybien
442 Tacapae = Küstenstadt (Südtunesien)

von dort bis Turrris Tamalleni[443] am Lacus Tritonum[444] und nach Nordwesten verlaufend in die Provinz Mauretania Caesarensis[445].

Dieses Gebiet schließt zum Teil eine Hochebene ein, die sich nach Süden hin leicht abfallend als Halbwüste in die eigentliche Wüstenregion (Sahara) hin erstreckt. Im nordwestlichen inneren Landesteil erstrecken sich noch Ausläufer des sogenannten Hochgebirges, dem „Atlas[446]". Die Küstenregion besitzt noch ein mäßiges Mittelmeerklima, je weiter man der Küstenstraße nach Süden folgt wird es wärmer und trockener, Regen fällt, wenn überhaupt nur in den Monaten Octobris bis Aprilis. So heiß es tagsüber ist, so empfindlich kalt konnte es auch in den Nächten werden. Und in den Sommermonaten drückte der vorhin schon erwähnte Shirroc als stickig heißer Sandsturm in diese Region, der so manche reisende Karawane schon in seinem wilden Rachen verschlungen hatte. Auf meinen Reisen in die verschiedenen Provinzstädte, hatte ich diese Erfahrung oftmals gemacht, einmal auch in fast gefährlicher Weise, was ich aber noch später schildern möchte.

Die Ursprünge dieser Grenzlinie waren in erster Linie nicht als eine feststehende zu verteidigende Grenzlinie zu verstehen, sondern in vorrangiger Weise zur Kontrolle der indigenen nomadischen Stammbevölkerung. In der Phase der letzten 150 Jahre jedoch hatte die fortschreitende Vermessung durch den territorialen Straßenbau, eine erfolgreiche landwirtschaftliche Bewirtschaftung zur Folge, was auch den Wohlstand der einheimischen Bevölkerung zur Auswirkung hatte, und die Missgunst so manches Wüstenstammes zur Bevölkerung hatte. Die Armee der Legio III Augusta hatte ihren Stützpunkt in Ammaedara[447] und deren Vexillationen[448] verteilten sich am Grenzwall in den verschiedenen Kleinkastellen. Als Schutz verfügte diese regionale Militäreinheit (exercitus Africanus) an die 17 Auxiliar-Einheiten, fünf alae (Reiter-Einheiten) sowie sechs berittene Kohorten, um dieses großflächige Gebiet abzusichern. Manchmal stießen Teile dieser Einheiten auch ins Gebiet der Wüstenstämme vor, wohl um die Präsenz des römischen Reiches verstärkt zu proklamieren. Nachdem sich vor 50 Jahren die Überfälle diverser Nomadenstämme u.a. der Garamanten[449]

---

443 Turris Tallameni = heutiges Telmine (Tunesien) am Djebel Tabaga
444 Lacus Tritonum = Salzwüste, Schatt el Dscherid, Tunesien
445 Mauretania Caesarensis = röm. Provinz in Nordafrika; heutiges Algerien
446 Atlas = mythologischer griechischer Name nach Homer & Herodot, damals Grenze der Welt. Hier stützte Atlas das Himmelsgewölbe.
447 Ammaedara = heutiges Haidra (mittleres Tunesien)
448 Vexillationen = militärische Untereinheiten/Garnisonen
449 Garamanten = antikes Volk der Berber (Nomadenstämme) in Lybien

und Gaetuler[450] nach deren Unterwerfung durch Gajus Valerius Festus[451] geendet hatten, war die Region relativ befriedet, was wiederum unseren erhabenen Imperator Hadrian dazu veranlasste, während seiner Inspektionsreisen in dem Gebiet weitere Befestigungsanlagen anzustoßen. Und ich hatte mit meiner Aufgabe als kaiserlicher Statthalter der Provinz neben der politischen Verwaltung, deren regionale Seestreitkräfte der Classis Alexandrina[452] auch die Verantwortung, der kontinentalen Legions-Kommandeure dieser verteilten Einheiten regelmäßig zu besuchen, um deren Versorgung, und Einsatzfähigkeit zu gewährleisten. Da diese z. T. sehr weit verstreut waren, hatten diese damit auch größtmögliche Entscheidungsfreiheiten erhalten, deren Aktivitäten ich dann damit auch regelmäßig kontrollieren musste.

Meinen Regierungssitz hatte ich direkt in der Colonia Julia Concordia Carthago[453], der durch Rom neu gegründeten Siedlung der ehemaligen punischen Hauptstadt, die vor über 240 Jahren zerstört und unter Gajus Julius Caesar[454], sowie seinem Nachfolger und ersten Kaiser Oktavian (Augustus), wieder errichtet wurde.

Die Stadt lag im nördlichen Landesteil in einer sanften Bucht, an einer Halbinsel, und verfügte über seine Lage eine hervorragende Position, um den Seehandel, als auch die militärische Stärke im mare nostrum zu kontrollieren. In der Stadt lebten zu diesem Zeitpunkt bereits über 300.000 Einwohner, und war nach Rom, Alexandria[455] und Antiochia die viertgrößte Stadt im Römischen Reich. Die Bevölkerung bestand neben Nachkommen der urbanen punischen Bevölkerung, aus sesshaft gewordenen Nomaden, Einwanderern, als auch Legionsveteranen, die sich in verschiedene Bereiche der wirtschaftlichen Versorgung integrierten. Bedeutend war auch der Warenaustausch zwischen sesshaften Bauern und nomadischen Nachbarn mit Bodenschätzen wie das begehrte Steinsalz aus der Wüste, Edelmetallen und Gold und im Gegenzug regionale landwirtschaftliche Produkte wie Gerste, Weizen, Oliven. Alles, was römische Kultur ausmachte, war in dieser Stadt vertreten. Neben einem großen Wirtschafts- als auch Militärhafen, Bauwerken wie Theater, Amphitheater,

---

450 Gaetuler = römischer Name für nomadische Völkerschaften
451 Valerius Festus = röm. Feldherr, Politiker und Senator († 85 oder 86 n. Chr.)
452 Classis Alexandrina = Mittelmeer-Seestreitkräfte
453 Concordia Julia Carthago = ehem. Punische Hauptstadt (zerstört 146 v.Chr.), östlich vom heutigen Tunis liegend.
454 Gajus Julius Caesar = (*100 - † 44v.Chr.) röm. Feldherr, Politiker, Namensgeber der späteren Kaiser (Caesaren)
455 Alexandria = heutige Küstenstadt in Ägypten

Bäder, Odeum, einen Circus, Tempel sowie monumentale Regierungsgebäude, privaten Villen und Aquädukten zur Wasserversorgung, an nichts fehlte es hier. Hatte es im Römischen Reich doch den Ruf einer außerordentlich prestigeprächtigen Provinz, die in der Regel mit dem senatorischen Posten eines kaiserlichen Procuratores[456] besetzt wurde, wobei unter dem Vorgänger Trajan unseres heutigen Imperators Hadrian, mehr und mehr langgediente Offiziere aus dem Stand der „Ritter[457]", diese Aufgabe zugewiesen bekamen.

December 874 - ab urbe condita (A.D. 121)

Im 5. Regierungsjahr des Erhabenen Hadrian

Mittlerweile lag mein drittes Dienstjahr in dieser Provinz vor mir. Mit meinen Präsentationsaufgaben hatte ich mich zwischenzeitig gut eingelebt und eine gute Übersicht erhalten. Mir zur Hilfe stand auch meine Frau Pamphilia-Gratia, die seit ihrer Ankunft vor einem Jahr in meinen Aufgaben und Empfängen zur Seite stand, und mich vor allem bei der weiblichen römischen Bevölkerungsschicht hervorragend vertrat. Vielfältig waren die Aufgaben, die sie auch während meiner Abwesenheit auf Dienstreisen innehatte, vor allem versorgte sie mich in vielen Fällen mit wichtigen Informationen und Ratschlägen, aufgrund ihrer weiblichen Intuition, wenn mir mal die Entscheidungsratio in wichtigen Entscheidungsaufgaben schwerfiel. In den allgemeinen Verwaltungsaufgaben stand mir mein treuer alter Gefährte und Verwalter Mamertus zur Seite, den ich in keinster Weise mehr missen wollte.

---

456 Procurator = kaiserlicher Statthalter, ziviler und militärischer Verwalter einer Provinz
457 Ritter = 3. Stand, neben dem Senatoren- und dem Bürgerstand. Aufstieg meist über Militär, Wechsel in späteren zivilen Stand ab 1.Jhdt. n.Chr. zur Verwaltung von kaiserlichen Provinzen.

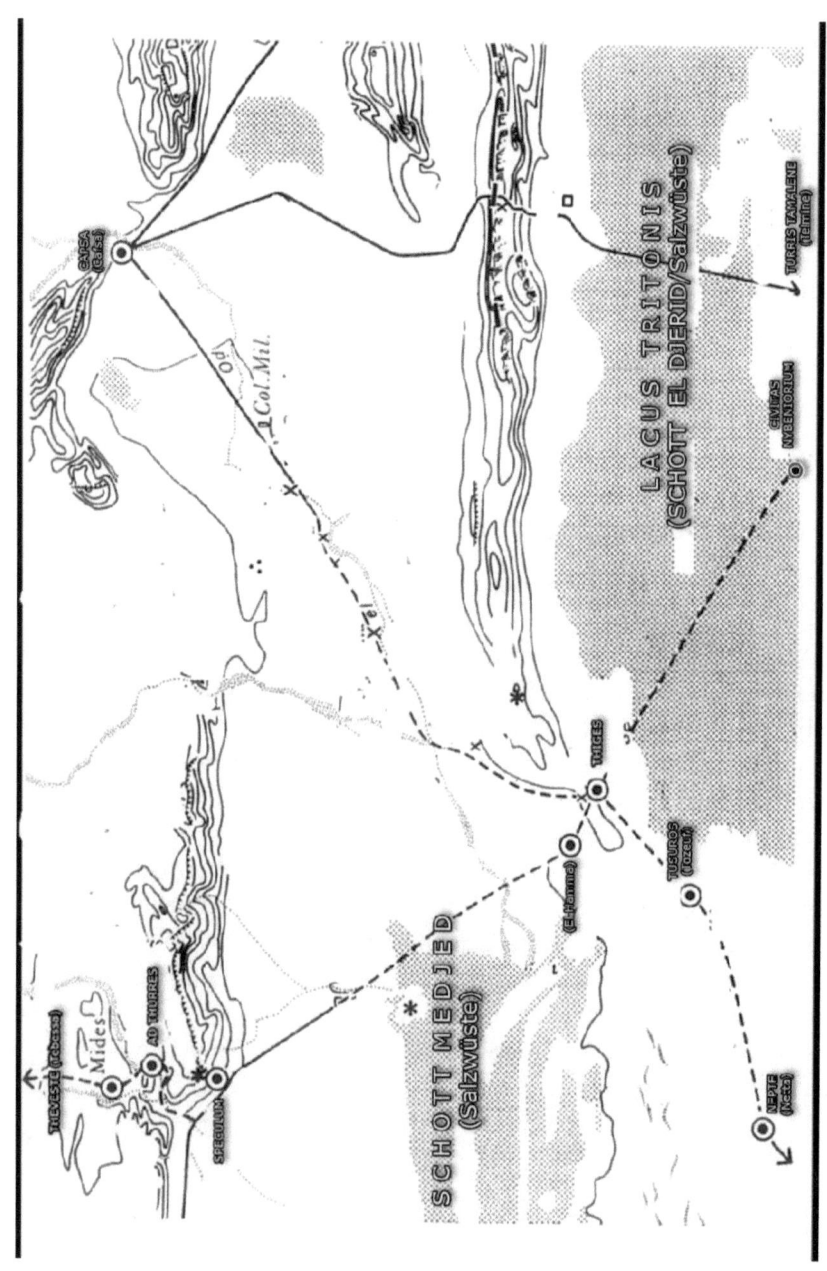

Abbildung 24: Der Autor / Römische Straße (durchgezogene Linie), Weg (gestrichelte Linie) Verbindungsstraße (vermutet); X= aufgefundene Inschrift (Zeichnung: Der Autor)

166

Auf einer meiner Inspektionsreisen ins Landesinnere, am Ende meines zweiten Dienstjahres, war ich unterwegs mit meinem Verwalter Mamertus und einer begleitenden militärischen Eskorte bestehend aus der Hälfte einer Turma[458], von der Siedlung Theveste[459] nach Süden über die Bergoase Ad Thurres[460] nach Turris Tamalleni[461] an den Limes im Süden des Landes, um die Grenzkastelle zu inspizieren. Von dort aus wollten wir dann weiter ostwärts an die Küste zu Tacapae[462], um mit dem Schiff zurück nach Carthago zu reisen. Mit uns reisten einige Kaufleute, als auch regionale Karawanenführer, da der Weg durch die Salzwüste Lacus Tritonis[463] führte und ortskundige Personen erforderlich waren, da dieses Teilstück der Strecke von 80 Meilen nicht ungefährlich zu durchqueren war. Während unserer Inspektionsreise waren wir bereits acht Wochen unterwegs, und rüsteten uns für dieses vorletzte Teilstück der Reise an die Grenzbefestigung des Limes, wofür wir nach Auskunft der Führer ca. eine Tagesreise von neun bis zehn Stunden im „Wüstentempo" benötigen würden. Nachdem wir frühmorgens von Thurres losritten, mit Begleitkarawane und Kamelen, kamen wir ca. acht Meilen/Stunde voran, bevor wir die vor uns liegende Salzwüste durchqueren mussten.

An diesem Morgen waren die Reittiere außergewöhnlich unruhig beim Packen unserer Reiseutensilien, was wir zuerst der allgemeinen Aufbruchstimmung zuordneten. Nach etwa fünf Stunden begann sich der Horizont im Süden gelblich und braungrau zu färben, und es begann sich auch allgemeine Sorge in den Gesichtern und Stirnrunzeln der Karawanenführer abzuzeichnen, sofern man die Gesichter der verhüllten Reiseleiter genauer studieren konnte. Man versuchte das Reisetempo etwas zu erhöhen, da man vorsichtigerweise einen Zwischenstopp unterwegs an einem markanten Felsmassiv einplanen wollte. Die Sonne brannte unbarmherzig vom Himmel, und der südliche Horizont begann sich langsam mehr und mehr braungräulich zu verfärben. Allgemeines Stimmengewirr und hektischere Bemerkungen der Karawanenführer und Kaufleute mehrten sich. Auf meine Frage hin, was der Grund für die allgemeine Unruhe war, antwortete mir der Karawanenführer knapp mit besorgter Miene: „Shirroc!"

---

458 Turma = militärische Reitereinheit/Hilfseskorte (1/2 Turma=15 Reiter)
459 Theveste = antike römische Grenzstadt in Algerien zum heutigen Tunesien
460 Ad Thurres = antike Siedlung (heute Tamerze) an der Grenze zu Algerien
461 Turris Tamalleni = antike Grenzfestung, (heute Telmine) Tunesien Mitte, Gouvernement Kebili
462 Tacapae = antike Küstenstadt, (heute Gabes) Gouvernement Gabes
463 Lacus Tritonis = Salzwüste Schott el Djerid = antike Bezeichnung Tritonis Lacus, Salzsee/Sumpf

Nachdem das Wort aus dem Munde gefallen war, zuckten die Gestalten der Ortskundigen zusammen, und trieben die Reittiere zu noch eiligerem Tempo voran. Von Ferne konnte man ein leises Brausen hören und die Besorgnis wuchs um jeden Augenblick, der sich mit der Verfärbung des Horizontes abzeichnete. Der Boden begann leicht zu zittern und man trieb die Karawane im eiligen Tempo voran auf eine Felserhebung in ca. vier Meilen Entfernung zu. Die sonst so friedfertige Stimmung der Reisegesellschaft, wandelte sich langsam, aber stetig in eine hektische Betriebsamkeit, man trieb die Reittiere mit knurrenden Befehlen zu eiligem Tempo an.

Langsam begann der Staub der zu überquerenden Salzwüste sich am Boden zu kräuseln, das leise Brausen des entfernten Windes steigerte sich allmählich in ein Knurren und Ächzen. Shirrocc! Allein die Nennung und Betonung des Wortes ließ nichts Gutes ahnen, hatte ich doch gehört, dass sich manchmal ein Wüstenwind aus Süden aus der Wüstenregion bewegte, und dann ganze Landstriche mit seinem Toben überzog. So entwickelte es sich auch langsam in diesem Falle. Nach dem die angestrebte Felsformation vor uns auftauchte, befahlen uns die Reiseführer umgehend die Reittiere in einer kleinen Kreisformation auf den Boden zu postieren, und uns umgehend in den Schutz dieser Formation zu begeben. Kaum getan, begann es um uns zu stürmen. Eine braune Wolkenwand bewegte sich mit tobendem Brüllen auf uns zu, kaum dass wir die kommandierenden Befehle der Karawanenführer in die Praxis umgesetzt hatten. Ich versuchte mich neben meinem Verwalter Mamertus auf den Boden zu legen, und uns mit einem Tuch über unseren Körpern zuzudecken. Kaum dass wir dies gerade geschafft, und uns entsprechend geschützt hatten, nachdem wir dies von unseren Reisebegleitern beobachtet hatten, begann die Hölle um uns herum zu toben. Die Wüstenwand fuhr mitten unter uns, Sand peitschte um uns herum, so dass wir nur notdürftig unsere Augen und Atemwege vor diesem Unwetter schützen konnten. Eine Verständigung trotz hektischer Zurufe, war nicht mehr möglich, um uns herumtobte und brüllte der Sturm, als wenn er uns verständlich machen wollte, dass wir uns in unerlaubter Weise in seinem Herrschaftsgebiet bewegt hatten. Keuchend und hustend, begleitet von dem tobenden Geräusch des Sturmes, versuchte ein jeder sich so gut wie möglich zu schützen. Solcherart hatte ich in meinem Leben noch nie erlebt, und ich hoffe es auch nie mehr in so einer Weise zu erleben. Quälende Augenblicke, die sich für uns in unendliche Stunden wandelten, empfanden ich, und sicherlich auch sämtliche Reisebegleiter. Ein jeder durchlebte sein Grauen und empfand Angst vor dieser unerbittlichen Naturgewalt. Der uns umwirbelnde Sand deckte uns Minute für Minute ein, wir konnten nur mehr schemenhaft unseren Vordermann oder das am Boden liegende Reittier erkennen. Die Sanddünen bedeckten uns allmählich, bis sich erst unmerklich, aber doch unablässig das Wüten dieses Sturmes allmählich über uns gezogen war. Nach einer gefühlten Zeitdauer von mehreren Stunden, ich war während dieses Sturmes leicht in einen Dämmerschlaf verfallen, beruhigte sich die allgemeine Situation langsam, aber doch unablässig, bis sich die brennenden Sonnenstrahlen wieder blicken ließen. Der Sturm war über uns gezogen und hatte sich weiter gen Norden gewälzt, das Brausen verlor sich allmählich in der Ferne. Langsam, aber beständig bewegten sich der eine oder andere wieder auf seinen Beinen, den Sand aus den Kleidern und Haaren schüttelnd. Die Tiere spürten ebenfalls die Erleichterung und erhoben sich allmählich wieder. Manchem musste man helfend auf die Beine richten, den Göttern dankend, dass dieses Unwetter an uns vorübergezogen war. Bei der Prüfung von Verlusten, mussten wir feststellen, dass sich zwei Reitkamele, und ein Pferd losgerissen hatten, und sich im Sturm verloren hatten, von unseren Männern glücklicherweise niemand. Größerer Schaden war glücklicherweise nicht entstanden, jedoch werde ich dieses Erlebnis einer solchen Naturgewalt nicht mehr vergessen. Man prüfte, ob ansonsten alles in Ordnung war, richtete das Gepäck, stärkte sich an den vorhandenen Wasserflaschen, um die rauen Kehlen, vom Staub des heftigen Wüstenwindes zu spülen, und setzte unsere Reise danach zu unserem Ziel nach Turris Tamalleni fort, das wir fünf Stunden später erreichten.

In Turris Tamalleni angekommen war unser allererstes Streben, uns erst mal von den Strapazen dieser Wegstrecke hierhin zu erholen. Während die Kaufleute der Karawane sich in ihren Geschäften zum lokalen Basar zurückzogen, hatte unsere Truppe sich erstmal in der hiesigen Therme erholt, um unsere geschundenen Körper zu pflegen, und danach zu einem üppigen Gastmahl beim Stadtkommandanten und duumviri[464] Apulejus einzufinden, mit dem wir weitere Ziele und Aufgaben unserer Reise besprachen. Dieser war aus der Hafenstadt Tacapae[465] entgegengeeilt, da er die Nachricht unseres Imperators Hadrian weiterreichen wollte, dass dieser sich mit uns in drei Tagen aus Alexandria in Tacapae eintreffend, in

---

464 Duumviri = (auch duoviri) römischer Beamter, ein mit 2 Beamten besetztes Amt während der Kaiserzeit
465 Tacapae = (heute Gabes) Hafenstadt in antiker Provinz Africa Proconsularis

Aquae-Tacapitanae[466], einem römischen Militärkastell einer Oasensiedlung nahe am Limes Tripolitanus mit uns treffen wollte, um die Grenzfestungen zu inspizieren, die er weiter auszubauen gedacht. Mit Interesse sah ich diesem Treffen entgegen, hatten Hadrian und ich uns das letzte Mal vor seiner Thronbesteigung vor vier Jahren in der Provinz Judae zuletzt getroffen. So war unser Aufenthalt an diesem Orte nur sehr kurzfristig, da wir am nächsten Tage aufbrachen, um in die ca. 75 Meilen entfernte Oasensiedlung zu kommen, in dem wir Imperator Hadrian und seinen militärischen Stab treffen wollten.

Zwei Tage später traf auch Hadrian dann mit seinem Gefolge ein und so konnten wir uns nach langer Zeit wieder einmal ausführlich über unsere vergangenen Zeiten austauschen. Bei dieser Gelegenheit pflegten wir natürlich auch ausgiebig der Badezeremonie, einen Brauch den ich in der römischen Kultur zu schätzen gelernt hatte. Die Siedlung war auch an solch einem Ort, der artesischen Quellen, gegründet worden, war ja das Bad nicht nur eine Körpererfrischung und Erholung, sondern gleichzeitig auch ein Ort des Austausches der politischen Ereignisse, Neuigkeiten aus dem Reiche und Diskussionsort für geplante Aktivitäten. So erfuhr ich von Hadrian, dass er vor einem Jahr in der im Norden des Reiches der fernen Provinz Britannia einen Wall, limes hadrianus[467] nach seinen Namen benannt, zu errichten begonnen hatte, um die Region gegen Überfälle rebellischer Stämme der Picten und Scoten abzusichern. Ebenso war er bemüht die Grenzbefestigung in meiner fernen Heimat dem limes germanicus[468], begonnen durch seinen Vorgänger Trajan[469], weiter auszubauen. War vor ihm Trajan ein Kaiser der Eroberungsfeldzüge, so bevorzugte es Hadrian[470] in seiner Regentschaft als restitutor[471] die Gebiete abzusichern. Solcherart plante er nunmehr auch in dieser südlichen Region Africa Proconsularis noch mehr auszubauen, um die wirtschaftliche Prosperität als Getreidekammer für Rom abzusichern. Dabei sollten sich in den nächsten Jahren verschiedene Kastelle und Grenzbastionen am Limes Tripolitanus in Richtung Osten nach zur Provinz Aegyptus, und nach Westen hin nach

---

466 Aquae-Tapitanae = römische Oasensiedlung (heutiges El Hammah/Gouvenement Gabes) am Limes Tripolitanus
467 limes hadrianus = Hadrianswall (Grenzgebiet Britannien/Schottland)
468 limes germanicus = Obergermanisch-raetischer Limes (Odenwald/Region Hessen)
469 Trajan = römischer Kaiser von 98-117 n.Chr.)
470 Hadrian = römischer Kaiser (117-138) und Nachfolger von Trajan
471 Restitutor = (restitutor & locupletor orbis terrarium) „Wiederhersteller, Bereicherer des Erdkreises" historische Bezeichnung auf Münzprägung während seiner Herrschaftsdauer

Mauretania Caesariensis[472] und M. Tingitana[473] verstärkt werden. Hadrian erstaunte mich immer wieder in seinem Temperament als Mensch mit weltoffener Wissbegierde, seiner Vorliebe zur hellenischen Kultur, guten Beziehungen zum römischen Senat und immenser Bautätigkeit, ebenso wie kultureller Traditionspflege. Vor allem aber die Nähe zu seinen stationierten Legionen in den verschiedenen Provinzen zeichneten seine Inspektionsreisen aus. Nicht nur militärisches Interesse, sondern auch gute persönliche Beziehungen, gleichwohl zu einfachen Legionären, als auch Befehlshabern, beeindruckte seine Untergebenen immer wieder durch seine immensen täglichen Reisestrapazen. Nachdem wir uns über seine verschiedenen Planungen, sowie meinen Berichten zur Entwicklung in dieser Provinz ausführlich unterhalten hatten, klopfte er mir wohlwollend auf die Schulter. „Ich sehe, du hast dich in dieser Provinz gut eingearbeitet", und beglückwünschte mich zudem zu meiner späten Heirat vor vier Jahren mit Pamphilia Gratia auf Sardinia, und erkundigte sich nach ihrem Wohlbefinden. „Nun wenn du Gelegenheit hast uns danach nach Carthago zu begleiten, kannst du sie ja selbst mal kennenlernen", antwortete ich ihm.

„Der Einladung komme ich gerne nach", antwortete er mir, „ich möchte gerne die Frau kennenlernen, die einen meiner fähigsten Beamten so in den Bann gebracht hat, dass er sogar noch im späteren Alter geheiratet hat!"

Mit diesem heiteren Austausch setzten wir unsere Grenzinspektion in den nächsten drei Tagen in der lokalen Region fort, bis wir uns dann wiederum in Tacapae einschifften, um nach Carthago weiterzureisen. Mamertus hatte ich bereits zwei Tage zuvor mit einer kleinen Barkasse nach Carthago vorausgesandt, um die Nachricht meiner Frau und den Beamten in der Provinzhauptstadt Bescheid zu geben, und dort einen Empfang vorzubereiten, wenn ich mit Trajan in den nächsten Tagen eintreffen wollte.

Bei unserer Ankunft im Hafen waren bereits die wichtigsten Vertreter der Stadt, sowie der Militärkommandos vor Ort, um uns am Uferkai zu empfangen. Im Hintergrund hatte sich die Stadtbevölkerung von Carthago als jubelnde Menge eingefunden, um den Imperator aus nächster Nähe zu sehen, der ihre Stadt mit seinem Besuch ehrte. Kam es ja nicht jeden Tag vor, dass man solch einen hohen Empfang in seiner Stadt begrüßen konnte. Als wir vom Schiff gingen, empfing uns neben den städtischen Würdeträgern auch meine Gattin Pamphilia-Gratia, der ich

---

472 Mauretania Caesariensis = heutiges Nordafrika/Algerien
473 Mauretania Tingitana = heutiges Nordafrika/Marokko

freudestrahlend Hadrian vorstellte. Sie wusste um meine freundschaftliche Beziehung zum Kaiser, den ich seit über 20 Jahren vom Beginn meiner militärischen Karriere im fernen germania inferior getroffen und kennengelernt hatte. Pamphilia verneigte sich in anmutiger Schönheit vor ihm, jedoch selbstbewusst in ihrer Position als Ehefrau des Provinzstatthalters. Mit einem freundlichen Kopfnicken verneigte sich dieser vor ihr nicht ohne seinen Kommentar „Jetzt verstehe ich warum mein alter Freund sich vor der Zierde seiner Gattin nicht zu verstecken braucht", seinen Blick in meine Richtung wendend, mit einem freundlichen Lächeln abzugeben. „Solch ein Schmeichler", dachte ich mir, nicht jedoch ohne einen anerkennenden Blick an meine Frau zu richten, und sie nach Wochen der Rundreise wieder glücklich in meine Arme schließen zu können. „Ich habe gehört, was Euch während Eurer Wüstenreise im Sandsturm widerfahren ist", antwortete sie mit leiser aber freudvoller Stimme. „Mamertus hat mir von Euren Erlebnissen berichtet." Solcherart beschwingt begaben wir uns durch die Menschenmenge zu unserem Stadthalterpalast, begleitet von der jubelnden Menge, die stolz darauf war, den römischen Kaiser in ihrer Stadt empfangen zu können.

Nachdem sich der Kaiser einquartiert hatte, trafen wir uns dann am Abend zum Empfang mit den Stadtrepräsentanten, und tafelten in fröhlicher Runde, froh den Staub der vergangenen Tage und die Anstrengungen der Reise hinter uns zu lassen und den fröhlichen Empfang zu feiern. Zur kulinarischen Begleitung trat auch eine Truppe schwarzer Tänzer auf, die zur einheimischen musikalischen Begleitung, akrobatische Kunststücke vor der Gesellschaft zum Besten gaben. Denke ich manchmal an diese Tage zurück, so erfreute mich mein Herz, solcherart friedliche Zeiten in der Begegnung mit Menschen zu erleben, inmitten einer Zeit, wo mir auch die Gräuel und kriegerischen Auseinandersetzungen in meiner Vergangenheit nicht unbekannt waren, die dieses Imperium Romanum auch schon erlebt hatte. Wie schön könnte doch die Welt sein, wenn sie sich in friedlichem, kulturellem Austausch treffen könnte, wie in solchen wenigen Zeiten dies auch zum Ausdruck kommen kann, dachte ich mir, eine „Augenweide für die Götter" aber naja, auch die Götter hatten schon mal ihre Auseinandersetzungen. Ob nun die römischen Götter, oder dieser eine Gott, den die Judaer verehren, die ich vor mehreren Jahren während meiner Tätigkeit im fernen Osten des Römischen Reiches kennengelernt habe, unser aller Schicksal lenkten, vermag ich nicht eindeutig zu sagen. Jedoch tragen wir Menschen mit unseren Gedanken und Handlungen entscheidend dazu bei, ob wir uns im Frieden oder im Krieg miteinander befinden. Unser Denken und Handeln bestimmt die Gegenwart und die Zukunft, solcherart Gedanken blitzen mir in diesen erlebten Momenten immer wieder durch den Kopf, und ich habe versucht, soweit es mir möglich war, mein Leben und mein Wirken immer auch in diese Richtung zu lenken. Ob mir dies auch immer in der gewünschten Weise gelungen ist, mögen meine und unsere Nachkommen besser beurteilen können als wir selbst in solchen Situationen …

Nach diesem Zeitpunkt genoss Hadrian noch fünf weitere Tage in unserer Mitte, besichtigte den Baufortschritt dieser zur Colonia ernannten Siedlung und deren Schönheiten, bevor er sich von uns verabschiedete, und sich wieder zurück nach Rom einschiffte, um sich seinen Regierungsgeschäften zu widmen.

Der Alltag kehrte wieder ein und mein drittes Amtsjahr in dieser Provinz neigte sich langsam dem Ende zu, bis ich eine Depesche aus Rom erhielt, in dem mich Hadrian zu einer neuen Aufgabe, zum neuen anbrechenden Kalenderjahr in der germanischen Grenzprovinz Noricum[474] berief. Ich befand mich nun in meinem 58. Lebensjahr, und gemäß den amtlichen Voraussetzungen, sollte dieses meine letzte berufliche Station vor meiner Pensionierung werden. Zum Glück lag meine Heimat, in der ich geboren wurde, nicht weit davon entfernt, in Raetia[475], einer Region, in der ich auch beabsichtigte, meinen Ruhestand zu verbringen. Bevor ich jedoch meinen neuen Dienst in Noricum antreten konnte, erreichte mich eine Nachricht meiner Tochter aus der fernen Heimat, dass es mit der Gesundheit meiner Mutter nicht zum Besten stand, die sich ja nun schon im 76. Lebensjahr befand. Aufgrund dessen, dass ich wegen meiner wechselnden Diensteinsätze im Römischen Reiche nicht allzu oft meine Heimatfamilie besuchen konnte, entschloss ich mich aufgrund einer vorherigen Dienstregelung, die mir durch den Imperator Hadrian gewährt wurde, vorzeitiger in meine Heimatprovinz Raetia abzureisen, um vielleicht meine Mutter noch lebend anzutreffen. Verdankte ich ihr doch so viel in meinem Leben, dass sie nach dem frühen Ableben meiner ersten Ehefrau Livinia, und

---

474 Noricum = römische Grenzprovinz im Norden des Reiches (Gebiet heutiges Österreich)
475 Raetia = röm. Provinz, heutiges Gebiet Schweiz und Bayern/Deutschland

deren Heimgang ins Elysium[476], meine beiden Kinder Marcus Claudius und Flavia-Aterissa ab dem frühen Kindesalter von sechs und vier Jahren an, mit in meinem früheren Heimatort aufgezogen hatte. Marcus Claudius war mittlerweile 32 Jahre alt und mittlerweile selbst in den militärischen Dienst eingetreten, wie ich aus den Briefen entnehmen konnte und zurzeit in der fernen Provinz Cappadokia[477] stationiert. Flavia Iterissa, jetzt 29 Jahre alt, hatte in ihrem Heimatort einen wohlhabenden Kaufmann geheiratet und führte mit meiner Mutter im Heimatort Abodiacum die Geschäfte einer Reisestation an der bedeutenden Straßenverbindung in Raetia an der Via Claudia Augusta. So verblieb meine Frau vorerst bis zum Antritt meines Nachfolgers in Carthago, während ich meinen Abschied von der Provinz im Monat Octobris nahm und zur Heimreise nach Raetien aufbrach. Von dort aus sollte ich dann zu Beginn des neuen Jahres meinen Dienst in Noricum antreten. Mein treuer Verwalter Mamertus sollte meinem Nachfolger, den neuen Statthalter Atilius Metilius Bradua[478], nach seiner Ankunft in Carthago die Amtsgeschäfte übergeben, und dann zusammen mit meiner jetzigen Ehefrau Pamphilia-Gratia nach Auflösung unseres Haushaltes in die neue Dienstprovinz folgen.

Mit dem Schiff ging es von Carthago aus 630 Meilen weit an die vier-ein halb Tage durch das mare nostrum bis zum Hafen Ostia von Rom und weitere drei Tage an der Küste entlang bis zur Hafenstadt Luna[479], von dort mit der Eil-Kutsche die restliche Strecke von 950 Meilen über Parma, Verona[480], Tridentum[481], die an der Fernstraße der Via Claudia Augusta die Alpen überquerend entlang über Pons Drusi [482], an Foetibus[483] vorbei, weiter nordwärts nach Abodiacum, wo ich nach über 18-tägiger Reise einer Wegstrecke von über 1.100 Meilen[484] endlich eintraf. Als ich mich meinem Heimatdorf näherte, begannen all die Erinnerungen wieder in meinem Gedächtnis zu kreisen, die ich während meiner Jugendzeit und späteren wenigen Besuchen in meinem Heimatort erlebt hatte. Als man die Kurierkutsche sah, die sich im Eiltempo dem Dorf näherte, empfing mich an der

---

476 Elysium = elysische Gefilde – antike römische Bezeichnung des „Jenseits" (Reich des Todes)
477 Cappadokia = heutige (nördliche Türkei) an der Schwarzmeerküste
478 Atilius Metilius Bradua = Statthalter Carthago (ab 123 n.Chr.), nicht historisch sicher belegt
479 Luna = heutige Hafenstadt Luna (la Spezia) Golf von Genua
480 Verona = heute gleichnamig Verona (bekannt durch röm. Amphitheater)
481 Tridentum = heutiges Trento (Trient) Italien/Südtirol
482 Pons Drusi = Meran (Reschenpass, Norditalien)
483 Foetibus = Füssen, Bayern
484 Meile/km = Umrechnung ca. 1750km

Straßenstation eine junge Frau mit zwei Kindern an ihrer Seite, die ich als bald an ihren markanten Gesichtszügen, als meine Tochter Flavia Aterissa erkannte. Überglücklich fielen wir einander in die Arme, hatten wir uns doch schon eine Ewigkeit von fast zehn Jahren nicht mehr gesehen. Trotz des Wiedersehens nach so langer Zeit, war der Anlass nicht gerade zur Fröhlichkeit gestimmt. Laut ihrer Aussage hatte meine Mutter in den letzten Tagen zusätzlich einen schlimmen Husten bekommen, der vehement an ihrer Lebenskraft zehrte, und ihren schmalen Körper jedes Mal schüttelte. Trotz dem sichtlichen Freudenglanze in ihren Augen nach zu urteilen, ihren Sohn nach so unendlich langer Zeit wieder zu sehen, merkte ich, wie ihre Lebenskraft in den Tagen danach zu schwinden begann. Das feuchte Klima der hiesigen Region, sowie auch die nebelverhangenen Wochen des angebrochenen Monats Novembris taten ihr übriges. Kaum acht Tage nach meiner Ankunft verstarb sie in meinen Armen, im Kreise der gesamten Familie, die sich um sie versammelt hatte. Nach der feierlichen conclamatio[485] und der anschließenden Ruhebettung am Scheiterhaufen wurden neun Tage später die verbliebenen Knochenreste mit Wasser und Milch gewaschen und anschließend der Urnenbestattung übergeben. Ihre letzte Ruhe fand sie dann am Siedlungsanger an der Dorfstraße, wo wir bereits vor über 26 Jahren meinen Vater beerdigt hatten. Viele Verwandte und Freunde kamen, um an den Begräbniszeremonien teilzunehmen, kannten sie doch viele aus der unmittelbaren Umgebung, aber auch von weiter her, da sie zu ihren Lebzeiten, nach dem Ableben meines Vaters, die lokale Straßenstation an der Via Claudia weiterführte und mit ihrem herzhaften Humor und ihrem keltischen, energischen Temperament vielen Gästen, sowie auch Reisenden in guter Erinnerung war.

Nun lag es an mir und meiner verbliebenen hier ansässigen Familie, Onkel, Cousins sowie Nichten und Neffen, ihrer zu gedenken. Einen mir noch gut aus meiner Zeit, bekannten Aciscularius[486], den ich vor meiner Militärzeit in Augusta Vindelicorum[487] kennengelernt hatte, beauftrage ich mit der Herstellung eines würdigen Gedenksteines zum ewigen Andenken an meine Mutter, den dieser mit entsprechender Inschrift in den nächsten Wochen bis zu meiner Abreise nach Noricum fertigen sollte.

---

485 Conclamatio = Trauer-/Totenklagezeremonie
486 Aciscularius = antike römische Bezeichnung für einen Steinmetz
487 Augusta vindelicorum = Augsburg, Stadt im heutigen Südbayern

*Abbildung 25: Wei-
hewidmung CPC an
seine Mutter*

CL (audiae) **INDUT** [i f(iliae)]
CLEMENTI [nae]
CL (audius) **PATERNVS**
CLEMENTIAN [us]
PROC (urator) **AVG** (usti)
MATRI.

Sinngemäße Übersetzung:

*Der Claudia Clementi, Tochter des Indutus, Mutter des kaiserlichen Prokura-
tors Claudius Paternus Clementianus, gewidmet.*

Dieser Grabstein (Tuffstein) ist historisch belegt unter folgender Bezeichnung: **CIL.III 5777 = Vollmer 87.**
Aufgefunden im Jahre 1830 beim Abtragen der spätrömischen Mauer
des Lorenzberges bei Epfach (röm. Abodiacum)
Heute gelagert im Maximilianeum Augsburg, unter (Inv. Lap 128)

Kapitel X
Vices ages legatis (noricum)

Frühjahr 876 - ab urbe condita (A.D. 123)

im 7. Regierungsjahr des Erhabenen Hadrian

Mihi fere satis est quod vixi vel ad aetatem vel ad gloriam!
Für mich habe ich genug gelebt, im Hinblick auf Alter wie auf Ruhm!
(Cicero: Philippische Reden,1,38)

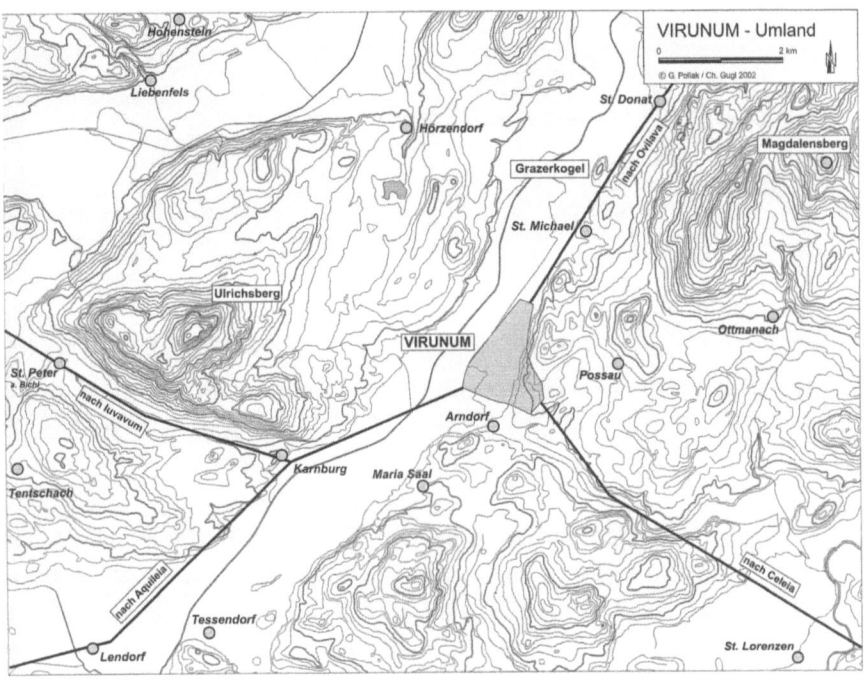

Abbildung 26: Virunum und sein heutiges Umland (grau unterlegt, das eigentliche Stadtgebiet). Bildquelle: R. Jernej / Ch. Gugl (Virunum, Das Römische Amphitheater

Abbildung 27: Provinzkarte Noricum; Quelle: Joachim Schäfer - Bild Public domain; freigegeben <a href="www.heiligenlexikon.de">Ökumenisches Heiligenlexikon</a>

Nun, schweife ich zurück in meinen Gedanken an die letzten Wochen und Monate, so muss ich sagen, dass diese Zeit nach meiner Ankunft nicht einfach war. Nachdem wir meine Mutter begraben und die angeordneten Begräbnisfeierlichkeiten und kultischen Reinigungsrituale abgeschlossen waren, hatte ich die Zeit mich nun mehr meiner Heimatfamilie zu widmen. Flavia Iterissa war zu einer jungen Dame im Alter von 28 Jahren herangewachsen, hatte nach ihrer Vermählung mit einem Kaufmann, zwei Kinder, einen Sohn Livinius und eine Tochter Drusilla, bekommen, und führte nun mit ihrem Mann Sempronius die Straßenstation an der Via Claudia. Auch die Familien meiner Cousins Sicatus, als auch Marcus lebten in Abodiacum, sodass diese Zeit meines Aufenthaltes mit vielen gemeinsamen Treffen ausgefüllt war. Sicatus, der das Pferdegestüt seines Vaters Indutus [filius] übernommen hatte, den ich aus meiner Jugendzeit immer

178

noch wegen seines „Reitkunststückes" in Erinnerung hatte, reagierte immer wieder voller Entrüstung, wenn ich seinen eigenen Kindern und Enkeln davon erzählen musste, die von mir natürlich viele Antworten zu Fragen aus der Vergangenheit ihrer Eltern und Großeltern wissen wollten. So verstrichen die Festtage der Saturnalien488, der Winter hüllte die Landschaft in einen dicken weißen Mantel und der an der Siedlung vorbeifließende Licca begann zuzufrieren, sodass die Kinder auch die Vorzüge des gefrorenen Flusseises spielerisch genießen konnten. Ich genoss die Zeit ebenso mit meinen eigenen Enkeln Livinius und Drusilla (sechs und vier Jahre alt), den Kindern meiner Tochter Flavia Iterissa, die ihren neu kennengelernten Großonkel mit vielen Fragen zu der fernen Welt ausquetschten, in der ich bislang unterwegs gewesen war.

Der Januarius neigte sich langsam dem Ende zu und für mich näherte sich die Zeit meine neue Aufgabe als Statthalter der Nachbarprovinz Noricum anzutreten. Zudem sehnte ich mich auch nach meiner lieben Ehefrau Pamphilia-Gratia, die mir in einer Depesche mitteilte, dass sie in der Zwischenzeit mit meinem Verwalter Mamertus in Carthago alles abschließen konnte. Der neue Statthalter hatte meine Amtsgeschäfte von meinem Verwalter, mit den notwendigen Informationen, übertragen bekommen, sodass die beiden danach im Monat Martius zu meiner neuen Amtsaufgabe im fernen Noricum stoßen konnten.

Das Abschiednehmen von meiner Heimatfamilie war diesmal nicht so schwierig, hatte ich ja aufgrund meiner Dienstjahre noch drei Jahre bis zu meinem wohlverdienten Ruhestand, den ich plante, hier in meiner ehemaligen Geburtsregion zu verbringen. Mit der Kutsche ging es bis zur entfernten Provinzhauptstadt Augusta Vindelica, wo ich in der Militärgarnison für eine Woche einquartierte, um mich am nächstmöglichen Termin am auftauenden Fluss Danuvius, in einer Fähre einzuschiffen. Die Gelegenheit des Aufenthaltes nutze ich noch zu einem Besuch meines langjährigen Freundes und Kameraden Titus Flavius Quintinus. Wir hatten uns seit 20 Jahren nicht mehr gesehen, als ich ihn in Gontia489 auf der Durchreise zu meiner neuen Dienstaufgabe in Bregetio das letzte Mal besucht hatte. Auch er hatte seine militärische Dienstzeit verlängert und war nunmehr als „kaiserlicher Gardekommandant" einer Vexillation490 der Ala-II

---

488 Saturnalien = römisches Hauptfest des Jahres (beginnend ab 17.Dezember für bis zu 7 Tage)
489 Gontia = heutiges Günzburg
490 Vexillation = Unter-Kommandoeinheit einer Legion

flavia (pia fidelis)[491] in der Provinzhauptstadt stationiert. Als Statthalter von Raetien war zurzeit ein Bekannter von mir, Quintus Baienus Blassianus[492], ein Mann meines Alters, der zuvor schon das Amt des Procurators in den Provinzen Cappadodocia/Armenia[493] und Mauretania[494] innehatte. So hatten wir gemeinsame Erfahrungen in den verschiedensten Reichsprovinzen, die wir in der uns zur Verfügung stehenden Zeit ergiebig austauschten, und als zukünftige „Provinznachbarn" weiterhin pflegen wollten. Zu solch einer freundschaftlichen Besprechung stieß dann auch mein Freund Quintus, der mich freudestrahlend begrüßte und sich stürmisch in meine Arme warf. Was für ein Empfang, was für eine stattliche Figur, ergrautes schütteres Haar, aber dennoch unverkennbar im Temperament der überschwänglichen Wiedersehensfreude. Den gemeinsamen Tag darauf verbrachten wir wie immer bei einem ausgiebigen Besuch in der urbanen Therme und feierten danach unser Wiedersehen bei einem opulenten Mahl im Heim seiner Familie. Ich hatte noch gut in Erinnerung, dass „Amors Blitz" bei ihm vor zwanzig Jahren eingeschlagen hatte, so lernte ich auch seine Frau Amelia und seinen Sohn Publicus Crescens kennen, der vor kurzem auch die militärische Legionslaufbahn eingeschlagen hatte. Auch er nahm freudestrahlend zur Kenntnis, als ich ihm mitteilte, dass auch ich mich inzwischen wieder vermählt hatte, gemäß seinen damaligen Abschiedsworten vor 20 Jahren „als unverheirateter Mann ist man nur ein halber Mensch", was ich ihm nur bestätigen konnte. So vieles gab es zu erzählen und Informationen auszutauschen, sodass der Tag zu schnell verging und ich mich in mein Quartier zurückbegeben musste.

Am nächsten Tage bekam ich die Nachricht, dass ein Schiff am Handelshafen des Licca-Flusses in Richtung zum Danuvius und weiter in Richtung nach Ovilava[495] in zwei Tagen auslaufen wollte, wo ich eine Mitfahrgelegenheit bekam. So rüstete ich mich am Tage danach für meine Abfahrt, traf mich nochmals zum Abschied mit Quintus Baenus Blassianus und Titus Flavius Quintinus, bevor ich am Tage der Abfahrt am Fährhafen eintraf, wo meine Weiterreise beginnen sollte. Der Kapitän des Schiffes teilte mir mit, dass die Strecke über Sumuntorum [496] in den Danuvius, mit

---

491 Ala II flavia [pia fidelis] = römische Auxiliareinheit (als Ala II [milliaria] Flavia Gemina) gem. Diplom von 116 n.Chr.
492 Quintus Baienus Blassianus = röm. Ritter und Statthalter von Raetia (ca. 123 n.Chr.)
493 Kappadocia / Armenia = heutige Schwarzmeerküste
494 Mauretania = westl. Mittelmeer (Algerien/Marokko)
495 Ovilava = heutiges Wels (Oberösterreich) an der Traun
496 Sumuntorum = röm. Legionslager an der Flussmündung des Lech in die Donau

Zwischenstationen in Castra Regina[497], über Bojodorum[498] (240 Meilen) bis zum Zielhafen Lentia[499] nach Ovilava ca. acht bis neun Tage dauern würde. Ich hatte schon einmal vor 20 Jahren eine Fahrt zu einer ähnlichen Jahreszeit auf dem Danuvius gemacht, als ich mich zu meinem Einsatzort nach Vindobona und Brigetio begeben hatte. Zu dieser Jahreszeit in den letzten beiden Wochen des Monats Februarius, war eine Reise noch relativ „erfrischend", wenn ich an all meine letzten Einsatzorte in Judaea, Sardinia und Africa Proconsularis denke, wo die Hitze und das Mittelmerklima die Fahrten bestimmte. Wie ich erfuhr, verteilten sich von Ovilava aus drei bedeutende Hauptstraßen. Die sogenannte „Via Norica" (Nord-Süd-Verbindung), die Ost-West-Verbindung in Richtung Juvavum[500], sowie eine weitere Straße, die von Ovilava ausgehend über das Kastell „Ad mauros[501]" am Donaulimes entlang nach Bojodorum führte. In Ovilava angekommen übernachtete ich für einen Tag, bevor ich am nächsten Tage eine Kurierkutsche nutzen konnte, die mich durch die Alpentäler zu meinem neuen Einsatzort bringen konnte. Ab da hatte ich dann die Möglichkeit mit einer Eil-Kurierkutsche weiter die restliche Wegstrecke (ca.130 Meilen) über die Alpentäler nach Virunum[502] in weiteren fünf Tagen zu erreichen. An der Wegstrecke begann der Schnee allmählich an den Berghängen zu weichen, und so manche Brücke an Flussübergängen konnte nicht ohne erheblicher Gefahr wegen des Schmelzwassers bewältigt werden. Letztendlich kam ich am sechsten Tage etwas verspätet in den Abendstunden in Virunum an, wo mich bereits der Quartiermeister erwartete, um mich in meine Unterkunft zu geleiten, wo ich mich nach den erheblichen Reisestrapazen auch ermüdet, den Tag meinen Göttern „empfahl" und ermattet einschlief.

Als ich am nächsten Morgen erwachte, erwartete mich bereits ein Adjutant mit einem ausgiebigen Frühstück und der Mitteilung, dass mich der duumvir[503] (magister vici) zur hora quinta[504] des Tages gegen Mittag abholen würde, um mir die Stadt zu zeigen, um mich anschließend den

---

497 Castra Regina = röm. Legionslager, heutiges Regensburg
498 Bojodorum = heutiges Passau (Grenze Deutschland zu Österreich)
499 Lentia = Linz (Obersterreich) an der Traun-Mündung in die Donau
500 Juvavum = Salzburg (Österreich)
501 Ad mauros = Kastell bei Eferding (Oberösterreich)
502 Virunum = Municipium Claudium Virunum, (Gründung ca. um 45 n.Chr.) als röm. Hauptstadt der Provinz Noricum
503 duumvir / Magister vici = einer von 2 Bürgermeistern einer röm. Stadt
504 Hora quinta = 5. Tagesstunde (entspricht unserer Tageszeit um 11:00 Uhr)

städtischen honestiores[505] in meiner neuen Aufgabe vorzustellen. Vom Fenster meines Regierungssitzes aus, konnte ich die Stadt gut überblicken. Da dieser etwas erhöht auf einer Hügelkuppe lag, ergab sich mir ein eindrucksvoller Blick in Richtung Westen, in der sich die Siedlung entlang des decumanus maximus[506], einbettete. Soweit das Auge blickte, konnte ich die Ausmaße dieser civitas[507] erkennen, die in wahrhaft geometrischer Weise angeordnet war. Wie ich vernommen hatte, befand sich eine ursprüngliche Siedlung (Berg-/Virunum[508]), die bereits durch die keltische Urbevölkerung der Noriker[509] gegründet wurde, auf einer größeren Bergflanke in ca. elf Meilen Entfernung im Norden, die dann aber nach der römischen Übernahme unter dem Imperator Claudius[510] als Municipium Claudium Virunum im Tale gegründet, und als neuer Regierungssitz der Provinz Noricum eingesetzt wurde. Die Gesamtregion dieser Provinz umfasste ein Gebiet von ca. 5.600 Quadratmeilen[511], etwa ähnlicher Größe wie Raetien. Sie erstreckte sich im Norden am Fluss Danuvius von Bojodorum[512] über Lauriacum[513], bis Vindobona[514] zur Grenze Pannoniens, südwärts entlang bis Poetovio[515], und Celeja[516] am Dravus[517], nach Westen über Aguntum[518] bis Vipetenum[519], und wieder nördlich entlang des Aenus[520] bis nach Poetovio.

Zur vereinbarten hora quinta wurde ich dann vom Duumvir der Stadt abgeholt, der sich freundlich mit Namen als Lucius Sempronius vorstellte. Er bot mir an, einen ersten Überblick über diese Siedlung zu verschaffen, bis wir uns mit den Honestiores am Forum der Stadt danach zum ersten Kennenlernen treffen sollten. Die Stadt selbst war keine „gewachsene" Siedlung, sondern wie schon erwähnt von Imperator Claudius vor

---

505 Honestiores = Würdenträger der Stadt, (ordo decurionum) Stadtrat
506 Decumanus maximus = Hauptstraße (Nord-/Süd-Richtung)
507 Civitas = Siedlung, zur Stadt erhoben
508 Berg-/Virunum = ursprüngliche keltisch.-/röm. Siedlung auf dem Magdalensberg/Kärnten auf ca. 1.000m Seehöhe
509 Noriker = keltische Urbevölkerung, ehemaliges Königreich vor römischer Besetzung
510 Claudius = römischer Kaiser (41-54n.Chr.)
511 Quadratmeilen = ca. 9.000km²
512 Poetovio = heutiges Passau a. d. Donau
513 Lauriacum = Enns a. d. Donau
514 Vindobona = Wien a. d. Donau
515 Poetovio = Ptuj (Pettau) Slowenien
516 Celeja = Celje a. d. Save; Slowenien
517 Dravus = Drau-Fluss (Kärnten/Österreich)
518 Aguntum = Lienz (Osttirol/Kärnten)
519 Vipetenum = Sterzing (Südtirol/Italien)
520 Aenus = Inn-Fluss

etwa 70 Jahren gegründet, und in sehr planmäßiger Weise sehr rechteckig geplant. Von Süden ausgehend durchzog die „norische Hauptstraße" die Stadt nach Norden. Von hier aus verzweigte sich auch die Straße wiederum nach Süden nach Celeja, der alten „Bernsteinstraße", die schon seit jeher von der Bevölkerung als bedeutender Handelsweg genutzt wurde. Unterbrochen wurde die Hauptstraße durch den Mittelpunkt der Stadt, dem sogenannten Forum, mit anschließendem Tempelbezirk, einer städtischen Basilica, einem Bäderbezirk, einem Dolichenum[521] und dem Prokuratorenpalast, etwas östlich auf einer Anhöhe gelegen. Darum herum gruppierten sich dann sogenannte Insulae[522] durchbrochen von den in Ost-/Westrichtung ziehenden Cardi[523], sowie der nord-südlich ziehenden Decumani[524]. Ebenfalls östlich auf einer Anhöhe befanden sich ein Theatrum[525], das kurz vor der Bauvollendung stand, sowie etwas weiter nördlich des Prokuratoren-Palastes gelegen ein Castrum[526] der Statthaltergarde, plus davorliegendem Siedlungsareal. Im Westen wurde die Siedlung durch den von Norden nach Süden fließenden Glanus[527], benannt nach einem keltischen Wassergott, begrenzt, der sich durch die weite Ebene schlängelte, um nach weiteren 30 Meilen in den Corcoras[528] und später in den, Hauptfluss der Region, Dravus[529] zu münden. Inmitten dieser Ebene lag die Siedlung in einem fruchtbaren Tal, umrahmt von größeren Hügeln im Osten und Süden, sowie erhebenden Bergen im Norden und Westen. Alles in allem eine Stadt, die etwa ca. 4.000 Einwohnern Platz bot, und sich aufgrund der ambitionierten Lage im römischen Reich noch bestimmt weiterentwickeln würde.

Dies waren in knappen Schilderungen die Ausführungen des patroni/magister vici, sodass ich mir eine Vorstellung zu den Daten der Region und der Stadt machen konnte. Die ausführlichere Variante stand mir mit den einzelnen städtischen honestiores und deren Verwaltungsbereiche und Aufgaben bevor, denen ich im Anschluss vorgestellt werden sollte. Zur dritten Stunde nach Mittag fanden wir uns dann im Zentrum der Stadt, dem Forum, ein, wo ich dann als neuer Statthalter, den urbanen

---

521 Dolichenum = dem Gott Jupiter geweihter Tempel
522 Insulae = mehrstöckige Wohnhausgruppen
523 Cardi = (singular Cardo) Ost-/West Achsstraßen
524 Decumani = (singular Decumanus) Nord/Süd Achsstraßen
525 theatrum = Bühnentheater
526 castrum = befestigtes Militärlager der „equites singulares"
527 Glanus = Glan, Fließgewässer in die Gurk
528 Corcoras = Gurk (der Gurgelnde) mündet in den Hauptfluss der Region der Drau
529 Dravus = Drau, regionaler Hauptfluss Kärntens

Amtsträgern, den diversen Magister vici der umliegenden Siedlungen und Dörfern vorgestellt wurde. Da diese ausnahmslos der urbanen römischen Municipalaristokratie[530] angehörten, hatte man keine Mühe gescheut, um ein entsprechendes Bankett für den Amtsantritt des neuen Statthalters vorzubereiten. Galt es doch sich darum als besonders befähigt für die verschiedenen Bereiche des alltäglichen Lebens in Szene zu stellen. In den verschiedenen Provinzen meiner Tätigkeit hatte ich verschiedene Amtsträger kennengelernt, solche die sich durch Fleiß und Können auszeichneten, aber auch manchmal solche, die lediglich durch Protegieren einflussreicher Aristokraten und entsprechender Sesterzenanzahl in diverse Amtspositionen rückten. So bestand ein Teil meiner zukünftigen Aufgabe auch darin, in der Verwaltung der Provinz auch die entsprechenden Amtsträger kennenzulernen und deren Fähigkeiten in ihren Verwaltungsressorts zu prüfen. In dieser Weise bekam ich also die verschiedensten Honoratoren des ordo decurionum[531] der Stadt vorgestellt.

Beginnend mit dem Duumvir, den Aediles[532], zu den Questores[533], bis hin zu den ca. 100 Decuriones die das Kassenwesen und Stadtarchive verwalteten, über die verschiedenen, die für die Lebensmittelversorgung, Handels-/Marktüberwachung, dem Bauwesen, der Aufsicht der verschiedenen Verwaltungsbauten, den höheren Oberbeamten, den Duoviri[534], denen die Pflege der traditionellen Gemeinde- und religiösen Pflichten, der Steuereinnahmen, und Aufsicht der Zivilgerichtsbarkeit oblag. Den Abschluss bildeten noch zwei Vertreter der religiösen Verwaltung, Auguren/Pontifices[535], vom Tempel des Jupiter Optimus Maximus und Mars Ultor, und zu guter Letzt noch der Kommandant der norischen Ala I Augusta Thracum[536], Gaius Geminius Priscus[537], der zu meiner Amtseinführung aus dem Hilfstruppenlager Augustiacum[538] am Danuvius in

---

530 Municipalaristokratie = lokale Amtsschicht, mit römischem Bürgerrecht, tlw. ehemalige keltische Bevölkerung

531 Ordo decurionum = antike/r Angehörige/r des Stadtrates, Duumvir, Aedilen u. Quästoren. (Verwalter eines municipiums). Sind dem kaiserlichen Verwalter der Provinz (Statthalter) untergeordnet.

532 Aedil = (plural aediles/jure dicundo) fortgeschrittener Beamter in Hierarchie

533 Questores = Finanzstadtrat

534 Duoviri = (plural. Duumviri) Oberbeamter, 2 Bürgermeister deren Amt täglich wechselt

535 Auguren/Pontifices = Vertreter der religiösen Verwaltung

536 Ala I Augusta Thracum = bis 96 in Raetia, danach in Noricum, Auxiliartruppe der thrakischen Bogenschützen in Augustiana

537 Gaius Geminius Priscus = Legionskommandant der Ala I Augusta Thracum aus …

538 Augustiacum = (Traismauer NÖ) Legionshauptquartier der Ala I Aug.Thracum am Danuvius

Virunum anwesend war. Ihn begleitete Decurio Quintus Fabius Modestus[539] aus dem Vexillationslager oben am Hügel, neben dem Statthalterpalast. So reihte sich ein Name nach dem anderen in meinem Gedächtnis ein, und zog an meinem inneren Auge vorbei. Ich gab mir größte Mühe mir alle Namen zu merken, konnte ich mir jedoch so einen ersten Eindruck der regierenden Siedlungselite in dieser Stadt verschaffen. Für den nächsten Tag war dann die Präsenz an einer religiösen Opferzeremonie im Haupttempel geplant, der sich gleich neben dem Forum befand, an dem auch die hiesige Bevölkerung geladen war, um meinem Amtsantritt beizuwohnen. Vorerst jedoch bildete den Abschluss des heutigen Tages ein Bankett, um meinen ersten Arbeitstag in Virunum abzuschließen. Nach der abendlichen Stärkung begab ich mich in meine Privatgemächer, wo bereits eine Depesche von einem Eilkurier für mich abgegeben wurde. Mein Herz schlug höher, als ich die Schrift meiner lieben Frau Pamphilia erkannte, die ihre Reiseankunft zusammen mit meinem Verwalter Mamertus aus Carthago in 14 Tagen für Mitte Aprilis ankündigte. Wie sehr sehnte ich mich nach ihr, sodass die Zeit der Trennung seit meiner Abreise letzten Jahres im October in meine Heimatstadt Abodiacum, fast wie eine Ewigkeit vorkam. Nun umso mehr spürte ich in mir, dass ein Mann ohne seine Frau nur ein halber Mensch ist, und so sehnte ich mich jeden Tag mehr, meine Geliebte endlich wieder in meine Arme schließen zu können.

Am nächsten Tage zur dritten Tagesstunde versammelte sich bereits eine große Menschenmenge am Fuße des Hügels, auf dem sich der Statthalterpalast befand, in dem dortigen Forum neben dem Kapitol im Tempelbezirk. Von meinem Fenster aus konnte ich dies überblicken, bis dahin waren es nur wenige Wegminuten, die ich jetzt zusammen mit meinem Adjutanten, Rufus Colonius hieß dieser, wie ich erfahren hatte, über die Treppen der Hügelkuppe hinunterschritt. Es war ein erhebender Blick, der über das weißglänzende Häusermeer in der Morgensonne schweifte, die sich über der östlichen Hügelkuppe erhoben hatte. Vorbei am riesigen Hof des Forums den decumanus maximus entlang, auf das angrenzende Areal des Capitols entlang in den Innenhof, wo die murmelnde Menschenmenge bereits auf meine Ankunft wartete. Trotz der bereits seit einer Stunde aufgegangenen Sonne, fröstelte es mich etwas in meiner weißen Toga, so war ich froh, dass die Schritte von meiner Wohnstätte zum Ort der religiösen Zeremonie, mir doch etwas Bewegung und damit auch

---

539 Quintus Fabius Modestus = Decurio einer Reitereinheit, hist. belegt durch einen Gedenkstein (CIL III, 4806). Aufgefunden 1849/50 am ISIS/Norea Heiligtum Hohenstein (ca. 20km entfernt von Virunum), heute ausgestellt im Landesmuseum Klagenfurt/Kärnten

etwas Wärme verschafften. Wir durchschritten die wartende Menschenmenge am Forum über eine Treppe hinauf zum Tempelhof, der von einem aus drei Seiten umgebenden zweistöckigen Bau, mit darunterliegendem Cryptoporticus, einem Gewölbegang mit Säulenhalle, flankiert wurde. Die davorliegende Fläche bestand aus ungestampftem Lehmboden, der in Richtung Haupttempel, dem Capitol, sanft anstieg. Dieser erhob sich auf einem Stufenportal und wurde von sechs gewaltigen Säulen umsäumt, an deren Seiten sich rechts und links große brennende Opferfeuerschalen befanden, die die dahinterliegende Vorhalle flackernd beleuchteten. Der ganze Bau war etwa an die 30 Fuß[540] hoch und maß in den Dimensionen 120 x 80 Fuß, und entsprach etwa einem Drittel der Breite, sowie einem Viertel der Länge des Hofes, und war der kapitolinischen Trias[541], Jupiter, Juno und Minerva, gewidmet. Aufwendig mit Blattornamenten, Schmuckkapitellen und Gesimsen in bunten Farben verziert, vermittelte dieses Capitol einen imposanten Eindruck auf dem Tempelgelände. Links davon erhob sich in kurzer Entfernung ein kleinerer Kaiserkulttempel, auf dessen Marmorplattform eine Statue des ersten römischen Imperators Augustus[542] stand. An den Treppenstufen des Capitols angelangt, begrüßten mich kopfnickend die Amtsträger, die ich gestern bereits kennengelernt hatte. Zwei Pontifices-Priester hatten jeweils in der ihnen vorstehenden Opferschale, die Weihrauchopfergabe gesenkt, sodass den Vorplatz eine herbe rauchige Atmosphäre einhüllte. Auf ein Posaunensignal und dem Ausruf „silentium" des Bürgermeisters Lucius Sempronius hin, erstarb das Murmeln der zahlreich versammelten Volksmenge, sodass ich meine Antrittsrede beginnen konnte.

„Bürger von Rom, Untertanen des römischen Reiches und Bewohner der Provinz Noricum, ich begrüße Euch und entbiete Euch den Gruß unseres Imperators Caesar Traianus Hadrianus Augustus, der derzeit auf Inspektionsreise in den östlichen Provinzen des Reiches weilt. Ich wurde Euch durch ihn, für die Zeit von drei Jahren zum Statthalter dieser nördlichen Provinz bestellt, dessen Wohlergehen und Förderung, ich mit besten Kräften meiner Person, als auch Eurer aller Unterstützung, dem Reiche zum Dienste stelle. Wir leben in einer Zeit des Wohlstandes und vor allem des Friedens, den wir alle unserem Imperator Hadrian verdanken. Auch entstamme ich ebenso wie ihr einer nördlichen Provinz, der

---

540 Fuß = pes (plural) römisches Längenmaß; 1 Fuß = 296mm
541 Kapitolinische Trias = oberste Schutzgottheiten (Jupiter, Juno u. Minerva) abgeleitet vom Haupttempel in Rom
542 Augustus = 1. Röm. Kaiserreichsgründer (Octavian *63 v./27v.-14nChr.)

Nachbarregion Raetia, und verdanke als Nachfahre der urbanen Bevölkerungsgruppen die Vorzüge des römischen Imperiums. Frieden, Wohlstand, wirtschaftlicher Erfolg der urbanen Region, und vor allem den Schutz unserer Legionstruppen an den Grenzen dieser uns bekannten Welt. Lasst uns gemeinsam daran arbeiten, dass unser Imperator Hadrianus, aber vor allem unsere Kinder und Kindeskinder diesen Wohlstand erleben und mehren können. Keltisches Erz, das vor allem in dieser Region abgebaut und zu Eisen verarbeitet wird, ist ein wirtschaftlicher Faktor, Steinsalz, mit dem unsere Lebensmittel für den Handel und Transport haltbar gemacht werden kann, sowie Gold, Silber und andere Bodenschätze, die hier in den umliegenden Bergen abgebaut werden, sind über unsere Provinz hinaus im Römischen Reich hoch geschätzt und tragen so zu unserem Wohlstand bei. Mögen uns die Götter weiterhin begleiten und allen voran Jupiter Dolicenus durch unsere tägliche Mithilfe bewahren."

Nachdem ich meine Ansprache zum Amtsantritt, mit einigen weiteren Ausführungen ergänzt und abgeschlossen hatte, brauste Jubel unter der Menschenmenge und Glückwünsche zu einem erfolgreichen Amtsbeginn auf. Anschließend begab ich mich mit einigen Amtsträgern zum angrenzenden Forumsgebäude, um den Tag und die kommenden Wochen mit entsprechenden Aufgaben zu planen.

Die Tage vergingen, und die Ankunft meiner Frau Pamphilia und meinem Verwalter Mamertus stand in den kommenden Tagen an. Mein mir von Anbeginn in Viruno zur Verfügung stehende Adjutant Rufus Colonius meldete mir, dass entsprechende Vorbereitungen, sowie Räumlichkeiten unserer Privatgemächer zum Empfang bereitstanden. Am Vormittag des darauffolgenden Tages erreichte mich ein militärischer Eilkurierreiter, der die Ankunft der Reisegruppe für den übernächsten Tag gegen Abend auf der Route der Via Julia Augusta[543] von Aquileija[544] über Ad Tricesimum[545], Julium Carnicum[546] und Santicum[547] nach Virunum ankündigte. Für diesen Tag hatte ich mir offiziell freigenommen, da ich die Reisegruppe privat und ohne amtliche Verpflichtungen zum Empfang begrüßen wollte. Als sich dann mein Blick in Richtung Süden wandte, und sich

---

543 Via Julia Augusta = Hautverkehrsverbindung von Aquileija nach Noricum/Virunum
544 Aquileija = adriatische Hafenstad (Friaul-Julisch, Venetien/Italien)
545 Ad Tricesimum = Tricesimo (Udine/Italien) 30. Meilenstein ab Aquileja an der Via Julia Augusta nach Noricum
546 Julium Carnicum = Zuglio (Friaul-Venetien/Italien)
547 Santicum = Villach (Kärnten/Österreich)

eine carruca[548] auf dem decumanus maximus der Stadt näherte, begleitet von einer Schutzeskorte von vier Reitern, schlug mein Herz höher. Kurze Zeit später näherte sich die Reisegruppe dem kleinen hügeligen Aufweg zum Statthalterpalast. Als sich dann der Wagenschlag öffnete und meine Frau entstieg, schloss ich sie stürmisch nach unserer mehrmonatigen Trennung in die Arme. Mamertus, der ihr nach dem Aussteigen folgte, wartete geduldig nach dem fröhlichen Empfang, bis auch er von mir herzlich begrüßt wurde. Ein weiterer Wagen mit etwas Hausstand und sonstigen Reiseutensilien sollte dann wenig später noch nachfolgen, da der Kutscher auf Bitten meiner Frau für die letzte Wegstrecke etwas mehr Tempo eingeschlagen hatte. Mein Adjutant führte Mamertus in seine Unterkunft, und Pamphilia und ich begaben uns auf die Terrasse meiner Unterkunft und Diensträume, von wo aus ich ihr freudestrahlend die unter uns liegende Stadt und ihre Ausdehnung zeigte. Nach einem ausgiebigen Abendmahl, den ein hervorragender Falerner Wein abrundete, begaben wir uns in unsere Privatgemächer, wo wir überglücklich unser Wiedersehen mit stürmischen und leidenschaftlichen Liebkosungen feierten. So vieles hatten wir uns danach zu erzählen, als wir nach sinnlicher Leidenschaft ermattet und fröhlich einander in die Augen blickten. Die Zeit stand still an diesem Abend für zwei überglückliche Seelen, die sich nach längerer Trennungszeit wieder erfüllend liebten.

Eine meiner ersten Reisen in die nähere Umgebung war der Besuch des ehemaligen (Berg-)Virunum, einer ursprünglich keltischen Gründungssiedlung, das, wie bereits erwähnt, ca. elf Meilen entfernt nördlich der heutigen Talsiedlung lag. Den Besuch machte ich zusammen mit meiner Frau Pamphilia-Gratia, sowie meinem Verwalter Mamertus, als auch mit dem Decurio meiner Gardereiter Quintus Fabius Modestus. Ziel war es zum einen die ehemalige Hauptstadt Noricums kennenzulernen, die mit der Gründung von (Tal-)Virunum vor 80 Jahren in ihrer wirtschaftlichen Bedeutung aufgehört hatte zu existieren. (Berg-)Virunum war eine ehemalige Goldbarrengießerei des damals gerade okkupierten Alpenraumes. Das Gold wurde hier in den umliegenden Bergen des Taurus-Gebietes, und aus den goldseifenhaltigen Flüssen gefördert. Die Barren wurden

---

548 Carruca = Carrus actuatus, antiker vornehmer Wagen, ähnlich carpenta, aber als Dienstfahrzeug für Damen oftmals benutzt

damals in die Formen mit Titulatur des amtierenden Imperators versehen, da dies ein kaiserliches Monopol darstellte. Nachdem wir von (Tal-)Virunum aus auf unserem Ausritt ca. eineinhalb Meilen nordwärts am decumanus maximus entlangritten, bog die Straße dann nach rechts ab, um sich langsam weitere zwei Meilen durch die hügelige Landschaft zu schlängeln, bis dann der Weg steiler und steiler wurde, und sich der Weg in Serpentinen auf den nächstgrößeren Berg zu ziehen begann. Von Quintus Fabius Modestus erfuhr ich, dass diese aufsteigende Bergflanke einer der höchsten Erhebungen in dieser näheren Umgebung war, weshalb diese ursprüngliche Siedlung wohl auch von der keltischen Bevölkerung in den letzten beiden Jahrhunderten als sicheres Oppidum[549] und Bollwerk gegen feindliche Stämme genutzt wurde, bevor die römische Besatzung das Gebiet für sich in Anspruch nahm, wenngleich auch in friedlicher Nutzung, da die Zusammenarbeit zwischen der Urbevölkerung und der Römischen Besiedlung, sich in friedfertiger Weise vollzog. Vor allem wegen dem florierenden Handel der regional geförderten Bodenschätze, insbesondere dem berühmten ferrum Noricum[550], das zur Waffenherstellung genutzt, sowie auch dem hochgeschätzten wertvollen Golderz, das für die kaiserliche Finanzkasse verarbeitet wurde. Ja sogar der Export alpiner Bergkristalle ins südliche Latinum bezeugte dies, wie Plinius[551]-Secundus dies in seiner naturalis historia[552] über die Herkunft exzellenter Quarze aus der alpinen Region vor über 50 Jahren beschrieb.

Für das anstrengendste Wegstück brauchten wir nunmehr aufgrund der aufsteigenden Bergflanke ca. zwei Stunden im langsamen Trabritt. Unterwegs erblühten zurzeit gerade die Bäume, so dass wir zu unserem Ausritt auch die wunderbare Natur genießen konnten. Sobald die vor uns aufragende Bergkuppe in Sicht kam, erweiterte sich der Weg in etwas breiterer Weise. Vor uns ragte ein triumphbogenartiges Doppeltor auf, das zum Teil bereits verfallen war. Am Tor erwartete uns ein keltischstämmiger Führer, Gajus Julius Adnamatus[553], mit dem wir uns vor ein paar Tagen in Virunum zu diesem Ausflugsziel verabredet hatten. Wie es sich später herausstellte, war er ein Nachkomme der Adnamati[554], der mit seiner Familie

---

549 Oppidum = keltische Verteidigungsschanzwerk, befestigte Siedlung
550 ferrum Noricum = Norisches Eisenerz, hochgeschätzt wegen der Härte des geschmiedeten Materials
551 Plinius Secundus = Plinius d. Ältere (*23 v.; † 79 n.Chr.), röm. Philosoph, Historiker, Forscher. Starb beim Vesuvausbruch
552 Naturalis historia = Natur-Enzyklopädie in latein. Sprache von Plinius (d. Ä.)
553 Gajus Julius Adnamatus = kelt. Nachkomme der Adnamati.
554 Adnamati = alte norischer Königsfamilie.

hier in der Nähe sein Anwesen bewirtschaftete. Noch heute kann man schwere Silbermünzen bekommen, die seine Vorfahren geprägt haben. Die Bauern in den Tälern handeln noch immer ihr Vieh mit dieser norischen Währung. Nach dem Toreingang erstreckte sich zu unserer rechten Seite eine ehemalige Hangsiedlung, die sich schier auszubreiten schien. Schroffe Schiefer- und Tuffsteinfelsen waren hier das hauptsächliche Material der Bergflanken, da entsprechende Häuser, Werkstätten und Mauern hauptsächlich daraus bestanden. Obwohl wir uns bereits in großer Höhe über der Talebene befanden, war die Temperatur hier an einem sonnigen Tage wie heute, wesentlich wärmer als unten im Tale. Grund dafür ist die Nebeldecke, die von Februarius bis Novembris die Täler verdunkelt. Hier oben aber ist, wenn es nicht regnet, fast immer Sonne und im Sommer gibt es auch weniger Blutsauger, sagt man. Die ehemalige Siedlung zog sich terrassenförmig am Hang entlang und lag ca. 350 Ellen[555] unter dem Gipfel des „Helenen[556]-Berges". Die Ausmaße nach erster Schätzung erstreckten sich ungefähr auf eine Fläche von drei Kampfarenen[557]. Leider waren bereits viele Häuser dem Verfall preisgegeben. Ein früheres Erdbeben hatte sein Zerstörungswerk hinterlassen und Wind und Wetter hatten zusätzlich den Gebäudefragmenten stark zugesetzt. Das frühere bunte Treiben der urbanen Bevölkerung konnte man nur mehr erahnen. Wo sich hier früher in der Siedlung Handwerker, Kaufleute, Einwohner, Werkstätten und Läden befanden, wirkte nun der Eindruck einer verlassenen Stadt, einzelne noch einigermaßen gut erhaltene Steingebäude dienten der lokalen Bevölkerung vielleicht noch als Unterkunft, oder den Berghirten mit ihren Ziegen und Rinderweiden. Am Siedlungseingang rechterhand erkannte man noch teilweise handwerkliche Gebäude, durchzogen von tabernae[558], Produktionsstätten, Töpfereien, Schmieden, Erz-Formgießereien und Münzprägestätten, erkennbar an den noch teilweise vorhandenen steinernen Beschilderungen, wo früher nach deren Verarbeitung die Waren per Esel- oder Ochsenkarren, später talwärts in die Siedlung am Glanfluss gebracht, und weiter transportiert wurden. Vor allem die ehemaligen Werkstätten waren, wie ich erfuhr, meist von privaten römischen Handelsunternehmen aus Venetien (Oberitalien) geführt, die den Import südlicher Handelsgüter, als auch den Export der hergestellten Edelmetalle in das südliche römische Kernland steuerten. Die Siedlung selbst hatte

---

555 Elle = röm. Längenmaß; entspricht 1 cubitus= 1½ Fuß; 1 Elle = 0,445m
556 Helenenberg = antiker Name für Magdalensberg (ca. 1100m Seehöhe)
557 Kampfarena = (heutige) Fläche ca. (100x50) x 3 = 300x150m
558 Tabernae = singul. Taberna; Taverne, Gaststätte, Herberge

ihren kultur-wirtschaftlichen Höhepunkt bereits aufgrund der verkehrs-mäßig günstigeren Gründungslage von (Tal-)Virunum vor über 80 Jahren überschritten und war danach mehr und mehr der Erosion der Naturgewalten überlassen worden. Auf ebenem Gelände ging dann der Bereich über in einen mittleren Teil, auf dem noch Überreste des Forums, sowie eine größere Podiumstempelanlage des Kaisers Tiberius[559] zu Ehren seines verstorbenen Stiefvaters, des Divus Augustus und der Dea-Roma standen.

Davor erstreckte sich noch ein größeres Gebäudefragment, in das man über eine tribünenartige Marmortreppe in den Porticus[560] flankiert von einer Säulenreihe an der Südfront gelangte, der sogenannten Marktbasilika[561], die früher für administrative Zwecke, z. B. Geschäftsabschlüssen und Handelsvertretungen genutzt wurde. Wir erfuhren, dass von diesem Podium herab auch die Amtsvorgänger unseres Ortsführers ehemals das Königreich Noricum regiert hatten. Auf deren teilweise moosüberwachsenen Treppen huschten Eidechsen und andere tierische Bergbewohner flink über Stein- und zerborstene Säulenfragmente. Schließlich konzentrierten sich gegen Ende der Siedlung die Überreste des ehemaligen Praetorium's[562] mit den dazugehörigen Regierungs- und Verwaltungsgebäuden, die sich früher harmonisch in den nördlichen Terrassenhang schmiegten, aufgrund der Naturzerstörung jedoch an Form und Farbe verloren hatten. Teilweise erkannte man an den zerborstenen Mauerfragmenten im ehemaligen Innenraum des Praetorium's zum Teil mit wertvollen, wunderbaren und imposanten Wandgemälden der Iphigenia[563], sowie ein Dionysos[564]-Fresko.

„Ich kenne solche Fresken eigentlich nur aus den feinsten alten Stadthäusern in Pompeji und in vornehmen römischen Vierteln. Beim Jupiter! Dies ist wirklich gute Arbeit. Schaut euch doch die Wand mit der Iphigenie und dem Dionysos an", dachte ich mir.

Im Hintergrund des Praetorium's zogen sich ehemals vornehme Villenbauten der örtlichen Siedlungsaristokratie, die man hangaufwärts aufgrund der marmornen Mauerreste noch teilweise erkennen konnte. Im Vordergrund des Areals erkannte man noch weit sichtbar auf einem zerborstenen Treppenpodium Fragmente einer ehemalige Reiterstatue des

---

559 „tiberianisch" = Bauphase genannt nach dem Imperator Tiberius (Reg.-Zeit: 14-37nChr.)
560 Porticus = Toreingang, meist an Tempeln und administrativen Gebäuden
561 Basilika = größeres rechteckiges Gebäude für Markt-/Handelszwecke etc.
562 Praetorium = urspr. Zelt/Lager, später Reg.-Sitz des röm. Befehlshabers (Kommandanten)
563 Iphigenia = der griech. Mythologie nach älteste Tochter des Agamemnon
564 Dionysos = griech. Gott des Weines u. der Fruchtbarkeit

Imperators Augustus als Symbol des Schutzes durch den Kaiser des Imperiums. Weiter in der Runde linkerhand der Straße lagen noch steinerne Mauerreste ehemaliger Werkstätten, wo die Verarbeitung von Stein- und Marmorwerkstücken, ebenso die Erzverarbeitung erfolgte. Wie wir von unserem lokalen Ortsführer erfuhren, befand sich dort ehemals auch die kaiserliche flatura auraria[565], die Goldbarrengießerei, deren Gebäudeüberreste sich terrassenförmig, sowie weitere erkennbare Wohngebäude den Hang südwärts zogen. Daran angrenzend konnte man aufgrund der Reste einer starken Mauerbewehrung noch eine Wachstation der ursprünglich stationierten militärischen Auxiliartruppe der cohors Montanorum prima[566] erkennen. Quintus Fabius Modestus wies uns auch darauf hin, dass sich diese Gebirgsjägereinheit (cohors I Montanorum) dann unter Kaiser Trajan in den Dakerkriegen besonders bewährt hatte, und dafür auch ausgezeichnet wurde. Ich erinnerte mich dabei an meine eigene Zeit in Dakien, erlebt habe ich diese Eliteeinheit jedoch leider nicht persönlich.

„Kannten sich halt in den Bergen aus", dachte ich mir, „kein Wunder, dass sie im keltischen Bergland rekrutiert wurden." Hier waren die Kerle nur als kleine Vexillationseinheit tätig, die für die Transporte der Edelmetalle als begleitende Schutztruppe zuständig war.

Im Anschluss an diese Werkstätten lagen dann früher eine Großbäckerei, sowie eine Therme mit einer eigenen Quellfassung, das Teil einer Großvilla war. Ausgestattet mit einem tepidarium[567], caldarium[568], sowie einem sudatorium[569] fehlte es zur damaligen Zeit an nichts zur körperlichen Entspannung für die Besucher der Anlage. Heute lagen vor unseren Augen nur noch traurige Überreste, an denen man die wichtigsten Strukturen der früheren Siedlung erkennen konnte. Unser Weg führte weiter aus der Siedlung zur letzten Wegstrecke auf den Berggipfel, für die wir auf unseren Pferden noch eine Viertelstunde benötigten. Bis zum Berggipfel sah

---

565 flatura auraria = kaiserliche Goldbarrengießerei, einzigartig gem. archäolog. Grabungsbefunden im Imperium Romanum aufgefundene Goldbarren-Gussformen mit Inschrift: (aurum) C(aii) Caesaris Aug(usti) Germanici imp(eratoris) ex Noric(is metallis), Übers.: Gold des Gajus Caesar Augustus Germanicus, des Imperators, aus norischem Metall.
566 Cohors montanorum prima = 1. Kohorte der „Bergbewohner", von Kaiser Vespasian ursprünglich um Virunum ausgehoben und später in den Provinzen Moesia und Pannonia eingesetzt. Hauptstandort Carnuntum (Niederösterreich)
567 tepidarium = Warmwasserbad
568 Caldarium = Heißwasserbad mit Badewanne
569 Sudatorium = Schwitzbad/Sauna

Abbildung 28: Der Autor "Jüngling von Virunum"

man noch vereinzelt verfallene Hütten und ältere zerborstene Baukomplexe, zwischen denen vereinzelte Rinder auf den schwer zu bewirtschaftbaren Ackerflächen, aufgrund des abfallenden Berghanges, grasten.

Den Höhepunkt am Gipfel des Bergweges bildete dann ein dreifaches stufenförmig umschließendes Mauerwerk, auf dem sich einmal ein imposant aufragendes Heiligtum erhoben hatte. Wie wir erfuhren, war dies der erste römische Tempel in Noricum, den man im ganzen Land sehen konnte, den Kaiser Augustus für Apollo (seinen Lieblingsgott) errichten ließ, den die hiesige Bevölkerung im regnum noricum[570] Belerus nannten. Der Tempel war leider nach einem Erdbeben zusammengestürzt. Am oberen ehemaligen Stufeneingang im Schutt lag aber noch eine mannsgroße Bronzestatue eines Jünglings[571], sowie ein auffallend gefertigter Schild, jeweils mit entsprechenden Inschriften. Aufmerksam buchstabierte ich folgende Inschrift auf dem rechten Oberschenkel der Statue ...

A[ulus] **Poblicius** D[ecimi] l[ibertus] **Antio**[cus] **Ti**[berius] **Barbius** [quinti] **et** P[ublii] l[ibertus] **Tiber**[inus].

... sowie am Schild der Statue ...

M. **Gallicinus Vindili** f[ilius] **L**[ucius] **Barb**[ius] **L**[ucii] l[ibertus] **Philoterus** pr[ocurator] / **Craxsantus** / **Barbi**[i] P[ublii] s[ervus].

---

570 Regnum noricum = ursprüngliche Bezeichnung des keltischen Königreiches Noricum vor der röm. Übernahme

571 Jüngling „vom Magdalensberg"; röm. Broncestatue, 1502 am Feldterrain des Berges aufgefunden Statue, Original ging verloren, eine Kopie steht im Wiener Kunsthist. Museum, als auch auf dem archäolog. Gelände des Magdalensberges. Einzige bekannte antike Bronzegroßplastik aus dem Ostalpenraum, von überregionaler Bedeutung

Wie uns der der Ortsführer erklärte, stammten diese Inschriften von den ehemaligen Stiftern, also einem Freien bzw. freigelassenen Kelten, der oberitalischen Familie Barbia, sowie ebenso eines Freigelassenen, einem einheimisch-keltischen Sklaven aus derselben Familie, die als Händler vor einigen Jahrzehnten in der Stadt auf diesem Berg tätig gewesen waren.

Das innerste Zentrum des ehemaligen Heiligtumes bildeten noch vereinzelt zerborstene Säulen, sowie Reste verschiedener Marmorstatuen und Götterfresken. In meiner Vorstellung reiste ich zurück in die Vergangenheit und sah vor meinem inneren Auge eine prächtige cella[572], umrahmt von feuerflackernden Opferschalen und Blumengaben umnebelt vom aufsteigenden Weihrauch. Wie vergänglich doch das Leben mit allen seinen Facetten, persönlichen Erlebnissen und politischen Geschehnissen ist, dachte ich mir in diesem Moment, und blickte dabei auf meine eigene Vergangenheit zurück. All unsere Götter konnten den Verfall und Niedergang von Kulturgut und deren Völkern nicht stoppen, und dennoch blicken wir als Mensch immer wieder zu ihnen auf, und erwarten uns von ihnen ihren Beistand und Hilfe, ob als „freier" Römer, oder urbanisierter keltischer Einwohner, oder auch dem „unfreien" einfachen Arbeitssklaven, nur mit dem Unterschied, dass wir unser Schicksal größtenteils selbst bestimmen können, letzterer aber von der Willkür unserer Lebenseinstellung abhängig ist. In diesen Gedanken sinnierend zogen auch verschiedene Stationen meines Lebens an meinem inneren Auge vorüber. Sowohl Kämpfe in Dakien als auch Friedensperioden, die mein Leben begleiteten, ließen mich besonders an meine Zeit in der „Provincia Judaea[573]" erinnern, als ich von einigen dortigen Einheimischen von deren Vorstellung einer Gottheit hörte, „vor dem alle Menschen gleich wären". Was für ein friedvoller Gedanke, der mir aber nicht als „real" in diese Zeit gehörend schien, war die uns bekannte Welt doch so zerrissen in seinen verschiedenen Stämmen und Völkern, die unser Imperator Hadrianus nur mit starker Hand führen konnte. Möge es uns allen einmal als Volk vergönnt sein, diesen Frieden und Wohlstand vielleicht in Zukunft zu realisieren. Wo früher noch stille Andacht herrschte, aber auch römische Größe zur Schau gestellt wurde, beschien uns jetzt die heiße Mittagssonne zwischen den Säulenresten und Bautrümmern. Das holte mich aus meinen philosophischen Gedankengängen wieder in die Gegenwart zurück.

Solcherart von der menschlichen Kunstfertigkeit beeindruckt, traten wir etwas später wieder aus dem Heiligtum und standen vor einem

---

572 cella = Kleiner Raum, Bezeichnung für das innerste Zentrum eines röm. Tempels
573 Provincia Judaea = röm. Mittelmeerprovinz Judäa (Israel)

himmlischen Panorama. Die Sonne war bereits über den Mittagsscheitel gewandert, es war relativ klare Sicht, und wir konnten sämtliche Berge und Täler aus dieser so erhöhten Position klar erkennen. In südlicher Richtung zogen sich am Horizont in ca. 20 Meilen entfernt das Gebirgsmassiv der norischen Bergkette[574], nach Westen hin blinkte die Oberfläche einer entfernten größeren Seefläche[575], und in westlicher, nördlicher bis östlicher Richtung zogen sich erhöhte Bergzüge[576] in ihren hell- bis dunkelgrünen Farbnuancen vor unseren Augen hin. Diese Aussicht war in der Tat ein bestechendes Argument, warum die regionale Urbevölkerung sich ehemals diese Berghöhe als Rückzugsort und befestigte Höhensiedlung ausgesucht hatte, bevor die römische Besiedlung vor ungefähr 170 Jahren in dieser Alpenregion einsetzte. Nachdem wir uns an diesem herrlichen Anblick ausgiebig satt gesehen hatten, stärkten wir uns ausgiebig am mitgebrachten Proviant und stießen bei einem ausgezeichneten Rotwein auf die Schönheit dieser Region an. Nachdem wir uns dann gestärkt und etwas ausgeruht hatten, begaben wir uns langsam wieder auf die Rückreise und genossen dabei das Farbenspiel der einfallenden späteren Nachmittagssonne zwischen den einzelnen Baumgruppen auf unserem Wege bergabwärts. Am Fuße des Berges angekommen, dankten wir unserem lokalen Ortsführer, der uns die Bedeutung und Reste dieser ehemaligen Siedlung auf dem Berge verständlich nähergebracht hatte, und luden ihn und seine Familie ein, uns doch bei nächster Gelegenheit in (Tal-)Virunum zu besuchen, was dieser dankend versprach. Den Rest der Wegstrecke bewältigten wir dann noch ca. in knapp eineinhalb Stunden, wo wir zwar ermüdet, aber außerordentlich beeindruckt über den Reichtum und der Schönheit dieser Region, den Tag beschlossen.

So vergingen die weiteren Tage, Wochen und Monate mit verschiedenen Besuchen in den jeweiligen Hauptsiedlungen in der Region wie z. B. Celeia[577], Juenna[578], Santicum[579] (vor allem wegen seiner warmen Quellen, die ich so sehr schätzen gelernt habe und meiner beanspruchten Gelenke,

---

574 Norische Bergkette = Gebirgszug der Karawanken, Grenzgebirge zum heutigen Italien und Jugoslawien
575 „Seefläche" = ... dem heutigen Wörthersee (Nähe Klagenfurt/Kärnten/Österreich)
576 Bergzüge = heutige Nockalm-, Gurktal-, Seetaleralm-, Sau- & Koralpengebiet (Kärnten/Österreich)
577 Celeija = Celje (Slowenien)
578 Juenna = Hemmaberg/Globasnitz (Kärnten/Österreich)
579 Santicum = Nähe zu Villach (Kärnten)

ich war ja auch nicht mehr der Jüngste), sowie Teurnia[580], Aguntum[581] und Iuvavum[582], um einen ausgiebigen Eindruck der Provinz und deren Tätigkeiten und Erträge, sowie steuerlichen Einnahmen zu erhalten. Mamertus war mir in dieser Hinsicht ein treuer und zuverlässiger Begleiter und Beamter sowie Verwalter meiner Tätigkeit in dieser Provinz geworden, den ich nicht mehr missen wollte. Zwischendurch galt es auch mehrmals Empfänge von Repräsentanten, sowohl verschiedener keltischer Stämme als auch der nun oftmals vermischten urbanen keltisch-/romanisch urbanisierten Bevölkerung abzuhalten. An einem dieser Empfänge im Spätsommer des Jahres galt es auch wiederum einen hohen kultischen Feiertag auszurichten, zu dem ein besonderes Ereignis stattfinden sollte.

Ludi Romani

September 876 - ab urbe condita (A.D. 123)

7. Regierungsjahr des Erhabenen Hadrian

Abbildung 29: Der Autor / Weihefest zu Ehren Gott Jupiter (4.-19.September)

Wie bereits vorhin erwähnt, sollten diese jährlichen neun-tägigen „ludi romani[583]"-Festtage mit einem besonderen Ereignis gekrönt werden. Auf

---

580 Teurnia = St. Peter i. Holz; b. Spital/Drau (Kärnten)
581 Aguntum = Nähe zu Lienz (Osttirol/Österreich)
582 Iuvavum = Salzburg (Salzburg/Österreich)
583 Ludi romani = römische Festtage, zu Ehren des Gottes Jupiter, vom 4.-19. September des Jahres

der im Vorjahr getätigten Inspektionsreise der nördlichen Reichsprovinzen, hatte Kaiser Hadrian auch Virunum besucht. Angesichts der wachsenden Bevölkerung, als auch der wirtschaftlichen Bedeutung dieser Region, hatte Hadrian festgestellt, dass der wichtigen Stadt einige Bauwerke fehlten, die die Bedeutung dieser vor 80 Jahren von Kaiser Claudius gegründeten Siedlung unterstrichen. Deshalb hatte er bei der ortsansässigen Aristokratie angeregt, nebst einer Sport- und Kampfarena, ein Bühnentheater zu bauen und dieses mit einem donum[584] aus seiner Privatkasse bedacht. Unser erhabener Imperator Hadrian, der mich vor über vier Jahren in meiner Aufgabe als Statthalter in der Provinz Proconsulis Africae besucht hatte, war von dort errichteten Kulturstätten, insbesondere einem Bühnen-theatrum[585] und odeum[586] so begeistert, dass er diese Eindrücke bei einem seiner nächsten Besuchsreisen in den nördlichen Provinzen umsetzten wollte. Hadrian selbst war dem Philhellenismus[587] zugetan und bekannt als leidenschaftlicher Förderer der griechischen Kunst und Muse, was ihm in der römischen Oberschicht auch den Beinamen Graeculus[588] einbrachte.

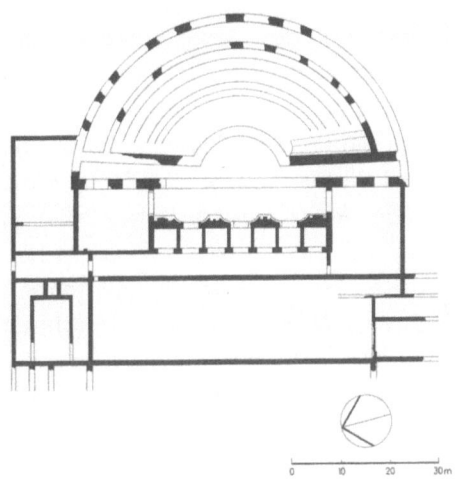

Abbildung 30: Virunum, Plan Bühnentheater und Vorderfront; Zeichnung nach Grabung von 1923 (J. Egger)

584 donum = lat. Bezeichnung für Geschenk
585 theatrum = röm. Schauspielhaus, Theater
586 odeum = rundes Gebäude, zur künstlerischen & Musikaufführung (Theater)
587 Philhellenismus = deutsch: „Freundschaft zum Griechentum", Förderung griech. Kulturgutes
588 Graeculus = ironische Bezeichnung für „Griechlein"

Abbildung 31: Virunum, Plan Bühnentheater und Vorderfront; Zeichnung nach Grabung von 1923 (J. Egger)

Nun ergab es sich, dass das Bauprojekt dieser Kulturstätte, im zweiten Baujahr seiner Fertigstellung befand, das just zu diesem Zeitpunkt der Ludi-romani-Spiele eingeweiht werden sollte. Schon bei meiner Anreise in diese Provinzhauptstadt vor sechs Monaten war mir das Bauprojekt aufgefallen, das sich in südlicher Richtung, annähernd 500 Fuß südöstlich meines Statthalterpalastes in einer Geländemulde liegend, errichtet wurde. Gemäß dem Vorbild in Carthago, entsprach dieses Bauwerk in den Ausmaßen etwa einem Drittel der Größe seines Vorbildes. Ausgehend vom Decumanus 1(Ost), schmiegte sich die errichtete Anlage über zwei bis drei Geländestufen in Richtung Osten in das aufsteigende Hügelgelände. Über schneeweiße Marmorstufen aufsteigend, erblickte man eine Säulenreihe, an deren Nord- und Südflanke sich jeweils ein Eingang befand. Die Gebäudefrontseite, über einer Säulenreihe, zierten kunstvoll gearbeitete Steinornamente, wanden sich kunstvoll wunderschöne Arabesken in bunter blau-weiß-roter Farbe, die herrlich dekorierte Wandmalereien von menschlichen Figuren, Göttern und Tieren umrahmten. Den Eingang passierend boten sich dem Betrachter beim Durchgang einer Basilicahalle, seitlich des angrenzenden Bühnenvorraums, kunstvolle Wandmalereien sowie weiße Stuck-Delfine, die sich auf blauem bemaltem Meeresuntergrund tummelten, umschlungen von Ornamentbordüren, dazwischen Fresken im pompejanischen Stil. Kunstvoll dargestellt wurden an Wänden, wie auch an Raumdecken, verschiedene Tierdarstellungen von Schwänen, Singvögeln, aber auch Säugetieren, wie Gazellen, Löwen, Leoparden, aber auch Fabelwesen wie dem Greif, oder Pegasus in wechselnden Bildgruppen. In den Zwischennischen der einzelnen Mauer-Wandsegmente standen kunstvolle Statuen aus glänzend weißem Marmor gefertigt, griechische und römische Philosophen darstellend, die die Zuschauer eindrucksvoll willkommen hießen. Danach gelangte man in das eigentliche

198

Halbrund des Auditoriums, dessen Durchmesser eines Halbkreises von etwa 200 Fuß in nord-/südlicher Ausrichtung maß. Die Sitzreihen stiegen in fünf Stufen plus zwei Stehreihen hangaufwärts empor, die von sieben Laufgängen von unten nach oben begehbar waren. Dem Auditorium vorgelagert befand sich die tiefergelegene Bühne (pulpitum), die westwärts in eine vorgelagerte ca. 150x50 Fuß lange/breite Bühnenvorhalle überging. Alles in allem hatte der Baumeister im Sinne seines Auftraggebers, Kaiser Hadrianus, ein imposantes Bauwerk geschaffen, das die Bedeutung der Provinzhauptstadt Virunum noch mehr unterstrich, und in Zukunft zusätzliche Bürger, Kaufleute und politische Würdenträger in diese reiche Stadt anlocken sollte.

An diesem Nachmittag, zur Stunde der hora septima[589], eine Stunde nach Mittag, hatte sich in der gleißenden Nachmittagssonne bereits eine große Menschenmenge für das bedeutende Ereignis eingefunden. Sanfte Musik eines im Hintergrund spielenden Orchesters begleitete das murmelnde Geräusch der wartenden Zuschauer. Man hörte vier Musikinstrumente bestehend aus einer Buccina[590], einer Lyra[591], einer Hydraulis[592] und einer Tuba[593], dessen Spieler bereits an den Instrumenten für die Uraufführung im Inneren des Gebäudeareals übten. Vor den blendendweißen marmornen Treppenstufen zum Bühnentheater, harrten die versammelten Zuschauer, um den Weihezeremonien der Priester beizuwohnen. Diese entzündeten die bereitstehenden Opferschalen, umkränzt durch geschmückte Blumengirlanden, sodass sich weißer Rauch, vermischt mit duftenden Ölen in den Nachmittagshimmel kräuselte. Nachdem die Weiheriten dargebracht wurden, erhob ich mich von der für mich als Statthalter bereitgestellten Sitzgelegenheit, um meine Ansprache zur Einweihung an die wartende Zuschauermenge zu richten.

„Bürger von Virunum! Heil Apollo und dem Kaiser! Ihr seid heute hier zusammengekommen, um gemeinsam mit uns in dieser Stadt das kulturelle Zentrum durch die Einweihung eines Bühnentheaters zu erweitern. Unser Imperator Hadrianus[594], der hier vor einigen Jahren bei seinen Reisen in dieser Stadt für einige Tage weilte, hat in seiner Güte und Liebe zur Verschönerung dieser Provinz den Grundstein zum Bau dieses

---

589 Hora septima = Siebente Stunde nach röm. Tageszeitrechnung (ab 06:00 morgens gerechnet)
590 Buccina = Horntrompete
591 Lyra = lat. Zupfinstrument mit 6 Saiten
592 Hydraulis = lateinische Wasserorgel
593 Tuba = tiefes Blasinstrument, auch im Militär genutzt
594 Hadrianus = röm. Kaiser (ab 117-138 n.Chr.)

Bühnentheaters gelegt. Als er mich in der Provinz Africa Proconsularis vor über vier Jahren besuchte, war dieser so von der Architektur des dort erbauten architektonischen Bühnentheaters angetan, dass er den Bürgern dieser wichtigen, nördlichen Provinz seines Reiches, ebenfalls eine solche kulturelle Versammlungsstätte ermöglichen wollte. Heute nach nunmehr zweijähriger Bauzeit ist es soweit, und ich habe die Ehre, diese kulturelle Stätte seiner öffentlichen Bestimmung zu übergeben. Möge dieses Bauwerk anlässlich der eröffneten Ludi romani allen seinen Besuchern Freude an der Muse der darstellenden Dichtkunst, sowie der Musik zu Ehren unserer Gottheiten, allen voran Jupiter, dienen. Zur Einweihung erleben wir heute ein Bühnenstück des ehemaligen griechischen Dichters Homeros[595], der in seiner „Ilias" den Untergang von Troja, und der Völkerreise seiner Nachfahren in die neue italische Heimat vor vielen Jahrhunderten schildert, dank derer wir heute als riesiges Volk in diesem Imperium des Wohlstandes und auch Reichtums unser Leben verbringen können. Mögen alle Völker an diesem Wohlstande teilhaben und mit uns dieses Imperium Romanum erweitern, durch unseren täglichen Einsatz und Dienst unseres

Landes. Dank unserem Imperator Hadrian, weihe ich nunmehr an dieser Stätte das neu errichtete Bühnentheater ein. Ihm zu Dank und Ehren enthülle ich nunmehr eine Büste unseres Imperators, auf dass alle Besucher wohlwollend seinem Gönner und Stifter dieser Künste auf ewig gedenken können. Im Anschluss an die folgende Bühnenvorstellung sei von meiner Seite gesagt, Saltare nostris moribus non in vitiis ponitur[596'], ehret mit einem gemeinsamen Tanze der kulturellen Stiftung unseres Imperators Caesar Traianus Hadrianus Augustus!"

Abbildung 32: Portraitbüste Kaiser Hadrian; aufgefunden im Theater von Virunum (Quelle: G. Piccottini Die Römer in Kärnten")

595 Homer = altgriechisch – Homer, Dichter und Erschaffer der Illiade,
596 röm. Spruch = „Tanzen wird gemäß unseren Sitten heute nicht mehr zu den Lastern gezählt". Der Tanz war für Männer gem. dem röm. Dichter Cornelius Nepos (100-28 v. Chr.) verpönt, und zählte zu öffentlichen Lastern.

Nach diesen einführenden Worten zog ich gemeinsam mit dem staatlichen Würdenträger Lucius Sempronius und den Magistraten der Stadt ein weißes Leinentuch von einer gefertigten Statue, die eine Portrait-Büste[597] des Stifters dieser Kulturstätte, Hadrianus, auf einem Marmorsockel enthüllte. Diese aus weißem Marmor gefertigte Büste war aus kunstvollem italischem Marmor gefertigt und traf, wie ich feststellte vollkommen seine Gesichtszüge. Seinen Kopf umrahmte eine gelockte Haartracht, die etwas von seinem Normalhaar abwich, seine Barttracht entsprach jedoch der Realität, wie ich anerkennend feststellen musste. Mit diesem Bildnis hatte der beauftragte Steinmetz ein wahrhaft anerkennendes Meisterwerk geschaffen, und die Menschenmenge zollte der Enthüllung ein wohlwollendes Murmeln und Raunen des Erstaunens.

Mit diesen Worten übergab ich die Kulturstätte ihrer Bestimmung und beim Klang einer dumpf ertönenden Tuba wurden die Tore zum Einlass in die dahinterliegenden Bühnenränge für die Menschenmenge geöffnet, die bereits voller Erwartung der ersten kulturellen Bühnendarstellung an diesem Orte harrten. Der Nachmittag verlief mit der Vorstellung der darstellenden Künstler, der Lyrik und Musikalischen Darbietung vollauf im Sinne des Publikums, das gebannt der überzeugenden Darbietung und lyrischen Erzählung zur Geschichte der Trojanischen Flucht und der „Aenaeis[598]" des röm. Dichters Vergil[599] folgten. Die festliche Veranstaltung zog sich bis in die späten Abendstunden, nachdem ich mit meiner Ehefrau Pamphilia-Gratia den feierlichen Abend mit einem gemeinsamen Tanze gemäß meiner Ankündigung am Nachmittag eröffnet hatte, und somit den Feierlichkeiten für alle anwesenden Besucher einen offiziellen Rahmen gab. Tanz, Musik, guter Wein und dargereichte Speisen rundeten den Abend nach der Bühnenveranstaltung ab, und gewiss nicht jeder Besucher hatte an diesem Abend noch einen korrekten aufrechten Gang nach Hause. Meine Frau und ich beschlossen den Abend auf der Terrasse unserer Wohnstatt, die nur in geringer Entfernung zum Bühnentheater lag. Aufgrund der Hanglage des Statthaltergebäudes und der angrenzend integrierten Privatgemächer, konnten wir die wunderbare Stimmung mit Sicht auf die beleuchtete, unter uns liegende Stadt und die fröhliche

---

597 Portraitbüste Hadrian = Bei Grabungen 1931 in den Ruinen des Bühnentheaters aufgefundener Portraitkopf des röm. Kaisers Hadrian. Einziger bislang in Kärnten gefundener Portraitkopf eines römischen Kaisers in der Region.
598 Änäis = mythische Darstellung (Epos) des röm. Dichters Vergil, über die Homer zugeordnete Illiade/Odysee über die nachtrojanische Flucht und Geschichte angeblicher Besiedlung im heutigen Mittelitalien, Etruskische Mystik
599 Vergil = latein. Dichter (70-19 v.Chr.)

Volkstimmung zu Musik, Gesang und Wein verfolgen, bis wir ermüdet den Tag beschlossen, und uns zur Ruhe begaben.

ISIS-NOREIA

Aprilis, 877 - ab urbe condita (A.D. 124)

8. Regierungsjahr des Erhabenen Hadrian

Schon wieder ist ein halbes Jahr vergangen seit meiner letzten Erzählung. Das im letzten Jahr eröffnete Bühnentheater hat sich großer Beliebtheit erfreut, insbesondere für die Bevölkerung, für die der Eintritt als römische Bürger dieser Stadt ja frei ist. Lediglich für Zuschauer aus anderen Städten und Regionen, die von diesem Bühnentheater erfahren haben, bestand ein kostenpflichtiger Eintritt, war aber zumeist damit verbunden diese Provinzhauptstadt zu besuchen, und die Errungenschaften der römischen Kultur zu bewundern, das Leben darin als Besucher zu beobachten, und in die eigenen regionalen Provinzsiedlungen und Städte weiterzutragen. Mittlerweile war auch wieder der Winter in diese Region eingekehrt und die Landschaft hatte sich mit einem weißen Mantel überzogen. Vor allem die Kinder der Siedlung genossen es von den östlichen Hügelstufen mit ihren Holzkufen herunterzurutschen. Ein Vorzug, den es in den südlichen Provinzen des Reiches, die ich mit Judaea und Africa Proconsularis kennengelernt habe, nicht gab, da dort das Klima sehr heiß und trocken war. Das Winterhalbjahr in der hiesigen Region war manchmal kurz, aber heftig, sodass die Wege und Straßen in den Monaten Decembris und Januarius fast kaum, oder nur mit größter Anstrengung zu passieren waren. Mit dem Februarius und Mars begann die Schneeschmelze und wandelte sich in den Wochen danach in ein gemäßigtes mildes Frühlingsklima. Diese „ruhigeren" Winter- und Frühlingsmonate genoss ich mit meiner Frau vor allem mit den Besuchen in der errichteten Thermenanlage, die nahe zum Stadthalterpalast nordwestlich gelegen, in der nachfolgenden Straße des Decumanus maximus[600] an der Kreuzung zur Cardo maximus[601] lagen.

---

600 Decimus Maximus = Hauptstraße der Siedlung (Nord-/Südachse)
601 Cardo maximus = nummerierte Siedlungsquerstraße (Ost-/Westachse)

Meine Gelenke, vor allem Knie hatten darunter gelitten, so dass ich die Besuche während der Erholungsphasen, zwischen den verschiedenen politischen Empfängen, Rechtsprechungen, anstehenden Verwaltungsaufgaben und steuerlichen Regelungen sichtlich genoss. Bevorzugte ich früher auf meinen Reisen oft mit einem eigenen Reittier unterwegs zu sein, so genoss ich jetzt mehr die Vorzüge eines Reisewagens mit angenehmer Federung. Dass die römische Badekultur nicht nur uns Römern, sondern auch der einheimischen urbanisierten keltischen Besiedlung gefiel, förderte sichtlich den Zusammenhalt der Siedlungsstruktur, waren doch mittlerweile viele Familien in der vierten bis fünften Generation als homogene Volkseinheit zusammengewachsen, was den friedlichen Zusammenhalt der Provinz zum römischen Reich förderte. Weiter im Norden am Danuvius[602] liegend, in den Legionslagern Vindobona[603] und darüber hinaus die germanische Stammesbevölkerung der Markomannen[604] und Quaden[605] war es momentan relativ ruhig. So hatte unser Imperator Hadrian einige Legionseinheiten dort stationiert, sodass man im Ernstfalle sofort bei auftretenden Konflikten eingreifen konnte. Der Danuvius als „nasse Limesgrenze" bis nach Castra Regina[606] in der Provinz Raetia, sowie nordwärts der „obergermanisch-raetische Limes" bis zum Rhenus[607] und weiter bis zum Mare friscum[608], hatte sich bewährt. Nicht als eine starre Grenze, aber doch als Grenzkontrolle für die intensivierten Handelsbeziehungen zwischen dem römischen Reich und den einzelnen germanischen Völkerstämmen. So hatten sich die Bemühungen von Kaiser Hadrian seit seiner Regierungsübernahme von seinem vor über sieben Jahre verstorbenen Zieh-Vater Trajan, nunmehr bewährt, und in den Provinzen des Reiches war relative Ruhe eingekehrt, ein Markenzeichen der „pax Romana" wie man zu sagen pflegte.

Ein weiterer kultureller Bau, den Hadrian bei seinem Besuch vor drei Jahren in Virunum neben der Errichtung des Bühnentheaters angestoßen hatte, war die Errichtung einer großen Arena, die sich im Laufe des Jahres bis zum nächsten Frühling hin fertiggestellt werden sollte. Das unmittelbar nördlich des Statthalterpalastes gelegene Militär-Garnisonslager benötigte für die Truppenausbildung und Aushebung neuer Rekruten aus

---

602 Danuvius = Donaufluss
603 Vindobona = heutiges Wien/Österreich
604 Markomannen = germanische Stammesverbände (Gebiet heutiges Tschechien)
605 Quaden = germanische Stammesverbände (Gebiet heutige Slowakei)
606 Castra Regina = Regensburg (Bayern/Deutschland)
607 Rhenus = Rheinfluss
608 Mare friscum = Meer der Friesen (Nordsee)

der regionalen Bevölkerung neuer Legionshilfstruppen, ein größeres Trainingsfeld für die militärischen Kampfübungen. Den größten Nachschub für unsere Legionen und Hilfstruppen erhalten wir aber aus unserem „Jugendverein Manlia" (iuventus Manliensium). Der Jugendbund ist knapp 100 Jahre alt und die Virunenser erziehen dort die Knaben zu kaisertreuen Militäranwärtern. Dort haben natürlich heimgekehrte Veteranen das Sagen.

Da sich das handwerkliche und zivile Umfeld des Lagers vor den Lagertoren ausgebreitet hatte, war ein neues Trainingsfeld notwendig, um die Rekruten ordnungsgemäß auszubilden. Deshalb hatte man sich auf Anordnung von Hadrian etwas weiter südwestlich noch auf der Hanglage zur civitas Virunum ein Feld auszuheben, und zu ebnen, das sowohl als Übungsfeld für die Truppen, aber ebenso auch als Kampfarena für Tierschau- und Gladiatorenkämpfe genutzt werden konnte. Die Bauarbeiten waren im vollen Gang, da das Feld und die damit erforderlichen Zuschauerränge einer Fläche von ca. 600x250 Fuß Platz benötigten, und massiver kostspieliger Erdbewegung zur Planierung und Befestigung bedurfte. Zudem waren durch die Hügelhanglage von ca. 100 Fuß über dem Stadtniveau entsprechende Wasserquellen in entsprechende Kanäle zu leiten, sodass sich der Bau der Kampfarena nunmehr im dritten Jahr befand. Gemäß Auskunft des städtischen Bauleiters, rechnete man damit das Bauwerk im Frühjahr des nächsten Jahres abzuschließen.

Der Mai des Jahres war angebrochen, und es galt zu Ehren der keltisch-römischen Fruchtbarkeitsgöttin Isis-Noreia[609], die als Schutzpatronin des regionalen Bergbaues, des Lebensglücks und der Fruchtbarkeit verehrt wurde, einen entsprechenden Tempelbezirk zu errichten. Das sollte mein Einstiegsgeschenk als neuer Statthalter sein, um mir die wichtigste Gottheit Noricums gewogen zu stimmen. Als entsprechenden Ort hatte ich nun eine Stelle in einer Entfernung von ca. 30 Meilen nordwestlich von Virunum ausgesucht. Diese lag in unmittelbarer Nähe einer Straße, die von Virunum über das Flüsschen des Glanus[610] führte, auf einer Hügelkuppe, die ca. 300 Fuß über dem Talniveau lag. Von dort aus hatte man eine Übersicht über die nahe Region von Virunum und Umgebung. Die Bauarbeiten hatten zum Teil bereits im Vorjahr begonnen, die Fundamentmauern hatten in etwa Ausmaße von 45x25 Fuß und waren mittig in zwei

---

609 Isis-Noreia = keltisch/röm. Mutter-Gottheit der Fruchtbarkeit, und des Bergbaues auf dem Gelände von Hohenstein (heutige Gmd. Liebenfels/St. Veit a. d. Glan)
610 Glanus = Glanfluss (Zufluss der Gurk in die Drau)

ungleich große Bereiche aufgeteilt. Die nördliche quadratische cella[611] hatte ein Ausmaß von ca. 15x15 Fuß. Hier stand die Kultstatue der Fruchtbarkeitsgöttin. Südlich davon erstreckte sich ein jeweils von ein nach Süden hin offener Bau, dessen Frontfassade einem Prostylos[612] gemäß, vier große Säulen säumten, den man über eine vierstufige Marmortreppe erreichte. Dieses Tempelgebäude umgrenze in zwölf Fuß großer Entfernung, ein zur Innenseite zehn Fuß breiter offener Porticus[613], in dessen errichteten Nischen sich kleine, blumengeschmückte Weihealtäre und Inschriften befanden, die durch Wachslichter beleuchtet wurden. Das Dach der gesamten Tempelanlage war durch karminrote Ziegel gedeckt, deren Farbe im gleißenden Sonnenlicht kräftig schon von Weitem dem Besucher entgegenleuchteten. Wie der von mir beauftragte Bauherr Rufus Sabinius berichtete, befand sich auf diesem Areal bereits seit der Regierungszeit des Imperators Claudius[614] ein altes Heiligtum, das im Laufe der Zeit baufällig geworden war, weshalb man diesen Platz zur Errichtung einer größeren Tempelanlage nutzen wollte. In unmittelbarer Nähe, ca. 200 Fuß entfernt in nordöstlicher Richtung der Anlage, befand sich auch eine Villa Rustica[615], bestehend aus einem Wohn- sowie mehreren Wirtschaftsgebäuden, deren Bewohner die Versorgung und Betreuung des errichteten Tempels gewährleisteten. Ebenso diente die gesamte Anlage auch als Straßenstation zusammen mit einem etwas weiter östlich gelegenen weiteren Gutshof.

Ringsum blühten die Bäume und sonderten einen wunderbaren Duft mediterraner Früchtekulturen wie Holunder, Weißdorn, Kirsche und Walnuss aus, hatten ihre prachtvollen Astarme gen Himmel gestreckt und versuchten im Wettbewerb um jeden Lichtstrahl immer größere Höhen zu erreichen. Gewürz- und Küchenkräuter dufteten vom nah angelegten Tempelkräutergarten, die Natur erwachte in funkelndem Glanz ringsum, wie um dieses geplante Ereignis der Einweihung würdevoll zu begleiten. Der Tag hatte bereits die vierte Stunde überschritten als eine kleinere offizielle Menschenansammlung, bestehend aus städtischen Würdenträgern, Bauleuten, Priestern und Zuschauern sich zur Einweihungsfeier versammelt

---

611 Cella = innerer Bereich eines Heiligtumes (Tempel) mit dem Kultbild
612 Prostylos" = Tempel nach griechischem Vorbild mit cella + Vorhalle mit Säulen; Lange Raumflucht mit Säulenstellung an der Längsseite zur Einfassung von Plätzen und Höfen.
613 Porticus = Gebäudelaufgang mit einseitiger umrahmter Säulenreihe
614 Claudius = röm. Herrscher (41-54 n.Chr.) und Begründer von (Tal-)Virunum
615 Villa rustica = römische landwirtschaftliche Gutshofanlage. In den Jahren 1930/34 durch archäolog. Grabungen entdeckt. Literarische Grundlage nach Dolenz/Piccottini/Petricovits „Grabungen: Hohenstein/Gmd. Liebenfels/BH St. Veit a. d. Glan"

hatten. Vor dem Tempelaufgang brannten einige Opferschalen mit Weihrauch, Blumenschmuck umkränzte verschiedene Bauwerke, und im Hintergrund klangen einige Musikinstrumente, u. a. eine Buccina, sowie das Klappern einer Sistra[616], als die Einweihungszeremonie beginnen sollte. Der Opfergesang der Isis-Priesterinnen[617] stieg in betörender Weise gen Himmel und verband sich mit den weißen Rauchwolken der Opfergaben und Gebetsformeln, in denen man die Gottheit um weiteren Segen, Fruchtbarkeit und Erfolg für die Region, und den darin lebenden Menschen bat. Mit dem feierlichen Ende der religiösen Zeremonie durch die weibliche Priesterschaft des Isis-Noreia-Kultes, bat man mich um einige eröffnende Worte als offizieller Repräsentant des Kaisers in meiner Statthalterschaft.

„Oh Norea, die wir hier als Allmutter und zehntausendnamige Isis verehren! Erhabene Priesterschaft, verehrte städtische Würdenträger, sowie Besucher dieser Einweihungszeremonie: Wir sind zusammengekommen, um diese Tempelanlage ihrer Bestimmung zu übergeben. Unserer verehrten Gottheit Isis-Noreia, der diese Anlage geweiht ist, bitten wir als römische Bürger dieses Landes um deinen Segen und Schutz, sowohl für den wirtschaftlichen Wohlstand dieser Region als auch für die Bewohner dieses Landes. Möge die Fruchtbarkeit und Prosperität dieser Schutzgöttin den täglichen Einsatz der Bevölkerung zum Wohle der römischen Nation erhalten. Wir danken den edlen Spendern einzelner Weihealtäre und Votivtafeln, die nunmehr diese Tempelanlage zieren. Möge das Opfer dieser Männer und Frauen zugunsten des Tempels den Wohlstand und Frieden dieser Region und dieser römischen Provinz nähren und erhalten. Da ich, Claudius Paternus Clementianus, nunmehr das zweite Jahr in dieser Provinz die Statthalterschaft für unseren Kaiser Hadrian innehabe, möchte auch ich als Initiator dieses Tempelbaues, eine persönliche Weihung für diese Gottheit widmen. Möge sich diese Schutzgöttin auch meiner auf ewig erinnern und für den Rest meiner Amtszeit in dieser Region Glück und Erfolg zum Wohle unseres Kaisers beitragen, durch den ich diese Aufgabe mit all meinen bisherigen Lebensstufen im römischen Reiche dienen konnte."

Mit diesen Worten reichte man mir eine Bügelschere, mit deren Hilfe ich das gespannte Band vor dem Eingang zur Tempelhalle durchschnitt, und, begleitet vom Applaus der Zuschauermenge, die Öffnung des Tempels für

---

616 Sistrum = (sistra) kultisches Klapperinstrument aus Metall
617 Sodales = Priesterschaft, spirituelle Vereinigung zuständig für Kulte, die nicht ursprünglich römisch waren

die Bevölkerung freigab. Ein städtischer Würdenträger zog ein leinenes Tuch von einer verhüllten Bauinschrift, die zu Ehren der errichteten Tempelanlage aufgestellt wurde.

Mit dieser 10x2 Fuß großen Steintafel[618], die der Erbauer Sabinus[619] mit Ehrenbezeugung an den regierenden Statthalter enthüllte, war die offizielle Zeremonie abgeschlossen, und die Menschenmenge durfte sich auf dem Gelände und in der Tempelanlage umsehen.

Ich selbst wollte es mir nicht nehmen lassen, einen Rundgang in der Anlage zu machen, und die errichteten Votive zu besichtigen. Rechts neben dem Eingang von der Vorhalle zum eigentlichen Tempel, hatte ich nämlich zu meinem eigenen Andenken zur Stiftung dieser Tempelanlage, eine Marmorbüste von einem römischen Steinmetz fertigen lassen. Vor mir erblickte ich nun eine lebensgroß aus Marmor gefertigte Portraitbüste, im seitlichen Profil abgebildet. Die linke Schulter umschlang ein faltig gelegter Mantel, gehalten durch eine Scheibenfibel. Das portraithafte Gesicht eines älteren vornehmen römischen Mannes um die 60, mit kleinlockigem Bart- und Haupthaar, tiefen Nasen- und Wangenfalten, hervortretenden Backenknochen und Charakterstirn, durchzogen von Altersfalten. Alles in allem treffend gelungen, wie ich anerkennend feststellen konnte.

Beim Gang ins Innere des Tempels, der in der Halbdämmerung durch Wachskerzen beleuchtet war, stand eine halblebensgroße Statue aus hellweißem Marmor der Gottheit Isis-Noreia in norischer Frauentracht und Faltentoga gehüllt. Ein herabhängendes Gürtelband mit reichlich Brustschmuck und Schulterfibeln verzierte ihre Frontpartie. In der rechten Hand hielt sie ein früchtequellendes Füllhorn, das die Ausschüttung der Fruchtbarkeit symbolisieren sollte. Als Muttergöttin beschützte sie Kinder und gebärende Frauen. Gleichermaßen war sie Mond- und Erdgöttin ebenso gleich der Göttin Nerthus[620]. Den Raum erfüllte eine stille würdevolle Ruhe, die jeden Besucher in andächtiger Ehrerbietung erschauern ließ, und ebenso verließ man in andächtiger Stille wieder diese heilige Stätte. Beim weiteren Rundgang durch die gesamte Anlage erblickte man im äußeren Porticus u. a. einen Weihealtar, gewidmet durch Q. Fabius

---

618 Votiv-Steintafel = aufgefunden 1921 bei Grabungsarbeiten auf dem Tempelgelände durch Egger.

619 R. Sabinus = hist. Belegter Bauherr der Anlage im Auftrag des röm. Statthalters von Virunum

620 Nerthus = germanische Erd-/Fruchtbarkeitsgöttin, verehrt von Stämmen wie german. Sueben, Avionen, Anglier.

Modestus[621], eines Quästors der 1. thrakischen Ala Augusta, sowie eines weiteren Altars von einem Q. Septeius Valens, einem Verwalter der norischen Eisengruben zur Einlösung eines Gelübdes. Die Tempelanlage hatte, wie ich beurteilen konnte, eine enorme Würdigung an die lokale Schutzgottheit erhalten und würde dem römischen Reich und seiner lokalen Bevölkerung sicherlich einen großen Segen bringen.

Abbildung 33: Rekonstruktionsversuch der Bauinschrift aus Hohenstein (H.Dolenz / Zeichnung G.Piccottini/E.Grasser)

Nachdem wir den ausführlichen Rundgang beendet hatten, begaben wir uns wieder auf den Heimweg in das nahe Virunum, um den Tag würdevoll zu begehen und zusammen mit all den fröhlichen Menschen der städtischen Bevölkerung diesen prosperierenden Frühlingstag zu feiern. Wie ich Monate später vernommen habe, hatten die vielen Gebete zur Fruchtbarkeitsgöttin Isis-Noreia eine reiche Ernte für das kommende, beginnende Neue Jahr eingefahren und die regionale Bevölkerung in Form eines reichen Kindersegens mit noch mehr neuen Erdenbürgern gesorgt. Dies lag aber bestimmt nicht nur an den frommen Gebeten, sondern sicherlich auch an der fruchtbaren Stimmung der Natur, dem sich die Menschen in ihren leidenschaftlichen Beziehungen hingaben. Ich dachte in wehmutsvoller Stimmung an meine Kinder im nicht so fernen Raetien. Meine Tochter war, wie ich inzwischen erfahren hatte, wiederum Mutter von einem gesunden Knaben geworden. Und mein Sohn war diese Jahre als Sub-Präfekt einer Legionseinheit im fernen Dakien stationiert, und plante bei seinem nächsten Dienstwechsel im Einsatz als Präfekt einer Auxiliareinheit in der Provinz Cappadokien an der Küste des Pontus Euxinus[622] meine Frau Pamphilia und mich in Virunum zu besuchen. So freute ich mich darauf ihn nach langer Zeit wiederzusehen, hatte ich doch während meiner dienstlichen Laufbahn nicht oft die Gelegenheit ihn zu treffen.

---

621 Q. Fabius Modestus = röm. Decurio (Rittmeister) der berittenen Hilfstruppe Ala I Thracum (bei Grabung 1849 aufgefunden, und im Lapidarium des Landesmuseums Kärnten ausgestellt)
622 Pontus Euxinus = Schwarzmeerküste (heutige nordöstl. Türkei)

Außerdem wollte er unbedingt meine sardinische Lebenspartnerin Pamphilia kennenlernen, da er schon jegliche Hoffnung aufgegeben hatte, dass sein Vater nachmals den Schritt zu einer Heirat wagen würde. So verbrachten meine Frau und ich diesen ereignisreichen Tag am einbrechenden Abend auf der Terrasse und verfolgten den Sonnenuntergang über der unter uns liegenden Stadt in vertrauter Stille und Dankbarkeit für das gemeinsame Leben. Auch wir ließen uns von dieser Stimmung verzaubern und gaben uns bei einbrechender Nacht unseren liebenden Gefühlen füreinander hin. Ob die Schwingen unserer Götter, seien es Artemis, Venus, Ceres oder Isis-Noreia, über unsren Häuptern schwebten, vermochten wir nicht zu sagen. Auf jeden Fall dankten wir einander in verzauberter Zweisamkeit und stürmischer Umarmung und gaben uns der noch spät im Alter füreinander leidenschaftlich lodernden Liebe hin …

Herbst 877 - ab urbe condita (A.D. 124)

8. Regierungsjahr des Erhabenen Hadrian

Der Sommer war zur Neige gegangen, die Blätter färbten sich golden im Sonnenlicht und die Abende begannen früher mit den Nachtfrösten, die die lauen Sommerabende ablösten, die ich in dieser Region so liebte. Für einen Römer, der in Latinum (Rom) geboren, mochte das Klima hier über dem Alpenkamm als kühl erscheinen. Dem konnte ich nur zustimmen, wenn ich an meine Lebensstationen in den Provinzen Judaea oder Africa Proconsularis zurückdenke. Dort begann das abendliche Leben erst ab den späten Nachmittagsstunden, wenn die Gluthitze der Sonne langsam kühler wurde. Hier aber in der Alpenregion waren die Sommer kurz und heiß, aber wenn der Octobris begann, wich die Sommerhitze einem kühleren Ambiente, Nebelschwaden begannen sich morgens zu heben, und abends sich wieder abzusenken. Aber an schönen Tagen färbte die herbstliche Sonne diese Täler und Bergflanken mit goldenem Lichte, und spielte in den prächtigsten Farben auf den welkenden Blättern des Baumbestandes.

An einem dieser Abende waren meine Frau und ich zu Gast bei der Familie eines Virunenser Stadtbeamten eingeladen. Caeutus Tertinius

Statutus[623] hieß dieser und bekleidete das vornehme Amt eines Aedilen[624]. Als solcher war er zuständig für das städtische Bauwesen, der Versorgung und Wohlfahrt für die urbane Bevölkerung. Seine Ehefrau Catronia Severa begrüßte uns persönlich an der Pforte ihres Hauses. Die Insula des Anwesens befand sich auf der nordwestlichen Seite der Siedlung, an der Straßenkreuzung des 2. Cardo[625] im Norden, mit dem 6. Decumanus[626] im Westen. Da die Stadt, wie schon beschrieben, in einem schachbrettartigen Muster angelegt wurde, war der Weg von meiner Dienststelle am östlichen Berghügel bis dahin ein angenehmer Fußweg von ca. 30 Minuten. Das Angenehme dieser Stadt bestand darin, dass man sämtliche Wege ohne größeren Aufwand auch ohne Transportsänfte oder Pferdekutsche erreichen konnte. Den Eingang des domus[627] betrat man durch das vestibulum[628] am Eingang der Insula[629]. Dieses erweiterte sich nach vorne zu einem Peristylum[630], vor dem sich rechts und links jeweils ein Zugang zu weiteren Räumen befand. Obwohl bereits zur Vespera[631], der späten Nachmittagsstunde des Tages, war dieser Innenhof mit seinen gepflanzten Blumen in helles angenehmes Licht getaucht. Sträucher und Marmorornamente zierten den Garten, in dessen Mitte sich eine plätschernden Brunnenquelle mit einem Wasser-Bassin befand. Dies war auch der offizielle Empfangsbereich, wo sich die Besucher gegenseitig kennenlernten bzw. einander vorgestellt wurden, bevor man zu weiteren Handlungen eines geplanten abendlichen Treffens schritt. Der Hausherr und seine Gattin stellten uns dann den weiteren Besuchern vor, einem gewissen Petronius Maurus, seines Zeichens Architekt und Baumeister, zusammen mit seiner Frau Auriana, als auch der uns bereits bekannte duumvir Lucius Sempronius, zusammen mit Frau, sowie den uns bekannten Decurio des Virunenser Gardereiterlagers, Quintus Fabius Modestus und seiner Ehefrau Petronella.

---

623 Caeutus Tertinius Statutus = Aedil, röm Beamter für Bauwesen und Wohlfahrt (historisch belegt anhand eines Grabmonumentes (heute im Landesmuseum f. Kärnten/Klagenfurt)
624 Aedil = römischer Beamter der Municipalaristokratie (unterstand den beiden Bürgermeistern/Duumviri)
625 Cardo = 2. Hauptstraße einer röm. Stadt (West-Ostrichtung), bildet mit dem decumanus einen rechten Winkel
626 Decumanus = Hauptstraße einer römischen Stadt (Nord-Südrichtung). Die Nummernfolge wurde ausgehend vom sacralen Stadtmittelpunkt – dem Forum/Capitol aus gezählt.
627 Domus = vornehmer Bau (Luxusanwesen)
628 Vestibulum = Vorraum eines Patrizierhauses zum Atrium
629 Insula = Siedlungsbau/-Fläche (ca. 70x35m), meist rechteckig angelegt
630 Peristylum = nach oben hin offener Hof mit Säulenumrandung
631 Vespera = 5. Nachmittagsstunde

Der Besuch war eigentlich nicht nur rein privater Natur, sondern hatte man eingeplant, dass nach dem gemeinsamen Abendessen, die männlichen Besucher sich für eine Planung im kommenden Jahr zusammensetzen sollten, während die weiblichen Besucher sich miteinander treffen und entsprechend den fraulichen Interessen austauschen wollten.

Beim Durchschreiten der Räume blitzten mir einige Gedanken durch den Kopf. „Der kleine Speiseraum ist schon ein Schmuckstück geworden! Man hat sich in Virunum schön länger das Maul darüber zerrissen. Ein immer wiederkehrender grell-bunter Ornamentenreigen nach neuestem Stil ohne Figuren und freien Flächen. Und dann erst der Dionysos-Boden! Der ist wirklich vom Feinsten!"

Nun, Caeutus Tertinius Statutus hatte wirklich Glück, dass er einen der besten Mosaizisten[632] gewinnen und auch bezahlen konnte. Nun ja, der griechische Mosaizist, Polychoras hieß er, hat auch schon in der Villa des Kaisers gearbeitet, und war gerade auf der Durchreise nach Colonia Claudia Ara Agrippinensium[633], um den Palast des Statthalters dort auszustatten.

Nachdem die Dame des Hauses in die Hände klatschte, erschienen zwei Dienerinnen mit auf Platten servierten Speisen, Hühnchen in Sauce, sowie gebratenem Fisch, und einer Gemüseplatte, dessen Speisen den Besuchern aufs Köstlichste mundeten. Der dazu gereichte rote Wein rundete die gereichten drei Gänge, serviert mit kandierten Früchten und Kuchen ab, sodass sich die Teilnehmer nach ihrer lukullischen Stärkung zu dem jeweiligen geplanten Vorhaben zuwendeten. Während sich die Damen ihrem Austausch widmeten, begaben sich die Männer in einen Nebenraum, in der wir die geplante Besprechung abhalten wollten. Inmitten des Raumes befand sich ein größerer Tisch, der mit einem Leinentuch überdeckt war, unter der sich unregelmäßige Strukturen abzeichneten. Der dominus des Hauses wendete sich mit einem Wink an Petronius Maurus, der das Leinentuch entfernte, woraufhin alle ein angefertigtes Modell des aktuell geplanten Bauwerkes für die Siedlung, einem Amphitheatrum[634] bewundern konnten. Das geplante Bauwerk war ebenso beim letzten Besuch in der hiesigen Provinz von Kaiser Hadrianus vor zwei Jahren angestoßen worden. Die geplante Baustelle lag auf halber Hanghöhe im Osten der

---

632 Mosaizisten = röm. Mosaikkünstler der Antike
633 Colonia Claudia Ara Agrippinensium = lat. Bezeichnung für Köln (kurz CCAA), Provinzhauptstadt von Germania Inferior.
634 Amphitheatrum = antike Kampfarena, sowohl für militärisches Training als auch Gladiatorenkämpfe und Tierschaukämpfe

Siedlung auf einer 150 Fuß hohen Hügelanhebung, die sich wellenartig abwärts nach Westen zur Siedlung hinzog, geplant worden. Die unmittelbare Nähe, südlich ca. 600 Fuß zum Bühnentheater, das dieses Jahr seiner Bestimmung übergeben wurde, als auch dem schräg ca. 300 Fuß in südöstlicher Richtung über einem weiteren Hügel liegenden Regierungsanlage des Statthaltergebäudes, sowie etwas weiter ca. 700 Fuß nordöstlich gelegenen kleinen Militärlagers, ergaben für die Siedlung einen enormen kulturellen Mittelpunkt, der für die kommenden Jahrzehnte und Jahrhunderte einen enormen wirtschaftlichen Aufschwung versprach.

Wir wollten hier nun einen eigenen Stadtteil am Hang errichten, der nur der Unterhaltung diente. Für die Straße zwischen den beiden Theatern hatten wir auch schon unsere Vorstellungen. Alle großen und vermögenden Vereine von Virunum durften hier ihre Clubhäuser errichten. Die Handwerksgilde, die inventus Manliensium und das hochnoble Collegium der Liber Pater (Dionysos) haben schon ihre Beschlüsse gefasst. Kein Wunder, wir geben ihnen den Grund dafür kostenlos und das ist die beste Lage der Stadt. Da das Amphitheater im Hang lag, musste ich mir Pläne von meinem befreundeten Architekten C. Saturninius Nuragus aus iol Caesarea Mauretania[635] schicken lassen. Dort war die Geländesituation ganz ähnlich der hiesigen Hanglage, und Nuragus hatte das bestens im Griff.

Die ersten Erdaushub- und Planierungsarbeiten hatten im Frühjahr vor zwei Jahren begonnen, um eine entsprechende Fläche vorzubereiten. Die geplanten Maße des Areals waren für eine ovale Baustätte mit 570 x 240 Fuß[636] ausgelegt, und nachdem die Planierung abgeschlossen war, hatte man im letzten Jahr bei meiner Ankunft in Virunum begonnen entsprechende Mauerzüge hochzuziehen. Entsprechende Erdsicherungen aufgrund der Hanglage sowie der Regulierung der Quellwasserströme, hatten das Bauwerk etwas verzögert, sodass mit diesem Jahr die Absicherungen abgeschlossen, und die Mauerfundamente größtenteils fertiggestellt werden konnten. Ein unterirdisch von der Westseite des Bauwerkes angelegtes Tunnelsystem mit Ausgang auf der zentralen Fläche des Amphitheaters musste zusammen mit der Quellwasserdrainage durch Holzrohrleitungen koordiniert werden, sodass die entsprechende Statik aufgrund der Hanglage nicht gestört wurde. Da die Hangneigung ca. 22% betrug war die östliche Mauerseite in den Hang gebaut, während sich die westliche

---

635 iol Caesarea Mauretania = Cherchel/Sharshal (heute Algerien), ehemalige Hauptstadt der röm. Provinz Mauretania Caesariensis
636 Fuß = röm. Längenmaß entspricht 0,296m (also 170 x 70m)

Seite, freistehend vom Fundament, aus ca. 20 Fuß hoch erhob, und entsprechend abgesichert werden musste. Unmengen des Mauermaterials für die cavea[637], größtenteils Schiefer, mussten von den umliegenden Steinbrüchen transportiert, und mit entsprechendem Mörtelmaterial vermauert werden. Um den zentralen Kampfplatz der Arena zogen sich zwei parallele Mauerringe im Abstand von 16-20 Fuß breit, die eine Innenfläche der langovalen Form von 320x110 Fuß freigaben. In der endgültigen Bauphase hatte man nunmehr hölzerne Tribüneneinbauten für ansteigende Zuschauerränge eingeplant, sodass man mit einer Zuschaueranzahl von 3-4.000 Personen planen konnte. Die zwölf Fuß breiten Eingangstore zur Arena befanden sich jeweils im Norden und Süden der Anlage und wurden seitlich von Säulenreihen flankiert, die eine imposante und monumentale Ansicht des Bauwerkes freigaben. An der Ostseite der Zuschauertribüne befand sich mittig des Oval-Areals eine überdachte Konstruktion als Zuschauertribüne für die honestiores[638], sowie dem Zuschauerareal des Statthalters und seinem Gefolge. Darunterliegend in einem überbauten Raum, befand sich eine entsprechende sakrale Opferstätte mit Weihealtar der Schicksalsgöttin Nemesis[639]. Das Material für die erforderlichen Holzkonstruktionen waren zum Teil vorbereitend gelagert und sollten im Folgejahr bis zu den frühen Sommermonaten mit der Verbauung abgeschlossen werden. Solcherart dargestellt, verfolgten wir mit Interesse den Ausführungen des Baumeisters, der uns mit den erforderlichen Mitteln abgesichert und eine Fertigstellung der Anlage im nächsten Jahr zusicherte. Der municipale Stadtrat hatte mit den zuständigen Aedilen, sowie der Duumviri [640] die Zusicherung der finanziellen Mittel gegeben, wie der Magister Vici Lucius Sempronius zustimmend nickte, sodass dem weiteren Bauverlauf nichts mehr entgegenstand. Solcherart beeindruckt durch die Darstellung des Modells und der geplanten Baufortschritte, konnten die anwesenden Gesprächspartner sich für ein ereignisreiches kommendes Jahr freuen, das viele Gäste und Besucher auch in die Provinzhauptstadt locken würde.

Und ich konnte zufrieden meinem Imperator Hadrianus, über den geplanten Bauabschluss informieren, was diesen sicherlich erfreuen würde. Eben diese außen- und innenpolitische Staatsführung hatte ihm in den

---

637 cavea = Zuschauerraum, oftmals gemauerter Bereich mit Holztribünen
638 Honestiores = Ehrenbürger (meist Angehörige der Municipalaristokratie)
639 Nemesis = röm. Gottheit (d. Schicksals und der ausgleichenden Gerechtigkeit) als Opferstätte von Gladiatoren genutzt
640 Duumviri = röm. Oberbeamte zuständig für Finanzaufsicht, Steuereinnahmen und ziviler Gerichtsbarkeit

Jahren seit seiner Amtsübernahme im August vor acht Jahren durch den Senat den Titel als pater patriae[641] eingebracht, und das Volk zollte ihm für diese Periode des relativen Staatsfriedens der „Pax Romana" im Reich unumwundene Anerkennung. Vor allem auch für die Förderung der verschiedenen kulturellen Baudenkmäler während seiner provinzialen Inspektionsreisen, Grenzsicherungen, sowie der systematischen Rechtsprechung, aber auch für die Förderung der städtischen Selbstverwaltung.

Selbst der Kommandant meiner Garde, Quintus Fabius Modestus, äußerte sich zufriedenstellend, hatte er doch mit der geplanten Fertigstellung des Amphitheaters, einen ausreichend großen Exerzier- und Übungsplatz für seine Reitertruppe, und wenn sich nun auch der inventus Manliensum mit ihrem Vereinshaus ansiedelt, hat auch die Vereinsjugend ein Trainingsstadion zur körperlichen, und paramilitärischen Ertüchtigung für ihre Reiterspiele.

Solcherart informierend zufriedengestellt, begaben sich die Männer wieder zurück in das triclinium[642], wo sich in der Zwischenzeit die Frauen angeregt unterhalten hatten, und man ihnen zu den frischen Datteln auch

eine Tanzvorführung von punischen Mädchen aus dem Theater geboten hatte. Die Unterleiber bewegten sich wie unendlich gebremste Kreisel, wenn die Mädchen in Ekstase gerieten. Wie sich herausstellte, hatten sich unsere Frauen nicht nur über Haushalt und Kindererziehung unterhalten, sondern auch über die Eigenschaften ihrer Ehemänner, was zu großen erheiternden

Abbildung 34: Rekonstruktionszeichnung des röm. Amphitheaters

---

641 Pater Patriae = Ehrentitel („Vater des Vaterlandes") an die Staatsführung von K. Augustus (27v.Chr.-14 n.Chr.) angleichend
642 Triclinium = röm. Speisesaal/Zimmer, benannt nach den Liegen/Sofa auf dem man liegend speiste

Lachmomenten der Damen geführt hatte, die wir während unserer intensiven Gesprächsrunde ab und zu im Nebenraum schmunzelnd vernahmen.

„So müssen Frauen sein!" Würden wir Söhne Jupiters und Mars oftmalig behaupten, aber zu deren Verteidigung sei auch gesagt, auch wir Männer haben unsere Eigenarten. Aber was wäre, wenn es diesen Unterschied neben dem eigentlichen „kleinen" nicht zwischen uns Menschen geben würde, da sind sich römische Bürger sicherlich gleichwie andere keltische und germanische Volksstämme gemeinsam darüber einig. Die Welt wäre sichtlich arm ohne diese charakterlichen Unterschiede. Solcherart in die Unterhaltung unserer Frauen ergänzend eingreifend, verstrich der restliche Abend in erholsamer und fröhlicher Atmosphäre, und die Zeit schritt erheblich voran, bis der eine oder andere der späten Stunde bewusst, langsam zum Aufbruch nach Hause drängte. Für den Heimweg zu unserer Wohnstätte hatten wir für diese späte Uhrzeit dann aber doch eine Sänfte geordert, deren Träger uns im spärlichen Licht der städtischen Straßenfackeln sicher und wohlbehalten nach Hause brachten.

Frühjahr 878 - ab urbe condita (A.D. 125)

9. Regierungsjahr des Erhabenen Hadrian

Die kalten winterlichen Wochen und Monate zogen dahin und der Frühling hielt langsam Einzug in diese Region. Die Schneeschmelze war größtenteils erfolgt, das Grün der Natur lugte versteckt unter dem aufgetauten Boden hervor, nur der frische Wind zeugte noch etwas von dem schwindenden Gesicht des Winters, da die umliegenden Bergspitzen teilweise noch von weißen Schneeflächen bedeckt waren. Der Monat Aprilis[643] war fast vorbei und die Knospen an den umliegenden Bäumen begannen auszutreiben, der Duft der aufbrechenden Blüten durchströmte die Bergtäler. Das Schmelzwasser hatte die abfließenden Flüsse anschwellen lassen, so auch den des Glanus[644] der sich träge im Westen der Siedlung durch die Flusswiesen zog, und teilweise Tümpel und stehende Wasserflächen

---

643 Aprilis = April
644 Glanus = Glanfluss

215

bildete. Man begann in den umliegenden Ackerflächen den Boden umzu-
pflügen, und die Saatkörner für die spätere Sommerernte in den Boden zu
pflanzen, und beging mit diesen Handlungen auch eine Opferung zu Ehren der römischen Göttin Bona-Dea (Maia)[645], deren Ehren-/Feiertag am 1.
Tag des kommenden Monats bevorstand. Insbesondere hier im keltischen
Siedlungsraum wurde ihr große Ehrerbietung entgegengebracht, verhieß
sie doch als Mutter des römischen Gottes Mercurius[646], symbolisch verehrt
als Gott des Handels, der Kaufleute und des Gewinns, als Spenderin von
Fruchtbarkeit, Jungfräulichkeit, guten Ertrages und Segen. Dem dritten
Tag des Monatsbeginnes folgend, begannen dann die mehrtägigen Spiele,
der „Ludi Florales"[647] (Floralia), Ehrentag von Fauna, einer (alten) Tier-
und Fruchtbarkeitsgottheit.

Zu diesem Zeitpunkt sollte auch dann das östlich der Siedlung an einer
sanften Hangfläche gelegene, neu errichtete große Amphitheatrum feier-
lich eröffnet werden, dessen Modell wir bei unserem Besuch im Herbst
des Vorjahres im Hause des verunenser Stadtbeamten Tertinius Statutus
bewundert hatten. Eine fieberhafte Geschäftigkeit hatte sich in der Stadt
in den letzten Tagen vor den Feierlichkeiten entwickelt. Gäste, politische
und militärische Würdenträger und Beamte aus den umliegenden Siedlungen der Provinz hatten sich zu Besuch angekündigt. Der verantwortliche Stadtbeamte T. Statutus hatte alle Hände voll zu tun, sich um engspre-
chende Unterkunftsmöglichkeiten in der städtischen Siedlung und Umgebung für die Ehrengäste zu kümmern. Gastwirte hatten ihre Herbergen
herausgeputzt und sich mit entsprechenden Vorräten an Speisen und
Wein versorgt, um dem Ansturm der Besucher versorgen zu können.
Kaufleute versprachen sich ein gutes Geschäft für die kommenden Tage,
alles in allem sah man zuversichtlich in die Entwicklung der Stadt, deren
kulturelles Angebot durch die Einweihung im letzten Jahr, und nunmehr
durch das neu errichtete Amphitheatrum zusätzlich bereichert wurde.

So brach der Monat Maius an und die städtische Priesterschaft beging
mit der urbanen Bevölkerung den offiziellen Feiertag. Man beging die Felder und Ackerflächen und erbat durch die zeremoniellen Handlungen
den Segen der Gottheit Bona Dea Maia, für ein fruchtbares und segensrei-
ches Jahr, das durch die Opferung der Eingeweide eines Schweines, eines

---

645 Bona-Dea (Maia) = römische (altitalische) sinnbildlich: „Gute Göttin", deren Ehrentag
am 1. Mai gefeiert wurde.
646 Mercurius = röm. Gottheit (Götterbote), Symbol des Handels und Gewinnes
647 Ludi Florales = Spiele zu Ehren von Fauna, Göttin der ungezähmten Wildnis, symbolisch
dargestellt durch eine ineinander verknotete Schlange, Beschützerin des Lebens in Wald und
Flur, zuständig für Fruchtbarkeit in den Feldern und des Viehs.

Lammes und eines Hundes[648] symbolisch begangen wurde. Der priesterliche Pontifex maximus[649] wurde begleitet von weißgekleideten sacerdotes[650], die Räucherpfannen schwenkten, dessen Rauch mit den gesprochenen Gebeten gen Himmel den Göttern entgegenstieg und damit den Fruchtbarkeitssegen über die begangenen Fluren ausschütten sollte. Die Bevölkerung stimmte in die Bittgebete ein, sodass der Prozessionszug sich um, und durch die Stadt in einer langen Schlange reihte. Bei Prozessionsende zerstreute sich die Menschenmenge und verkostete in fröhlicher Gemeinsamkeit die kulinarischen Angebote der anbietenden Tavernen, Garküchen und Weinstuben. Schließlich brach auch dann der große erwartete Festtag zur Eröffnung der Ludi Florales an. Fauna als auch Bona Dea meinten es gut mit den Feiernden. Ein strahlender Maimorgen brach an und versprach einen herrlichen Festtag für die vielen ankommenden Gäste sowie der urbanen Bevölkerung.

Nach einem ausgiebigen Frühstück und vorbereitenden Gesprächen mit den organisatorischen Verantwortlichen der Festspiele, brachen meine Frau Gratia Pamphilia, mein Verwalter Mamertus und ich zum nahegelegenen Amphitheater auf, in das die wartende Menschenmenge langsam einzog. Dieser imposante Bau, der sich im Vergleich zum Vorjahr auf den errichteten Grundmauern und Fundamenten des bebauten Areals erhob, war nach den Baufortschritten der letzten Wochen kaum wiederzuerkennen. Sah man im Herbst vorigen Jahres noch Grundmauern und Baustrukturen, so erhoben sich jetzt im Innern des Areals kunstvoll errichtete hölzerne Zuschauertribünen, die sich in mehreren aufsteigenden Reihen erhoben. Durchschritt der Besucher die steinernen Eingangstore, über denen hölzerne Masten mit bunten leuchtenden Fahnen flatterten, konnte man die Gewölbe mit kunstvollen Wandtafeln, Skulpturen und Votiven, sowie an gemauerten Wänden bunte Wandmalereien bewundern, bis man das ovale gestaltete Innenareal betrat, um sich zu den aufsteigenden Sitzreihen emporzuarbeiten.

Abgetrennt vom Zuschauerbereich, zum Innenraum des Amphitheaters, befand sich eine zusätzliche Trennmauer, die den ca. zehn Fuß tieferliegenden Arenaboden abgrenzte. Die lichte Innenfläche der Arena erstreckte sich mit einer Länge von ca. 300 x 100 Fuß an beiden Scheitelenden mit einem halbkreisförmigen Radius von ca. 55 Fuß, sodass die Form nicht

---

648 Hund = Opferung der Eingeweide eines Hundes, da Feld-Aussaat durch Aufstieg des Sternenbildes „Canis" (lat. für Hund) am Himmelsfirmament angekündigt wurde.
649 Pontifex Maximus = Oberster Priester
650 sacerdotes = allgemeine Priester

einem Oval, sondern eher einem römischen Circus ähnelte. Der gesamte Arenaboden war mit Sand ausgelegt, nur in der Mitte des Arenazentrums unterbrochen, von einer hölzernen zehn mal zehn Fuß breiten Abdeckung, die einen darunterliegenden Raum vermuten ließ. An der östlichen Seite es Amphitheaters war ein ca. 35x35 Fuß gemauertes überdachtes Podest, die Senatorentribüne, in deren Richtung wir uns nunmehr bewegten. Langsam strömte die Menschenmenge in die Arena, die Sitzplätze füllten sich mehr und mehr, und das Publikum harrte der Dinge, die nun an diesem ersten Eröffnungstag kommen sollten. An der Honoratiorentribüne angekommen, empfing uns bereits Lucius Sempronius, der Duumvir, ebenso der Aedil Tertinius Statutus, in dessen Haus wir uns vor neun Monaten gemeinsam die Planungen der Arena angesehen hatten. Ebenso anwesend, der Decurio des Verunenser Militärlagers Quintus Fabius Modestus, sowie auch der Baumeister der Anlage Petronius Maurus. Sämtliche Personen waren mit ihren Ehefrauen anwesend und wiesen uns freundlich winkend auf die reservierten Plätze ein. Es schien ein herrlicher Tag zu werden, die Sonne stand noch nicht am Zenit, als die vierte Stunde des Tages anschlug, die Luft war angenehm und noch nicht zu heiß, es wehte ein laues Lüftchen über die östlich gelegene Bergkuppe. So wie es schien, war die gesamte Stadt auf den Beinen, um an diesem Ereignis der Arenaeinweihung teilzuhaben. Von nah und fern der umliegenden Regionen und Siedlungen waren viele Gäste in der Stadt angekommen, da Virunum mit dieser Kultstätte eine weitere Bestätigung von Kaiser Hadrianus für die Wichtigkeit als Provinzhauptstadt erhalten hatte. Vor und auf den Zuschauertribünen eilten eifrige Verkäufer hin und her, um ihre Ware den teilnehmenden Zuschauern anzubieten, seien es Speisen aus den Garküchen, Souvenirartikel, oder sonstige Dienstleistungen, für die die Anwesenden bereitwillig den Verkäufern winkten.

Auf ein Zeichen des Auxiliardecurio F. Modestus erhoben einige Bläser ihre tuba[651], sowie cornus[652] und bucina[653], um das Signal für den Beginn der Veranstaltung zu blasen. Das Stimmengemurmel ebbte die Geschäftigkeit ein, sodass ich mich als Statthalter und offizieller Vertreter des Kaisers erhebe, und der anwesenden Menge Stille gebot, um meine Begrüßungsworte an die Besucher zu richten. Hier bewies sich u. a. auch die bauliche Leitung der Akustik des Architekten Petronius Maurus, dass

---

651 tuba = militärisches Blasinstrument, in die Länge gezogene Signaltrompete
652 cornus = gebogenes Blasinstrument, aus dem sich später die Fanfare entwickelte
653 bucina = Signalinstrument, ähnlich dem cornus, aber meist von Reitern der Auxiliareinheit verwendet

jeder Laut klar und deutlich in dieser Anlage, egal in welcher Lautstärke, verstanden werden konnten.

„Heil dir Nemesis, Heil und Gesundheit dem Kaiser! Bürger von Virunum! Wir sind hier und heute zusammengekommen, um eine weitere kulturelle Stätte, die unser Imperator Hadrianus bei seinem letzten Besuch dieser Stadt vor drei Jahren angeregt hatte, seiner Bestimmung zu übergeben. Diese Stätte soll ein Symbol der kulturellen Leistung unseres Volkes sein. Da unsere stationierte Auxiliareinheit der Legio Ala I Thracum bislang in ihrem Kastell oberhalb des Hügels aufgrund der geographischen Lage, wenig Platz für ihre militärischen Übungen hatte, wird diese Stätte zukünftig unter anderem auch munera[654] militae[655] als Trainingsarena fungieren. Darüber hinaus aber soll diese Stätte auch Austragungsort von Kampfspielen dienen, die sowohl als Munera gladiatoria[656] als auch venationes der bestiarii[657] als Austragungsort dienen sollte. Wann immer ein offizieller Feiertag stattfindet, so soll dieses Amphitheatrum uns daran erinnern, was unsere Kultur der Bevölkerung der verschiedenen Regionen und Provinzen bringen kann, und den Menschen die Erhabenheit und Größe unseres Kaisers Hadrianus, sowie seiner Vor- und Nachregenten zeigt. Mit diesen Worten möchte ich diese Stätte ihrer Bestimmung übergeben, auf dass sich sowohl die Bevölkerung, aber auch alle zukünftigen Gäste dieser Stätte immer rühmen können, diese nördliche Provinz des Römischen Reiches einmal besucht zu haben."

Auf meinen Wink hin erhoben die Bläser wieder ihre Instrumente und kündigten damit die offizielle Eröffnung der Tagesveranstaltung an. Zusätzliche Paukenschläger begleiteten zur Musik den Einzug einer Reitereinheit einer halben Turma[658], bestehend aus 15 Mann, die in ihren farbenfrohen Kostümen, geschmückt mit Fahnen, ihre militärischen Übungen aus Angriffs- und Verteidigungstaktik zum Besten gaben. Das dumpfe Donnern der Pferdehufe auf dem Sandboden der Arena vermischte sich mit den Klängen der gekreuzten Schwerter, Speere und Schilde der Schaukämpfer, begleitet von den begeisterten Zurufen und dem Applaus des Publikums. Auf ein weiteres Kommando schritten

---

654 Munus = (Totenspiele) zu Ehren Verstorbener, aus diesem Brauch während der römischen Republik stammen auch die Gladiatorenspiele
655 munera militae = Austragungsort für militärische Übungen, und
656 munera gladiatoria = Gladiatorenkämpfe
657 bestiarius = Tierhetzer, auch venatores genannt; Venatio = Jagd, hier Tierhetze
658 turma = kleinste Reiter-Einheit einer militärischen Ala (Auxiliareinheit) bestehend aus 30-33 Reitern

nunmehr aus dem gegenüberliegenden südlichen Tor eine halbe Centurie[659] Fußsoldaten, die symbolisch den Gegner zur Reiterei in der Form einer testudo[660] bildeten. Durch diese Einigelungstaktik bildete die Einheit einen starken Schutz gegen die anstürmende Reitertruppe, die bei ihrem Angriff den Sand der Arena aufwirbelte. Auf die akustischen Signale der Bläser hin, simulierten die beiden Einheiten, Angriffs- und Verteidigungsbewegungen, wie sie in einer offenen Feldschlacht normalerweise stattfinden würden, um so den Zuschauern die Wehrhaftigkeit der Armee und deren Grenzschutzaufgaben plastisch darzustellen.

Nach den offiziellen Aufmärschen ergriff der Bürgermeister noch das Wort und es erschienen etwa 30 Jungen zwischen sechs und 16 Jahren zu Pferde, alle Mitglieder der inventus Manliensium, die hier ihr lusus Troiae, das trojanische Reiterspiel aufführten. Sie ahmten die kompliziertesten taktischen Manöver nach und zeigten ihren stolzen Verwandten ihre Reitkünste.

Nach ca. eineinhalb Stunden endete diese Schaustellung, die Akteure zogen sich durch die Tore nördlich und südlich der Arena wieder zurück. Die Sonne stand nun auf ihrem höchsten Punkt am Firmament. Um die größte Hitze abzuhalten, begann man nunmehr über den Arenasitzreihen, Sonnensegel aufzuspannen, die über kunstvolle Verstrebungseinheiten auf Bedarf auf- und zugezogen werden konnten. Die Pause nutzen die Zuschauer um sich an den thermopolia[661] zu stärken, oder ihren Durst zu stillen. Nach einer Stunde ertönte ein weiteres Signal zur Fortführung der Spiele in der Arena. An der untersten Sitzreihe am balteus[662] der cavea[663] hatte man nun an bereitgestellten Stangen Netze bis zu einer Höhe von zusätzlich fünf Fuß gespannt, um bei Tierschaukämpfen zusätzlichen Schutz vor hochspringenden Tieren zu gewährleisten. Was nun folgte, sollte meinen Geschmack weniger berühren, da ich als ehemaliger Soldat bevorzugte, im Kampfe den Feind persönlich gegenüberzustehen, und nicht Raubtiere zu töten, außer wenn man zur Jagd war. Nun, die Geschmäcker der Bevölkerung waren vielfältig, manch einer konnte sich richtig am Blut abgeschlachteter Tiere ergötzen, teilweise geriet eine Menschenmenge richtig in Raserei, wenn es derart tumultartig zuging. Ich für meinen Teil bevorzugte lieber einen offenen Kampf, und wenn nötig,

---

659 Centurie = kleinste Infanterieeinheit, bestehend aus 80, später 100 Mann
660 testudo = Infanterieformation in Form einer Schildkröte
661 thermopolia = Garküchen/Vorläufer späterer Imbissstuben, gereicht wurden Eintopf, Bohnen, Brot, Früchte und Wein.
662 balteus = Mauerabsatz der untersten Sitzreihe, zumeist ca. 3 Fuß hoch
663 cavea = Sitzbereich in Theatern und Amphitheatern

fairen, wo man sich nicht gegenseitig abschlachtete, sondern als Gegner achtete und ihm Respekt zollte, auch wenn der Kampf hart und erbittert war. Die Tore öffneten sich und ein Rudel Wölfe und Wildschweine wurden in die Arena gelassen, wo diese anscheinend aufgrund tagelanger Hungerperioden nunmehr als tierische Feinde übereinander herfielen. Mit lautem Gebrüll, Geheule und Knurrgeräuschen, beäugten sich diese zuerst gegenseitig, bis sie auf ein Zeichen ihrer Rudelanführer übereinander herfielen und sich gegenseitig wütend zerfleischten. Je länger die Auseinandersetzung dauerte, desto frenetischer reagierten die Zuschauer, die das Gebrüll der kämpfenden Tiere noch zumeist durch ihre Anfeuerungsschreie übertönten. Nach ca. 30 Minuten war diese Tierschlächterei vorbei, einige noch nicht verendete Tiere, wurden durch Pfeilschüsse oder Keulenschläge getötet, sodass dieser unrühmliche Programmpunkt schließlich und endlich seinem Ende zuging. Dies war nach meinem Geschmack kein Ausdruck von römischer „Kultur", sondern einfach eine simple Tierquälerei, die sich in der Natur niemals in dieser Form vollzog, sondern nur der Mehrheit der Zuschauer zur Ergötzung diente.

Im folgenden Programm sollte nun ein Kampf eines bestiarius[664] gegen einen Bären stattfinden. Der Schaukämpfer betrat theatralisch die Arena, stellte seinen stählern geformten, ölglatten Körper der Menschenmenge zur Schau und vollführte schlagende und stechende Gesten mit seinem Speer und Netz, das er bei sich trug. Auf ein Zeichen hin öffnete sich ein Torspalt und gab den Weg eines zotteligen grimmigen Braunbären in die Arena frei. Als dieser den Schaukämpfer erblickte, ertönte ein tiefes Grollen aus seiner Kehle, und er begann langsam, aber stetig sich in die Richtung seines Gegners zu bewegen. Beide umkreisten einander in respektvoller Nähe, bevor der bestiarius sich mit einem Sprung vorwärtsbewegte, um dem Bären einen Lanzenstich in die Seite zu versetzen. Auf diesen Ausfall hin schien dieser im ersten Moment gar nicht gerechnet zu haben, schmerzvolles Gebrüll ertönte aus seinem Rachen, als dieser sich mit lefzender Schnauze und ohrenbetäubendem Gebrüll seinem Gegner gegenüber in Bewegung setzte. Vorsichtig reagierend setzte dieser einige Schritte zurück und versuchte mit seinem Netz den tierischen Gegner einzukreisen, um diesen mit einem schnellen Wurf die Bewegungsfreiheit zu nehmen. Dieser aber erhob sich plötzlich zu seiner vollen Größe, er maß an die sieben Fuß hoch und stürzte sich auf seinen Gegner, um ihm mit einem mächtigen Prankenhieb eine seitliche Wunde zu reißen. Mit schmerzverzerrtem Gesicht wich der bestiarii zu seiner eigenen Sicherheit

---

664 Bestiarius = (oder Venator) Tierschaukämpfer

zurück, hatte er doch mit dieser schnellen Reaktion des Bären nicht ge-
rechnet. Dabei bewegten sich beide in Richtung zur südlichen Mauer des
Zuschauerbereiches hin. Da, plötzlich ein Schrei aus tausend Kehlen, die
Menge kreischte auf, als sie sah, was passiert war. Einer der Zuschauer in
der untersten Reihe hatte versucht sich etwas über die Schutzmauer zu
lehnen, um besser den Schaukampf verfolgen zu können, da die beiden
Kontrahenten sich in seinem toten Blickwinkel der Arenamauer bewegten.
Dabei hatte dieser das Gleichgewicht verloren und war trotz Sicherheits-
netz zusammen mit diesem in die zehn Fuß tiefere Arena gestürzt. Sich
rappelnd im Netz auf dem sandigen Boden bewegend, versuchte dieser
sich zu erheben, und aus dem Bereich der beiden kämpfenden Kontrahenten zu kommen. Dabei hatte er die Aufmerksamkeit des Bären durch seine
zappelnden Bewegungen erregt, sodass sich dieser mit einem Gebrüll
dem anscheinend neuen Gegner zuwandte. Mit schreckverzerrtem Gesicht versuchte sich dieser verzweifelt vollständig aus dem Netz zu befreien, um dem Bären zu entkommen. Dieser aber war mit einem mächtigen Satz schneller und holte zum Schlag mit seiner Pranke aus. Dabei
streifte er den Zuschauer mit seinen Krallen an der Schulter, der sich geistesgegenwärtig hatte rückwärts fallen lassen. Der Bär holte zu einem
nochmaligen Prankenschlag aus, um das am Boden liegende Opfer endgültig zu töten. Plötzlich sprang ein weiterer bestiarius hinzu, und prü-
gelte mit kurzen harten Peitschen auf den Bären ein, der von seiner ursprünglichen Absicht abließ und sich wütend seinem neuen Gegner stellen wollte.

Dies gab dem ersten bestiarius die Möglichkeit den Bären in seinem Rücken mit dem Netz zu umschlingen, um ihm der rechten Tatze den weiteren Schwung zu einem erneuten Ausholen zu nehmen. Die Menge tobte
vor Begeisterung, dachten viele doch, dass dies ein zusätzlicher Schau-
punkt des Kampfes war, ohne die Realität zu ahnen, dass der unglückliche
Teilnehmer nur Opfer seiner eigenen Unvernunft war, als er sich zu weit
über die Mauer beugte. Das erneute Brüllen holte die menschlichen Teilnehmer als auch Zuschauer wieder in die Realität zurück. Der unglückliche Zuschauer, schleifte sich rückwärts bewegend aus der Gefahrenzone,
wobei der erste Bestiarii erneut seinen Speer zückte und diesen in die
Brust des Bären rammte. Ein heller Blutstrahl schoss daraus hervor, sodass
der Angreifer sich geistesgegenwärtig nach hinten beugte, um nicht durch
das ausschießende Blut des Bären auf sein Gesicht behindert zu werden.
Todeswütig holte der Bär erneut aus und riss mit einem Schlag den Oberschenkel des Bestiarii auf, traf dabei seitlich den Speer, der durch die

Wucht des Schlages zur Seite geschleudert wurde. Seiner primären Waffe entledigt, zückte der Schmerzverzerrte sein zusätzliches längeres Messer und sprang dem Bären todesmutig auf den Rücken, um sein Messer in den Nacken des tobenden Bären zu versenken. Beide stürzten zu Boden, der Bär gab noch röchelnde Laute von sich, bevor er endgültig zusammenbrach, und seinem Gegner im letzten Aufbäumen, halb unter sich begrub, und endgültig verschied. Eilends herbeigeeilte Helfer, zogen den stark blutenden bestiarius unter dem Bären hervor. Wie sich herausstellte hatte er tiefe Fleischwunden und anscheinend einige gebrochene Rippen, war aber ansonsten dem Kampf todesmutig entronnen. Der Zuschauer lag unter dem Netz immer noch halb begraben, und zitterte wie Espenlaub am ganzen Körper, ob diesen lebensgefährlichen Kampfintermezzos, heilfroh und einigermaßen unbeschadet dem Tode entronnen zu sein. Unter dem frenetisch johlenden Gebrüll der Menschenmenge, wurden beide menschlichen Überlebenden aus der Arena getragen, um sich anschließend in ärztliche Betreuung zu begeben.

Eine erneute Pause unterbrach den Festtag, was den Zuschauern eine Verschnaufpause verschaffte, die viele nutzten, um sich zu stärken, oder auch für das kommende Schauspiel die Quoten der Wetten zu bestimmen und einzusetzen. Als abschließenden Höhepunkt war der Kampf zweier Gladiatoren geplant, die ihre Ausbildung in der Gladiatorenschule Aquileia[665] absolviert hatten, nachdem Virunum bislang noch keine Gladiatorenschule hatte. Die beiden waren ein Geschenk des Legionskommandanten Gajus Geminius Priscus[666], den ich vor Amtsbeginn in der Provinz Noricum im Kastell Augustiana[667] kennengelernt hatte. Dieser hatte mir diese beiden mächtigen Kämpfer mit der Auflage gestiftet, einen starken Schaukampf zu liefern, jedoch in jedem Falle dem unterlegenen Kontrahenten das Leben zu schenken, da jeder Kämpfer für die Gladiatorenschule und seines lanista[668] eine Menge an finanzieller Investition bedeutete, das mit dem Tode eines Kontrahenten auf jeden Fall verloren war. Dieses Versprechen hatte meine volle Zustimmung, hielt ich es ähnlich wie der römische Schriftsteller Sueton[669] gemäß seinen Worten: „Ein guter Hirte darf seine

---

665 Aquileia = Stadt in der italienischen Region Friaul-Julisch Venetien.
666 Gaius Geminius Priscus = Auxiliar Kommandeur der Ala I Thracum (um 120 n.Chr.) mit Sitz in Carnuntum
667 Augustiana = (Traismauer; NÖ) Legionshauptquartier der Ala I Thracum am Danuvius
668 Lanista = Leiter u. Besitzer einer Gladiatorenschule
669 Gaius Suetonus Tranquillus = (Sueton *70 – 130 n.Chr.) römischer Schriftsteller, Verwaltungsbeamter. Wurde durch seine Kaiserbiographien berühmt, in denen er das Leben der römischen Kaiser von Caesar bis Domitian schildert.

Abbildung 35: Der Autor / Gladiatorenkampf

Schafe wohl scheren, aber nicht schinden." Mit dieser Zusage war ich doch bei der Einweihungsfeier der Arena, eines möglichen Todesurteils für den unterlegenen Kämpfer enthoben, da ich einen guten und verdienten Kampf, einem Kampf mit tödlichem Ausgang auf jeden Falle vorzog.

Der letzte Akt des Tages sollte sich nun vollziehen. Mittlerweile war es später Nachmittag geworden und die Stimmung der Zuschauer strebte dem Höhepunkt entgegen. In den Pausen an den angebotenen Speisen gut gestärkt, und an den Weinstuben am Rebensaft erfrischt versammelten sich die Zuschauer wieder an den Sitzplätzen, nachdem das Signalhorn für den nächsten Schaukampf ertönt war. Tertinius Statutus, der Aedil des municipium Virunum, erhob sich, die Arme gebieterisch den Zuschauern zugewendet und in die Höhe erhoben, um Aufmerksamkeit für seine Ankündigung zu erhalten.

„Volk von Virunum! Heil Kaiser Hadrian! Unsere Spiele an diesem Tage zu Ehren der Bona Dea, sehen nun dem Höhepunkt entgegen ... In seiner großen Güte entbietet der Kommandant der Ala I Thracum aus dem Garnisonsort Augustiana[670], im Namen unseres Kaisers Hadrian, seine Grüße an diese ruhmvolle Stadt. Ihr zu Ehren und zu Ehren der Einweihung dieses Amphitheaters, sendet uns dieser für den heutigen Schaukampf zwei ruhmvolle Gladiatoren aus der Gladiatorenschule Aquileia. Unser erhabener Herrscher Hadrian hat in seiner wohlwollenden Güte im vorigen Jahr diesen Ort zur römischen civitas erhoben, aus dass die Grenze zu den nördlichen germanischen Völkern über dem Danuvius durch seine Legionen ausreichend unterstützt werden kann. Er entbietet der civitas Viruno seine Grüße und sendet uns anlässlich der Spiele zur Bona Dea und der Eröffnung des Amphitheaters seine Grüße und Glückwünsche zum

---

670 Augustiana = Auxiliar-Reiterkastell (1.-4.Jh); belegt durch die Ala I Augusta Thracum (Reitereinheit/Bogenschützen); ab 117/121 als Garnison in der Provinz Noricum

Ruhme und Wohle des Römischen Reiches. Verfolgt nun gemeinsam mit uns diesen außerordentlichen Kampf der beiden Kontrahenten, dem Kämpfer Crixus Hispanorum als Darsteller eines Murmillo, sowie dem zweiten Kämpfer Balbinus Superior als Darsteller eines Thraex."

Mit diesen Worten ertönten dumpfe Paukenschläge, der durchdringende Ton einer Tuba ertönte in der Arena, und Rauch stieg in der Mitte der Arena aus einer Öffnung am Boden. Alles wartete in spannungsvoller Erwartung der Dinge, die angekündigt waren. Plötzlich öffnete sich eine Bodenklappe, der Ausgang eines unterirdischen Gewölbeganges, aus dem in stoischer und aufrechter Haltung die zwei angekündigten Kämpfer langsam stiegen. Nun wurde mir auch bewusst, wofür dieser Gang von seinem Baumeister Petronius Maurus konzipiert war, den ich vor einigen Monaten, anhand eines Modells im Hause des Aedils Tertinius Statutus bei dem Besuch in seinem Hause bemerkt hatte. Beide Kämpfer traten in der üblichen Kontrahentengattung der Bewaffnung auf.

Crixus Hispanicus stammte laut Ankündigung aus dem municipium Italica[671], der fernen Provinz im Westen und hatte laut meiner Information bereits viele Kämpfe in der Gladiatorenschule in Aquileia siegreich bestanden. Seine gewählte Kampfgattung stellte den Murmillo[672] dar, symbolisch einem Legionsinfanteristen ähnelnd. Den ölglänzenden Körper bedeckte eine wollene braune Kurztunica. In seiner linken Hand hielt er einen rechteckig gewölbten Schild (Scutum), in der Rechten hielt er einen Gladus[673]. Seinen Ober- und Unterarm bedeckte eine dickbauchige armia[674]. Sein linkes Standbein schützte eine bis unter das Knie reichende Beinschiene. Als Kopfschutz diente ihm ein Helm mit Visier, dessen gerader hoher Kamm bunte Federn in Form eines Fisches (murmylos), von dessen Namen sich auch die dargestellte Kampfgattung ableitete. Auf beiden Beinen tänzelnd, bewegte er sich auf dem

Abbildung 36: Der Autor / Gladiator „Thraex"

---

671 Italica = römische Stadt in der Provinz Hispanien (ca. 10km. nördlich vom heutigen Sevilla)

672 Murmillo = alte Gladiatorengattung, bereits im 1. Jh. v.Chr. nachgewiesen, einem Legionsinfanteristen ähnelnd

673 gladus = römisches Kurzschwert

674 armia = dicker Armschutz, meist durch wattierten Stoff und Leder unterstützt

sandigen Boden, um gegenüber unserer Ehrentribüne Aufstellung zu nehmen.

Sein Gegner Balbinus Superior kam aus der östlichen Provinz Thrakien und war während des 2. Dakischen Krieges gegen die römischen Streitkräfte des vorherigen Kaisers Trajan in Gefangenschaft geraten. Dieser muskulöse Mann schien in seinem Lebensalter kurz vor 40 zu sein. Narben bedeckten seinen Oberkörper, der in seiner Kleidung und Bewaffnung den Kampftypus des Thraex[675] darstellte. Vielleicht hatte er gerade wegen seiner Abstammung aus dieser Provinz diese Waffengattung gewählt. Jedenfalls kämpfte er mit nacktem Oberkörper und einem kurzen wollenen braunrotem Lendenschurz. Dickförmig gepolstert waren seine beiden Beine bis zu den Oberschenkeln. Als Körperschutz diente ihm am linken Arm ein kleiner gewölbter, bunt bemalter Rechteckschild. In seiner Rechten hielt er eine sica[676], eine krummförmige Klinge. Seinen Kampfarm bedeckte ebenfalls ein gepolsterter Schutz, von dessen Oberfläche lederne Streifen als Schmuck baumelten. Als Kopfschutz diente ihm ebenso ein großer Helm, dessen Kamm ein Greifenkopf zierte.

Beide Kämpfer nahmen vor der Ehrentribüne Aufstellung, um dem Stellvertreter des römischen Kaisers in der Provinzhauptstadt Virunum ihre Ehrenbezeugung darzubieten. Danach betraten beide Kontrahenten das unter dem Ehrenpodium befindliche Heiligtum der Schutzgöttin für Gladiatoren Nemesis[677], um Beistand in den bevorstehenden Kampf zu erbitten. Nach wenigen Minuten erschienen diese wieder, um in der Mitte der Arena Aufstellung zu nehmen, um den Kampf zu beginnen. Auf ein Zeichen des Schiedsrichters mit seinem Stab begannen die beiden Kontrahenten sich langsam zu umkreisen. Jeder versuchte mit Blicken seinen Gegner zu fixieren, um dessen Schwachstelle zu entdecken. Plötzlich schnellte Crixus vor, zielte mit seinem Schwert auf die linke Schulter des Gegners, wurde aber von Balbinus durch dessen reflexartig erhobenen Schild abgewehrt. Wieder umkreisten sich beide Kontrahenten, diesmal versuchte Balbinus mit Schwung ausholend hinter die Körperdeckung des gegnerischen Schildes mit seiner gekrümmten Klinge zu stoßen, auch dies wurde abgewehrt. Einige Minuten vernahm man nur die Schläge der Kämpfer auf die gegnerische Armierung oder den Schildern metallisch

---

675 Thraex = aus Thrakien stammende Kampfgattung hinweisend, Merkmal: Schwert mit gekrümmter Klinge

676 sica = gekrümmte Klinge des Thraex

677 Nemesis = urspr. griechische (Zorn-/Rache-)Göttin, von Rom übernommen. Schutzgöttin der Gladiatoren und der Spiele

klingend abgleitend, was jedes Mal mit heftigen Atemstößen und schrillen Schreirufen unterstützt wurde. Da, Crixus hatte sich kurz vor der gegnerischen Klinge geduckt und stieß mit seinem Gladus weit ausholend und schwungvoll unter die Deckung des gegnerischen Schildes und streifte dabei den Oberschenkel von Balbinus. Sofort zeigte sich darauf eine Blutspur, die der Gegner mit stoischem Gleichmut jedoch hinnahm und seine Deckung optimierte. Beide versuchten hinter die Deckung des Gegners zu gelangen. Begleitet durch die lautstarke Hintergrundkulisse der Zuschauer, schlugen die beiden Kämpfer mit lautstarken Schreien und metallischen Schwertschlägen auf den gegnerischen Schild. Crixus schien aufgrund seines jüngeren Alters über eine schnellere Reaktion zu verfügen, sein Gegner Balbinus jedoch war aufgrund seiner langjährigen Erfahrung in der Arena ein ebenbürtiger Gegner. Durch die beiderseits doch unterschiedlich schwere Bewaffnung kamen beide durch ihre kämpferischen Bewegungen außer Atem. Balbinus strauchelte kurz bei seinem nächsten Ausfall, vielleicht begründet durch seine leichte Oberschenkelverletzung, was Crixus sofort auszunutzen versuchte und mit seinem gladus nachsetzte. Balbinus zog jedoch sofort seinen Schild hoch und versetze seinem Gegner mit der Schildkante einen harten Stoß in die Schulterbeuge, sodass dieser, tief Luft holend, sofort zurückweichen musste. Jetzt lag es an Balbinus seinen Gegner Crixus zu bedrängen. Mal versuchte er von rechts seitlich, mal von oben herabstoßend die Schilddeckung von Crixus zu umgehen, was ihm jedoch nicht zufriedenstellend gelang. Beide Gegner bluteten aus kleinen Schramm- und Schnittwunden, die bei der Abwehr des Gegners entstanden waren, schwer atmend den anderen Gegner im Auge behaltend. Plötzlich deutete Crixus bei seinem nächsten Ausfall ein Straucheln seines rechten Beines vor, fiel knieend zu Boden und schleuderte aber geistesgegenwärtig mit seiner Schwerthand eine Faust voll Arenasand in das Gesicht seines Gegners. Balbinus wich sofort zurück, um sich mit schmerzverzerrtem Gesicht den Sandstaub aus seinen Augenlidern zu befreien. Beide Kämpfer waren nun schon über dreißig Minuten im fortwährenden Kampfeinsatz und man merkte beiden eine lähmende Müdigkeit in ihren Gliedern an, deren Schläge sich sichtlich verlangsamten. Da beide Gegner ziemlich gleichwertig kämpften, tobte die Menge über diesen sichtlich spannenden und ausdauernden Kampf zur späten Nachmittagsstunde. Die Zuschauer wurden nicht müde die beiden Kämpfer anzufeuern, hatten ja viele beträchtliche Wettsummen, auf ihren jeweiligen Favoriten gesetzt. Beim nächsten Ausbruch von Balbinus konnte dieser seinen gekrümmten Säbel hinter die Schilddeckung seinen Gegner setzen, dessen Spitze sich schmerzvoll in dessen linke Schulter bohrte. Crixus stürzte schwächelnd zu Boden und versuchte sich mit der Schwerthand aufstützend wieder zu erheben, was ihm jedoch nicht völlig gelang. Balbinus setze nach und versetze Crixus mit seinem eigenen Schild einen Schlag, sodass dieser gänzlich auf seinen Rücken stürzte, seinen Schild verlor, und sich kaum mehr erheben konnte. Schlagartig verstummte das Geschrei eines Teils der Zuschauer, die auf diesen Kämpfer gewettet hatten, um der nächsten Dinge zu harren. Balbinus trat an Crixus heran, stieg mit seinem linken Fuß auf die Schwerthand des Gegners, um einen erneuten Schlag zu verhindern, während Crixus seine verwundete linke Hand hob um mit Zeige und Mittelfinger seine „missio[678]" zu bekunden. Danach wandte er sich erwartungsvoll in Richtung zur Ehrentribüne über dem Tempelheiligtum des Nemeseum's, um das Urteil des Prokurators abzuwarten. Die Zuschauer erhoben sich von ihren Sitzen, die Arena glich einem Hexenkessel, aus Schreien und Anfeuerungsrufen. Stimmen erhoben sich, die das Bluturteil über den am Boden liegenden Crixus forderten. Andere wiederum riefen um Gnade für den unterlegenen Gladiator. Viele blickten mit fragendem und erwartungsvollem Gesichtsausdruck zur Ehrentribüne des Statthalters.

Nun war mein Moment gekommen, den ich von Anfang an befürchtet hatte, dessen ich mir aber mit durch mein Versprechen dem Kommandanten Gajus Geminius Priscus von der Ala I Augustana Thracum gegenüber wohlwollend einzuhalten pflegte. Ich erhob mich von meiner Sitzgelegenheit, erhob meine Arme, um der Menge Ruhe zu gebieten und antwortete mit lauter und energischer Stimme:

„Bürger von Virunum! Diese Arena hat heute im Namen des Kaisers an ihrem Eröffnungstag wahrhaft einen großartigen Festakt erlebt. In diesem heutigen letzten Kampf zwischen den beiden Gladiatoren Crixus und Balbinus konnten wir alle den Mut und die Ausdauer der beiden Kämpfer bewundern. Das römische Volk und alle seine hier anwesenden Gäste aus den verschiedenen Nachbarprovinzen haben mit diesem Kampf ein Beispiel gesehen, wie römische Kämpfer durch ihren Mut, ihre Tapferkeit und ihren Kampfeswillen ihrem Kaiser und Imperator Hadrianus, und dem römischen Reiche dienen. Da beide Kämpfer ihren vollen Einsatz nach diesem ausdauernden Kampf gegeben haben und Balbinus doch als Sieger aus diesem Kampf hervorgegangen ist, so zolle ich dem unterlegenen Gegner Crixus durch seinen ehrenhaften Einsatz ebenso meine Ehrenbezeugung. Im Namen unseres Kaisers und Imperators Hadrian, mögen

---

678 missio = Gladiatoren-Aufgabe, Bitte um Gnade und Schonung des Lebens

ihm die Götter ein langes Leben schenken, gewähre ich als sein Statthalter und Prokurator dieser Provinz, dem im Kampfe unterlegenen Gegner Crixus die missio!"

Mit diesen Worten forderte ich Balbinus mit einer bestimmenden Handbewegung auf, von seinem Gegner abzulassen, an die Tribüne heranzutreten, und den Lorbeerkranz des Siegers entgegenzunehmen. Die Zuschauer tobten und schrien aus Begeisterung, erhielten sie ja durch dieses Gnadenurteil, die Möglichkeit beide tapferen Kämpfer auch in Zukunft in weiteren Kämpfen zu bewundern. Wie ich mit zufriedenstellender Miene bemerkte, verlangte das Publikum in erster Linie von den Kämpfern Regeln[679] und Brutalität eines Gladiatorenkampfes, nicht nur rohe Gewalt, sondern erhoffte sich ebenso durch qualifizierte Gegner einen spannenden Kampf, Todesmut symbolisch für die Tapferkeit des römischen Volkes präsentierend, und damit auch spannende Unterhaltung.

So ging dieser ereignisreiche Tag langsam zu Ende und die Zuschauermenge, die die Arena langsam verließ, verteilte sich in der gesamten Stadt, um den ausklingenden Tag in Feierlichkeit mit Speis und Trank, sowie allerlei Ergötzlichkeiten zu begehen. Insbesondere die Kaufleute und Gastwirte, sowie Herbergen, nicht weniger auch die Dienerinnen des horizontalen Gewerbes, waren besonders erfreut über die Früchte des Tages und der nachfolgenden, brachten sie ja reichen Ertrag durch die vielen besuchenden Gäste, und ebenso neuen Geschäftsbeziehungen und damit auch verstärkte regionale wirtschaftliche Entwicklung. Sicherlich hatten sich auch viele Patrizierfamilien einen vermehrten Einfluss und Ruhm in der städtischen Karriereleiter, und damit auch eine provinziale Karriere erhofft und erhalten. Ich für meinen Teil gesellte mich nach abschließenden kleinen Gesprächen mit einigen noch anwesenden Repräsentanten, in den unmittelbar ober der Arena liegenden Statthalterpalast liegenden Wohnstatt, wo ich mich für den Rest des Abends mit meiner Frau zurückzog, um persönliche Eindrücke zu besprechen.

Einer der persönlichen Punkte, die ich im Gespräch mit meiner Frau erwähnte, war mein bevorstehender Ruhestand, nach Ablauf dieses Jahres. Nach nunmehr 36 Dienstjahren, anfänglich im militärischen, danach im

---

679 Kampfregeln = hierzu entsprechender Quellennachweis gem. Petronius, Satyrica XLV 11-12

zivilen Verwaltungsbereich, ging meine berufliche Verpflichtung dem römischen Reich und Kaiser gegenüber zu Ende. Hadrian hatte mir in seinem letzten persönlichen Schreiben zur Fertigstellung des Amphitheaters und dessen Einweihung gratuliert und mir angekündigt, dass ich zum Jahresende, meinen wohlverdienten Ruhestand antreten könnte. So plante ich nach diesem Zeitraum, wieder in meine alte Geburtsheimat, in die Provinz Raetia, in Abodiacum zurückzukehren, wo noch ein Großteil meiner Familie lebte. Gratia-Pamphilia, als gebürtige, ehemalige Bewohnerin der Provinz Sardinia, war zwar nicht so ganz erfreut in einer kühleren Alpenregion zu leben, willigte schließlich aber doch ein, da ich ihr auch die Vorzüge dieser Heimatprovinz schmackhaft machen konnte.

Zudem kam noch ein Entschluss, der mir schon lange am Herzen lag. Mamertus, mein treuer und langjähriger Verwalter, hatte hier in Virunum seine Blume des Herzens kennengelernt. Sie hieß Alyssa und war die Tochter eines hiesigen bekannten Handwerksmeisters der Steinbearbeitungskunst. Er war Besitzer und Eigentümer der örtlichen Steinmetzwerkstatt, die nicht nur in Person von Acceptus, dem Vater der Alyssa, über einen hervorragenden Steinmetz (lapidarius) verfügte, sondern mit den beiden Sklaven Diomedes und Hermes auch zwei Bildhauer (sculptores) hatte, die ihr Handwerk in einer guten Werkstatt in Athen gelernt hatten, und hier zur Freude aller wirkten.

Mamertus wird sich sicherlich gefragt haben, wie meine Entscheidung mit Beginn meines Ruhestandes für ihn ausfallen würde. Schließlich hatte ich ihn doch während meiner Militärzeit vor nunmehr über 17 Jahren in Dacia, als Sklaven im jungen Alter von 19 Jahren freigekauft, der dann damit in meinen Besitz überging. Rechtlich gesehen war er kein „freier Römer", was mir oft durch den Kopf ging, wie ich dieses Problem hätte lösen können. Schließlich hatte er mir während dieser Zeit treu gedient und in ihm hatte ich nicht nur einen zuverlässigen Begleiter, sondern immer als interessierten und offenen Gesprächspartner zu allen auftretenden Themen und Problemen während meiner beruflichen Inspektionsreisen durch die jeweiligen Provinzen gewonnen. Für diese treuen Dienste beabsichtigte ich nun, vor Antritt meines Ruhestandes, ihn als „freien" römischen Bürger zu adoptieren, und ihm damit die Freiheit zu schenken, sodass er selbst eine Familie mit allen Rechten gründen konnte. Ich konnte ihm so richtig im Herzen nachfühlen, wie es für ihn als Mensch und vor allem als Mann dabei ging, war es mir doch ähnlich ergangen, als ich meine jetzige Frau in der Provinz Sardinia kennengelernt hatte. Er war nunmehr an die 36 Jahre alt, ein Mann in den besten Jahren, der sicherlich auch Sehnsucht nach einer Familie hatte, was ihm als „Unfreien" zwar nicht verwehrt, aber nach rechtlichem und erblichem Status zu einem freien römischen Staatsbürger bislang versagt blieb.

An einem Abend der nachfolgenden Wochen hatten Gratia-Pamphilia und ich, ihn und seine Geliebte zu einem Abendessen eingeladen, um mit ihm einige anstehende Dinge der zukünftigen Wochen zu besprechen. Bei einem ausgiebigen Mahl genossen wir köstlich gebackene Geflügelkeulen, serviert mit regionalem Gemüse, als auch der köstlichen Sauce, dem liquamen[680], das in keiner römischen Küche fehlen durfte. Als der Nachtisch mit kleinem süßem Gebäck im Honigteig, das wir zum köstlichen Falerner Wein genossen, serviert wurde, begann ich ihm meine Gedanken für meinen beruflichen Abschied darzulegen.

„Mamertus, als ich dich nun vor über 17 Jahren auf dem Sklavenmarkt in Alta Ripa[681] zum ersten Mal gesehen und kennengelernt habe, konnte ich noch nicht die Tragweite unserer heutigen Beziehung erahnen. Während meiner Dienstzeit hast du dich als Verwalter meiner jeweiligen Arbeit als zuverlässige und treue Person erwiesen. In all den Provinzen, in denen ich seit dem damaligen Zeitpunkt eingesetzt war, warst du mir ein guter Begleiter und wir haben viele soziale Themen und Probleme besprochen, in denen ich dich mit deiner ehrlichen Betrachtungsweise schätzen gelernt habe. Wir kennen uns nun seit jener Zeit, und wir haben oftmals nicht nur einen Becher guten römischen Wein genossen und viele Erlebnisse miteinander als Reisebegleiter geteilt, sondern zusammen auch viele Gefahren während dieser Zeit gemeistert. Wie du weißt, stehe ich nunmehr vor meinem beruflichen Abschied und habe mit Freuden zur Kenntnis genommen, dass du hier in Virunum, auch Alyssa, die ‚Blume deines Herzens' kennen, und lieben gelernt hast. Aus diesem Grunde möchte ich dir, und damit euch beiden sowohl von mir als auch meiner Frau, ein Geschenk übergeben".

Mit diesen Worten überreichte ich ihm eine Pergamentrolle, die ich vom Magister der Stadt amtlich beurkundet hatte lassen, mit den erklärenden Worten, dass ich mich entschlossen hatte, ihm mit diesem Papier, der Manumissio testamento[682], die dokumentierte Freiheit zu schenken.

---

680 liquamen = auch Garum genannt. Standardgewürz der antiken römischen Küche. Eine Würz-Sauce zu salzigen und süßen Speisen verwendet, aus gegorenem Fisch und Meeresfrüchten. Ähnlich der heutigen Sojasauce
681 Alta Ripa = röm. Militärstützpunkt in der Provinz Pannonia inferior (heutiges südl. Ungarn)
682 manumissio = Freilassungsbrief für einen Sklaven, in den Rechtsstatus eines römischen Bürgers

„Somit hast du und deine Alyssa die Möglichkeit aus dem Status eines ‚servus'[683] in den Stand eines ‚libertus'[684] mit allen juristischen Begriffen von obsequium[685], als auch officium[686], eine offizielle Familie zu gründen und damit euren gemeinsamen Nachkommen, die römischen Rechte verbrieft zu vererben."

Mamertus war wie vom Donner gerührt, hatte er so etwas doch nicht erwartet, aber in seinen Augen leuchtete eine tiefe Dankbarkeit, da ihm dadurch nun die Beziehung zu Alyssa als „freier römischer Bürger" gewährt wurde. Das Erstaunen fiel dann in tiefe Freude und Dankbarkeit uns gegenüber und auch Alyssa war zutiefst gerührt und freute sich jedoch aus ganzem Herzen und fiel zuerst Mamertus, und danach mir und meiner Frau glückselig um den Hals, da sie eine sehr spontane Person war. Den beiden Glücklichen war nunmehr auch der Weg in eine offizielle Eheschließung gesichert. Gratia-Pamphilia schloss sie freudestrahlend in ihre Arme und ebenso dann Mamertus, der diesen Abend nicht in dieser Form erwartet hatte, und mich gegenüber in dankbarer Weise bewegt, ebenso in seine Arme schloss. Ich beendete dann diese festliche Konversation mit den Worten, dass sie beide nun die Möglichkeit hätten, mit uns zur Jahreswende entweder nach Raetien mitzukommen oder in Virunum verbleiben könnten, um ihrer Familie eine feste Heimat zu gewährleisten.

So verblieben wir an diesem Abend noch in fröhlicher Runde und genossen mit Blick auf das municipium Virunum, auf die im Westen hinter den Bergen langsam untergehende Sonne, und die damit verbundene abendliche Stimmung, die mit fortschreitender Stunde die unter uns liegende Stadt, langsam in ein bezauberndes Lichtermeer der Laternenbeleuchtung hüllte.

---

683 servus = lat. Bezeichnung für Unfreier (Sklave)

684 Liberto = lat. Bezeichnung für einen „Freigelassenen" mit vollem römischen Bürger-Rechtsstatus

685 obsequium = Beachtung der Allgemeinen Respekt- und Treueverhältnisse zum ehemaligen „Herrn"

686 officium = sämtliche konkrete Verpflichtungen (nach Karl Christ: „Geschichte der römischen Kaiserzeit")

Abbildung 37: Der Autor / Luftbild – graphische Rekonstruktion des Municipium Virunum, einer graphischen Zeichnungsrekonstruktion auf dem Gelände des Freiluftmuseums Virunum)

233

Kapitel XI
Zurück in der Heimat
(Erinnerungen)

Octobris 883 - ab urbe condita (A.D. 131)

im 15. Regierungsjahr des Erhabenen Hadrian

Vixi et quem dederat cursum fortuna peregi!
Ich habe gelebt und bin den Weg, den mir das Schicksal vorgezeichnet hat, zu
Ende gegangen
(Seneca zitiert hier Vergil)

Jetzt wo ich auf mein Leben zurückblicke, das so ereignisreich an Stationen in diesem gewaltigen römischen Reich war, von der Provinz Britannia im Westen, bis zur Provinz Asia weit im Osten, habe ich heute den Eindruck, dass die Welt so klein ist. Von dieser kleinen Ansiedlung Abodiacum, wo ich nunmehr wieder zurückgekehrt bin, um meine alten Tage im Kreis meiner verbliebenen Familie zu genießen, ging damals vor über 65 Jahren mein Leben hinaus in die weite Welt, an verschiedene Flüsse und Meeresgestade, von einem Caesar zu nächsten, dem ich in militärischem Dienst und der Verwaltung des Reiches diente. Und dennoch fühle ich mich hier wieder wie zu Hause zu Beginn meines Lebens, als ich noch im Elternhaus wohnte und von der weiten Welt zu träumen begann.

Ich erinnere mich noch gut an meinen Abschied von meiner letzten beruflichen Station Virunum, der Stadt in der Provinz Noricum, die so sehr auch der meiner heimatlichen Provinz Raetia ähnelt, liegt sie doch im Norden des Römischen Reiches. Gerade diese civitas hat es mir besonders angetan, da ich viele Erlebnisse mit den Menschen und vor allem der Kultur dort hatte. Diese ehemals keltische Region (Regnum noricum[687]) war nach der relativ friedlichen Eingliederung ins Römische Reich vor ca. 300 Jahren schnell integriert, die Menschen hatten sich an den Wohlstand adaptiert und die regionale Kultur hatte regen Austausch mit Rom auf wirtschaftlicher Grundlage. Hier hatte ich die Gelegenheit für den Imperator

---

687 Regnum Noricum = Zusammenschluss 13 keltischer Stämme auf dem Gebiet des heutigen Österreich. Davon sind acht Stämme namentlich belegt auf dem heutigen Magdalensberg (Kärnten/Maria Saal): Alaunen, Ambidraven, Ambilinen, Ambisonten, Laianker, Noriker, Saevaten und Uperakten

Hadrianus verschiedene Bauprojekte abzuschließen, die er zum Bau angeregt hatte, unter anderem dem Bühnentheater, dem Amphitheater sowie mehrere Heiligtümer, die immensen Einfluss auf die Attraktivität der Region seiner Besucher ausübten. Die nördliche Grenze der Provinz war nunmehr der Fluss Danuvius, an denen mehrere militärische Kastelle errichtet, und zivile Siedlungen entstanden waren.

Kaiser Hadrianus selbst war wieder unterwegs auf seiner zweiten großen Reise durch die Ostprovinzen seines Reiches, wo er aus Arabia kommend die Provinz Judaea und Caesaria besuchte. Wie immer hinterließen Hadrians Reisen Spuren, die Gründung eines Hadrianeums[688] in Tiberias[689], sowie Caesarea[690], ja sogar der momentane Statthalter von Judaea Quintus Tineius Rufus[691] ließ anlässlich des Kaiserbesuches ihm zu Ehren eine Statue aufstellen. Alle diese Bilder ziehen an meinem geistigen Auge vorbei, hatte ich doch selbst dieses Amt noch vor 20 Jahren inne und vieles verbindet mich auch mit dieser Region. Ich denke oft daran, wie ich mit meinen damaligen Verwalter Mamertus viele Diskussionsgelegenheiten hatte über dieses Volk und der Religion der Einheimischen zu reden, in deren Vorstellung man nur an einen Gott glaubte. Und doch hielten sich einige Bevölkerungsteile so rebellisch gegen die römische Besatzung, wodurch die gesamte Bevölkerung dann auch leiden musste. Zwei vernichtende Aufstände, der Erste-Jüdische Krieg[692] vor über 75 Jahren unter Kaiser Vespasian[693], ein weiterer Krieg (Diasporaaufstand[694]) vor über 15 Jahren unter Kaiser Trajan und wie ich hörte rumorte es schon wieder in dieser Provinz unter Bar-Kochba[695], zu deren Sicherung Hadrian während seiner Reise das Hauptquartier der Legio X Fretensis besuchte, die als römische civitas auf dem Gebiet der ehemaligen jüdischen Hauptstadt Jerusalem, einen neuen Zeustempel errichten ließ.

---

688 Hadrianeum = Tempel Hadrians
689 Tiberias = Stadt in Galiläa (Israel) am Westufer des Sees Genezareth
690 Caesarea = antike Stadt am Mittelmeer, zwischen Tel-Aviv und Haifa (Israel) liegend
691 Quintus Tineius Rufus = röm. Politiker u. Senator im 2. Jhdt. (Statthalter von Judäa 130-133)
692 Erster jüd. Krieg = 66-70 n.Chr.; Zerstörung Jerusalems
693 Vespasian = röm. Kaiser (69-70n.Chr.)
694 Zweiter jüd. Aufstand = 116 n.Chr. (Diaspora-Aufstand)
695 Aelia Capitolina = röm. Siedlung auf dem Gelände der zerstörten jüd. Stadt Jerusalem, nach deren Schleifung 169 n.Chr. errichtet. Man vermutet, dass in den Folgejahren von 131/132 die Errichtung eines Röm. Zeustempels und weiterer reger Bautätigkeit auch Ursache für neuerliche Revolten zum 3. Röm.-Jüdischen Krieg (Bar-Kochba-Aufstand; 132-136 n.Chr.) führten, dessen endgültige Zerschlagung die Zerstreuung der jüd. Bevölkerungskultur zur Folge hatte.

Ja, auch Mamertus mein treuer Begleiter, dem ich zum Abschluss meiner Diensttätigkeit in Virunum die Freiheit geschenkt habe, hatte mit seiner keltischen Gefährtin Alyssa eine Familie gegründet und sich in der dortigen Region angesiedelt. Wie sie uns in einer Nachricht mitteilten, waren sie mittlerweile Eltern von drei Kindern, einem Jungen (Donatus, im Alter von fünf), und zwei Mädchen (Priscilla, drei Jahre und Clementia, ein Jahr) geworden, was meine Frau und mich sehr freute, da die beiden uns während unserer Zeit in Virunum sehr ans Herz gewachsen waren.

Ja, so fließen die Jahre dahin, der Fluss der Zeit lässt sich nicht aufhalten, der Abschied von Virunum war uns schwergefallen, aber nach vielen Jahren in den Diensten der verschiedenen Kaiser, war ich auch froh, dass ich mit einem offiziellen Dokument von Kaiser Hadrianus in den wohlverdienten Ruhestand entlassen worden war. Zum Abschied hatte mir dieser in meinem jetzigen Heimatort Abodiacum ein großes Landgut mit ausführlichen Wirtschaftsflächen vermacht, das mir zu einem ansehnlichen Leben im Ruhestand verhalf. Viele Annehmlichkeiten hat heute der Ort. War es in meiner Jugendzeit nur ein kleines Dorf, das sich auf den Hügeln um ein kleines Militärkastell an der Flussschleife des Licca schmiegte, so ist dies heute eine ansehnliche Siedlung geworden. Ehemalige Legionäre, Kaufleute und Bauern hatten sich hier angesiedelt, auch auf römischen Komfort und Lebenskultur muss man heute, ob Anwohner oder Durchreisender nicht mehr verzichten. Am Ortsrand längs der Hügelebene, ober dem alten Kastell, steht heute ein hübsches und großes Badehaus, mit Kalt- und Warmwasserbecken, wo sich der müde Wanderer, oder durchreisende Kaufmann auf seinem Wege an der Straßenstation der Via Claudia von den Strapazen des Weges bei einer Übernachtung in der Herberge ausruhen und erholen kann. Viele umliegende Siedler hatte der Ort in den letzten Jahren angezogen, vom Handwerker, Schmied, oder Steinmetz, alle schätzten die Vorteile dieser zentralen Straßenkreuzung von Nord nach Süd oder Ost nach West, und umgekehrt. Von meiner ländlichen Villa, die nur einige Gehminuten davon entfernt ist, habe ich oft die Gelegenheit eines angenehmen Badevergnügens, das meinen alten Gelenken wohltut.

Ein interessantes und zugleich amüsantes Erlebnis hatte ich auch beim Besuch meines Sohnes Marcus Clemens Claudius, kurz nach unserer Rückkehr von Virunum, nachdem es ihm vor seinem Dienstantritt als Präfekt einer Auxiliareinheit in der Provinz Cappadocia[696] nicht möglich war mich und meine Frau in Virunum zu besuchen. So hatte er diese

---

696 Cappadocia = röm. Provinz in der heutigen Osttürkei

Gelegenheit nachgeholt, als er in seiner militärischen Laufbahn in die Provinz Belgica[697] versetzt wurde. Bei seiner Durchreise in Raetia, hatte er mich hier in Abodiacum besucht, wo wir Gelegenheit hatten, einige ausführliche Gespräche über seine Jugend und Vergangenheit zu führen, an der ich bedauerlicherweise aufgrund meines unsteten Lebens leider so wenig Anteil hatte. Einmal beim Besuch des örtlichen Warmwasserbades, teilte er mir aufgrund meiner Frage, warum er denn noch keine Familie gegründet hatte, auch mit, dass er während seiner Dienstzeit als Subpräfekt in der Provinz Dalmatia schon eine attraktive Römerin aus Aquileia[698] kennengelernt hatte, und später Vater eines Jungen geworden war. Seine Mutter Volturnia stammte aus dem Geschlecht der Claudier[699] und hatte ihm bei seiner Geburt zu Ehren des Vaters den Beinamen Clemens gegeben. Sein vollständiger Name war daher Titus Varius Clemens[700], und zu diesem Zeitpunkt nunmehr 16 Jahre alt, und war bestrebt ebenfalls eine militärische Laufbahn, wie sein Vater und Großvater im römischen Reiche anzutreten. Dies erfüllte mich doch mit großer Freude, verblieb der Name unseres Geschlechtes doch nicht in der Geschichte verloren, sondern lebte in den weiteren Generationen fort.

Über vieles sprachen wir in dieser Zeit, auch über eine Situation vor über 26 Jahren, als ich auf dem Weg in meine neue Aufgabe nach Carnunto und Brigetio in die Provinz Pannonia inferior unterwegs war. Bei der anschließenden Verkostung eines hervorragenden Weines offenbarte er mir auch ein bestgehütetes Geheimnis, das sich damals bei meinem Heimatbesuch vor 26 Jahren zugetragen hatte. Ich war damals mit meinen beiden Kindern Marcus Claudius und Flavia Iterissa bei einem Ausritt mit meinem ehemaligen Hengst Vitus auf Besuch auf einem Landgut, flussaufwärts des Licca, als beide Kinder noch zwölf und zehn Jahre alt waren. Nur beiläufig erinnere ich mich noch daran, dass mir damals meine Tochter unter der Hand ein „pubertäres" Geheimnis meines Sohnes verraten hatte, dessen Auflösung ich aus dem eigenen Munde meines Sohnes Marcus, erst nach all diesen Jahren erfahren sollte. Auf diesem Landgut einer Villa rustica, dessen Besitzer ein guter Bekannter meines Onkels Sicatus war, lebte auch eine Tochter des Hauses, Gemella, der jugendliche

---

697 Belgica = heutiges Belgien
698 Aquileija = röm. Stadt in Noricum (heute Oberitalien, nahe Küstenstadt a. d. Adria)
699 Claudier = Gentilname aus dem Geschlecht des Claudius (Kaiser 41-54 n.Chr.)
700 Titus Varius Clemens = röm. Ritter aus der norischen Stadt Celeija, in beruflicher Laufbahn in mehreren Provinzen des röm. Reiches Statthalter, u. a. unter Antoninus Pius (Kaiser 138-161), späterer Amtssekretär und Vorsteher der kaiserlichen Kanzlei und steter Begleiter von Kaiser Marc-Aurel (161-180), belegt durch mehrfach milit. Urkunden.

Schwarm meines Sohnes. Sie war damals etwa zwei Jahre älter als mein Sohn, dieser hatte sich doch hoffnungslos in diese Schönheit vom Lande verliebt, sodass er sich mit deren Bruder Quintus verabredete, um einen Liebeszauber zu erwirken, sodass ihn seine heimliche Angebetete doch vielleicht erhören könnte. Beide hatten damals auch Kontakt zu einem weiteren Jugendlichen aus der Nachbarschaft, dessen Großvater auch ein keltischer Priester war, von dem er sich eine geheimnisvolle Beschwörungsformel auf zwei Bleiplättchen aufschreiben ließ und mit dem Bruder seiner angebeteten Romanze unter einer Bodenplanke des Schlafzimmers von Gemella heimlich versteckte. Leider hatte sich diese „magische Liebes-Formel[701]" nicht in seinem Sinne erfüllt. Gemella hatte laut Auskunft ihres Bruders zu einem späteren Zeitpunkt einen Weinhändler aus der näheren Region der südlichen Alpen geheiratet und mehrere Kinder großgezogen. Wahrscheinlich hatte sich dieser heimliche Zauber auf deren Ehemann und ihrer Familie ausgewirkt, und nicht ihm als Verehrer der heimlichen Muse, wie mir Marcus Claudius verschmitzt offenbarte.

---

701 Peitinger Liebeszauber = Bei Grabungsarbeiten 1956 im Fundament des Haupthauses der Villa Rustica in Peiting (b. Weilheim/Bayern) aufgefunden. Das Original ist heute in der Archäologischen Staatssammlung in München. Bei diesem Text handelt es sich um einen in der Antike häufigen Liebeszauber, worin sich der Schreiber in seiner Sehnsucht an seine Geliebte, Verehrte Gemella wendet. Eine Kopie der Abschrift und Übersetzung findet man in der restaurierten Villa Rustica bei Peiting.

Abbildung 38: Der Autor / Infopavillion Peitinger Römervila

Anmerkung des Buchautors:
Die Übersetzung dieses lateinischen Textes von Dr. Fritz Then Bergh /
Wolfram Jahn (Schongau) könnt ihr auf einer Schautafel an der Villa
Rustica in Peiting entdecken …

Lateinischer Text, sofern entzifferbar:

Gemella, supra mensuram naturae domini tui
Clementis iaces, qu- - ut
te patitur, sic tu patere - - am eius- -
ram, patere audacter, quod te iuve (t).

Somnus te tuetur, Gemella sub
iugum missa q(u)iesce - - contineas te
non pe - - s, ama Clementem
sic ut ubi eum non videbis, ... s, qua-
plumbum - - - a -.

239

Octobris 885 - ab urbe condita (A-D. 135)

im 19. Regierungsjahr des Erhabenen Hadrian

*Soll die Geschichte doch meinen Namen vergessen, solange ich den/diejenigen
in Erinnerung halte, die ich liebe!*
(Claudius Paternus Clementianus)

Am liebsten habe ich es, wenn ich von meinem Hause an der Via Claudia, in das 500 Ellen entfernte Hügelchen sehe, ja manchmal mich auch
aufraffe und auf der kleinen Anhöhe an der Licca-Flussschleife spaziere
und ich in der nachmittäglichen Sonne westwärts auf diese Ansiedlung
sehe. Zum einen gibt es das Gefühl einer großen Weite, wenn mein Blick
über dieses Gelände schweift, vom Osten des Hügels wo der Fluss seine
murmelnden Schleifen zieht, weit in den Süden, den Wiesen im Sommer
mit den dahinterliegenden, sanft aufsteigenden Anhöhen zur Ortschaft.
Oftmals wenn die Schneeschmelze nach dem Winter begann, war der
Fluss so hoch über die Ufer gestiegen, dass er diese kleine Tiefebene völlig
überschwemmte. Dann sah man nur eine Insel aus den Fluten aufsteigen
und darauf noch die ursprünglichen Gemäuer des ehemaligen kleinen
Kastells, das die kleine Garnison von 50 Mann, nicht mal eine ganze Zenturie, beherbergte. Jetzt wo die Grenze des römischen Reiches im Norden
hinter den Fluss Danuvius an den neuen Grenzwall des Limes, und im
Osten die Donauprovinzen Pannonia inferior/superior Moesia und Dacia
durch die Imperatoren Trajan und Hadrian gesichert wurden, war hier
keine ständige Mannschaft im Kastell vonnöten, das langsam in den Schlaf
der Geschichte versinkt. Dafür prosperierte die Ortschaft umso mehr, war
sie doch wirklich ein Kreuzungspunkt, zum einen für die Nord-/Südver-
bindung über die Alpen der Via-Claudia, und zum anderen über die Ost-
/Westverbindung von Juvavum[702] nach Brigantium[703]. Von der Provinz
Noricum[704] durch die Provinz Raetia[705], das für sein Salzreichtum, auch
die Straße der Via Salina, benannt wurde. Und hier an dieser Siedlung
kreuzten sich diese bedeutenden Verkehrswege. Es scheint, als ob die
„Pax-Romana" zurzeit endlich mehr realisiert wurde, nachdem unser jet-
ziger Caesar Hadrianus einerseits seine reichsweiten Absicherungen mit
den militärischen Truppen und andererseits Friedensverhandlungen mit

---

702 Juvavum = heutiges Salzburg (Österreich)
703 Brigantium = Bregenz am Bodensee (Österreich/Bayern)
704 Noricum = röm. Noricum (Gebiet in Österreich)
705 Raetia = röm. Provinz (heute Bayern)

den verbündeten Volksstämmen in seinem Reiche erfolgreich abschloss. Aber die Geschichte zeigt, dass solch ein Zustand niemals lange währt, bis irgendwo wieder ein Aufstand losbricht, der dann im Gegenzug wieder blutig niedergeschlagen werden musste. So passierte es auch in der östlichen Provinz Judaea, als sich vor drei Jahren das jüdische Volk unter einem ihrer charismatisch-fanatischen Anführer, einem gewissen Simon-Bar-Kochba, wieder erhob. Der Kaiser war persönlich sehr angeschlagen, als er vom Tode seines in den letzten Jahren ständigen Begleiters Antinoos[706] in der Provinz Aegyptus erfuhr. Er trauerte sichtlich sehr um ihn und ließ ihm zu Ehren auch die Stadt Antinopolis[707] gründen. In den zwei Jahren danach fiel Hadrianus in weitere, rege Reisetätigkeit die ihn in die östlichen Provinzen des Reiches Arabia, Thracia, Moesia und Macedonia führte. Mitten in diese Zeit fiel dann auch die Nachricht eines erneuten jüdischen Aufstandes, was ihn veranlasste umgehend den britannischen Stadthalter Sextus Julius Severus[708] nach Judaea zu beordern, um ihn den Oberbefehl zur Niederschlagung des Aufstandes durch die Legio IX Hispana[709] zu übertragen. Nach anfänglich verlustreichen Kämpfen in der Bergregion, gelang es ihm dann im Herbst dieses Jahres in einer Entscheidungsschlacht gegen die gut geschützte Festung Betar[710] den Aufstand endgültig niederzuschlagen, in der auch der messianische Anführer Simon-Bar-Kochbar[711] den Tod fand. Dies war dann das endgültige Ende der jüdischen Kultur mit über 580.000[712] Gefallenen in allen Kämpfen dieses gesamten letzten Aufstandes. Die Überlebenden der verbliebenen regionalen Bevölkerung wurden der Versklavung übergeben. Hadrian jedenfalls ließ mit diesem Sieg den Namen der Provinz Judaea aus den Annalen tilgen und benannte diese fortan Syria-Palaestina. Die civitas Aelia

---

706 Antinoos = *um 110 – 30.Oct.130 n.Chr.) Günstling und Begleiter Kaiser Hadrians, Man sagt ihm auch eine persönliche erotische Beziehung zum Kaiser nach

707 Antinopolis = Stätte in Oberägypten, nahe dem heutigen Dorf Besa. Zu Ehren von Antinoos Tod von Hadrian gegründet.

708 Sextus Julius Severus = Britannischer Stadthalter, 133 n.Chr. von Hadrian nach Judaea beordert, um den 2. jüdischen Krieg (Bar-Kochba-Aufstand) niederzuschlagen

709 Legio IX Hispana = röm. Legion, gem. neueren Forschungen, in Britannien stationiert, Einsatz im Bar-Kochba-Aufstand, jedoch in späteren Konflikten des 2. Jh. Entweder zerrieben oder aufgelöst.

710 Betar = letzte Bastion des Bar-Kochbar-Aufstandes (3. jüd. Krieg). Heute palästinensische Siedlung, südlich von Jerusalem (Israel) liegend, in der der Anführer Bar-Kochbar den Tod fand

711 Simon Bar Kochbar = als messianischer Anführer verehrt, führte den 3.jüd. Krieg gegen das Römische Reich (Hadrian), verstarb beim Endkampf um die Festung Beta.

712 gem. Cassius-Dio = röm. Konsul, Senator und Geschichtsschreiber

Capitolina wurde ausgebaut, Tempel zu Ehren Jupiters und dem Kaiser Hadrian errichtet, noch regional überlebende Juden durften die Stadt nicht mehr betreten.

Wie oftmals fragt man sich, warum oder weshalb dieses überhaupt so passieren musste. Manche sagen, dass dies auf die Entweihung der jüdischen Stätten durch die verstärkte römische Tempelbautätigkeit verursacht war, andere wiederum sehen in der strikten römischen Gesetzgebung, insbesondere dem Gesetz des Verbotes gegen das jüdische Brauchtum der Beschneidung[713] der männlichen Bevölkerung. Aber auch die religiös-fanatische Auslegung der jüdischen Prophezeiung, dass ähnlich dem „babylonischen Exil", 70 Jahre nach der Zerstörung von Stadt und Tempel Jerusalems, gemäß ihrem Propheten Jeremias[714], die Stadt wieder erstehen würde. All diese Ursachen mögen vielleicht mit dazu beigetragen haben, dass dem jüdischen Volk dieses Schicksal widerfuhr, fest steht jedoch, dass religiöser und politischer Fanatismus, gegenseitiger Hass und Willkür sämtlicher beteiligter Menschen schon immer eine Antriebskraft zur Zerstörung ganzer Völker waren. Möge die Geschichte ihren Mantel über diese unrühmliche Zeit legen, vielleicht wird die Zukunft der folgenden Jahrhunderte ihr eigenes Urteil über diese Geschehnisse fällen und für die Menschen hoffentlich ein gegenseitiges, besseres Verständnis und friedlicheren Austausch der Kulturen fördern.

Es zeigt doch andererseits auch, dass die Menschen im friedlichen Austausch der Kulturen die Schönheiten des Lebens, die Unterschiedlichkeit der Gebräuche und Lebensgewohnheiten, im friedlichen Austausch zu nutzen vermögen. Mögen die Götter es gewogen stimmen, dass diese Zeiten uns immer wieder begleiten, aber wofür wir ständig immer wieder arbeiten müssen, ist der gegenseitige Wille des Austausches der Unterschiedlichkeiten unserer Volksgruppen. Was für Schönheiten können Künste und Kulturen erschaffen, die in Friedenszeiten gedeihen. Man muss sich diesen Willen immer vor Augen halten. Unsere Gedanken beeinflussen unser Handeln und unser Handeln lenkt unser Schicksal. Mögen die nachfolgenden Generationen dies immer bedenken, und wie immer sich die Zukunft auch gestalten mag, wir müssen täglich daran arbeiten, dies ist die Erfahrung, die ich durch meinen Lebensweg immer wieder gemacht habe.

Nun, wo diese Gedanken durch meinen Kopf schießen, spüre ich wie sich eine feuchte Schnauze an mein linkes Bein drängt. Das flauschige

---

713 Beschneidung = religiöses jüd. Brauchtum auf den Urvater „Abraham" zurückzuführen
714 Jeremias = jüd. Prophet (um 650-570 v.Chr.)

Wollbündel, das sich daran kuschelt, ist „Lupus" mein Wolfshundrüde, den ich mir auf meine alten Tage mit Beginn meines Ruhestandes vor neun Jahren angeschafft habe, und nun mein täglicher Begleiter auf meinen kleinen Wanderungen an dieser Flussbiegung wurde. Lupus stammte aus einer Züchtung meines Schwagers Marcus Balbinus, dem Ehemann meiner Schwester Lucia Clementina und seiner Familie, der hier im Ort eine Hundezucht betreibt. Ein treuherziger Rüde, zum einen im Gesicht schwarz mit weißen Fellrundungen um die Augen, stets wachsamen Ohren und einem sehnigen mit flauschigem schwarz-weißem Fell bedeckten ausdauernden Körper, buschiger Rute, dessen Ungestümheit mich noch oftmals aufmunternd zu einem schnelleren Gang auffordert. Man sagt ja, dass ein Hundejahr gemessen am menschlichen Alter sieben Jahren entspricht, da wäre er ja gerade im besten Alter, (menschlich) gesehen an die 35. Trotzdem, seine Ungestümheit und Treue erinnert mich noch oft auch an meinen ehemaligen Hengst Vitus während meiner Militärzeit in Pannonia und Dacia, der mich oftmals in den Kriegszügen, während der Dakerkämpfe aus gefährlichen Situationen sicher aus dem Schlachtfeld gebracht hatte. Wenngleich dieser heute nach all den vielen Jahren bereits im „Pferdehimmel" seine Zeiten verbringt, so ist mir doch „Lupus" in diesen alten Tagen zu einem neuen treuen Begleiter geworden. Besonders beliebt war er bei meinen Enkeln Scorpio und Volsinia, und Nichten, wenn sie mich, wann immer möglich, in meiner Villa am Ortsrande besuchen.

Einige Mitglieder meiner weit verzweigten Familie leben heute noch in dieser Siedlung am Liccafluss, andere wiederum hat es, wie mich, aus der Heimat in die Ferne geführt. Mein Sohn Marcus Clemens Claudius, heute im Alter von 44 Jahren, hatte wie ich, eine militärische Karriere angetreten. Als primo pilo[715] der legionis X (Geminae) in Vindobona[716] begonnen, hatte er sich als Subpräfekt in den Provinzen Dacia und Cappadokia[717] hochgearbeitet und begleitet, aufgrund seiner Verdienste gefördert unter dem Patronat meines langjährigen Freundes Hadrianus, den jetzigen Caesar des römischen Reiches. Mit diesen Fähigkeiten bietet sich ihm, wenn er so weitermacht, eine gute weitere militärisch/zivile Karrieremöglichkeit. Mit ihm leben auch seine jetzige Familie Ehefrau Auriana, und ihre Kinder Tiberius Claudius Macedo (drei Jahre), sowie Tochter Fulminia-Ava (zwei Jahre) in seinen jeweiligen Einsatzgarnisonen in der fernen Provinz Belgica. Sein erster Sohn aus der Beziehung zur Norikerin Volturnia hatte wie

---

715 Primo Pilus = Höchster Centurio der 1. Kohorte einer Legion
716 Vindobona = röm. Legionslager an der Donau (bei Wien/heutiges Österreich)
717 Cappadocia = heutige Osttürkei

vermutet ebenfalls eine Laufbahn als Soldat mit der ritterlichen Ausbildung des Tres militae[718] im Stab von unserem Kaiser Hadrianus begonnen. Mit seinem jetzigen Alter von 21 Jahren stünde ihm mit seinen Möglichkeiten und Fähigkeiten eine gute Karriere im Römischen Reich bevor.

Meine Tochter Flavia Iterissa, heute im Alter von 41 Jahren hatte einen wohlhabenden Kaufmann der Gegend geheiratet. Ihre Familie wohnt heute im Siedlungszentrum von Abodiacum und führt mit ihrem Mann Sempronius die Taberna an der Via Claudia. Dank den vielen Durchreisenden auf dem Wege zur Provinzhauptstadt Augusta Vindelica, als auch der durchgehenden Salztransportstraße von Juvavum nach Brigantium, hatte sich ihre Familie mit dieser geschäftlichen Grundlage prächtig entwickelt. Ihre beiden Kinder, ein Junge Scorpio und eine Tochter Volsinia im Alter von zwölf und zehn Jahren besuchten mich oftmals und versüßen mir heute das Leben im Ruhestand. Besonders wenn sie mit Lupus im Gras vor dem Hause herumbalgen, erfüllt mich dies immer wieder mit großer Dankbarkeit, hat mein Leben mir doch trotz der Fülle der Jahre in der Fremde, nun im Ruhestand viel Freude und Zufriedenheit geschenkt. So war mein bisheriges ruheloses Leben nicht umsonst, sondern hat immer mit einem besonderen Zweck der Berufung und Karriere als Soldat, ziviler Beamter, Statthalter des Kaisers und jetzt, als Großvater im Familienkreise eine freudige Erfüllung gefunden.

Oftmals kommt auch meine Tochter, um nach dem Rechten zu sehen, ob alles in meinem Haushalt so weit funktioniert. Bis vor zwei Jahren hatte ich noch mit meiner zweiten Ehefrau Pamphilia-Gratia zusammen das Haus bewohnt. Ja, die „Heitere, Anmutige", um die Bedeutung ihres Namens zu unterstreichen, war mir in den Jahren zuvor eine treue Gefährtin in meinem späten Lebensabschnitt. Nach meinen zahlreichen, militärischen Lebensstationen in der pannonischen und dakischen Provinz, meinem Wechsel in die zivile Amtslaufbahn mit den Stationen in den Provinzen Judaea, und danach als Finanzverwalter des Imperators Hadrian auf der Insel Sardinia, hatte ich mit spätem Alter nochmals eine Blume des Herzens kennengelernt. Im Alter von 53 hatte ich es nochmals gewagt, die Tochter eines wohlhabenden Senators auf der sardischen Insel nicht nur kennen- sondern auch lieben zu lernen. Pamphilia-Gratia war wie ich nicht mehr die Jüngste, zählte damals an die 45 Lenze und war Witwe im Hause ihres verstorbenen Mannes Sempronius, eines bedeutenden Beamten. Beide hatten keine Kinder, da ihr Gatte, als er ihr versprochen wurde,

---

718 Tres militae = militärische Karrierestufen eines Reiterordens der römisch-kaiserlichen Armee

schon ein älterer Mann war. Bei einem Bankett hatten wir uns kennengelernt und waren uns nach unseren Lebensschilderungen nähergekommen. Seit diesem Zeitpunkt hatte sie mich an meinen weiteren Lebensstation in der Provinz Africa Proconsularis, sowie Noricum, und in meinen Ruhestand hier nach Abodiacum begleitet. Sie war mir eine hilfreiche Stütze und Ratgeberin bei meinen täglichen Entscheidungen, aber auch eine temperamentvolle und liebenswerte Gefährtin meines Lebens geworden. In Körper und Seele waren wir zueinander gewachsen, bis sie vor zwei Jahren einer Krankheit erlag und sich von mir ins Land der „Ahnenseelen" verabschieden musste. Mögen ihr die Götter im Elysium beistehen oder auch der eine, von dem ich in Judaea von der regionalen Bevölkerung gehört habe. Seitdem war mein Leben einsam geworden.

Meine Gedanken schweifen zurück an meinen Vater, der starb, als ich noch in meiner Ausbildung in Gontia war, meiner lieben Mutter, die später meine Geschwister und meine Kinder betreute, und die nun auch vor 13 Jahren meinem Vater in die Seelenwelt folgte. Ebenso an die vielen Kameraden, die ich während meiner Dienstzeit kennen- und schätzen gelernt habe und mich ebenso manchmal von ihnen verabschieden musste, da sie die oftmaligen Kampfeinsätze ihres Legionsdienstes nicht überlebt haben. Blicke ich auf diese Zeitspanne zurück, die vor meinem geistigen Auge vorüberzieht, so stehe ich heute an einem Punkt der inneren Ruhe und Zufriedenheit. Wie denke ich an meine Jugend, in der mir nichts weit entfernt genug sein konnte, meine Gedanken, Wünsche und auch Abenteuer, die im späteren Leben mich so begleitet haben. Der damalige Meldereiter in meiner Jugend Rufus, der mit seinen Schilderungen um den Untergang der Stadt Pompeij, meine unbändige Reiselust weckte, meinen ersten zaghaften Beamtenschritte in der Provinzhauptstadt Augusta Vindelica, den Wechsel zur militärischen Ausbildung in Gontia, meinen weiteren militärischen Stationen in den verschiedenen Provinzen des Römischen Reiches, sowie dem Wechsel in die zivile Beamtenlaufbahn als Statthalter der Provinzen Judaea, Sardinia, und Noricum.

In all diesen Lebensstationen habe ich Menschen kennengelernt, die wie ich und jeder andere nach Erfüllung ihrer Lebensbedürfnisse, Frieden und Wohlstand gestrebt haben, aber auch Menschen, denen nichts genug im Leben war, und die sich oft und gerne aufgrund ihrer menschlichen Neigungen gegen andere erhoben und unterdrückt haben. Ob gebürtiger römischer Bürger, oder provinziell eingemeindeter Bürger des heutigen Römischen Imperiums, wir alle sind, wie ich heute sagen kann, Bewohner eines mächtigen Lebensraumes, auch wenn es auf dieser Welt noch andere

Völker geben mag, die uns noch nicht bekannt sind. Was uns heute, und auch in Zukunft vielleicht miteinander einen vermag, ist der Wunsch eines gemeinsamen friedlichen Zusammenlebens, auch wenn uns die Geschichte in vielen Momenten das Gegenteil belehren mag. Politische Reiche mögen aufsteigen oder auch zerfallen, einzig und allein ist der Wunsch einer gemeinsamen Zusammenarbeit einer weltlichen gesetzgebenden Ordnung, der gegenseitige Wille zum kulturellen Austausch und Verständnis unserer unterschiedlichen menschlichen Kulturen, und vor allem der größten Kraft des uns bekannten Lebens, der Liebe, die neues Leben, Prosperität und menschliche Vielfalt hervorbringt. Mögen diese Werte uns Menschen in die Zukunft weiterbegleiten. Wir wissen nicht, was uns der „Morgen" bringt, wir werden aber immer wissen, was wir verlieren, wenn wir diesen wertvollen Schatz, der in unseren eigenen Händen liegt, nicht beherzigen!

ENDE

Epilog

Wenn wir das „Heute" und unsere Gegenwart verstehen wollten, müssen wir uns mit dem „Gestern", der Geschichte unserer Vergangenheit und deren Menschen befassen, die sie durchlebten, die vor uns gingen und das Fundament für unser heutiges Verstehen und Leben legten.

Adalbert Stifter, österreichischer Schriftsteller
(*23. Oktober 1805 in Wien, Österreich; † 28. Januar 1868 in Wien)
Auszug aus: Vorrede zu den Bunten Steinen (Herbst 1853)

Wie es mit dem Aufwärtssteigen des menschlichen Geschlechtes ist, so ist es auch mit seinem Abwärtssteigen. Untergehenden Völkern verschwindet zuerst das Maß. Sie gehen nach Einzelnem aus, sie werfen sich mit kurzem Blicke auf das Beschränkte und Unbedeutende, sie setzen das Bedingte über das Allgemeine; dann suchen sie den Genuss und das Sinnliche, sie suchen Befriedigung ihres Hasses und Neides gegen den Nachbar, in ihrer Kunst wird das Einseitige geschildert, das nur von einem Standpunkte Gültige, dann das Zerfahrene, Unstimmende, Abenteuerliche, endlich das Sinnenreizende, Aufregende und zuletzt die Unsitte und das Laster.

In der Religion sinkt das Innere zur bloßen Gestalt oder zur üppigen Schwärmerei herab, der Unterschied zwischen Gut und Böse verliert sich, der einzelne verachtet das Ganze und geht seiner Lust und seinem Verderben nach, und so wird das Volk eine Beute seiner inneren Zerwirrung oder

die eines äußeren, wilderen, aber kräftigeren Feindes!

Wenn wir solche Berichte über Handlungen in der Vergangenheit lesen, denken wir oftmals, was hat dies all mit uns in der Gegenwart zu tun? Als Autor denke ich „eine ganze Menge", wenn wir nicht verstehen, wie unsere Vorfahren gefühlt, gedacht, geliebt und gehandelt haben, können wir nicht deren Erkenntnisse, als auch Fehler im Einklang mit unseren eigenen Erfahrungen in der Gegenwart verstehen. Abenteuer, Wissensdurst, Weltreisen, auch wir erleben dies in unserer heutigen Zeit, jeder auf seine Weise und Möglichkeit.

Wie auch der bedeutende englische Geschichtshistoriker „Arnold Toynbee" (1889-1975) schon mal ausgedrückt hat: „Die Geschichte ist wie eine Spirale in der Zeit, sie kehrt immer wieder zurück, nur auf einem höheren (späteren) Niveau." Was wir aus den Fehlern der Vergangenheit nicht lernen, verfolgt uns immer wieder. Achten und ehren wir also als Nachfahren, welche guten und kulturellen Errungenschaften weitergegeben wurden, und vermeiden wir Irrtümer und Erkenntnisse, die vor uns lebende Generationen in den Untergang geführt haben. Nur wenn wir dies erkennen, und auch in unserem Leben praktizieren, schaffen wir damit auch eine Grundlage für zukünftige Generationen. Wir leben in einer Welt mit begrenzten Ressourcen, mögen wir in Achtung vor der Natur und Respekt vor allen Menschen, gleich welchen kulturellen Hintergrundes, sie sinnvoll einsetzen und Neues daraus schaffen. Dies ist der Auftrag der früheren Generationen an uns heute, auf dass auch unsere Nachwelt, dies eines Tages über uns selbst berichten kann.

Der Autor

Anhang

Namensregister

(geordnet in Reihenfolge der beschriebenen Kapitel)

Römische Namen werden grundsätzlich unterschieden zwischen Männer- und Frauennamen, sowie zwischen römischen Bürgern und Freigelassenen. Weiters teilt sich diese Namensgebung auch in den verschiedenen Epochen der römischen Antike.

Diese beziehen sich vor allem zwischen Mitte des 2., sowie frühen 3. Jh. (v.Chr.), vor allem der römischen „Oberschicht". Sklaven und freigelassene Reichsangehörige ohne römisches Bürgerrecht sind hierbei nicht ausführlich erörtert.

Der Gentilname (z. B. „Paternus") endet bei original römischen Gentes immer auf -ius, und wird vom Vater vererbt. In manchen größeren Familien bestand das nomen gentile aus zwei Teilen, zur Unterscheidung einzelner Familien-(Clans). Ab dem 2.-3. Jhdt. kam dann der „Cognomen" als 3. Bestandteil dazu. Siehe „tria nomina" – z. B. Claudius (praenomen) PATERNUS (nomen gentile) Clementianus (cognomen).

Ebenso trugen Frauen ein individuelles praenomen, wurde jedoch nur selten erwähnt. Zumeist trugen sie den Familiennamen ihres Vaters, der in der weiblichen Form -ia, bezeichnet wurde. Vater: Clementianus; Tochter: Clementia. Gleiche Schwester- oder Generationsnamen (Mutter-/Tochter) unterschied man mit major (die Ältere), minor (die Jüngere), oder secunda (die zweite), tertia (die dritte) usw. Ab der Kaiserzeit kam dann ebenso, wie bei Männern ein cognomen dazu, das den vor dem Gentilnamen stehenden Eigennamen ersetzte.

Namensgebung – (drei Bezeichnungen) die jeder freie römische Bürger führte, sind:

Vorname (praeonomen); Bezeichnung des eigenen Individuums

Geschlechtsnomen (nomen gentile); Bezeichnung des Fam.-Hauses/Geschlecht (heute Familiennamen), dessen der Namensträger angehörte; sowie der …

Beinamen (cognomen); Bezeichnung des einzelnen Familienzweiges der „gens"

Namen der aktiven Roman-Handlungspersonen: [#] = hist. belegte Personen

Claudius PATERNUS [#] Clementianus jr. [#] (* 65 – ca. 130/135 n.Chr.): Hauptperson des Romans, dessen Lebensgeschichte mit seinen verschiedenen Karrierestationen geschildert wird. (Abkürzung C.P.C.)

Claudius PATERNUS [#] Clementianus sr. (* 20 – ca.98 n.Chr.): Vater der Hauptperson der nach Abschluss seines aktiven Militärdienstes in Abodiacum lebt.

Claudia Clementina [#] Induti (* 47 – ca. 120 n.Chr.): Mutter der Hauptperson und Tochter des Indutus (keltisches Stammesoberhaupt).

Indutus [#]: Vater der Claudia Clementina, Name keltischer Herkunft aus der Region Raetien, Stamm der Licater.

Aeilius Domitian (67-140): Bruder des Claudius Paternus

Aurelia Livinia: Ehefrau des Bruders von Claudius Paternus

Janus (*88) und **Delia** (*): deren Kinder

Lucia Clementina (72 - 147): Schwester des Claudius Paternus

Marcus Balbinus: Ehemann der Schwester des CPC

Indutus Licatus (30-107): Bruder von Claudia Clementia, Sohn des Indutus

Flavia Secunda: Ehefrau des Indutus Licatus

Sicatus: Ältester Sohn des Indutus Licatus und Flavia Secunda, Venia seine Ehefrau

Markus: Jüngerer Sohn des Indutus Licatus und Flavia Secunda, Auriane seine Ehefrau

Publivs Rufus: Nachrichtenkurier auf der Strecke Rom–Augusta Vindelica

Lucius Proximvs: röm. Verwaltungsbeamter in Augusta Vindelica

Fulvius und **Domitia**: Gutsbesitzerehepaar an der Via Claudia

Flavia Domitilla; deren Tochter

Linus, Decius: Söhne von Fulvius und Domitia

Titus Flavius Quintinus [#]: Rekrut Mitkamerad und späterer Freund von Cl.-Paternus, späterer kaiserl. Gardereiter (Grabplatte hist. belegt in Castel Gandolfo CIL VI 3255)

Victorinus Longinus: Mitkamerad im Kastell Gontia

Titus Flavius [#] Norbanus: Procurator Provinz Germania Superior (86-91 n.Chr.?)

Livinia-Pryscilla: erste Ehefrau des C.P.C., geb. Narisker (Variscii), aufgewachsen in Phoebiana/Faimingen. Die Narisker (auch Varisker genannt) sind ein geschichtlich bezeugter Stamm. Tacitus bezeichnet sie in seiner Germania als Naristi, später werden sie als Varistae (bzw. Varisti) bezeichnet. Beide Namen sind gem. Forschung authentisch, doch Deutung ihres Ethnonyms sind umstritten; für Tacitus galten sie als Germanen

Marcus Clemens Claudius Paternus [#] (*92 -?): Sohn der 1. Ehefrau des Claudius Paternus

Auriana: dessen spätere Ehefrau

Tiberius Claudius Macedo (`*ca. 123): deren Sohn und …

Fulminia Ava (ca.124): deren Tochter

Titus Varius Clemens [#] (*ca. 115-184 n.Chr.): erstgeborener (fiktiver) Sohn von Marcus Clemens Claudius und seiner Geliebten Volturnia. Römischer Ritter (geb. in Celeja//Noricum), späterer Statthalter Provinz Belgica und Provinzen (Germania inferior und Superior), Raetia, Mauretania, Lusitania, Caesariensis, Kilikien. Späterer kaiserl. Sekretär unter Marc-Aurel (161-180) u. Mitkaiser Lucius Verus (161-169)

Flavia Iterissa Paternus [#] (95-170): Tochter des CPC

Prosperos: Kaufmann, ihr Ehemann

Scorpio (*124): ihr Sohn …

Volsinia; (*125): und ihre Tochter

Flavius Aurel: Römischer Garnisons-Medicus/Arzt im Kastell Gontia

Julius Ursus Servianus [#] (*47 - †136 n.Chr.): römischer Politiker und Senator

Lucius Licinius Sura [#] (*40–†115nChr): hochgebildeter Anwalt/Redner, Legat Germania inferior, Teilnahme an beiden Dakerkriegen als Konsul/Feldherr, geehrt mit Diplomen, 107 erneut Konsul in Rom, 2. Mann im Staat, Vertrauter von Trajan.

Titus Vettius Rufus [#]: Centurio der Legio XIIII Gemina, Weihealtar Kastell Vindobona

Publius Aeilius Hadrianus [#] (* 76; † 138): Großneffe von Trajan, Feldherr und späterer röm. Kaiser (117-138) Caesar Traianus Hadrianus

Quintus Marcius Turbo [#] (ca.* 75; ca. † 145): 117-119 Statthalter von Pannonia inferior, Freund von Trajanus Hadrianus

Litteratus litterator (Balbus): Hauslehrer der Kinder von CPC

Rufus Gemellus: Besitzer eines röm. Landgutes (Villa Rustica) am Licca, nahe Abodiacum

Regina: seine Ehefrau

Quintus: deren Sohn und …
  Gemella: deren Tochter

Mamertus: persönlicher Verwaltungsassistent von C.P.C.; als Gefangener nach dem Dakerfeldzug in Alta-Ripa freigekauft, späterer dessen engerer Freund.

Wagenlenker im Circus-Maximus (Rom):

Jogenius: aus Alexandria, der Provinz Ägyptus

Quintus-Arrius: aus Palmyra, der Provinz Syria

Vergilo: aus Athen, der Provinz Achaia

Pontius-Dio: aus der Provinz Tarraconensis von Toletum

Gajus-Apuleus: aus Salamantica der Provinz Lusitania

Scorpus-Decimus: aus Virunum der der Provinz Noricum

Agrippinensus-Rex: aus Colonia Agrippina der Provinz Germania Superior

Quintus Pompejus Falco [#] (ca. † 140): Politiker, Feldherr, Legat, Teilnahme an beiden Dakerkriegen, später Statthalter von Judäa (Vorgänger v. CPC?), später Germania inferior, Britannia (Bau des Hadrianswalles), danach Proconsul in Provinz Asia.

Quintus Baenius Blassianus (ca. Anfang 2. Jh.): röm. Ritter u. Gardekommandant, Statthalter in Augusta Vindelica (123 n.Chr./Augsburg)

Tiberianus: Nachfolger (114 n.Chr.) von CPC als Statthalter in Judäa

Lucius Sempronius: Patrone, (duumvir/Amt:1. Bürgermeister) Virunum (Provinz Noricum)

Gaius Geminius Priscus [#]: röm. Präfekt, Anfang 2. Jh., Kommandant der Ala I Augusta Thracum in Noricum aus Augustiana (Traismauer NÖ)

Quintus Fabius Modestus: ein Decurio der Auxilia Vexillation Virunum, regionaler Vertreter von Gajus Geminius Priscus (historisch belegt!)

Rufus Collonius: Adjutatant von C.P.C. in Virunum

Gajus Julius Adnamatus: Ortsführer der Siedlung (Berg-)Virunum, Nachfahre einer alten norischen Königsfamilie.

R. Sabinus [#]: Bauherr der Tempelanlage in Hohenstein, Norikum/Kärnten (hist. Belegt)

C. Tertinius Statutus [#]: Oberbeamter (Aedil) von Virunum, Stadtrat f. Bauwesen, Versorgung und Volkswohlfahrt

Catronia Severa [#]: Ehefrau des C. Tert. Statutus

Petronius Maurus: Architekt, Baumeister Amphitheater Virunum

Auriana: Ehefrau von P. Maurus

Crixus Hispanicus: spanischer Gladiator im Amphitheater Virunum

Balbinus Superior: thrakischer Gladiator

Alyssa: keltisch-stämmige Partnerin von Mamertus, Verwalter von C.P.C.

Donatus, Priscylla, Clementia: Kinder v. Alyssa und Mamertus

Quintus Tineus Rufus [#]: Stadthalter v. Judaea (130-133), späterer Politiker, Senator

Handlungsorte des Romans

in alphabetischer Ordnung
(mit heutigen Namen, sofern existent)

Abodiacum: Epfach/Gmd. Denklingen. Römischer Straßenvicus, an der Wegkreuzung Fernverbindungsstraße Via Claudia Augusta (von Füssen/Foetibus nach Augsburg/Augusta Vindelicorum) und der Fernverbindung von Kempten (Cambodunum ->Gauting/Bratanavia ->Salzburg/Juvavum), die die am Lech liegende Siedlung kreuzte. Nach Sicherung der Provinz Raetia entwickelt sich diese Station als Siedlungsort ehemaliger Legionssoldaten, Kaufleuten und deren Familien, in dem auch die Hauptperson des Romans, Claudius Paternus Clementianus, geboren wurde.

Alta Ripa: Tolna/Ungarn. Provinz PANNONIA INFERIOR. Hafenstadt a. d. Donau, Dienstort von C.P.C AD 108-110 als Kommandant der Auxiliareinheit ALA SILIANA

Augusta Vindelicorum: Augsburg. Provinz RAETIA. Gegründet im Jahre 15 v.Chr., bei der röm. Besetzung des keltischen Gebietes der Vindeliker unter dem ersten Kaiser Augustus (Octavian). Aus einem Militärlager am Zusammenfluss von Lech und Wertach entwickelte sich Augusta Vindelicum (Augusta Vindelicorum) im Laufe der Jahre zu einer Stadt und wurde im 1. Jahrhundert n.Chr. schließlich zur Hauptstadt der neu gegründeten römischen Provinz Rätien.

Aquincum: Budapest/Ungarn. Provinz (ab 106 n.Chr.) PANNONIA INFERIOR; röm. Legionslager der Ala I Tungorium Frontoniana (40-104 n.Chr.) an der Donau gelegen, dann während Dakerkriege (101-106) Trajans Legio X Gemina (und später in Vindobona)

Brigetio: Komarom/Ungarn a. d. Donau. Provinz PANNONIA. Standort der Legio XI Claudia (101-106) während der Dakerkriege zusammen mit ca. 60km entfernten Szöny

Carnuntum: Petronell-Carnuntum/ bei Wien/Niederösterreich. Provinz PANNONIA. Ehemaliger röm. Legionsstandort Legio XIV Gemina Martia Victrix, Pia VI Fidelis VI, später Legio X Gemina: an der Donau gelegen.

Caesarea Maritima: Hafenstadt /Israel. Provinz JUDÄA. Verwaltungs- u. Regierungssitz des röm. Stadthalters.

Castra Regina: Regensburg/Bayern/Deutschland. Provinz RAETIA.

Coralis: Carales, Hafenstadt/Sardinien/Italien. Provinz SARDINIA

Carthago: Stadtteil von Tunis/Tunesien. Provinz AFRICA PROCONSU- LARIS (Colonia Julia Concordia Carthago)

Gontia: Günzburg/Bayern/Deutschland. Provinz RAETIA.

Hohenstein/Liebenfels: St. Veit/Glan; Kärnten/Österreich. Provinz NO- REIA. Weihetempel der Fruchtbarkeitsgöttin Isis-Noreia, ca. 20km nord- westlich von Virunum. 1850 entdeckte man bei Feldarbeiten Funda- mentreste eines Tempels, sowie einer männlichen Marmorbüste (heute im LM-Kärnten) des Stifters Claudius Paternus Clementianus.

Mogontiacum: Mainz/Hessen/Deutschland. Provinz GERMANIA SU- PERIOR (Obergermanien), Hauptstadt

Phoebiana: Faimingen-Lauingen/Bayern/Deutschland.   Provinz RAETIA. Ehem. röm. Tempel, dem Apollo-Grannus geweiht, unmittelbar am Donaufluss.

Sarmizegethusa: Rumänien. Provinz DACIA. Bergfestung, wichtigstes kulturelles Zentrum und dakische Hauptstadt vor Dakerkriegen (101-106). Von Rom vollständig zerstört und später unter Trajan dort 40km entfernt wieder erbaut unter dem Namen Ulpia Trajana Augusta Dacica Sarmize- getusa.

Silistra/Durustorum: Silistra, Hafenstadt im NO von Bulgarien. Provinz MOESIA

Szöny: b. Budapest/Ungarn. Standort der Legio XI Claudia (101-106) während der Dakerkriege, zusammen mit ca. 60km entfernten Brigetio

(Tal-)Virunum: heutiges Zollfeld b. Maria Saal/Kärnten/Österreich. Ehemalige Hauptstadt der römischen Provinz Noricum. Letzte politische Station der Romanhauptperson.

Ursprünglich als keltische Siedlung am Magdalensberg liegend, wurde der Ort Municipium Claudium Virunum während der römischen Besetzung auf das heutige „Zollfeld" (bei Maria Saal), einer Talebene zwischen Klagenfurt und St. Veit verlegt. Vor allem durch seinen „norischen Stahl" war diese ehemalige römische Provinz ein bedeutender Wirtschaftsfaktor. Das zu dieser Provinzhauptstadt gehörende Territorium erstreckte sich auf das heutige Mittel- und Ostkärnten sowie Teile der Steiermark. Die üblichen Verwaltungsorgane, wie Gemeinderat, Magistrate und Doppelbürgermeister (II viri iure dicundo) sind auch in Virunum zum Teil namentlich bekannt. Hierzu zählt auch der im Roman benannte Statthalter (procurator augustii*) Claudius Paternus Clementianus (AD 123-125). Die Stadt unterlag dem latinischen Bürgerrecht und war bis in die zweite Hälfte des 2. Jahrhunderts Sitz des Provinzstatthalters (procurator Augusti provinciae Norici). Nach den Markomannenkriegen (166-182) wurde die Provinzverwaltung nach Ovilava (bei heutigem Wels/OÖ.) verlegt, in Virunum verblieb nur die Finanzverwaltung. Durch Diokletian (285-305) wurde Noricum erneut Provinzhauptstadt von Binnennoricum (Noricum mediterraneum), ab 343 dann Bischofsitz.

Zur Zeit der späteren Völkerwanderung wurde dieser Regierungssitz, der nicht befestigt war, dann nach Teurnia (bei Spital/Drau) verlegt, und zerfiel dann langsam in Vergessenheit. Nach dem Zerfall der Provinz Norikum (ca. 400 n.Chr.) gründeten die Slawen dann den Staat Karantanien auf dem Gebiet des heutigen Kärntens. Erst Ende des 17. Jahrhundert wurde dieses Gebiet durch den damaligen Landrat Johannes Dominikus Prunner (1692) wiederentdeckt. Maria Saal hat wohl das einmalige Privileg dieser Region als römisches Erbe zu gelten, sind doch viele der antiken Grab-/Gedenksteine verbaut in den heutigen Ortshäusern. Das Prunnerkreuz mit eingemauerten Römersteinen zeugt noch heute als einzelstehendes Denkmal davon.

(Berg-)Virunum: Magdalensberg/Kärnten/Österreich. Ehem. von Kelten gegründete, und später von Rom übernommene Hauptstadt der Provinz NOREA, am heutigen Magdalensberg gelegen. Verlor ab 40 n.Chr. (unter Kaiser Claudius) nach Gründung der im (Tal-)VIRUNUM benannten Siedlung an wirtschaftlicher Bedeutung innerhalb der nächsten 50-70

Jahre, bis Anfang 2. Jh. Bekannt durch heutige archäologische Ausgrabungen.

Zeittafel

Jahreszahlen nach Christi Geburt – Flavier- & Adoptivkaiserdynastie (Claudius Paternus Clementianus = Abkürzung: C.P.C.)

63: Vater von Cl. Paternus Clementianus sr. beendet Militärdienst nach 25 Jahren in Abodiacum.

65: Geburt Clavdivs PATERNVS Clementianvs jr. in Abodiacum/Epfach (Provinz Raetia).

66-70: 1. Jüdischer Krieg

68/69: Ende des 3-Kaiserjahres (Galba, Otho, Vitellius)

69: Regierungsantritt: Titus-Flavius Vespasian am 1. Juli.

73-74: Feldzug Roms gegen Parthien (Vorderasien)

79: Tod Kaiser Vespasian in Rom; Regierungsantritt von Kaiser Titus

79: Ausbruch des Vesuvs (20. August), Zerstörung von Pompeij & Herculaneum

81: Tod Kaiser Titus (13. Sep.); Regierungsantritt von Kaiser Domitian (-96)

81-83: Chattenaufstand (Hessen); Errichtung des Limes zwischen Rhein und Donau

85-86: 1. Daker-Krieg Domitians

85: Ausbildung von Clavdivs Clementianus PATERNVS Clementianvs jr.in Augusta Vindelicorum.

88-89: Erneuter Daker-Aufstand (Moesia superior/inferior), ebenso Quaden, Jazygen. Aufteilung Provinz in Germania superior (Ober-) und inferior (Nieder-)Germanien)

90-95: milit. Offiziers-Ausbildungsantritt (Tresmilitae Equestres) von CPC

95?: Tod des Vaters von CPC in Abodiacum/Epfach (Provinz Raetia).

96: Tod Kaiser Domitian; Regierungsantritt von Kaiser Nerva (-98)

98: Tod Kaiser Nerva; Regierungsantritt von Kaiser Trajan (-117)
Errichtung des Neckar-/Odenwald-Limes

100: Beginn der 10-jährigen Militato Primo / Secundo / Tertio zum (Praefectus cohortis); zw.100-110, in der Cohors I Classica- (pia fidelis) (Domitiana). Kohorte („Classis Cohors-Nauticorum") Rhein-Flottenkommando & „domitianische" Auxiliareinheit (Germania inferior/Niedergermanien) mit Standort in Castel Op de Hoge Woerd (Vleuten-De-Meern) 2. Dakerkrieg. Kriegszug Kaiser Hadrian Provinz Moesia, Dacia Ernennung C.P.C. zum Militato Secundo. Ritterlicher Legions-Tribun/Stabsoffizier (Tribunus militum, Legio XI Claudia [Marcia Victrix]). Legionsstandort Carnuntum / Brigetio / Mursellae / Ad Flexum in Pannonia Superior

104-107: Diensteinsatz in Carnuntum / Brigetio / Mursellae / Ad Flexum (Pannonia Superior, Pannonia inferior).

106: Ernennung zum Legionskommandant/Proconsularis (Legio XI Claudia/Pannonia superior & inferior)

108: Ernennung C.P.C. zum Militato Tertio. Reiterpräfekt (Praefectus alae cinquenaria), der Legio Ala-Siliana

108-110: Einsatzdauer in Provinz Pannonia und Feldzüge nach Dacia, Hauptort: Sarmizegethusa.

110: Milit. Auszeichnung (silianae torquatae) C.P.C. mit Halsreif u. röm. Bürgerrecht in Provinz Pannonia.

111: Ernennung C.P.C. zum Prokurator AVG(gusti), Kaiserlicher Finanzprokurator. Wechsel von der militärischen in die politische Laufbahn.

111-114: C.P.C. in Provinz JVD(ae) VAL(Syria) Hauptort, Caesarea.

113-117: Partherkriege von Hadrian (Parthia capta/Cappadocia/Mesopotamien)

115: Ernennung C.P.C. zum kaiserl. (Finanz-)Procurator AVG(usti)

115-119: C.P.C. Diensteinsatz in Provinz SAR(dinia), Hauptort: Coralis.

116-117: Jüdischer Diaspora-Aufstand

117: Tod Kaiser Trajans; Regierungsantritt am 11. August von Kaiser Hadrian (-138)

119: Ernennung C.P.C. zum kaiserl. (Finanz-)Procurator AVG(usti)

119-132: Inspektionsreisen Hadrians (Pax Augusta) in Provinzen und deren polit. Verwaltung

119-122: C.P.C. in Provinz AFRICA(e) Proconsularis, Hauptort: Carthago.

120?: Tod der Mutter von Claudia-CLEMENTINA in Abodiacum/Epfach (Provinz Raetia)

121-125: Ausbau des Obergermanisch-/Raetischen Limes

123: Ernennung C.P.C. zum Procurator AVG(gusti), Kaiserl. Finanzprokurator

123-126: C.P.C. Statthalter in Provinz N(orici)/Virunum.

126: Eintritt C.P.C. Ruhestand/Pensionierung: Rückreise nach Abodiacum (Provinz Raetia).

132-136: Jüdischer Bar-Kochba-Aufstand (expeditio Judaica)

134/135: Adoption durch Hadrian von Lucius Cejonius (Konsul), dieser stirbt unerwartet 1. Jan. 138

135/138: C.P.C. stirbt in diesem Zeitraum in Abodiacum

138: Doppeladoption (im Juli) aufgrund Gesundheitszustand Hadrians, von Antoninus Pius, sowie Adoption von Lucius Verus (Sohn des Cejonius) & Marc-Aurelius

138: Tod Kaiser Hadrian; Regierungsantritt im August von Kaiser Antoninus Pius (138-161)

Literaturquellen

Arnold, Hugo; Claudius Paternus, ein Nachfolger des Pontius Pilatus und oberbayerischer Landsmann aus Epfach.

Boehme, W; Römische Beamtenkarrieren

Brodersen, Kai; Dacia felix (Das antike Rumänien im Brennpunkt der Kulturen)

Christ, Karl; Geschichte der Römischen Kaiserzeit, Municipalaristokratie

Christer Brun; Sardinia; News on Roman Imperial Administration

Czysz, Wolfgang; GONTIA – Günzburg in der Römerzeit

Czerwinski, Lukas; Legio XXI Rapax

Dolenz, Heimo; Insulae, Untersuchungen am westl. Stadtrand von Virunum

Dolenz, Heimo; Knappinger, Josef; Magdalensberg, Kulturraum - Naturjuwel

Eck. Werner; Foerster, Gideon; Ein Triumphbogen für Hadrian im Tal von Beth Shean bei Tel Shalem

Eck, Werner; (Uni Köln), Epigraphik

Giardinia, Andrea; Der Mensch der römischen Antike

Graichen, Gisela; Limes, Grenzwall gegen die Barbaren

Hendel, Daniela; Kaiser Trajan und die Dakerkriege

Jerney Renate/Gugl Christian; Virunum – Das Römische Amphitheater

Johnson, Anne; Römische Kastelle

Luschin, Edgar-Markus; Das Stadtzentrum von Virunum

Matyszak Philip; Legionär in der römischen Armee

Piccottini Gernot; Die Römer in Kärnten

Pollard, Nigel & Berr, Joanne; Die Legionen Roms

Prangerl, A; Entwicklung und Diplome von Auxiliar Einheiten

Riess, Werner; Römische Geschichte II (Kaiserzeit)

Strobel, Karl; (Uni Klagenfurt) Domitian / Trajan, Untersuchungen zu den Dakerkriegen Trajans

Reuter, Marcus; / THIEL Andreas; Der Limes – Auf den Spuren der Römer

Stradner, Reinhard; Militärwissenschaftliche Methodologie zur Lokalisierung des norischen Stammeszentrums

Tentea, Ovidiu; About the roman frontier at the lower Danube

Trousett, Pol Msr.; (l'ècole francais) Thiges et la civitas Tigensum

Weksler-Bdolah, Shlomit; Aelia Capitolina: The Roman Colony and its periphery

Vismara, Cinzia; Sardinien und Korsika in der Römerzeit

Völk, Carolyn; Auf den Spuren der Römer vom Ammersee nach Verona

Werner, Joachim; Studien zu Abodiacum; Der Lorenzberg – frührömische Militärstation

Quellen-Bildmaterial

Bild	Titel	Quelle	Fotorechte
01	Claudius Paternus Clementianus Büste	Kärntner Landesmuseum	A. Platschka
02	Cl. P. Cl. Lebensstationen		A. Platschka
03	Cl. P. Cl. Daten, Funktionen		A. Platschka
04	Vesuvausbruch bei Nacht (Ölleinwand)	Joseph Rebell (1822)	
05	Aufbau Römische Legionseinheiten/Mannstärken		A. Platschka
06	Aufbau Römische Legion & Funktionen		A. Platschka
07	Aufbau Römische Kohorte & Mannschaftsränge		A. Platschka
08	Aufbau Römische Auxiliareinheit (Hilfstruppe)		A. Platschka
09	Siedlungsgebiet Germanische Stämme nördlich des Limes	Hist. Handatlas v. Droysen (1886) Wikipedia	WikiPedia
10	Römischer Limesverlauf (Raetien/Obergermanien)		A. Platschka
11	Limes & Römische Siedlungsorte in Bayern & Schwaben	Museum Aalen	A. Platschka
12	Römisches Weltreich unter Kaiser Trajan 98 - 117		A. Platschka
13	Römischer Reisewagen / Prozession	Dom Maria Saal	A. Platschka
14	Römische Flächen- & Längenmaße		A. Platschka

15	Flottenstützpunkt Brigetio a.d. Donau	Wikipedia	WikiPedia
16	Trajans Dakerkriege 101/102 und 105/106		A. Platschka
17	Roma Antica im 2. Jh. n.Chr. Forum Romanum, Kaiserfora Rom	Hist. Atlas: 1965 Völker, Staaten, Kulturen	A. Platschka
18	Sieben Hügel von Rom		A. Platschka
19	Forum Romanum mit Tempel		A. Platschka
20	Landkarte Provinz Judaea	Hist. Atlas: 1965 Völker, Staaten, Kulturen	A. Platschka
21	Provinz Sardinia	Graphik	A. Platschka
22	Provinz Proconsulis Africae (Karthago)	Hist. Atlas: 1965 Völker, Staaten, Kulturen	A. Platschka
23	Provinz Proconsulis Africae (Karthago) Römische Siedlungen	Hist. Atlas: 1965 Völker, Staaten, Kulturen	A. Platschka
24	Graphik ehemalige Siedlung Colonia Julia Concordia (Karthago)	Graphik	A. Platschka
25	Tunesien Schott El Djerid	Graphik	A. Platschka
26	Weihewidmung C.P.C. an seine Mutter Claudia Induti Clementi	CIL III 5777 = Vollmer 87/	Augsburg/Maximilianeum
27	Virunum Umland	R. Jernej/Ch. Gugl / G.Pollak/Röm.Amphitheater	KLM/Kärntner Landesmuseum

28	Provinzkarte Noricum		J. Schäfer (Public Domain)
29	Bronzestatue „Jüngling vom Magdalensberg"	Replik im Museum Arch. Park Magdalensberg	A. Platschka
30	Ludi Romani (Römische Spiele)	Graphik	A. Platschka
31	Risszeichnung Virunum Bühnentheater	Grafik, Grabung 1923 / J. Egger	KLM/Kärntner Landesmuseum
32	Büste Kaiser Hadrian	G. Piccottini „Römer in Kärnten"	KLM/Kärntner Landesmuseum
33	Rekonstruktion Weihetafel Hohenstein	G. Piccottini / E.Grasser / Kärnten	KLM/Kärntner Landesmuseum
34	Virunum Rekonstruktionsgraphik	Röm. Amphitheater Virunum	A. Platschka
35	Gladiatorenkampf in Arena		A. Platschka
36	Gladiator „Thraex"/Thraker		A. Platschka
37	Graphik Rekonstruktion Municipium Virunum	Gelände am Amphitheater Virunum	A. Platschka
38	Peitinger Liebeszauber	Infopavillion Peitinger Römervilla	A. Platschka

Danksagung

Wie immer schreibt man ein Buch zwar allein, mithilfe seiner Gedanken und Hände, jedoch ohne die Mithilfe verschiedener Quellen, sowie Unterstützer kann ein solches Werk nicht entstehen. Aus diesem Grunde möchte ich mich vor allem für die literarische Unterstützung meiner Recherchen zu den verschiedenen Lebensabschnitten des Claudius Paternus und peripherer Geschichtsquellen bedanken.

Angefangen durch das Archäolog. Staatsamt München (Hr. Dr. Bernward Ziegaus, Hr. Dr. Anton Huber †), ehem. Kreisheimatpfleger Landsberg/Lech, sowie verschiedenen Werken regionaler Heimatforscher und der historischen Bibliothek in Landsberg/Lech, deren Literaturfundus immer eine große Bereicherung und Themenhilfestellung war.

Dem historischen Verein in Günzburg (Hr. Dr. Martin Büchele), dem Heimatmuseum in Epfach, dem Museum Königsbrunn (Hr. Rainer Linke u. Grabungsteam), sowie den Amtsvorständen (Bgm.) diverser betroffener Gemeinden, Denklingen/Epfach (Bayern) und Maria Saal/Kärnten/Österreich.

Dem Landesmuseum Kärnten/Klagenfurt (Hr. Dr. Heimo Dolenz, Fr. Ebner-Baur), als auch Mitarbeiterstab, für ihre literarischen Hinweise, Grabungserkenntnisse am Magdalensberg und Virunum, sowie entsprechender Textkorrekturen.

Ebenso gilt mein Dank an die Familie Toff in Töltschach (Gutsbesitzer auf dem Areal Virunum), die mir bei meinen Heimatbesuchen immer freundlicherweise Informationen zu Grabungsfunden auf ihren Grundstücksflächen gaben, sowie die Möglichkeit auf deren Landwirtschaftsgrundstücken zu wandern, auf denen ich in meiner Kindheit in den 60er-Jahren so oft gespielt und sich damit die Geschichte in meinem Kopf und Herzen auch zu meiner archäologisch-historischen Leidenschaft entwickelte.

Besonders danken möchte ich auch meinem Freund Peter Valenta, der als erster mein Rohmanuskript durchgearbeitet hat, und sowohl mit Korrekturen als auch anteilnehmenden Kommentaren, sowie mit eigenen Fotos und Wandereindrücken entlang dem obergermanischen Limes versorgte und mich begeisternd mit Tipps zur Veröffentlichung dieses Buches unterstützte.

Ebenso allen mein Dank, die mir während der Optimierung meines Manuskriptes mit Rat und Tat zur Seite standen, besonders auch Herrn Wolfgang Pusch, der durch sein Fachwissen und gemeinsames Hobby der

Geschichte interessante Anregungen geben konnte. Allen Personen weiterhin, dass sie mir während meiner Recherche zur Veröffentlichung meines Buches ermutigend zur Seite standen und Zuversicht zur Veröffentlichung gegeben haben.

Zu guter Letzt möchte ich aber auch meiner Familie, Ehefrau und Kindern danken, die oftmals meine historische Leidenschaft mit viel Interesse verfolgten, aber auch viel Geduld und Zeit für meine historische Forschungsarbeit, als auch Besuch von historischen geographischen Stätten, im Urlaub, wie in Familienfreizeit entgegengebracht haben.

Über den Autor

Alfred Platschka wurde 1954 in Klagenfurt, Österreich geboren. Nach abgeschlossener Schulausbildung und Präsenzdienst im Österreichischen Bundesheer, war er von 1975 bis zu seinem Ruhestand 2020 beruflich im Vertrieb (Maschinen u. Antriebe) in Deutschland tätig.

Seit Jugendjahren zeigte er Interesse an Geschichte und Archäologie, weshalb er auch als Betreiber verschiedener Internetforen u. Webseiten sowohl auf Facebook und regionalen Geschichtsforen publiziert (www.lechrain-geschichte.de; www.myHeimat.de; www.facebook.com/alfred.platschka).

Von besonderem Interesse galt für ihn jeher die römische Geschichte, die in einer seiner Publikationen und Vorträgen, der biographischen Lebensgeschichte eines „historisch/römischen" Staatsmannes gewidmet ist. Im 1. Jh. n.Chr. unweit von Landsberg/Bayern in Epfach geboren, vollzog dieser eine außergewöhnliche Karriere im römischen Weltreich, und war erst als Militär-, später Zivilbeamter (Prokurator/kaiserlicher Stellvertreter) in diversen Provinzen tätig, bis er im Ruhestand in seinen Geburtsort zurückkehrte und dort verstarb. „Claudius Paternus Clementianus... eine römische Karriere".

(www.claudiuspaternus.de) siehe Buchtipp: www.claudiuspaternus.de

Darüber hinaus hat der Autor verschiedene geschichtliche Stätten besucht, und diese Eindrücke auch in Touren-/Reiseratgebern beschrieben und damit interessierten Lesern, u. a. den römischen Grenzwall, den Limes nähergebracht.

„Römische Zeitzeugnisse I" – auf Spurensuche am Bayerisch-/Raetischen Limes.

Seine aktuelle Publikation versteht sich als Fortsetzung eines weiteren Ratgebers „Römische Zeitzeugnisse II" – auf Spurensuche am Donaulimes.

Weitere Publikationen diverser Limes-Streckenabschnitte sind in Vorbereitung.

Seit 2014 war er bei den Landsberger Stadtführungen engagiert und ist seit 2016 durch Fortbildung an der KZ-Gedenkstätte in Dachau (www.kz-gedenkstaette-dachau.de) als Kurator für Gedenkstättenführungen an der Europäischen Holocaustgedenkstätte in LL-Kaufering (www.kaufering-memorial.de), seit 2022 auch als Mitglied, in deren Stiftungsrat tätig.

Ihre Zufriedenheit ist unser Ziel!

Liebe Leser, liebe Leserinnen,

hat Ihnen unser Buch gefallen? Haben Sie Anmerkungen für uns? Kritik? Bitte zögern Sie nicht, uns zu schreiben. Wir werden jede Nachricht persönlich lesen und zeitnah beantworten, denn unser Ziel ist es Ihnen laufend spannende, interessante Bücher anbieten zu können.

Schreiben Sie uns: info@ek2-publishing.com

Wussten Sie schon, dass Sie uns dabei unterstützen können, deutsche und weltweite Geschichtsliteratur sichtbarer zu machen? Bitte nehmen Sie sich einen Moment Zeit und bewerten Sie dieses Buch auf Amazon. Viele positive Rezensionen führen dazu, dass das Buch mehr Menschen angezeigt wird, und sind gleichzeitig wertvolles Feedback für unsere Autoren.
Vielen Dank für Ihre Unterstützung!

PS: In seltenen Fällen kommt ein Buch beschädigt beim Kunden an. Bitte zögern Sie in diesem Fall nicht, uns zu kontaktieren. Selbstverständlich ersetzen wir Ihnen das Buch kostenlos.

Ihr Team von EK-2 Publishing,
Ihr Verlag zum Anfassen

Unsere Empfehlung!

Erleben Sie weitere fundierte Sachbücher und spannende Romane der Antike!

Römische Zeitzeugnisse
von Alfred Platschka

Entdecken Sie den Bayerisch-Raetischen Limes in sechs spannenden Etappen – mit fundierten Infos, über 100 Originalfotos und einem exklusiven Einblick ins Römerfest von Einingen. Der perfekte Begleiter für Ihre Tour oder zum Schmökern daheim!

Band 2 erscheint bereits im 2. Halbjahr 2025!

Ludus Vitae
von Herta Krondorfer

Anno 70 n. Chr.: Gladiator Myrdin steigt vom Spielschuldner zum gefeierten Star der Arena auf – doch Neid, Verrat und eine Mordanklage stellen sein Leben auf den Kopf. Ein packender historischer Roman über Ehre, Liebe und den harten Kampf ums Überleben im Römischen Reich.

Tragen Sie sich jetzt in den Newsletter ein, um den nächsten Band nicht zu verpassen!

Tragen Sie sich in den Newsletter von *EK-2 Publishing* ein, um über aktuelle Angebote und Neuerscheinungen informiert zu werden und an exklusiven Leser-Aktionen teilzunehmen.

Als besonderes Dankeschön erhalten Sie **kostenlos** das E-Book »Die Weltenkrieg Saga« von Tom Zola. Enthalten sind alle drei Teile der Trilogie.

Klappentext: Der deutsche UN-Soldat Rick Marten kämpft in dieser rasant geschriebenen Fortsetzung zu H.G. Wells »Krieg der Welten« an vorderster Front gegen die Marsianer, als diese rund 120 Jahre nach ihrer gescheiterten Invasion erneut nach der Erde greifen.

Deutsche Panzertechnik trifft marsianischen Zorn in diesem fulminanten Action-Spektakel!

Band 1 der Trilogie wurde im Jahr 2017 von André Skora aus mehr als 200 Titeln für die Midlist des Skoutz Awards im Bereich Science-Fiction ausgewählt und schließlich von den Lesern unter die letzten 3 Bücher auf die Shortlist gewählt.

»Die Miliz-Szenen lassen einen den Wüstensand zwischen den Zähnen und die Sonne auf der Stirn spüren, wobei der Waffengeruch nicht zu kurz kommt.«

André Skora über Band 1 der Weltenkrieg Saga.

Link zum Newsletter:
https://ek2-publishing.aweb.page

Über unsere Homepage:
www.ek2-publishing.com
Klick auf *Newsletter* rechts oben

Via Google-Suche: EK-2 Verlag

Impressum

Eine Veröffentlichung der EK-2 Publishing GmbH

Friedensstraße 12
47228 Duisburg
Registergericht: Duisburg
Handelsregisternummer: HRB 30321
Geschäftsführerin: Monika Münstermann

E-Mail: info@ek2-publishing.com
Website: www.ek2-publishing.com

Cover/Umschlag: Mario Heyer
Autor: Alfred Platschka
Lektorat & Buchsatz: Eduard Krisan

1. Auflage, April 2025

Druckhinweis:
Libri Plureos GmbH
Friedensallee 273
22763 Hamburg